第二次全国残疾人抽样调查资料

吉林卷

吉林省第二次全国残疾人抽样调查办公室 编

中国统计出版社
China Statistics Press

(京)新登字 041 号

图书在版编目（CIP）数据

第二次全国残疾人抽样调查资料. 吉林卷 / 吉林省第二次全国残疾人抽样调查办公室编.
—北京：中国统计出版社，2007.12

ISBN 978-7-5037-5286-5

Ⅰ. 第…
Ⅱ. 吉…
Ⅲ. 残疾人 - 抽样调查 - 统计资料 - 吉林省
Ⅳ. D669.69

中国版本图书馆 CIP 数据核字（2007）第 157944 号

第二次全国残疾人抽样调查资料—吉林卷

作　　者 / 吉林省第二次全国残疾人抽样调查办公室
责任编辑 / 赵淑焕
封面设计 / 杨燕超
出版发行 / 中国统计出版社
通信地址 / 北京市西城区月坛南街 57 号
邮政编码 / 100826
办公地址 / 北京市丰台区西三环南路甲 6 号
网　　址 / www.stats.gov.cn/tjshujia
电　　话 / 邮购（010）63376907　书店（010）68783172
印　　刷 / 河北天普润印刷厂
经　　销 / 新华书店
开　　本 / 880 × 1230 毫米　1/16
字　　数 / 1572 千字
印　　张 / 50　3 插页
版　　别 / 2007 年 12 月第 1 版
版　　次 / 2007 年 12 月第 1 次印刷
书　　号 / ISBN 978-7-5037-5286-5/D · 167
定　　价 / 350.00 元

本书附同版本 CD-ROM 一张，光盘内容以书面文字为准。

《第二次全国残疾人抽样调查资料》
（吉林卷）

编 辑 人 员

总 编 辑：蒋延辉

副总编辑：李　艳

编　　辑：王泽宇　王明星　刘　岩　王镇昌

陈忠民

吉林省第二次全国残疾人抽样调查样本县（市、区）分布示意图

吉林省第二次全国残疾人抽样调查办公室

吉林省测绘局、吉林省基础地理信息中心编制　吉 S(2007)22号

编辑说明

我国以2006年4月1日零时为标准时间进行了第二次全国残疾人抽样调查，这是1987年第一次全国残疾人抽样调查19年后进行的又一次全国范围内大规模的残疾人专项调查。在省委、省政府的领导下，在有关部门、社会各方面的大力支持配合下，按照第二次全国残疾人抽样调查领导小组的统一部署，历时两个月的时间，对抽中的22个县、市、市辖区，88个乡、镇、街道的176个调查小区进行了入户调查和残疾评定。调查获得了丰富翔实的资料。为了满足政府部门、科研单位和社会各方面的需要，现将经计算机汇总处理的数据资料编辑出版。

为方便读者准确地使用本资料，现将有关情况说明如下:

一、调查的对象是具有中华人民共和国国籍，并在被抽中调查小区内常住的人（指自然人，下同）。调查采用按常住人口登记的原则，以户为单位填报，只调查家庭户，不调查集体户。此次不调查中国人民解放军现役军人、武装警察（包括军队管理的离退休干部）。

应当在本调查小区进行登记的人包括:

1. 居住本调查小区，户口在本乡、镇、街道;

2. 居住本调查小区半年以上，户口在外乡、镇、街道;

3. 居住本调查小区不满半年，离开户口所在地半年以上;

4. 居住本调查小区，户口待定。

二、第二次全国残疾人抽样调查使用三种调查表，一是《住户调查表》,二是《残疾人调查表》，三是《社区调查表》。调查项目共有52个，包括调查样本人群的家庭及其个人的状况，重点调查残疾人的致残原因、生活状况及其主要需求。

三、本资料是按照现场调查登记直接汇总的数据，未作任何调整。请读者在使用本资料时，特别是推算总体时，对以下因素予以充分注意:

1. 本资料不含调查漏登的人口数;

2. 本资料数据抽样比为2.87‰;

3. 作为一次多指标的抽样调查，有些分组较细的指标，代表性相对较低。

四、本次调查的城乡划分口径为: 城镇包括街道和镇的居委会，农村包括乡和镇的村委会。

五、本资料中空项表示无该项数据，“---”表示数据不足本表最小单位数。

六、由于计算机运算中采取四舍五入的处理，个别汇总表分栏数据之和与合计数存在微小的差别，不影响对数据的使用。

七、为帮助读者准确使用本资料，附录中编印了《吉林省第二次全国残疾人抽样调查主要数据公报》、《第二次全国残疾人抽样调查方案》、《第二次全国残疾人抽样调查残疾标准》、《第二次全国残疾人抽样调查住户调查表》和填写说明、《第二次全国残疾人抽样调查残疾人调查表》和填写说明、《第二次全国残疾人抽样调查社区调查表》和填写说明、《吉林省第二次全国残疾人抽样调查抽样实施方案》、《吉林省第二次全国残疾人抽样调查样本县（市、区）领导小组，办公室主任、副主任，调查队名单》等。

编　者

2007年10月

目　录

第一部分　调查人口的基本状况

第二部分　残疾人口的基本状况

第五部分　社区和住户基本情况

附　录

第一部分　调查人口的基本状况

1－1 各地区调查样本基本情况

单位：人

地区	调查县(市、区)数(个)	调查乡(镇、街道)数(个)	调查小区数(个)	调查户数(户)	调查人口			调查残疾人		
					小计	男	女	小计	男	女
总计	**22**	**88**	**176**	**25375**	**76408**	**38425**	**37983**	**5370**	**2863**	**2507**
朝阳区	1	4	8	1250	3488	1701	1787	213	115	98
昌邑区	1	4	8	1292	3609	1798	1811	339	177	162
龙潭区	1	4	8	1156	3428	1704	1724	230	130	100
二道区	1	4	8	1179	3525	1739	1786	231	122	109
洮北区	1	4	8	1182	3458	1725	1733	182	99	83
东昌区	1	4	8	1348	3716	1821	1895	225	109	116
二道江区	1	4	8	1191	3469	1693	1776	259	141	118
延吉市	1	4	8	1361	3492	1728	1764	258	133	125
临江市	1	4	8	1257	3501	1769	1732	289	166	123
榆树市	1	4	8	1084	3599	1800	1799	235	119	116
公主岭市	1	4	8	1100	3479	1754	1725	202	107	95
九台市	1	4	8	1066	3494	1766	1728	251	148	103
舒兰市	1	4	8	1058	3467	1757	1710	266	137	129
蛟河市	1	4	8	1207	3544	1806	1738	265	131	134
大安市	1	4	8	1120	3415	1700	1715	243	116	127
抚松县	1	4	8	1207	3300	1682	1618	219	119	100
安图县	1	4	8	1186	3299	1718	1581	253	155	98
农安县	1	4	8	1016	3376	1713	1663	224	123	101
梨树县	1	4	8	1084	3379	1755	1624	215	107	108
永吉县	1	4	8	981	3463	1779	1684	273	144	129
长岭县	1	4	8	949	3361	1684	1677	236	120	116
乾安县	1	4	8	1101	3546	1833	1713	262	145	117

1－2 分年龄、性别的人口

单位：人，%

年龄	调查人口				调查残疾人			
	合计	男	女	性别比	合计	男	女	性别比
总 计	**76408**	**38425**	**37983**	**101.00**	**5370**	**2863**	**2507**	**114.00**
0-4	**3176**	**1655**	**1521**	**109.00**	**39**	**23**	**16**	**144.00**
0岁	640	335	305	110.00	2	1	1	100.00
1岁	722	381	341	112.00	10	8	2	400.00
2岁	563	285	278	103.00	8	3	5	60.00
3岁	625	329	296	111.00	9	4	5	80.00
4岁	626	325	301	108.00	10	7	3	233.00
5-9	**3072**	**1556**	**1516**	**103.00**	**41**	**22**	**19**	**116.00**
5岁	617	330	287	115.00	10	7	3	233.00
6岁	492	246	246	100.00	7	3	4	75.00
7岁	688	342	346	99.00	10	5	5	100.00
8岁	601	299	302	99.00	7	4	3	133.00
9岁	674	339	335	101.00	7	3	4	75.00
10-14	**4280**	**2279**	**2001**	**114.00**	**45**	**24**	**21**	**114.00**
10岁	699	367	332	111.00	9	7	2	350.00
11岁	760	420	340	124.00	9	3	6	50.00
12岁	799	404	395	102.00	7	3	4	75.00
13岁	999	537	462	116.00	9	4	5	80.00
14岁	1023	551	472	117.00	11	7	4	175.00
15-19	**6426**	**3326**	**3100**	**107.00**	**104**	**58**	**46**	**126.00**
15岁	1311	666	645	103.00	12	8	4	200.00
16岁	1366	718	648	111.00	18	8	10	80.00
17岁	1334	678	656	103.00	26	16	10	160.00
18岁	1356	708	648	109.00	23	11	12	92.00
19岁	1059	556	503	111.00	25	15	10	150.00
20-24	**4186**	**2066**	**2120**	**97.00**	**95**	**51**	**44**	**116.00**
20岁	823	387	436	89.00	22	13	9	144.00
21岁	796	392	404	97.00	15	9	6	150.00
22岁	752	383	369	104.00	21	10	11	91.00
23岁	926	453	473	96.00	20	11	9	122.00
24岁	889	451	438	103.00	17	8	9	89.00
25-29	**5110**	**2622**	**2488**	**105.00**	**121**	**74**	**47**	**157.00**
25岁	870	436	434	100.00	15	12	3	400.00

1－2 续表 1

单位：人，%

年 龄	调查人口				调查残疾人			
	合计	男	女	性别比	合计	男	女	性别比
26岁	1121	587	534	110.00	24	16	8	200.00
27岁	1109	558	551	101.00	23	13	10	130.00
28岁	989	502	487	103.00	35	19	16	119.00
29岁	1021	539	482	112.00	24	14	10	140.00
30-34	**6503**	**3287**	**3216**	**102.00**	**194**	**115**	**79**	**146.00**
30岁	1011	505	506	100.00	28	17	11	155.00
31岁	1089	546	543	101.00	24	13	11	118.00
32岁	1296	649	647	100.00	44	28	16	175.00
33岁	1518	805	713	113.00	57	28	29	97.00
34岁	1589	782	807	97.00	41	29	12	242.00
35-39	**8099**	**4055**	**4044**	**100.00**	**285**	**170**	**115**	**148.00**
35岁	1710	859	851	101.00	54	33	21	157.00
36岁	1600	823	777	106.00	46	31	15	207.00
37岁	1809	883	926	95.00	62	38	24	158.00
38岁	1464	756	708	107.00	58	31	27	115.00
39岁	1516	734	782	94.00	65	37	28	132.00
40-44	**8020**	**4067**	**3953**	**103.00**	**418**	**250**	**168**	**149.00**
40岁	1600	803	797	101.00	61	34	27	126.00
41岁	1688	850	838	101.00	85	49	36	136.00
42岁	1898	956	942	101.00	99	58	41	141.00
43岁	1817	929	888	105.00	103	66	37	178.00
44岁	1017	529	488	108.00	70	43	27	159.00
45-49	**6558**	**3270**	**3288**	**99.00**	**432**	**234**	**198**	**118.00**
45岁	1338	655	683	96.00	87	55	32	172.00
46岁	1202	613	589	104.00	81	44	37	119.00
47岁	1292	675	617	109.00	80	42	38	111.00
48岁	1338	651	687	95.00	89	41	48	85.00
49岁	1388	676	712	95.00	95	52	43	121.00
50-54	**6292**	**3112**	**3180**	**98.00**	**501**	**263**	**238**	**111.00**
50岁	1296	651	645	101.00	90	51	39	131.00
51岁	1355	685	670	102.00	113	54	59	92.00
52岁	1322	624	698	89.00	103	56	47	119.00
53岁	1227	605	622	97.00	101	49	52	94.00
54岁	1092	547	545	100.00	94	53	41	129.00

1-2 续表 2

单位：人，%

年龄	调查人口				调查残疾人			
	合计	男	女	性别比	合计	男	女	性别比
55-59	**4622**	**2286**	**2336**	**98.00**	**535**	**269**	**266**	**101.00**
55岁	1099	543	556	98.00	113	54	59	92.00
56岁	1115	566	549	103.00	107	51	56	91.00
57岁	833	392	441	89.00	92	54	38	142.00
58岁	782	393	389	101.00	104	51	53	96.00
59岁	793	392	401	98.00	119	59	60	98.00
60-64	**2940**	**1388**	**1552**	**89.00**	**423**	**220**	**203**	**108.00**
60岁	603	285	318	90.00	78	41	37	111.00
61岁	603	276	327	84.00	95	51	44	116.00
62岁	562	261	301	87.00	76	43	33	130.00
63岁	613	296	317	93.00	92	41	51	80.00
64岁	559	270	289	93.00	82	44	38	116.00
65-69	**2835**	**1348**	**1487**	**91.00**	**574**	**302**	**272**	**111.00**
65岁	605	313	292	107.00	113	64	49	131.00
66岁	625	293	332	88.00	130	67	63	106.00
67岁	581	285	296	96.00	116	68	48	142.00
68岁	494	225	269	84.00	99	47	52	90.00
69岁	530	232	298	78.00	116	56	60	93.00
70-74	**2157**	**1058**	**1099**	**96.00**	**637**	**331**	**306**	**108.00**
70岁	487	225	262	86.00	122	59	63	94.00
71岁	501	237	264	90.00	138	77	61	126.00
72岁	481	242	239	101.00	139	81	58	140.00
73岁	346	172	174	99.00	122	62	60	103.00
74岁	342	182	160	114.00	116	52	64	81.00
75-79	**1281**	**639**	**642**	**100.00**	**485**	**252**	**233**	**108.00**
75岁	329	176	153	115.00	113	56	57	98.00
76岁	262	133	129	103.00	85	49	36	136.00
77岁	244	117	127	92.00	94	48	46	104.00
78岁	249	115	134	86.00	99	50	49	102.00
79岁	197	98	99	99.00	94	49	45	109.00
80-84	**613**	**294**	**319**	**92.00**	**307**	**135**	**172**	**78.00**
80岁	198	90	108	83.00	93	36	57	63.00
81岁	125	63	62	102.00	59	27	32	84.00
82岁	122	63	59	107.00	69	35	34	103.00
83岁	91	36	55	65.00	44	17	27	63.00
84岁	77	42	35	120.00	42	20	22	91.00
85+	**238**	**117**	**121**	**97.00**	**134**	**70**	**64**	**109.00**

1－2a　城镇分年龄、性别的人口

单位：人，%

年龄	调查人口				调查残疾人			
	合计	男	女	性别比	合计	男	女	性别比
总　计	**40068**	**19754**	**20314**	**97.00**	**2452**	**1321**	**1131**	**117.00**
0-4	**1334**	**688**	**646**	**107.00**	**16**	**8**	**8**	**100.00**
0岁	237	114	123	93.00	1		1	
1岁	268	144	124	116.00	7	5	2	250.00
2岁	239	125	114	110.00	2	1	1	100.00
3岁	278	136	142	96.00	4	2	2	100.00
4岁	312	169	143	118.00	2		2	
5-9	**1600**	**801**	**799**	**100.00**	**18**	**8**	**10**	**80.00**
5岁	301	144	157	92.00	4	2	2	100.00
6岁	241	121	120	101.00	1		1	
7岁	365	183	182	101.00	5	3	2	150.00
8岁	341	156	185	84.00	4	1	3	33.00
9岁	352	197	155	127.00	4	2	2	100.00
10-14	**2152**	**1138**	**1014**	**112.00**	**13**	**8**	**5**	**160.00**
10岁	374	187	187	100.00	3	2	1	200.00
11岁	395	223	172	130.00	3	1	2	50.00
12岁	398	205	193	106.00	3	3		
13岁	511	273	238	115.00	1		1	
14岁	474	250	224	112.00	3	2	1	200.00
15-19	**2791**	**1471**	**1320**	**111.00**	**38**	**21**	**17**	**124.00**
15岁	552	282	270	104.00	6	4	2	200.00
16岁	609	334	275	121.00	7	2	5	40.00
17岁	586	303	283	107.00	11	8	3	267.00
18岁	609	322	287	112.00	6	2	4	50.00
19岁	435	230	205	112.00	8	5	3	167.00
20-24	**1878**	**903**	**975**	**93.00**	**41**	**21**	**20**	**105.00**
20岁	316	139	177	79.00	12	6	6	100.00
21岁	323	157	166	95.00	3	2	1	200.00
22岁	329	164	165	99.00	6	3	3	100.00
23岁	467	233	234	100.00	10	6	4	150.00
24岁	443	210	233	90.00	10	4	6	67.00
25-29	**2660**	**1316**	**1344**	**98.00**	**47**	**29**	**18**	**161.00**
25岁	423	211	212	100.00	6	5	1	500.00

1－2a 续表 1

单位：人，%

年 龄	调查人口				调查残疾人			
	合计	男	女	性别比	合计	男	女	性别比
26岁	516	260	256	102.00	6	5	1	500.00
27岁	601	281	320	88.00	11	5	6	83.00
28岁	544	273	271	101.00	14	6	8	75.00
29岁	576	291	285	102.00	10	8	2	400.00
30–34	**3446**	**1714**	**1732**	**99.00**	**84**	**58**	**26**	**223.00**
30岁	546	267	279	96.00	12	8	4	200.00
31岁	552	266	286	93.00	7	4	3	133.00
32岁	709	352	357	99.00	20	14	6	233.00
33岁	807	432	375	115.00	24	18	6	300.00
34岁	832	397	435	91.00	21	14	7	200.00
35–39	**4221**	**2085**	**2136**	**98.00**	**130**	**82**	**48**	**171.00**
35岁	912	449	463	97.00	23	15	8	188.00
36岁	875	446	429	104.00	24	16	8	200.00
37岁	936	449	487	92.00	30	18	12	150.00
38岁	745	378	367	103.00	24	15	9	167.00
39岁	753	363	390	93.00	29	18	11	164.00
40–44	**4456**	**2247**	**2209**	**102.00**	**192**	**126**	**66**	**191.00**
40岁	824	401	423	95.00	25	15	10	150.00
41岁	918	466	452	103.00	36	24	12	200.00
42岁	1099	555	544	102.00	48	32	16	200.00
43岁	1022	519	503	103.00	54	33	21	157.00
44岁	593	306	287	107.00	29	22	7	314.00
45–49	**3739**	**1828**	**1911**	**96.00**	**207**	**118**	**89**	**133.00**
45岁	764	354	410	86.00	43	29	14	207.00
46岁	670	353	317	111.00	36	23	13	177.00
47岁	744	391	353	111.00	40	23	17	135.00
48岁	762	366	396	92.00	47	19	28	68.00
49岁	799	364	435	84.00	41	24	17	141.00
50–54	**3437**	**1687**	**1750**	**96.00**	**217**	**121**	**96**	**126.00**
50岁	728	364	364	100.00	39	23	16	144.00
51岁	763	379	384	99.00	54	28	26	108.00
52岁	716	321	395	81.00	48	22	26	85.00
53岁	669	331	338	98.00	37	21	16	131.00
54岁	561	292	269	109.00	39	27	12	225.00

1－2a 续表 2

单位：人，%

年龄	调查人口				调查残疾人			
	合计	男	女	性别比	合计	男	女	性别比
55－59	**2460**	**1177**	**1283**	**92.00**	**214**	**115**	**99**	**116.00**
55岁	582	281	301	93.00	45	20	25	80.00
56岁	599	284	315	90.00	41	24	17	141.00
57岁	457	209	248	84.00	38	22	16	138.00
58岁	388	179	209	86.00	40	21	19	111.00
59岁	434	224	210	107.00	50	28	22	127.00
60－64	**1689**	**743**	**946**	**79.00**	**185**	**91**	**94**	**97.00**
60岁	351	167	184	91.00	39	24	15	160.00
61岁	310	122	188	65.00	30	13	17	76.00
62岁	314	128	186	69.00	32	16	16	100.00
63岁	383	175	208	84.00	45	19	26	73.00
64岁	331	151	180	84.00	39	19	20	95.00
65－69	**1684**	**745**	**939**	**79.00**	**273**	**130**	**143**	**91.00**
65岁	352	174	178	98.00	53	27	26	104.00
66岁	354	156	198	79.00	61	28	33	85.00
67岁	333	147	186	79.00	50	29	21	138.00
68岁	317	132	185	71.00	52	22	30	73.00
69岁	328	136	192	71.00	57	24	33	73.00
70－74	**1300**	**618**	**682**	**91.00**	**315**	**165**	**150**	**110.00**
70岁	300	134	166	81.00	64	34	30	113.00
71岁	306	125	181	69.00	60	28	32	88.00
72岁	286	143	143	100.00	63	41	22	186.00
73岁	200	100	100	100.00	64	33	31	106.00
74岁	208	116	92	126.00	64	29	35	83.00
75－79	**758**	**368**	**390**	**94.00**	**242**	**121**	**121**	**100.00**
75岁	198	100	98	102.00	59	28	31	90.00
76岁	159	80	79	101.00	45	24	21	114.00
77岁	153	75	78	96.00	43	24	19	126.00
78岁	136	60	76	79.00	50	21	29	72.00
79岁	112	53	59	90.00	45	24	21	114.00
80－84	**334**	**164**	**170**	**96.00**	**145**	**62**	**83**	**75.00**
80岁	117	52	65	80.00	47	18	29	62.00
81岁	78	43	35	123.00	30	15	15	100.00
82岁	66	35	31	113.00	35	17	18	94.00
83岁	39	14	25	56.00	16	4	12	33.00
84岁	34	20	14	143.00	17	8	9	89.00
85+	**129**	**61**	**68**	**90.00**	**75**	**37**	**38**	**97.00**

1－2b 农村分年龄、性别的人口

单位：人，%

年龄	调查人口				调查残疾人			
	合计	男	女	性别比	合计	男	女	性别比
总 计	**36340**	**18671**	**17669**	**106.00**	**2918**	**1542**	**1376**	**112.00**
0-4	**1842**	**967**	**875**	**111.00**	**23**	**15**	**8**	**188.00**
0岁	403	221	182	121.00	1	1		
1岁	454	237	217	109.00	3	3		
2岁	324	160	164	98.00	6	2	4	50.00
3岁	347	193	154	125.00	5	2	3	67.00
4岁	314	156	158	99.00	8	7	1	700.00
5-9	**1472**	**755**	**717**	**105.00**	**23**	**14**	**9**	**156.00**
5岁	316	186	130	143.00	6	5	1	500.00
6岁	251	125	126	99.00	6	3	3	100.00
7岁	323	159	164	97.00	5	2	3	67.00
8岁	260	143	117	122.00	3	3		
9岁	322	142	180	79.00	3	1	2	50.00
10-14	**2128**	**1141**	**987**	**116.00**	**32**	**16**	**16**	**100.00**
10岁	325	180	145	124.00	6	5	1	500.00
11岁	365	197	168	117.00	6	2	4	50.00
12岁	401	199	202	99.00	4		4	
13岁	488	264	224	118.00	8	4	4	100.00
14岁	549	301	248	121.00	8	5	3	167.00
15-19	**3635**	**1855**	**1780**	**104.00**	**66**	**37**	**29**	**128.00**
15岁	759	384	375	102.00	6	4	2	200.00
16岁	757	384	373	103.00	11	6	5	120.00
17岁	748	375	373	101.00	15	8	7	114.00
18岁	747	386	361	107.00	17	9	8	113.00
19岁	624	326	298	109.00	17	10	7	143.00
20-24	**2308**	**1163**	**1145**	**102.00**	**54**	**30**	**24**	**125.00**
20岁	507	248	259	96.00	10	7	3	233.00
21岁	473	235	238	99.00	12	7	5	140.00
22岁	423	219	204	107.00	15	7	8	88.00
23岁	459	220	239	92.00	10	5	5	100.00
24岁	446	241	205	118.00	7	4	3	133.00
25-29	**2450**	**1306**	**1144**	**114.00**	**74**	**45**	**29**	**155.00**
25岁	447	225	222	101.00	9	7	2	350.00

1－2b 续表 1

单位：人，%

年龄	调查人口				调查残疾人			
	合计	男	女	性别比	合计	男	女	性别比
26岁	605	327	278	118.00	18	11	7	157.00
27岁	508	277	231	120.00	12	8	4	200.00
28岁	445	229	216	106.00	21	13	8	163.00
29岁	445	248	197	126.00	14	6	8	75.00
30-34	**3057**	**1573**	**1484**	**106.00**	**110**	**57**	**53**	**108.00**
30岁	465	238	227	105.00	16	9	7	129.00
31岁	537	280	257	109.00	17	9	8	113.00
32岁	587	297	290	102.00	24	14	10	140.00
33岁	711	373	338	110.00	33	10	23	43.00
34岁	757	385	372	103.00	20	15	5	300.00
35-39	**3878**	**1970**	**1908**	**103.00**	**155**	**88**	**67**	**131.00**
35岁	798	410	388	106.00	31	18	13	138.00
36岁	725	377	348	108.00	22	15	7	214.00
37岁	873	434	439	99.00	32	20	12	167.00
38岁	719	378	341	111.00	34	16	18	89.00
39岁	763	371	392	95.00	36	19	17	112.00
40-44	**3564**	**1820**	**1744**	**104.00**	**226**	**124**	**102**	**122.00**
40岁	776	402	374	107.00	36	19	17	112.00
41岁	770	384	386	99.00	49	25	24	104.00
42岁	799	401	398	101.00	51	26	25	104.00
43岁	795	410	385	106.00	49	33	16	206.00
44岁	424	223	201	111.00	41	21	20	105.00
45-49	**2819**	**1442**	**1377**	**105.00**	**225**	**116**	**109**	**106.00**
45岁	574	301	273	110.00	44	26	18	144.00
46岁	532	260	272	96.00	45	21	24	88.00
47岁	548	284	264	108.00	40	19	21	90.00
48岁	576	285	291	98.00	42	22	20	110.00
49岁	589	312	277	113.00	54	28	26	108.00
50-54	**2855**	**1425**	**1430**	**100.00**	**284**	**142**	**142**	**100.00**
50岁	568	287	281	102.00	51	28	23	122.00
51岁	592	306	286	107.00	59	26	33	79.00
52岁	606	303	303	100.00	55	34	21	162.00
53岁	558	274	284	96.00	64	28	36	78.00
54岁	531	255	276	92.00	55	26	29	90.00

1－2b 续表 2

单位：人，%

年龄	调查人口				调查残疾人			
	合计	男	女	性别比	合计	男	女	性别比
55-59	**2162**	**1109**	**1053**	**105.00**	**321**	**154**	**167**	**92.00**
55岁	517	262	255	103.00	68	34	34	100.00
56岁	516	282	234	121.00	66	27	39	69.00
57岁	376	183	193	95.00	54	32	22	145.00
58岁	394	214	180	119.00	64	30	34	88.00
59岁	359	168	191	88.00	69	31	38	82.00
60-64	**1251**	**645**	**606**	**106.00**	**238**	**129**	**109**	**118.00**
60岁	252	118	134	88.00	39	17	22	77.00
61岁	293	154	139	111.00	65	38	27	141.00
62岁	248	133	115	116.00	44	27	17	159.00
63岁	230	121	109	111.00	47	22	25	88.00
64岁	228	119	109	109.00	43	25	18	139.00
65-69	**1151**	**603**	**548**	**110.00**	**301**	**172**	**129**	**133.00**
65岁	253	139	114	122.00	60	37	23	161.00
66岁	271	137	134	102.00	69	39	30	130.00
67岁	248	138	110	125.00	66	39	27	144.00
68岁	177	93	84	111.00	47	25	22	114.00
69岁	202	96	106	91.00	59	32	27	119.00
70-74	**857**	**440**	**417**	**106.00**	**322**	**166**	**156**	**106.00**
70岁	187	91	96	95.00	58	25	33	76.00
71岁	195	112	83	135.00	78	49	29	169.00
72岁	195	99	96	103.00	76	40	36	111.00
73岁	146	72	74	97.00	58	29	29	100.00
74岁	134	66	68	97.00	52	23	29	79.00
75-79	**523**	**271**	**252**	**108.00**	**243**	**131**	**112**	**117.00**
75岁	131	76	55	138.00	54	28	26	108.00
76岁	103	53	50	106.00	40	25	15	167.00
77岁	91	42	49	86.00	51	24	27	89.00
78岁	113	55	58	95.00	49	29	20	145.00
79岁	85	45	40	113.00	49	25	24	104.00
80-84	**279**	**130**	**149**	**87.00**	**162**	**73**	**89**	**82.00**
80岁	81	38	43	88.00	46	18	28	64.00
81岁	47	20	27	74.00	29	12	17	71.00
82岁	56	28	28	100.00	34	18	16	113.00
83岁	52	22	30	73.00	28	13	15	87.00
84岁	43	22	21	105.00	25	12	13	92.00
85+	**109**	**56**	**53**	**106.00**	**59**	**33**	**26**	**127.00**

1-3 调查家庭户类别

单位：户

家庭户规模	合计	一代户	二代户	三代户	四代户及以上
总 计	**25375**	**7662**	**13642**	**3971**	**100**
一人户	1629	1629			
二人户	7116	5929	1187		
三人户	9848	80	9585	183	
四人户	3889	19	2503	1367	
五人户	2153	4	314	1823	12
六人户	558	1	44	460	53
七人户	127		8	91	28
八人户	50		1	43	6
九人户	5			4	1

1－4 各地区分性别、户口登记状况的人口

单位：人

地 区	调查人口			住本调查小区，户口在本乡、镇、街道		
	合计	男	女	小计	男	女
总 计	**76408**	**38425**	**37983**	**71506**	**36110**	**35396**
朝阳区	3488	1701	1787	3147	1527	1620
昌邑区	3609	1798	1811	3200	1604	1596
龙潭区	3428	1704	1724	3219	1613	1606
二道区	3525	1739	1786	2882	1431	1451
洮北区	3458	1725	1733	3212	1612	1600
东昌区	3716	1821	1895	3159	1569	1590
二道江区	3469	1693	1776	3250	1594	1656
延吉市	3492	1728	1764	2754	1397	1357
临江市	3501	1769	1732	3334	1688	1646
榆树市	3599	1800	1799	3363	1684	1679
公主岭市	3479	1754	1725	3406	1720	1686
九台市	3494	1766	1728	3317	1683	1634
舒兰市	3467	1757	1710	3445	1745	1700
蛟河市	3544	1806	1738	3503	1787	1716
大安市	3415	1700	1715	3315	1654	1661
抚松县	3300	1682	1618	3139	1601	1538
安图县	3299	1718	1581	3086	1612	1474
农安县	3376	1713	1663	3321	1689	1632
梨树县	3379	1755	1624	3327	1726	1601
永吉县	3463	1779	1684	3338	1715	1623
长岭县	3361	1684	1677	3317	1662	1655
乾安县	3546	1833	1713	3472	1797	1675

1-4 续表

单位：人

地区	住本调查小区半年以上，户口在外乡、镇、街道			住本调查小区不满半年，离开户所在地半年以上			住本调查小区，户口待定		
	小计	男	女	小计	男	女	小计	男	女
总　计	**4718**	**2221**	**2497**	**91**	**43**	**48**	**93**	**51**	**42**
朝阳区	323	163	160	7	4	3	11	7	4
昌邑区	402	190	212	5	3	2	2	1	1
龙潭区	206	89	117				3	2	1
二道区	620	296	324	17	8	9	6	4	2
洮北区	246	113	133						
东昌区	532	241	291	19	7	12	6	4	2
二道江区	218	99	119	1		1			
延吉市	735	329	406				3	2	1
临江市	144	69	75	20	10	10	3	2	1
榆树市	192	95	97	10	4	6	34	17	17
公主岭市	73	34	39						
九台市	176	82	94	1	1				
舒兰市	21	12	9				1		1
蛟河市	37	17	20				4	2	2
大安市	95	43	52	1		1	4	3	1
抚松县	157	80	77	1	1		3		3
安图县	206	102	104	3	2	1	4	2	2
农安县	55	24	31						
梨树县	44	24	20				8	5	3
永吉县	124	63	61	1	1				
长岭县	40	21	19	3	1	2	1		1
乾安县	72	35	37	2	1	1			

1－5　各地区分户口登记状况、户口性质的人口

单位：人

地　区	合计			住本调查小区户口在本乡、镇、街道		
	合计	农业	非农业	小计	农业	非农业
总　计	**76315**	**39616**	**36699**	**71506**	**37802**	**33704**
朝阳区	3477	756	2721	3147	665	2482
昌邑区	3607	621	2986	3200	465	2735
龙潭区	3425	1225	2200	3219	1175	2044
二道区	3519	937	2582	2882	686	2196
洮北区	3458	931	2527	3212	848	2364
东昌区	3710	185	3525	3159	70	3089
二道江区	3469	539	2930	3250	502	2748
延吉市	3489	949	2540	2754	778	1976
临江市	3498	1514	1984	3334	1464	1870
榆树市	3565	2807	758	3363	2646	717
公主岭市	3479	2138	1341	3406	2122	1284
九台市	3494	2302	1192	3317	2205	1112
舒兰市	3466	2626	840	3445	2623	822
蛟河市	3540	2361	1179	3503	2335	1168
大安市	3411	2606	805	3315	2552	763
抚松县	3297	1128	2169	3139	1039	2100
安图县	3295	1839	1456	3086	1718	1368
农安县	3376	2455	921	3321	2413	908
梨树县	3371	2821	550	3327	2792	535
永吉县	3463	3037	426	3338	2960	378
长岭县	3360	2950	410	3317	2914	403
乾安县	3546	2889	657	3472	2830	642

1－5 续表

单位：人

地 区	住本调查小区半年以上户口在外乡、镇、街道			住本调查小区不满半年，离开户所在地半年以上		
	小计	农业	非农业	小计	农业	非农业
总 计	**4718**	**1762**	**2956**	**91**	**52**	**39**
朝阳区	323	84	239	7	7	
昌邑区	402	156	246	5		5
龙潭区	206	50	156			
二道区	620	237	383	17	14	3
洮北区	246	83	163			
东昌区	532	109	423	19	6	13
二道江区	218	37	181	1		1
延吉市	735	171	564			
临江市	144	39	105	20	11	9
榆树市	192	154	38	10	7	3
公主岭市	73	16	57			
九台市	176	96	80	1	1	
舒兰市	21	3	18			
蛟河市	37	26	11			
大安市	95	53	42	1	1	
抚松县	157	89	68	1		1
安图县	206	121	85	3		3
农安县	55	42	13			
梨树县	44	29	15			
永吉县	124	77	47	1		1
长岭县	40	33	7	3	3	
乾安县	72	57	15	2	2	

1－6　6岁及以上人口分年龄、性别的受教育程度

单位：人

年 龄	调查人口			不识字			未上过学		
	合计	男	女	小计	男	女	小计	男	女
总 计	**72615**	**36440**	**36175**	**5015**	**1424**	**3591**	**311**	**134**	**177**
6-9岁	**2455**	**1226**	**1229**	**140**	**72**	**68**	**29**	**14**	**15**
6岁	492	246	246	123	64	59	27	13	14
7岁	688	342	346	10	6	4	1		1
8岁	601	299	302	3		3	1	1	
9岁	674	339	335	4	2	2			
10-14	**4280**	**2279**	**2001**	**21**	**10**	**11**	**5**	**5**	
10岁	699	367	332	7	4	3	2	2	
11岁	760	420	340	3		3			
12岁	799	404	395	4	2	2	2	2	
13岁	999	537	462	2		2			
14岁	1023	551	472	5	4	1	1	1	
15-19	**6426**	**3326**	**3100**	**44**	**25**	**19**	**5**	**3**	**2**
15岁	1311	666	645	6	6		1	1	
16岁	1366	718	648	9	4	5	1		1
17岁	1334	678	656	13	7	6	1		1
18岁	1356	708	648	6	3	3	1	1	
19岁	1059	556	503	10	5	5	1	1	
20-24	**4186**	**2066**	**2120**	**38**	**22**	**16**	**7**	**3**	**4**
20岁	823	387	436	7	4	3	2	1	1
21岁	796	392	404	7	6	1	1		1
22岁	752	383	369	9	4	5	2	1	1
23岁	926	453	473	8	6	2	2	1	1
24岁	889	451	438	7	2	5			
25-29	**5110**	**2622**	**2488**	**39**	**18**	**21**	**2**	**1**	**1**
25岁	870	436	434	2	1	1			
26岁	1121	587	534	10	6	4			
27岁	1109	558	551	8	3	5	1	1	
28岁	989	502	487	10	5	5			
29岁	1021	539	482	9	3	6	1		1
30-34	**6503**	**3287**	**3216**	**69**	**37**	**32**	**7**	**2**	**5**
30岁	1011	505	506	9	5	4			

1－6 续表 1

单位：人

年 龄	调查人口			不识字			未上过学		
	合计	男	女	小计	男	女	小计	男	女
31岁	1089	546	543	15	8	7	1		1
32岁	1296	649	647	14	9	5			
33岁	1518	805	713	18	8	10	5	2	3
34岁	1589	782	807	13	7	6	1		1
35－39	**8099**	**4055**	**4044**	**132**	**49**	**83**	**11**	**4**	**7**
35岁	1710	859	851	23	11	12			
36岁	1600	823	777	30	9	21	1	1	
37岁	1809	883	926	19	10	9	4	1	3
38岁	1464	756	708	29	7	22	1		1
39岁	1516	734	782	31	12	19	5	2	3
40－44	**8020**	**4067**	**3953**	**166**	**54**	**112**	**11**	**2**	**9**
40岁	1600	803	797	36	7	29	5	1	4
41岁	1688	850	838	28	11	17	2		2
42岁	1898	956	942	39	16	23	1		1
43岁	1817	929	888	31	11	20	1	1	
44岁	1017	529	488	32	9	23	2		2
45－49	**6558**	**3270**	**3288**	**309**	**67**	**242**	**17**	**4**	**13**
45岁	1338	655	683	36	5	31	1		1
46岁	1202	613	589	54	11	43	2	1	1
47岁	1292	675	617	59	13	46	3		3
48岁	1338	651	687	75	18	57	6	1	5
49岁	1388	676	712	85	20	65	5	2	3
50－54	**6292**	**3112**	**3180**	**519**	**111**	**408**	**21**	**7**	**14**
50岁	1296	651	645	86	17	69	6	2	4
51岁	1355	685	670	106	29	77	1	1	
52岁	1322	624	698	102	24	78	4	2	2
53岁	1227	605	622	107	24	83	6	1	5
54岁	1092	547	545	118	17	101	4	1	3
55－59	**4622**	**2286**	**2336**	**434**	**98**	**336**	**26**	**7**	**19**
55岁	1099	543	556	97	21	76	8	1	7
56岁	1115	566	549	87	21	66	6	4	2
57岁	833	392	441	77	18	59	4	1	3
58岁	782	393	389	91	18	73	1		1

1－6 续表 2

单位：人

年 龄	调查人口			不识字			未上过学		
	合计	男	女	小计	男	女	小计	男	女
59岁	793	392	401	82	20	62	7	1	6
60－64	**2940**	**1388**	**1552**	**431**	**101**	**330**	**19**	**5**	**14**
60岁	603	285	318	89	16	73	3	1	2
61岁	603	276	327	89	26	63	3		3
62岁	562	261	301	87	21	66	4	1	3
63岁	613	296	317	85	20	65	3	2	1
64岁	559	270	289	81	18	63	6	1	5
65－69	**2835**	**1348**	**1487**	**638**	**154**	**484**	**47**	**17**	**30**
65岁	605	313	292	107	31	76	6	2	4
66岁	625	293	332	136	33	103	5	4	1
67岁	581	285	296	137	34	103	12	4	8
68岁	494	225	269	111	25	86	11	3	8
69岁	530	232	298	147	31	116	13	4	9
70－74	**2157**	**1058**	**1099**	**866**	**254**	**612**	**49**	**27**	**22**
70岁	487	225	262	172	43	129	6	1	5
71岁	501	237	264	187	61	126	10	7	3
72岁	481	242	239	190	49	141	11	7	4
73岁	346	172	174	161	51	110	10	6	4
74岁	342	182	160	156	50	106	12	6	6
75－79	**1281**	**639**	**642**	**635**	**181**	**454**	**31**	**18**	**13**
75岁	329	176	153	151	47	104	10	4	6
76岁	262	133	129	122	34	88	5	4	1
77岁	244	117	127	112	24	88	4	4	
78岁	249	115	134	146	40	106	5	2	3
79岁	197	98	99	104	36	68	7	4	3
80+	**851**	**411**	**440**	**534**	**171**	**363**	**24**	**15**	**9**

1-6 续表 3

单位：人

年龄	小学			初中			高中		
	小计	男	女	小计	男	女	小计	男	女
总　计	**21346**	**10297**	**11049**	**26946**	**14445**	**12501**	**11099**	**5904**	**5195**
6-9岁	**2283**	**1137**	**1146**	**3**	**3**				
6岁	342	169	173						
7岁	677	336	341						
8岁	594	295	299	3	3				
9岁	670	337	333						
10-14	**2615**	**1411**	**1204**	**1632**	**849**	**783**	**7**	**4**	**3**
10岁	689	361	328	1		1			
11岁	739	409	330	18	11	7			
12岁	666	333	333	127	67	60			
13岁	388	232	156	609	305	304			
14岁	133	76	57	877	466	411	7	4	3
15-19	**844**	**422**	**422**	**3357**	**1785**	**1572**	**1884**	**954**	**930**
15岁	142	73	69	1067	547	520	75	29	46
16岁	157	81	76	762	419	343	397	194	203
17岁	187	95	92	533	289	244	551	262	289
18岁	181	88	93	524	283	241	563	295	268
19岁	177	85	92	471	247	224	298	174	124
20-24	**606**	**297**	**309**	**2293**	**1131**	**1162**	**454**	**244**	**210**
20岁	128	53	75	446	207	239	126	66	60
21岁	122	58	64	460	225	235	77	40	37
22岁	112	49	63	425	218	207	61	42	19
23岁	117	65	52	509	239	270	91	52	39
24岁	127	72	55	453	242	211	99	44	55
25-29	**869**	**425**	**444**	**2492**	**1303**	**1189**	**607**	**322**	**285**
25岁	125	59	66	441	223	218	96	50	46
26岁	195	91	104	543	286	257	123	72	51
27岁	177	88	89	551	284	267	135	70	65
28岁	171	94	77	464	235	229	130	66	64
29岁	201	93	108	493	275	218	123	64	59
30-34	**1509**	**714**	**795**	**3032**	**1537**	**1495**	**805**	**455**	**350**
30岁	193	92	101	489	241	248	144	85	59

1-6 续表 4

单位：人

年 龄	小学			初中			高中		
	小计	男	女	小计	男	女	小计	男	女
31岁	264	125	139	492	252	240	117	65	52
32岁	303	149	154	576	286	290	147	81	66
33岁	357	172	185	719	387	332	187	113	74
34岁	392	176	216	756	371	385	210	111	99
35-39	**2100**	**982**	**1118**	**3673**	**1941**	**1732**	**1187**	**572**	**615**
35岁	411	189	222	800	430	370	229	112	117
36岁	392	194	198	730	390	340	253	127	126
37岁	487	213	274	824	432	392	255	118	137
38岁	397	204	193	663	353	310	217	111	106
39岁	413	182	231	656	336	320	233	104	129
40-44	**1696**	**740**	**956**	**3103**	**1710**	**1393**	**2148**	**1082**	**1066**
40岁	411	175	236	628	357	271	345	174	171
41岁	355	157	198	717	388	329	394	196	198
42岁	368	164	204	733	387	346	550	265	285
43岁	379	154	225	653	375	278	540	271	269
44岁	183	90	93	372	203	169	319	176	143
45-49	**1528**	**644**	**884**	**1996**	**1108**	**888**	**2071**	**1103**	**968**
45岁	304	116	188	421	245	176	456	227	229
46岁	248	100	148	378	210	168	398	224	174
47岁	285	116	169	394	227	167	423	240	183
48岁	354	158	196	399	214	185	387	200	187
49岁	337	154	183	404	212	192	407	212	195
50-54	**1958**	**832**	**1126**	**2109**	**1186**	**923**	**1033**	**594**	**439**
50岁	335	146	189	382	202	180	349	201	148
51岁	388	158	230	407	240	167	308	173	135
52岁	422	167	255	459	239	220	188	105	83
53岁	426	192	234	455	254	201	111	66	45
54岁	387	169	218	406	251	155	77	49	28
55-59	**1820**	**840**	**980**	**1523**	**858**	**665**	**337**	**200**	**137**
55岁	390	181	209	428	245	183	86	50	36
56岁	431	198	233	417	236	181	74	47	27
57岁	329	154	175	240	119	121	68	36	32
58岁	351	171	180	202	117	85	55	34	21

1－6　续表 5

单位：人

年　龄	小学			初中			高中		
	小计	男	女	小计	男	女	小计	男	女
59岁	319	136	183	236	141	95	54	33	21
60－64	**1138**	**507**	**631**	**755**	**417**	**338**	**234**	**141**	**93**
60岁	242	103	139	160	99	61	27	16	11
61岁	238	104	134	169	94	75	46	25	21
62岁	197	93	104	155	79	76	50	27	23
63岁	228	106	122	157	79	78	61	38	23
64岁	233	101	132	114	66	48	50	35	15
65－69	**1152**	**570**	**582**	**521**	**301**	**220**	**154**	**100**	**54**
65岁	248	130	118	122	79	43	40	22	18
66岁	263	124	139	122	68	54	29	18	11
67岁	227	127	100	116	64	52	30	20	10
68岁	210	98	112	77	44	33	29	20	9
69岁	204	91	113	84	46	38	26	20	6
70－74	**677**	**401**	**276**	**276**	**173**	**103**	**96**	**66**	**30**
70岁	159	88	71	62	35	27	30	18	12
71岁	171	87	84	70	39	31	22	15	7
72岁	160	102	58	63	42	21	23	16	7
73岁	89	58	31	44	31	13	10	6	4
74岁	98	66	32	37	26	11	11	11	
75－79	**365**	**240**	**125**	**130**	**100**	**30**	**55**	**43**	**12**
75岁	95	66	29	40	29	11	12	10	2
76岁	74	45	29	34	28	6	13	11	2
77岁	73	43	30	26	22	4	13	9	4
78岁	61	43	18	17	13	4	13	11	2
79岁	62	43	19	13	8	5	4	2	2
80+	**186**	**135**	**51**	**51**	**43**	**8**	**27**	**24**	**3**

1－6 续表 6

单位：人

年龄	中专			大学专科			大学本科			研究生		
	小计	男	女	小计	男	女	小计	男	女	小计	男	女
总　计	**2957**	**1489**	**1468**	**2961**	**1646**	**1315**	**1889**	**1049**	**840**	**91**	**52**	**39**
6－9岁												
6岁												
7岁												
8岁												
9岁												
10－14												
10岁												
11岁												
12岁												
13岁												
14岁												
15－19	**193**	**101**	**92**	**62**	**25**	**37**	**37**	**11**	**26**			
15岁	16	7	9	4	3	1						
16岁	32	18	14	3	2	1	5		5			
17岁	41	21	20	6	3	3	2	1	1			
18岁	55	29	26	19	7	12	7	2	5			
19岁	49	26	23	30	10	20	23	8	15			
20－24	**269**	**123**	**146**	**265**	**123**	**142**	**244**	**116**	**128**	**10**	**7**	**3**
20岁	48	30	18	39	14	25	27	12	15			
21岁	35	16	19	40	19	21	54	28	26			
22岁	51	22	29	46	22	24	44	23	21	2	2	
23岁	60	21	39	70	36	34	63	29	34	6	4	2
24岁	75	34	41	70	32	38	56	24	32	2	1	1
25－29	**480**	**234**	**246**	**379**	**201**	**178**	**224**	**108**	**116**	**18**	**10**	**8**
25岁	84	40	44	69	36	33	49	24	25	4	3	1
26岁	112	60	52	85	45	40	50	26	24	3	1	2
27岁	108	52	56	78	37	41	47	23	24	4		4
28岁	94	37	57	78	44	34	38	18	20	4	3	1
29岁	82	45	37	69	39	30	40	17	23	3	3	
30－34	**344**	**178**	**166**	**451**	**220**	**231**	**263**	**132**	**131**	**23**	**12**	**11**
30岁	65	29	36	73	34	39	36	17	19	2	2	

1－6 续表 7

单位：人

年龄	中专			大学专科			大学本科			研究生		
	小计	男	女	小计	男	女	小计	男	女	小计	男	女
31岁	77	39	38	73	38	35	46	16	30	4	3	1
32岁	77	39	38	108	49	59	63	33	30	8	3	5
33岁	61	34	27	103	53	50	64	34	30	4	2	2
34岁	64	37	27	94	46	48	54	32	22	5	2	3
35-39	**300**	**140**	**160**	**433**	**233**	**200**	**247**	**125**	**122**	**16**	**9**	**7**
35岁	71	33	38	106	53	53	64	28	36	6	3	3
36岁	50	22	28	90	51	39	52	28	24	2	1	1
37岁	71	30	41	96	53	43	48	22	26	5	4	1
38岁	47	24	23	70	36	34	38	20	18	2	1	1
39岁	61	31	30	71	40	31	45	27	18	1		1
40-44	**261**	**120**	**141**	**404**	**226**	**178**	**217**	**127**	**90**	**14**	**6**	**8**
40岁	55	26	29	76	43	33	43	20	23	1		1
41岁	55	21	34	92	52	40	42	24	18	3	1	2
42岁	51	20	31	90	59	31	61	41	20	5	4	1
43岁	66	40	26	96	46	50	47	30	17	4	1	3
44岁	34	13	21	50	26	24	24	12	12	1		1
45-49	**186**	**88**	**98**	**303**	**174**	**129**	**144**	**79**	**65**	**4**	**3**	**1**
45岁	31	14	17	58	31	27	30	16	14	1	1	
46岁	41	23	18	59	32	27	22	12	10			
47岁	33	16	17	61	44	17	33	19	14	1		1
48岁	31	16	15	63	32	31	22	11	11	1	1	
49岁	50	19	31	62	35	27	37	21	16	1	1	
50-54	**266**	**139**	**127**	**262**	**166**	**96**	**122**	**76**	**46**	**2**	**1**	**1**
50岁	43	20	23	63	42	21	31	20	11	1	1	
51岁	57	30	27	62	38	24	26	16	10			
52岁	73	41	32	45	30	15	29	16	13			
53岁	53	26	27	48	27	21	20	15	5	1		1
54岁	40	22	18	44	29	15	16	9	7			
55-59	**231**	**126**	**105**	**163**	**99**	**64**	**86**	**56**	**30**	**2**	**2**	
55岁	34	14	20	36	18	18	19	12	7	1	1	
56岁	42	23	19	34	20	14	24	17	7			
57岁	60	29	31	40	25	15	14	9	5	1	1	
58岁	40	26	14	28	19	9	14	8	6			

1－6　续表 8

单位：人

年　龄	中专			大学专科			大学本科			研究生		
	小计	男	女	小计	男	女	小计	男	女	小计	男	女
59岁	55	34	21	25	17	8	15	10	5			
60-64	**175**	**93**	**82**	**91**	**65**	**26**	**96**	**58**	**38**	**1**	**1**	
60岁	28	20	8	22	13	9	31	16	15	1	1	
61岁	30	10	20	15	12	3	13	5	8			
62岁	34	16	18	15	11	4	20	13	7			
63岁	40	22	18	26	19	7	13	10	3			
64岁	43	25	18	13	10	3	19	14	5			
65-69	**136**	**68**	**68**	**78**	**60**	**18**	**109**	**78**	**31**			
65岁	41	20	21	18	13	5	23	16	7			
66岁	29	15	14	16	13	3	25	18	7			
67岁	19	9	10	18	13	5	22	14	8			
68岁	21	7	14	14	11	3	21	17	4			
69岁	26	17	9	12	10	2	18	13	5			
70-74	**90**	**58**	**32**	**43**	**31**	**12**	**59**	**47**	**12**	**1**	**1**	
70岁	29	19	10	15	12	3	14	9	5			
71岁	19	12	7	9	7	2	13	9	4			
72岁	18	13	5	6	4	2	10	9	1			
73岁	12	6	6	7	3	4	12	10	2	1	1	
74岁	12	8	4	6	5	1	10	10				
75-79	**22**	**18**	**4**	**17**	**15**	**2**	**26**	**24**	**2**			
75岁	8	7	1	4	4		9	9				
76岁	7	6	1	4	3	1	3	2	1			
77岁	4	4		4	3	1	8	8				
78岁	1	1		2	2		4	3	1			
79岁	2		2	3	3		2	2				
80+	**4**	**3**	**1**	**10**	**8**	**2**	**15**	**12**	**3**			

1－7 15岁及以上分年龄、性别的文盲人口

单位：人，%

年 龄	调查人口			文盲人口			文盲人口占调查人口的比例		
	合计	男	女	小计	男	女	总比例	男	女
总 计	**65880**	**32935**	**32945**	**4854**	**1342**	**3512**	**7.37**	**4.07**	**10.66**
15-19	**6426**	**3326**	**3100**	**44**	**25**	**19**	**0.68**	**0.75**	**0.61**
15岁	1311	666	645	6	6		0.46	0.90	
16岁	1366	718	648	9	4	5	0.66	0.56	0.77
17岁	1334	678	656	13	7	6	0.97	1.03	0.91
18岁	1356	708	648	6	3	3	0.44	0.42	0.46
19岁	1059	556	503	10	5	5	0.94	0.90	0.99
20-24	**4186**	**2066**	**2120**	**38**	**22**	**16**	**0.91**	**1.06**	**0.75**
20岁	823	387	436	7	4	3	0.85	1.03	0.69
21岁	796	392	404	7	6	1	0.88	1.53	0.25
22岁	752	383	369	9	4	5	1.20	1.04	1.36
23岁	926	453	473	8	6	2	0.86	1.32	0.42
24岁	889	451	438	7	2	5	0.79	0.44	1.14
25-29	**5110**	**2622**	**2488**	**39**	**18**	**21**	**0.76**	**0.69**	**0.84**
25岁	870	436	434	2	1	1	0.23	0.23	0.23
26岁	1121	587	534	10	6	4	0.89	1.02	0.75
27岁	1109	558	551	8	3	5	0.72	0.54	0.91
28岁	989	502	487	10	5	5	1.01	1.00	1.03
29岁	1021	539	482	9	3	6	0.88	0.56	1.24
30-34	**6503**	**3287**	**3216**	**69**	**37**	**32**	**1.06**	**1.13**	**1.00**
30岁	1011	505	506	9	5	4	0.89	0.99	0.79
31岁	1089	546	543	15	8	7	1.38	1.47	1.29
32岁	1296	649	647	14	9	5	1.08	1.39	0.77
33岁	1518	805	713	18	8	10	1.19	0.99	1.40
34岁	1589	782	807	13	7	6	0.82	0.90	0.74

1-7 续表 1

单位：人，%

年龄	调查人口			文盲人口			文盲人口占调查人口的比例		
	合计	男	女	小计	男	女	总比例	男	女
35-39	**8099**	**4055**	**4044**	**132**	**49**	**83**	**1.63**	**1.21**	**2.05**
35岁	1710	859	851	23	11	12	1.35	1.28	1.41
36岁	1600	823	777	30	9	21	1.88	1.09	2.70
37岁	1809	883	926	19	10	9	1.05	1.13	0.97
38岁	1464	756	708	29	7	22	1.98	0.93	3.11
39岁	1516	734	782	31	12	19	2.04	1.63	2.43
40-44	**8020**	**4067**	**3953**	**166**	**54**	**112**	**2.07**	**1.33**	**2.83**
40岁	1600	803	797	36	7	29	2.25	0.87	3.64
41岁	1688	850	838	28	11	17	1.66	1.29	2.03
42岁	1898	956	942	39	16	23	2.05	1.67	2.44
43岁	1817	929	888	31	11	20	1.71	1.18	2.25
44岁	1017	529	488	32	9	23	3.15	1.70	4.71
45-49	**6558**	**3270**	**3288**	**309**	**67**	**242**	**4.71**	**2.05**	**7.36**
45岁	1338	655	683	36	5	31	2.69	0.76	4.54
46岁	1202	613	589	54	11	43	4.49	1.79	7.30
47岁	1292	675	617	59	13	46	4.57	1.93	7.46
48岁	1338	651	687	75	18	57	5.61	2.76	8.30
49岁	1388	676	712	85	20	65	6.12	2.96	9.13
50-54	**6292**	**3112**	**3180**	**519**	**111**	**408**	**8.25**	**3.57**	**12.83**
50岁	1296	651	645	86	17	69	6.64	2.61	10.70
51岁	1355	685	670	106	29	77	7.82	4.23	11.49
52岁	1322	624	698	102	24	78	7.72	3.85	11.17
53岁	1227	605	622	107	24	83	8.72	3.97	13.34
54岁	1092	547	545	118	17	101	10.81	3.11	18.53
55-59	**4622**	**2286**	**2336**	**434**	**98**	**336**	**9.39**	**4.29**	**14.38**
55岁	1099	543	556	97	21	76	8.83	3.87	13.67
56岁	1115	566	549	87	21	66	7.80	3.71	12.02
57岁	833	392	441	77	18	59	9.24	4.59	13.38
58岁	782	393	389	91	18	73	11.64	4.58	18.77
59岁	793	392	401	82	20	62	10.34	5.10	15.46
60-64	**2940**	**1388**	**1552**	**431**	**101**	**330**	**14.66**	**7.28**	**21.26**
60岁	603	285	318	89	16	73	14.76	5.61	22.96
61岁	603	276	327	89	26	63	14.76	9.42	19.27

1-7 续表 2

单位：人，%

年 龄	调查人口			文盲人口			文盲人口占调查人口的比例		
	合计	男	女	小计	男	女	总比例	男	女
62岁	562	261	301	87	21	66	15.48	8.05	21.93
63岁	613	296	317	85	20	65	13.87	6.76	20.50
64岁	559	270	289	81	18	63	14.49	6.67	21.80
65-69	**2835**	**1348**	**1487**	**638**	**154**	**484**	**22.50**	**11.42**	**32.55**
65岁	605	313	292	107	31	76	17.69	9.90	26.03
66岁	625	293	332	136	33	103	21.76	11.26	31.02
67岁	581	285	296	137	34	103	23.58	11.93	34.80
68岁	494	225	269	111	25	86	22.47	11.11	31.97
69岁	530	232	298	147	31	116	27.74	13.36	38.93
70-74	**2157**	**1058**	**1099**	**866**	**254**	**612**	**40.15**	**24.01**	**55.69**
70岁	487	225	262	172	43	129	35.32	19.11	49.24
71岁	501	237	264	187	61	126	37.33	25.74	47.73
72岁	481	242	239	190	49	141	39.50	20.25	59.00
73岁	346	172	174	161	51	110	46.53	29.65	63.22
74岁	342	182	160	156	50	106	45.61	27.47	66.25
75-79	**1281**	**639**	**642**	**635**	**181**	**454**	**49.57**	**28.33**	**70.72**
75岁	329	176	153	151	47	104	45.90	26.70	67.97
76岁	262	133	129	122	34	88	46.56	25.56	68.22
77岁	244	117	127	112	24	88	45.90	20.51	69.29
78岁	249	115	134	146	40	106	58.63	34.78	79.10
79岁	197	98	99	104	36	68	52.79	36.73	68.69
80-84	**613**	**294**	**319**	**378**	**118**	**260**	**61.66**	**40.14**	**81.50**
80岁	198	90	108	109	29	80	55.05	32.22	74.07
81岁	125	63	62	72	21	51	57.60	33.33	82.26
82岁	122	63	59	77	28	49	63.11	44.44	83.05
83岁	91	36	55	69	18	51	75.82	50.00	92.73
84岁	77	42	35	51	22	29	66.23	52.38	82.86
85+	**238**	**117**	**121**	**156**	**53**	**103**	**65.55**	**45.30**	**85.12**

1－7a 城镇15岁及以上分年龄、性别的文盲人口

单位：人，%

年龄	调查人口			文盲人口			文盲人口占调查人口的比例		
	合计	男	女	小计	男	女	总比例	男	女
总计	**34982**	**17127**	**17855**	**1674**	**381**	**1293**	**4.79**	**2.22**	**7.24**
15-19	**2791**	**1471**	**1320**	**16**	**12**	**4**	**0.57**	**0.82**	**0.30**
15岁	552	282	270	3	3		0.54	1.06	
16岁	609	334	275	3	1	2	0.49	0.30	0.73
17岁	586	303	283	3	3		0.51	0.99	
18岁	609	322	287	3	2	1	0.49	0.62	0.35
19岁	435	230	205	4	3	1	0.92	1.30	0.49
20-24	**1878**	**903**	**975**	**14**	**10**	**4**	**0.75**	**1.11**	**0.41**
20岁	316	139	177	3	2	1	0.95	1.44	0.56
21岁	323	157	166	2	2		0.62	1.27	
22岁	329	164	165	1	1		0.30	0.61	
23岁	467	233	234	5	4	1	1.07	1.72	0.43
24岁	443	210	233	3	1	2	0.68	0.48	0.86
25-29	**2660**	**1316**	**1344**	**8**	**4**	**4**	**0.30**	**0.30**	**0.30**
25岁	423	211	212						
26岁	516	260	256	2	2		0.39	0.77	
27岁	601	281	320	2		2	0.33		0.63
28岁	544	273	271	4	2	2	0.74	0.73	0.74
29岁	576	291	285						
30-34	**3446**	**1714**	**1732**	**20**	**13**	**7**	**0.58**	**0.76**	**0.40**
30岁	546	267	279	3	2	1	0.55	0.75	0.36
31岁	552	266	286	3	3		0.54	1.13	
32岁	709	352	357	3	1	2	0.42	0.28	0.56
33岁	807	432	375	4	3	1	0.50	0.69	0.27
34岁	832	397	435	7	4	3	0.84	1.01	0.69
35-39	**4221**	**2085**	**2136**	**30**	**16**	**14**	**0.71**	**0.77**	**0.66**
35岁	912	449	463	5	2	3	0.55	0.45	0.65
36岁	875	446	429	8	3	5	0.91	0.67	1.17

1－7a 续表 1

单位：人，%

年 龄	调查人口			文盲人口			文盲人口占调查人口的比例		
	合计	男	女	小计	男	女	总比例	男	女
37岁	936	449	487	5	5		0.53	1.11	
38岁	745	378	367	6	3	3	0.81	0.79	0.82
39岁	753	363	390	6	3	3	0.80	0.83	0.77
40-44	**4456**	**2247**	**2209**	**31**	**15**	**16**	**0.70**	**0.67**	**0.72**
40岁	824	401	423	8	1	7	0.97	0.25	1.65
41岁	918	466	452	5	4	1	0.54	0.86	0.22
42岁	1099	555	544	8	4	4	0.73	0.72	0.74
43岁	1022	519	503	5	3	2	0.49	0.58	0.40
44岁	593	306	287	5	3	2	0.84	0.98	0.70
45-49	**3739**	**1828**	**1911**	**48**	**7**	**41**	**1.28**	**0.38**	**2.15**
45岁	764	354	410	7		7	0.92		1.71
46岁	670	353	317	7	2	5	1.04	0.57	1.58
47岁	744	391	353	6	1	5	0.81	0.26	1.42
48岁	762	366	396	15	2	13	1.97	0.55	3.28
49岁	799	364	435	13	2	11	1.63	0.55	2.53
50-54	**3437**	**1687**	**1750**	**104**	**22**	**82**	**3.03**	**1.30**	**4.69**
50岁	728	364	364	15	5	10	2.06	1.37	2.75
51岁	763	379	384	20	6	14	2.62	1.58	3.65
52岁	716	321	395	20	4	16	2.79	1.25	4.05
53岁	669	331	338	23	4	19	3.44	1.21	5.62
54岁	561	292	269	26	3	23	4.63	1.03	8.55
55-59	**2460**	**1177**	**1283**	**108**	**25**	**83**	**4.39**	**2.12**	**6.47**
55岁	582	281	301	23	6	17	3.95	2.14	5.65
56岁	599	284	315	23	6	17	3.84	2.11	5.40
57岁	457	209	248	22	5	17	4.81	2.39	6.85
58岁	388	179	209	21	4	17	5.41	2.23	8.13
59岁	434	224	210	19	4	15	4.38	1.79	7.14
60-64	**1689**	**743**	**946**	**142**	**22**	**120**	**8.41**	**2.96**	**12.68**
60岁	351	167	184	32	5	27	9.12	2.99	14.67
61岁	310	122	188	25	5	20	8.06	4.10	10.64
62岁	314	128	186	28	6	22	8.92	4.69	11.83
63岁	383	175	208	31	4	27	8.09	2.29	12.98

1－7a 续表 2

单位：人，%

年 龄	调查人口			文盲人口			文盲人口占调查人口的比例		
	合计	男	女	小计	男	女	总比例	男	女
64岁	331	151	180	26	2	24	7.85	1.32	13.33
65-69	**1684**	**745**	**939**	**255**	**39**	**216**	**15.14**	**5.23**	**23.00**
65岁	352	174	178	37	9	28	10.51	5.17	15.73
66岁	354	156	198	47	7	40	13.28	4.49	20.20
67岁	333	147	186	50	7	43	15.02	4.76	23.12
68岁	317	132	185	54	7	47	17.03	5.30	25.41
69岁	328	136	192	67	9	58	20.43	6.62	30.21
70-74	**1300**	**618**	**682**	**375**	**78**	**297**	**28.85**	**12.62**	**43.55**
70岁	300	134	166	80	17	63	26.67	12.69	37.95
71岁	306	125	181	79	13	66	25.82	10.40	36.46
72岁	286	143	143	80	13	67	27.97	9.09	46.85
73岁	200	100	100	69	19	50	34.50	19.00	50.00
74岁	208	116	92	67	16	51	32.21	13.79	55.43
75-79	**758**	**368**	**390**	**290**	**57**	**233**	**38.26**	**15.49**	**59.74**
75岁	198	100	98	69	14	55	34.85	14.00	56.12
76岁	159	80	79	52	9	43	32.70	11.25	54.43
77岁	153	75	78	49	6	43	32.03	8.00	55.13
78岁	136	60	76	69	14	55	50.74	23.33	72.37
79岁	112	53	59	51	14	37	45.54	26.42	62.71
80-84	**334**	**164**	**170**	**162**	**42**	**120**	**48.50**	**25.61**	**70.59**
80岁	117	52	65	51	9	42	43.59	17.31	64.62
81岁	78	43	35	35	10	25	44.87	23.26	71.43
82岁	66	35	31	33	11	22	50.00	31.43	70.97
83岁	39	14	25	29	6	23	74.36	42.86	92.00
84岁	34	20	14	14	6	8	41.18	30.00	57.14
85+	**129**	**61**	**68**	**71**	**19**	**52**	**55.04**	**31.15**	**76.47**

1－7b 农村15岁及以上分年龄、性别的文盲人口

单位：人，%

年 龄	调查人口			文盲人口			文盲人口占调查人口的比例		
	合计	男	女	小计	男	女	总比例	男	女
总 计	**30898**	**15808**	**15090**	**3180**	**961**	**2219**	**10.29**	**6.08**	**14.71**
15-19	**3635**	**1855**	**1780**	**28**	**13**	**15**	**0.77**	**0.70**	**0.84**
15岁	759	384	375	3	3		0.40	0.78	
16岁	757	384	373	6	3	3	0.79	0.78	0.80
17岁	748	375	373	10	4	6	1.34	1.07	1.61
18岁	747	386	361	3	1	2	0.40	0.26	0.55
19岁	624	326	298	6	2	4	0.96	0.61	1.34
20-24	**2308**	**1163**	**1145**	**24**	**12**	**12**	**1.04**	**1.03**	**1.05**
20岁	507	248	259	4	2	2	0.79	0.81	0.77
21岁	473	235	238	5	4	1	1.06	1.70	0.42
22岁	423	219	204	8	3	5	1.89	1.37	2.45
23岁	459	220	239	3	2	1	0.65	0.91	0.42
24岁	446	241	205	4	1	3	0.90	0.41	1.46
25-29	**2450**	**1306**	**1144**	**31**	**14**	**17**	**1.27**	**1.07**	**1.49**
25岁	447	225	222	2	1	1	0.45	0.44	0.45
26岁	605	327	278	8	4	4	1.32	1.22	1.44
27岁	508	277	231	6	3	3	1.18	1.08	1.30
28岁	445	229	216	6	3	3	1.35	1.31	1.39
29岁	445	248	197	9	3	6	2.02	1.21	3.05
30-34	**3057**	**1573**	**1484**	**49**	**24**	**25**	**1.60**	**1.53**	**1.68**
30岁	465	238	227	6	3	3	1.29	1.26	1.32
31岁	537	280	257	12	5	7	2.23	1.79	2.72
32岁	587	297	290	11	8	3	1.87	2.69	1.03
33岁	711	373	338	14	5	9	1.97	1.34	2.66
34岁	757	385	372	6	3	3	0.79	0.78	0.81
35-39	**3878**	**1970**	**1908**	**102**	**33**	**69**	**2.63**	**1.68**	**3.62**
35岁	798	410	388	18	9	9	2.26	2.20	2.32
36岁	725	377	348	22	6	16	3.03	1.59	4.60
37岁	873	434	439	14	5	9	1.60	1.15	2.05
38岁	719	378	341	23	4	19	3.20	1.06	5.57
39岁	763	371	392	25	9	16	3.28	2.43	4.08

1－7b 续表 1

单位：人，%

年 龄	调查人口			文盲人口			文盲人口占调查人口的比例		
	合计	男	女	小计	男	女	总比例	男	女
40-44	**3564**	**1820**	**1744**	**135**	**39**	**96**	**3.79**	**2.14**	**5.50**
40岁	776	402	374	28	6	22	3.61	1.49	5.88
41岁	770	384	386	23	7	16	2.99	1.82	4.15
42岁	799	401	398	31	12	19	3.88	2.99	4.77
43岁	795	410	385	26	8	18	3.27	1.95	4.68
44岁	424	223	201	27	6	21	6.37	2.69	10.45
45-49	**2819**	**1442**	**1377**	**261**	**60**	**201**	**9.26**	**4.16**	**14.60**
45岁	574	301	273	29	5	24	5.05	1.66	8.79
46岁	532	260	272	47	9	38	8.83	3.46	13.97
47岁	548	284	264	53	12	41	9.67	4.23	15.53
48岁	576	285	291	60	16	44	10.42	5.61	15.12
49岁	589	312	277	72	18	54	12.22	5.77	19.49
50-54	**2855**	**1425**	**1430**	**415**	**89**	**326**	**14.54**	**6.25**	**22.80**
50岁	568	287	281	71	12	59	12.50	4.18	21.00
51岁	592	306	286	86	23	63	14.53	7.52	22.03
52岁	606	303	303	82	20	62	13.53	6.60	20.46
53岁	558	274	284	84	20	64	15.05	7.30	22.54
54岁	531	255	276	92	14	78	17.33	5.49	28.26
55-59	**2162**	**1109**	**1053**	**326**	**73**	**253**	**15.08**	**6.58**	**24.03**
55岁	517	262	255	74	15	59	14.31	5.73	23.14
56岁	516	282	234	64	15	49	12.40	5.32	20.94
57岁	376	183	193	55	13	42	14.63	7.10	21.76
58岁	394	214	180	70	14	56	17.77	6.54	31.11
59岁	359	168	191	63	16	47	17.55	9.52	24.61
60-64	**1251**	**645**	**606**	**289**	**79**	**210**	**23.10**	**12.25**	**34.65**
60岁	252	118	134	57	11	46	22.62	9.32	34.33
61岁	293	154	139	64	21	43	21.84	13.64	30.94

1－7b 续表 2

单位：人，%

年 龄	调查人口			文盲人口			文盲人口占调查人口的比例		
	合计	男	女	小计	男	女	总比例	男	女
62岁	248	133	115	59	15	44	23.79	11.28	38.26
63岁	230	121	109	54	16	38	23.48	13.22	34.86
64岁	228	119	109	55	16	39	24.12	13.45	35.78
65–69	**1151**	**603**	**548**	**383**	**115**	**268**	**33.28**	**19.07**	**48.91**
65岁	253	139	114	70	22	48	27.67	15.83	42.11
66岁	271	137	134	89	26	63	32.84	18.98	47.01
67岁	248	138	110	87	27	60	35.08	19.57	54.55
68岁	177	93	84	57	18	39	32.20	19.35	46.43
69岁	202	96	106	80	22	58	39.60	22.92	54.72
70–74	**857**	**440**	**417**	**491**	**176**	**315**	**57.29**	**40.00**	**75.54**
70岁	187	91	96	92	26	66	49.20	28.57	68.75
71岁	195	112	83	108	48	60	55.38	42.86	72.29
72岁	195	99	96	110	36	74	56.41	36.36	77.08
73岁	146	72	74	92	32	60	63.01	44.44	81.08
74岁	134	66	68	89	34	55	66.42	51.52	80.88
75–79	**523**	**271**	**252**	**345**	**124**	**221**	**65.97**	**45.76**	**87.70**
75岁	131	76	55	82	33	49	62.60	43.42	89.09
76岁	103	53	50	70	25	45	67.96	47.17	90.00
77岁	91	42	49	63	18	45	69.23	42.86	91.84
78岁	113	55	58	77	26	51	68.14	47.27	87.93
79岁	85	45	40	53	22	31	62.35	48.89	77.50
80–84	**279**	**130**	**149**	**216**	**76**	**140**	**77.42**	**58.46**	**93.96**
80岁	81	38	43	58	20	38	71.60	52.63	88.37
81岁	47	20	27	37	11	26	78.72	55.00	96.30
82岁	56	28	28	44	17	27	78.57	60.71	96.43
83岁	52	22	30	40	12	28	76.92	54.55	93.33
84岁	43	22	21	37	16	21	86.05	72.73	100.00
85+	**109**	**56**	**53**	**85**	**34**	**51**	**77.98**	**60.71**	**96.23**

1－8 15岁及以上人口分年龄、性别的婚姻状况

单位：人

年 龄	调查人口			未婚			初婚有配偶		
	合计	男	女	小计	男	女	小计	男	女
总 计	**65880**	**32935**	**32945**	**10745**	**6255**	**4490**	**48190**	**24001**	**24189**
15-19	**6426**	**3326**	**3100**	**6325**	**3298**	**3027**	**99**	**26**	**73**
15岁	1311	666	645	1310	665	645	1	1	
16岁	1366	718	648	1360	715	645	6	3	3
17岁	1334	678	656	1325	674	651	8	3	5
18岁	1356	708	648	1328	700	628	28	8	20
19岁	1059	556	503	1002	544	458	56	11	45
20-24	**4186**	**2066**	**2120**	**2486**	**1459**	**1027**	**1684**	**602**	**1082**
20岁	823	387	436	684	361	323	138	26	112
21岁	796	392	404	545	318	227	250	73	177
22岁	752	383	369	428	270	158	323	112	211
23岁	926	453	473	450	268	182	471	183	288
24岁	889	451	438	379	242	137	502	208	294
25-29	**5110**	**2622**	**2488**	**1031**	**735**	**296**	**3975**	**1842**	**2133**
25岁	870	436	434	267	176	91	595	256	339
26岁	1121	587	534	263	194	69	842	387	455
27岁	1109	558	551	227	161	66	866	388	478
28岁	989	502	487	160	119	41	805	376	429
29岁	1021	539	482	114	85	29	867	435	432
30-34	**6503**	**3287**	**3216**	**359**	**289**	**70**	**5818**	**2840**	**2978**
30岁	1011	505	506	84	69	15	884	412	472
31岁	1089	546	543	69	53	16	976	477	499
32岁	1296	649	647	80	63	17	1158	564	594
33岁	1518	805	713	68	55	13	1366	702	664
34岁	1589	782	807	58	49	9	1434	685	749
35-39	**8099**	**4055**	**4044**	**218**	**193**	**25**	**7274**	**3557**	**3717**
35岁	1710	859	851	63	60	3	1539	748	791

1－8 续表 1

单位：人

年 龄	调查人口			未婚			初婚有配偶		
	合计	男	女	小计	男	女	小计	男	女
36岁	1600	823	777	47	40	7	1432	721	711
37岁	1809	883	926	33	30	3	1655	793	862
38岁	1464	756	708	41	36	5	1304	654	650
39岁	1516	734	782	34	27	7	1344	641	703
40-44	**8020**	**4067**	**3953**	**118**	**99**	**19**	**7245**	**3657**	**3588**
40岁	1600	803	797	36	30	6	1424	716	708
41岁	1688	850	838	26	23	3	1535	755	780
42岁	1898	956	942	25	22	3	1714	864	850
43岁	1817	929	888	21	17	4	1648	840	808
44岁	1017	529	488	10	7	3	924	482	442
45-49	**6558**	**3270**	**3288**	**56**	**46**	**10**	**5860**	**2924**	**2936**
45岁	1338	655	683	9	7	2	1184	579	605
46岁	1202	613	589	11	9	2	1077	553	524
47岁	1292	675	617	10	7	3	1150	601	549
48岁	1338	651	687	13	11	2	1192	577	615
49岁	1388	676	712	13	12	1	1257	614	643
50-54	**6292**	**3112**	**3180**	**61**	**55**	**6**	**5585**	**2813**	**2772**
50岁	1296	651	645	10	9	1	1159	587	572
51岁	1355	685	670	15	14	1	1203	623	580
52岁	1322	624	698	16	14	2	1176	563	613
53岁	1227	605	622	14	12	2	1086	547	539
54岁	1092	547	545	6	6		961	493	468
55-59	**4622**	**2286**	**2336**	**42**	**37**	**5**	**3986**	**2049**	**1937**
55岁	1099	543	556	10	8	2	962	491	471
56岁	1115	566	549	9	9		983	510	473
57岁	833	392	441	9	8	1	723	358	365
58岁	782	393	389	7	5	2	653	347	306
59岁	793	392	401	7	7		665	343	322
60-64	**2940**	**1388**	**1552**	**19**	**16**	**3**	**2371**	**1210**	**1161**
60岁	603	285	318	3	3		496	256	240
61岁	603	276	327	6	6		489	244	245

1－8 续表 2

单位：人

年 龄	调查人口			未婚			初婚有配偶		
	合计	男	女	小计	男	女	小计	男	女
62岁	562	261	301	3	2	1	454	225	229
63岁	613	296	317	4	3	1	499	258	241
64岁	559	270	289	3	2	1	433	227	206
65-69	**2835**	**1348**	**1487**	**14**	**13**	**1**	**2019**	**1090**	**929**
65岁	605	313	292				463	258	205
66岁	625	293	332	4	4		467	244	223
67岁	581	285	296	4	3	1	408	232	176
68岁	494	225	269	2	2		331	173	158
69岁	530	232	298	4	4		350	183	167
70-74	**2157**	**1058**	**1099**	**9**	**9**		**1368**	**805**	**563**
70岁	487	225	262	3	3		317	177	140
71岁	501	237	264	4	4		328	179	149
72岁	481	242	239	1	1		308	189	119
73岁	346	172	174				214	131	83
74岁	342	182	160	1	1		201	129	72
75-79	**1281**	**639**	**642**	**4**	**3**	**1**	**640**	**403**	**237**
75岁	329	176	153	1		1	188	115	73
76岁	262	133	129	1	1		140	92	48
77岁	244	117	127				116	75	41
78岁	249	115	134	1	1		107	68	39
79岁	197	98	99	1	1		89	53	36
80-84	**613**	**294**	**319**	**3**	**3**		**213**	**143**	**70**
80岁	198	90	108				75	52	23
81岁	125	63	62				45	26	19
82岁	122	63	59	1	1		40	29	11
83岁	91	36	55				27	18	9
84岁	77	42	35	2	2		26	18	8
85+	**238**	**117**	**121**				**53**	**40**	**13**

1－8 续表 3

单位：人

年 龄	再婚有配偶			离婚			丧偶		
	小计	男	女	小计	男	女	小计	男	女
总 计	**1749**	**848**	**901**	**1318**	**759**	**559**	**3878**	**1072**	**2806**
15－19				**2**	**2**				
15岁									
16岁									
17岁				1	1				
18岁									
19岁				1	1				
20－24	**4**	**1**	**3**	**10**	**4**	**6**	**2**		**2**
20岁	1		1						
21岁				1	1				
22岁				1	1				
23岁	1	1		4	1	3			
24岁	2		2	4	1	3	2		2
25－29	**35**	**7**	**28**	**65**	**36**	**29**	**4**	**2**	**2**
25岁	1		1	7	4	3			
26岁	3	1	2	12	5	7	1		1
27岁	3	1	2	12	8	4	1		1
28岁	9		9	14	6	8	1	1	
29岁	19	5	14	20	13	7	1	1	
30－34	**123**	**42**	**81**	**182**	**112**	**70**	**21**	**4**	**17**
30岁	14	6	8	28	18	10	1		1
31岁	17	4	13	24	12	12	3		3
32岁	22	2	20	30	19	11	6	1	5
33岁	32	19	13	45	28	17	7	1	6
34岁	38	11	27	55	35	20	4	2	2
35－39	**285**	**125**	**160**	**279**	**170**	**109**	**43**	**10**	**33**
35岁	46	15	31	53	36	17	9		9

1-8 续表 4

单位：人

年龄	再婚有配偶			离婚			丧偶		
	小计	男	女	小计	男	女	小计	男	女
36岁	66	29	37	47	32	15	8	1	7
37岁	52	26	26	64	34	30	5		5
38岁	50	26	24	60	38	22	9	2	7
39岁	71	29	42	55	30	25	12	7	5
40-44	**275**	**127**	**148**	**293**	**158**	**135**	**89**	**26**	**63**
40岁	57	21	36	65	31	34	18	5	13
41岁	57	32	25	55	36	19	15	4	11
42岁	73	30	43	67	37	30	19	3	16
43岁	55	27	28	71	38	33	22	7	15
44岁	33	17	16	35	16	19	15	7	8
45-49	**262**	**118**	**144**	**226**	**144**	**82**	**154**	**38**	**116**
45岁	54	20	34	64	41	23	27	8	19
46岁	40	18	22	46	29	17	28	4	24
47岁	63	29	34	43	28	15	26	10	16
48岁	61	28	33	37	27	10	35	8	27
49岁	44	23	21	36	19	17	38	8	30
50-54	**242**	**114**	**128**	**137**	**66**	**71**	**267**	**64**	**203**
50岁	53	24	29	32	15	17	42	16	26
51岁	53	21	32	30	15	15	54	12	42
52岁	43	22	21	28	14	14	59	11	48
53岁	54	24	30	21	11	10	52	11	41
54岁	39	23	16	26	11	15	60	14	46
55-59	**164**	**86**	**78**	**69**	**38**	**31**	**361**	**76**	**285**
55岁	39	20	19	19	9	10	69	15	54
56岁	35	18	17	16	7	9	72	22	50
57岁	22	9	13	9	5	4	70	12	58
58岁	32	19	13	12	7	5	78	15	63
59岁	36	20	16	13	10	3	72	12	60
60-64	**117**	**61**	**56**	**26**	**11**	**15**	**407**	**90**	**317**
60岁	23	13	10	9	4	5	72	9	63
61岁	21	8	13	4	1	3	83	17	66

1－8 续表 5

单位：人

年龄	再婚有配偶			离婚			丧偶		
	小计	男	女	小计	男	女	小计	男	女
62岁	20	11	9	6	4	2	79	19	60
63岁	27	16	11	5	1	4	78	18	60
64岁	26	13	13	2	1	1	95	27	68
65-69	**102**	**59**	**43**	**18**	**11**	**7**	**682**	**175**	**507**
65岁	24	17	7	4	2	2	114	36	78
66岁	21	10	11	3	2	1	130	33	97
67岁	20	11	9	5	4	1	144	35	109
68岁	23	14	9	5	3	2	133	33	100
69岁	14	7	7	1		1	161	38	123
70-74	**77**	**56**	**21**	**3**	**2**	**1**	**700**	**186**	**514**
70岁	18	12	6	1	1		148	32	116
71岁	20	13	7				149	41	108
72岁	15	12	3				157	40	117
73岁	13	10	3	1		1	118	31	87
74岁	11	9	2	1	1		128	42	86
75-79	**37**	**29**	**8**	**5**	**3**	**2**	**595**	**201**	**394**
75岁	11	9	2	2	1	1	127	51	76
76岁	8	7	1				113	33	80
77岁	10	6	4	1	1		117	35	82
78岁	4	3	1	2	1	1	135	42	93
79岁	4	4					103	40	63
80-84	**21**	**19**	**2**	**2**	**1**	**1**	**374**	**128**	**246**
80岁	6	5	1				117	33	84
81岁	8	7	1				72	30	42
82岁	5	5		1		1	75	28	47
83岁	2	2		1	1		61	15	46
84岁							49	22	27
85+	**5**	**4**	**1**	**1**	**1**		**179**	**72**	**107**

1－9　15岁及以上人口分性别、受教育程度的婚姻状况

单位：人

受教育程度	调查人口			未婚			初婚有配偶		
	合计	男	女	小计	男	女	小计	男	女
总　计	**65880**	**32935**	**32945**	**10745**	**6255**	**4490**	**48190**	**24001**	**24189**
不识字	4854	1342	3512	259	214	45	2848	764	2084
未上过学	277	115	162	16	13	3	170	69	101
小　学	16448	7749	8699	1451	945	506	12960	5946	7014
初　中	25311	13593	11718	5092	2967	2125	18457	9802	8655
高　中	11092	5900	5192	2504	1357	1147	7765	4163	3602
中　专	2957	1489	1468	549	299	250	2181	1090	1091
大学专科	2961	1646	1315	456	247	209	2349	1331	1018
大学本科	1889	1049	840	393	197	196	1398	802	596
研究生	91	52	39	25	16	9	62	34	28

1－9　续表

单位：人

受教育程度	再婚有配偶			离婚			丧偶		
	小计	男	女	小计	男	女	小计	男	女
总　计	**1749**	**848**	**901**	**1318**	**759**	**559**	**3878**	**1072**	**2806**
不识字	159	47	112	40	28	12	1548	289	1259
未上过学	8	3	5	6	3	3	77	27	50
小　学	519	241	278	243	169	74	1275	448	827
初　中	599	280	319	542	331	211	621	213	408
高　中	303	169	134	323	163	160	197	48	149
中　专	83	56	27	63	26	37	81	18	63
大学专科	49	31	18	72	26	46	35	11	24
大学本科	28	20	8	26	12	14	44	18	26
研究生	1	1		3	1	2			

1－10　分年龄、性别的经济活动人口

单位：人

年　龄	调查人口			在业人口			不在业人口		
	合计	男	女	小计	男	女	小计	男	女
总　计	**65880**	**32935**	**32945**	**41401**	**23244**	**18157**	**24479**	**9691**	**14788**
15-19	**6426**	**3326**	**3100**	**2319**	**1256**	**1063**	**4107**	**2070**	**2037**
15岁	1311	666	645	233	131	102	1078	535	543
16岁	1366	718	648	385	221	164	981	497	484
17岁	1334	678	656	498	262	236	836	416	420
18岁	1356	708	648	598	325	273	758	383	375
19岁	1059	556	503	605	317	288	454	239	215
20-24	**4186**	**2066**	**2120**	**3138**	**1602**	**1536**	**1048**	**464**	**584**
20岁	823	387	436	563	267	296	260	120	140
21岁	796	392	404	573	286	287	223	106	117
22岁	752	383	369	570	304	266	182	79	103
23岁	926	453	473	715	353	362	211	100	111
24岁	889	451	438	717	392	325	172	59	113
25-29	**5110**	**2622**	**2488**	**4360**	**2407**	**1953**	**750**	**215**	**535**
25岁	870	436	434	739	390	349	131	46	85
26岁	1121	587	534	959	541	418	162	46	116
27岁	1109	558	551	953	521	432	156	37	119
28岁	989	502	487	837	462	375	152	40	112
29岁	1021	539	482	872	493	379	149	46	103
30-34	**6503**	**3287**	**3216**	**5611**	**3038**	**2573**	**892**	**249**	**643**
30岁	1011	505	506	880	469	411	131	36	95
31岁	1089	546	543	947	515	432	142	31	111
32岁	1296	649	647	1120	596	524	176	53	123
33岁	1518	805	713	1313	740	573	205	65	140
34岁	1589	782	807	1351	718	633	238	64	174
35-39	**8099**	**4055**	**4044**	**6924**	**3729**	**3195**	**1175**	**326**	**849**
35岁	1710	859	851	1460	802	658	250	57	193
36岁	1600	823	777	1367	767	600	233	56	177
37岁	1809	883	926	1551	808	743	258	75	183
38岁	1464	756	708	1254	684	570	210	72	138
39岁	1516	734	782	1292	668	624	224	66	158

1－10 续表

单位：人

年 龄	调查人口			在业人口			不在业人口		
	合计	男	女	小计	男	女	小计	男	女
40-44	**8020**	**4067**	**3953**	**6586**	**3608**	**2978**	**1434**	**459**	**975**
40岁	1600	803	797	1364	732	632	236	71	165
41岁	1688	850	838	1404	750	654	284	100	184
42岁	1898	956	942	1523	836	687	375	120	255
43岁	1817	929	888	1480	817	663	337	112	225
44岁	1017	529	488	815	473	342	202	56	146
45-49	**6558**	**3270**	**3288**	**4922**	**2775**	**2147**	**1636**	**495**	**1141**
45岁	1338	655	683	1052	576	476	286	79	207
46岁	1202	613	589	925	519	406	277	94	183
47岁	1292	675	617	991	587	404	301	88	213
48岁	1338	651	687	979	549	430	359	102	257
49岁	1388	676	712	975	544	431	413	132	281
50-54	**6292**	**3112**	**3180**	**3904**	**2331**	**1573**	**2388**	**781**	**1607**
50岁	1296	651	645	852	513	339	444	138	306
51岁	1355	685	670	867	532	335	488	153	335
52岁	1322	624	698	798	455	343	524	169	355
53岁	1227	605	622	746	445	301	481	160	321
54岁	1092	547	545	641	386	255	451	161	290
55-59	**4622**	**2286**	**2336**	**2178**	**1414**	**764**	**2444**	**872**	**1572**
55岁	1099	543	556	559	343	216	540	200	340
56岁	1115	566	549	571	389	182	544	177	367
57岁	833	392	441	400	247	153	433	145	288
58岁	782	393	389	356	242	114	426	151	275
59岁	793	392	401	292	193	99	501	199	302
60-64	**2940**	**1388**	**1552**	**811**	**562**	**249**	**2129**	**826**	**1303**
60岁	603	285	318	201	128	73	402	157	245
61岁	603	276	327	196	137	59	407	139	268
62岁	562	261	301	162	111	51	400	150	250
63岁	613	296	317	138	97	41	475	199	276
64岁	559	270	289	114	89	25	445	181	264
65+	**7124**	**3456**	**3668**	**648**	**522**	**126**	**6476**	**2934**	**3542**

1－11 人口分年龄、性别的职业状况

单位：人

年龄	在业人口			国家机关、党群组织、企业、事业单位负责人			专业技术人员			办事人员和有关人员		
	合计	男	女	小计	男	女	小计	男	女	小计	男	女
总　计	**41401**	**23244**	**18157**	**719**	**556**	**163**	**2764**	**1165**	**1599**	**2075**	**1425**	**650**
15-19	2319	1256	1063	1	1		34	14	20	32	26	6
20-24	3138	1602	1536	6	3	3	180	58	122	124	74	50
25-29	4360	2407	1953	29	21	8	384	149	235	232	147	85
30-34	5611	3038	2573	76	53	23	466	177	289	293	180	113
35-39	6924	3729	3195	112	78	34	476	186	290	331	218	113
40-44	6586	3608	2978	146	110	36	481	208	273	367	236	131
45-49	4922	2775	2147	140	116	24	345	124	221	315	226	89
50-54	3904	2331	1573	140	114	26	265	139	126	227	183	44
55-59	2178	1414	764	61	54	7	93	80	13	114	99	15
60-64	811	562	249	8	6	2	22	16	6	21	19	2
65+	648	522	126				18	14	4	19	17	2

1－11 续表

单位：人

年龄	商业、服务业人员			农、林、牧、渔、水利业生产人员			生产、运输设备操作人员及有关人员			不便分类的其他从业人员		
	小计	男	女	小计	男	女	小计	男	女	小计	男	女
总　计	**5895**	**2432**	**3463**	**23153**	**12381**	**10772**	**6788**	**5280**	**1508**	**7**	**5**	**2**
15-19	499	197	302	1449	781	668	303	236	67	1	1	
20-24	637	247	390	1744	860	884	446	359	87	1	1	
25-29	747	313	434	2146	1132	1014	822	645	177			
30-34	869	338	531	2784	1413	1371	1123	877	246			
35-39	972	380	592	3703	1886	1817	1330	981	349			
40-44	967	390	577	3369	1718	1651	1256	946	310			
45-49	614	243	271	2637	1391	1246	869	673	196	2	2	
50-54	341	178	163	2475	1313	1162	454	403	51	2	1	1
55-59	154	90	64	1603	956	647	152	135	17	1		1
60-64	62	35	27	682	474	208	16	12	4			
65+	33	21	12	561	457	104	17	13	4			

1－12　人口分性别、受教育程度的职业状况

单位：人

受教育程度	在业人口			国家机关、党群组织、企业、事业单位负责人			专业技术人员			办事人员和有关人员		
	合计	男	女	小计	男	女	小计	男	女	小计	男	女
合　计	**41401**	**23244**	**18157**	**719**	**556**	**163**	**2764**	**1165**	**1599**	**2075**	**1425**	**650**
不识字	1397	522	875							10	10	
未上过学	93	42	51	1	1		1	1				
小　学	11587	5966	5621	13	11	2	19	12	7	64	61	3
初　中	17267	10297	6970	86	68	18	229	116	113	336	269	67
高　中	5869	3594	2275	147	113	34	409	184	225	510	374	136
中　专	1726	912	814	69	55	14	559	201	358	289	176	113
大学专科	2155	1213	942	237	187	50	860	357	503	549	344	205
大学本科	1232	658	574	157	114	43	638	272	366	302	181	121
研究生	75	40	35	9	7	2	49	22	27	15	10	5

1－12　续表

单位：人

受教育程度	商业、服务业人员			农、林、牧、渔、水利业生产人员			生产、运输设备操作人员及有关人员			不便分类的其他从业人员		
	合计	男	女	小计	男	女	小计	男	女	小计	男	女
合　计	**5895**	**2432**	**3463**	**23153**	**12381**	**10772**	**6788**	**5280**	**1508**	**7**	**5**	**2**
不识字	56	19	37	1288	460	828	43	33	10			
未上过学	6	1	5	80	34	46	4	4		1	1	
小　学	603	260	343	10181	5055	5126	706	567	139	1		1
初　中	2911	1168	1743	10333	5999	4334	3370	2675	695	2	2	
高　中	1656	667	989	1125	728	397	2020	1526	494	2	2	
中　专	336	139	197	110	79	31	362	262	100	1		1
大学专科	251	134	117	29	20	9	229	171	58			
大学本科	75	44	31	6	5	1	54	42	12			
研究生	1		1	1	1							

1－13 分年龄、性别的未工作人口

单位：人

年龄	未工作人口			在校学生			离退休		
	合计	男	女	小计	男	女	小计	男	女
总　计	**24479**	**9691**	**14788**	**3735**	**1899**	**1836**	**6557**	**3303**	**3254**
15-19	**4107**	**2070**	**2037**	**3354**	**1691**	**1663**			
15岁	1078	535	543	920	452	468			
16岁	981	497	484	799	412	387			
17岁	836	416	420	673	328	345			
18岁	758	383	375	623	318	305			
19岁	454	239	215	339	181	158			
20-24	**1048**	**464**	**584**	**353**	**192**	**161**			
20岁	260	120	140	149	72	77			
21岁	223	106	117	96	55	41			
22岁	182	79	103	52	32	20			
23岁	211	100	111	41	25	16			
24岁	172	59	113	15	8	7			
25-29	**750**	**215**	**535**	**20**	**13**	**7**			
25岁	131	46	85	7	5	2			
26岁	162	46	116	4	4				
27岁	156	37	119	5	3	2			
28岁	152	40	112	3	1	2			
29岁	149	46	103	1		1			
30-34	**892**	**249**	**643**	**3**	**2**	**1**	**7**	**2**	**5**
30岁	131	36	95						
31岁	142	31	111	3	2	1	1		1
32岁	176	53	123				2		2
33岁	205	65	140						
34岁	238	64	174				4	2	2
35-39	**1175**	**326**	**849**	**2**	**1**	**1**	**8**	**2**	**6**
35岁	250	57	193	1		1			
36岁	233	56	177	1	1		2	1	1

1－13 续表 1

单位：人

年 龄	未工作人口			在校学生			离退休		
	合计	男	女	小计	男	女	小计	男	女
37岁	258	75	183				3		3
38岁	210	72	138				1	1	
39岁	224	66	158				2		2
40-44	**1434**	**459**	**975**				**40**	**11**	**29**
40岁	236	71	165				2	1	1
41岁	284	100	184				5	3	2
42岁	375	120	255				11	1	10
43岁	337	112	225				15	4	11
44岁	202	56	146				7	2	5
45-49	**1636**	**495**	**1141**	**2**		**2**	**334**	**64**	**270**
45岁	286	79	207	1		1	31	7	24
46岁	277	94	183				46	8	38
47岁	301	88	213	1		1	64	11	53
48岁	359	102	257				78	14	64
49岁	413	132	281				115	24	91
50-54	**2388**	**781**	**1607**				**1114**	**293**	**821**
50岁	444	138	306				205	45	160
51岁	488	153	335				234	47	187
52岁	524	169	355				262	67	195
53岁	481	160	321				214	63	151
54岁	451	161	290				199	71	128
55-59	**2444**	**872**	**1572**	**1**		**1**	**1214**	**525**	**689**
55岁	540	200	340	1		1	281	111	170
56岁	544	177	367				273	106	167
57岁	433	145	288				228	84	144
58岁	426	151	275				195	104	91
59岁	501	199	302				237	120	117
60-64	**2129**	**826**	**1303**				**1132**	**634**	**498**

1-13 续表 2

单位：人

年 龄	未工作人口			在校学生			离退休		
	合计	男	女	小计	男	女	小计	男	女
60岁	402	157	245				202	122	80
61岁	407	139	268				203	102	101
62岁	400	150	250				206	107	99
63岁	475	199	276				273	156	117
64岁	445	181	264				248	147	101
65-69	**2390**	**996**	**1394**				**1156**	**670**	**486**
65岁	496	229	267				259	154	105
66岁	517	208	309				248	144	104
67岁	479	206	273				219	135	84
68岁	433	176	257				212	118	94
69岁	465	177	288				218	119	99
70-74	**2006**	**934**	**1072**				**894**	**582**	**312**
70岁	441	192	249				213	125	88
71岁	463	204	259				202	118	84
72岁	449	215	234				192	135	57
73岁	329	157	172				139	93	46
74岁	324	166	158				148	111	37
75-79	**1239**	**601**	**638**				**433**	**333**	**100**
75岁	311	160	151				120	92	28
76岁	256	127	129				102	78	24
77岁	237	111	126				85	68	17
78岁	242	109	133				68	55	13
79岁	193	94	99				58	40	18
80-84	**607**	**289**	**318**				**173**	**139**	**34**
80岁	197	90	107				65	46	19
81岁	124	62	62				44	39	5
82岁	122	63	59				33	29	4
83岁	89	34	55				15	10	5
84岁	75	40	35				16	15	1
85+	**234**	**114**	**120**				**52**	**48**	**4**

1－13 续表 3

单位：人

年龄	料理家务			丧失劳动能力			毕业后未工作			因单位原因失去原工作		
	小计	男	女	小计	男	女	小计	男	女	小计	男	女
总　计	**6780**	**376**	**6404**	**1615**	**825**	**790**	**374**	**210**	**164**	**2236**	**1297**	**939**
15-19	**71**	**8**	**63**	**42**	**24**	**18**	**98**	**56**	**42**	**3**	**2**	**1**
15岁	17	2	15	4	4		13	6	7			
16岁	14	3	11	7	3	4	17	9	8	1	1	
17岁	14	3	11	11	9	2	13	8	5			
18岁	11		11	10	4	6	24	16	8	1		1
19岁	15		15	10	4	6	31	17	14	1	1	
20-24	**200**	**3**	**197**	**35**	**23**	**12**	**188**	**103**	**85**	**11**	**7**	**4**
20岁	19		19	12	8	4	29	17	12			
21岁	32	2	30	4	4		32	16	16	1	1	
22岁	35		35	4	2	2	46	20	26	3	2	1
23岁	51	1	50	8	5	3	45	29	16	2	2	
24岁	63		63	7	4	3	36	21	15	5	2	3
25-29	**384**	**6**	**378**	**33**	**22**	**11**	**69**	**41**	**28**	**84**	**43**	**41**
25岁	56		56	2	2		29	14	15	7	2	5
26岁	89	1	88	5	4	1	17	11	6	11	6	5
27岁	81	1	80	5	3	2	9	5	4	24	9	15
28岁	80	4	76	13	8	5	5	4	1	16	9	7
29岁	78		78	8	5	3	9	7	2	26	17	9
30-34	**482**	**11**	**471**	**51**	**36**	**15**	**12**	**6**	**6**	**202**	**101**	**101**
30岁	74	2	72	8	7	1	2	1	1	25	12	13
31岁	85	3	82	8	4	4	1	1		22	9	13
32岁	85	3	82	11	9	2	6	3	3	43	18	25
33岁	109	2	107	10	6	4	1		1	55	36	19
34岁	129	1	128	14	10	4	2	1	1	57	26	31
35-39	**633**	**35**	**598**	**63**	**44**	**19**	**2**	**2**		**328**	**161**	**167**
35岁	144	7	137	10	8	2				72	30	42
36岁	127	5	122	14	6	8	2	2		62	26	36

1－13 续表 4

单位：人

年 龄	料理家务			丧失劳动能力			毕业后未工作			因单位原因失去原工作		
	小计	男	女	小计	男	女	小计	男	女	小计	男	女
37岁	140	13	127	6	5	1				78	40	38
38岁	107	4	103	12	9	3				50	37	23
39岁	115	6	109	21	16	5				56	28	28
40-44	**620**	**37**	**583**	**74**	**52**	**22**	**2**	**1**	**1**	**545**	**259**	**286**
40岁	108	3	105	12	8	4				82	41	41
41岁	121	7	114	19	14	5	1	1		106	52	54
42岁	166	14	152	17	13	4				144	68	76
43岁	141	10	131	19	12	7				132	67	65
44岁	84	3	81	7	5	2	1		1	81	31	50
45-49	**551**	**23**	**528**	**93**	**58**	**35**				**506**	**257**	**249**
45岁	105	2	103	17	13	4				97	38	59
46岁	87	7	80	16	9	7				96	49	47
47岁	101	4	97	13	8	5				94	48	46
48岁	116	3	113	28	17	11				108	48	60
49岁	142	7	135	19	11	8				111	74	37
50-54	**695**	**48**	**647**	**79**	**47**	**32**	**1**	**1**		**352**	**290**	**62**
50岁	117	6	111	16	8	8				79	61	18
51岁	129	11	118	19	11	8				78	65	13
52岁	145	14	131	10	7	3	1	1		76	59	17
53岁	154	9	145	17	10	7				64	52	12
54岁	150	8	142	17	11	6				55	53	2
55-59	**808**	**44**	**764**	**103**	**62**	**41**	**1**		**1**	**167**	**153**	**14**
55岁	154	12	142	27	17	10				49	45	4
56岁	186	8	178	19	12	7	1		1	35	34	1
57岁	139	12	127	13	9	4				28	23	5
58岁	166	4	162	19	9	10				22	20	2
59岁	163	8	155	25	15	10				33	31	2
60-64	**722**	**25**	**697**	**100**	**50**	**50**				**17**	**13**	**4**

1－13 续表 5

单位：人

年 龄	料理家务			丧失劳动能力			毕业后未工作			因单位原因失去原工作		
	小计	男	女	小计	男	女	小计	男	女	小计	男	女
60岁	146	3	143	19	8	11				7	6	1
61岁	148	2	146	23	14	9						
62岁	143	10	133	23	10	13				3	3	
63岁	146	7	139	15	8	7				3	3	
64岁	139	3	136	20	10	10				4	1	3
65–69	**730**	**56**	**674**	**201**	**97**	**104**				**10**	**6**	**4**
65岁	138	11	127	32	20	12				1		1
66岁	171	13	158	42	18	24				1	1	
67岁	148	11	137	47	26	21				4	3	1
68岁	134	11	123	31	12	19				1	1	
69岁	139	10	129	49	21	28				3	1	2
70–74	**508**	**49**	**459**	**249**	**114**	**135**				**7**	**2**	**5**
70岁	122	12	110	35	13	22				1		1
71岁	123	11	112	61	34	27				4	1	3
72岁	119	10	109	62	30	32				1	1	
73岁	74	7	67	49	21	28				1		1
74岁	70	9	61	42	16	26						
75–79	**269**	**23**	**246**	**225**	**99**	**126**	**1**		**1**	**3**	**2**	**1**
75岁	73	6	67	47	24	23	1		1	2	2	
76岁	51	7	44	52	20	32				1		1
77岁	61	2	59	38	13	25						
78岁	47	2	45	57	24	33						
79岁	37	6	31	31	18	13						
80–84	**82**	**3**	**79**	**190**	**69**	**121**				**1**	**1**	
80岁	30		30	51	20	31				1	1	
81岁	19	1	18	31	7	24						
82岁	13	1	12	41	16	25						
83岁	10		10	33	9	24						
84岁	10	1	9	34	17	17						
85+	**25**	**5**	**20**	**77**	**28**	**49**						

1－13 续表 6

单位：人

年 龄	因本人原因失去原工作			承包土地被征用			其他		
	小计	男	女	小计	男	女	小计	男	女
总 计	**288**	**184**	**104**	**6**	**5**	**1**	**2888**	**1592**	**1296**
15-19	**4**	**3**	**1**				**535**	**286**	**249**
15岁							124	71	53
16岁							143	69	74
17岁	1	1					124	67	57
18岁	2	1	1				87	44	43
19岁	1	1					57	35	22
20-24	**15**	**10**	**5**				**246**	**126**	**120**
20岁	1	1					50	22	28
21岁							58	28	30
22岁	3	2	1				39	21	18
23岁	6	4	2				58	34	24
24岁	5	3	2				41	21	20
25-29	**24**	**13**	**11**				**136**	**77**	**59**
25岁	4	3	1				26	20	6
26岁	6	3	3				30	17	13
27岁	4	1	3				28	15	13
28岁	2	1	1				33	13	20
29岁	8	5	3				19	12	7
30-34	**32**	**24**	**8**				**103**	**67**	**36**
30岁	8	6	2				14	8	6
31岁	6	3	3				16	9	7
32岁	4	3	1				25	17	8
33岁	6	5	1				24	16	8
34岁	8	7	1				24	17	7
35-39	**40**	**23**	**17**	**2**	**1**	**1**	**97**	**57**	**40**
35岁	5	1	4	2	1	1	16	10	6
36岁	5	4	1				20	11	9

1－13 续表 7

单位：人

年　龄	因本人原因失去原工作			承包土地被征用			其他		
	小计	男	女	小计	男	女	小计	男	女
37岁	10	7	3				21	10	11
38岁	11	8	3				19	13	6
39岁	9	3	6				21	13	8
40-44	**53**	**31**	**22**				**100**	**68**	**32**
40岁	8	4	4				24	14	10
41岁	10	7	3				22	16	6
42岁	12	6	6				25	18	7
43岁	13	7	6				17	12	5
44岁	10	7	3				12	8	4
45-49	**48**	**28**	**20**				**102**	**65**	**37**
45岁	14	6	8				21	13	8
46岁	8	5	3				24	16	8
47岁	11	6	5				17	11	6
48岁	8	6	2				21	14	7
49岁	7	5	2				19	11	8
50-54	**44**	**34**	**10**	**2**	**2**		**101**	**66**	**35**
50岁	10	8	2				17	10	7
51岁	6	6					22	13	9
52岁	14	9	5	1	1		15	11	4
53岁	8	6	2	1	1		23	19	4
54岁	6	5	1				24	13	11
55-59	**11**	**9**	**2**	**1**	**1**		**138**	**78**	**60**
55岁	3	3					25	12	13
56岁							30	17	13
57岁							25	17	8
58岁	4	3	1				20	11	9
59岁	4	3	1	1	1		38	21	17
60-64	**8**	**5**	**3**	**1**	**1**		**149**	**98**	**51**

1－13 续表 8

单位：人

年 龄	因本人原因失去原工作			承包土地被征用			其他		
	小计	男	女	小计	男	女	小计	男	女
60岁	1		1				27	18	9
61岁	1	1					32	20	12
62岁	1	1					24	19	5
63岁	2	1	1	1	1		35	23	12
64岁	3	2	1				31	18	13
65-69	**6**	**1**	**5**				**287**	**166**	**121**
65岁	2	1	1				64	43	21
66岁	2		2				53	32	21
67岁	2		2				59	31	28
68岁							55	34	21
69岁							56	26	30
70-74	**2**	**2**					**346**	**185**	**161**
70岁	1	1					69	41	28
71岁							73	40	33
72岁	1	1					74	38	36
73岁							66	36	30
74岁							64	30	34
75-79	**1**	**1**					**307**	**143**	**164**
75岁	1	1					67	35	32
76岁							50	22	28
77岁							53	28	25
78岁							70	28	42
79岁							67	30	37
80-84							**161**	**77**	**84**
80岁							50	23	27
81岁							30	15	15
82岁							35	17	18
83岁							31	15	16
84岁							15	7	8
85+							**80**	**33**	**47**

1-14 分年龄、性别的未工作者主要生活来源

单位：人

年龄	未工作人口			离退休金			领取基本生活费		
	合计	男	女	小计	男	女	小计	男	女
总计	**24479**	**9691**	**14788**	**6542**	**3300**	**3242**	**1342**	**740**	**602**
15-19	**4107**	**2070**	**2037**				**23**	**12**	**11**
15岁	1078	535	543				3	2	1
16岁	981	497	484				7	4	3
17岁	836	416	420				2	1	1
18岁	758	383	375				4	2	2
19岁	454	239	215				7	3	4
20-24	**1048**	**464**	**584**				**19**	**11**	**8**
20岁	260	120	140				3	1	2
21岁	223	106	117				3	3	
22岁	182	79	103				2	2	
23岁	211	100	111				8	4	4
24岁	172	59	113				3	1	2
25-29	**750**	**215**	**535**				**29**	**16**	**13**
25岁	131	46	85				2	1	1
26岁	162	46	116				1	1	
27岁	156	37	119				5	1	4
28岁	152	40	112				10	5	5
29岁	149	46	103				11	8	3
30-34	**892**	**249**	**643**	**5**	**2**	**3**	**71**	**46**	**25**
30岁	131	36	95				6	6	
31岁	142	31	111	1		1	9	7	2
32岁	176	53	123	1		1	16	5	11
33岁	205	65	140				20	13	7
34岁	238	64	174	3	2	1	20	15	5
35-39	**1175**	**326**	**849**	**6**	**2**	**4**	**118**	**65**	**53**
35岁	250	57	193				24	14	10

1-14　续表 1

单位：人

年　龄	未工作人口			离退休金			领取基本生活费		
	合计	男	女	小计	男	女	小计	男	女
36岁	233	56	177	2	1	1	21	11	10
37岁	258	75	183	1		1	22	13	9
38岁	210	72	138	1	1		23	14	9
39岁	224	66	158	2		2	28	13	15
40-44	**1434**	**459**	**975**	**39**	**11**	**28**	**181**	**101**	**80**
40岁	236	71	165	2	1	1	40	28	12
41岁	284	100	184	5	3	2	32	21	11
42岁	375	120	255	11	1	10	48	23	25
43岁	337	112	225	14	4	10	34	19	15
44岁	202	56	146	7	2	5	27	10	17
45-49	**1636**	**495**	**1141**	**334**	**63**	**271**	**238**	**134**	**104**
45岁	286	79	207	31	7	24	49	21	28
46岁	277	94	183	47	8	39	40	26	14
47岁	301	88	213	64	11	53	40	20	20
48岁	359	102	257	77	13	64	56	33	23
49岁	413	132	281	115	24	91	53	34	19
50-54	**2388**	**781**	**1607**	**1112**	**291**	**821**	**186**	**136**	**50**
50岁	444	138	306	205	45	160	38	27	11
51岁	488	153	335	232	45	187	34	25	9
52岁	524	169	355	261	67	194	46	32	14
53岁	481	160	321	216	64	152	38	30	8
54岁	451	161	290	198	70	128	30	22	8
55-59	**2444**	**872**	**1572**	**1208**	**523**	**685**	**143**	**95**	**48**
55岁	540	200	340	279	111	168	40	30	10
56岁	544	177	367	272	105	167	20	14	6
57岁	433	145	288	226	84	142	25	16	9
58岁	426	151	275	195	104	91	22	10	12
59岁	501	199	302	236	119	117	36	25	11

1-14 续表 2

单位：人

年龄	未工作人口			离退休金			领取基本生活费		
	合计	男	女	小计	男	女	小计	男	女
60-64	**2129**	**826**	**1303**	**1132**	**635**	**497**	**53**	**20**	**33**
60岁	402	157	245	202	122	80	12	4	8
61岁	407	139	268	204	103	101	8	3	5
62岁	400	150	250	206	107	99	11	6	5
63岁	475	199	276	274	157	117	12	3	9
64岁	445	181	264	246	146	100	10	4	6
65-69	**2390**	**996**	**1394**	**1156**	**670**	**486**	**86**	**25**	**61**
65岁	496	229	267	260	155	105	11	3	8
66岁	517	208	309	249	145	104	15	4	11
67岁	479	206	273	216	133	83	26	10	16
68岁	433	176	257	213	118	95	15	4	11
69岁	465	177	288	218	119	99	19	4	15
70-74	**2006**	**934**	**1072**	**892**	**583**	**309**	**90**	**35**	**55**
70岁	441	192	249	212	125	87	21	5	16
71岁	463	204	259	201	118	83	24	8	16
72岁	449	215	234	192	136	56	24	11	13
73岁	329	157	172	138	92	46	14	7	7
74岁	324	166	158	149	112	37	7	4	3
75-79	**1239**	**601**	**638**	**433**	**333**	**100**	**64**	**28**	**36**
75岁	311	160	151	120	92	28	25	13	12
76岁	256	127	129	102	78	24	11	3	8
77岁	237	111	126	84	67	17	8	2	6
78岁	242	109	133	68	55	13	10	6	4
79岁	193	94	99	59	41	18	10	4	6
80-84	**607**	**289**	**318**	**172**	**138**	**34**	**33**	**14**	**19**
80岁	197	90	107	64	45	19	10	5	5
81岁	124	62	62	44	39	5	6		6
82岁	122	63	59	33	29	4	8	4	4
83岁	89	34	55	15	10	5	7	4	3
84岁	75	40	35	16	15	1	2	1	1
85+	**234**	**114**	**120**	**53**	**49**	**4**	**8**	**2**	**6**

1-14 续表 3

单位：人

年龄	家庭其他成员供养			财产性收入			保险收入			其他		
	小计	男	女	小计	男	女	小计	男	女	小计	男	女
总　计	**15282**	**4908**	**10374**	**340**	**190**	**150**	**24**	**9**	**15**	**949**	**544**	**405**
15-19	**4061**	**2041**	**2020**	**2**	**1**	**1**				**21**	**16**	**5**
15岁	1071	530	541	1		1				3	3	
16岁	968	489	479	1	1					5	3	2
17岁	829	411	418							5	4	1
18岁	753	381	372							1		1
19岁	440	230	210							7	6	1
20-24	**1010**	**445**	**565**	**6**	**1**	**5**				**13**	**7**	**6**
20岁	255	119	136	1		1				1		1
21岁	216	101	115	2	1	1				2	1	1
22岁	177	74	103							3	3	
23岁	198	95	103	2		2				3	1	2
24岁	164	56	108	1		1				4	2	2
25-29	**678**	**171**	**507**	**11**	**7**	**4**				**32**	**21**	**11**
25岁	121	41	80	2	1	1				6	3	3
26岁	150	39	111	4	2	2				7	4	3
27岁	145	32	113	3	2	1				3	2	1
28岁	138	33	105							4	2	2
29岁	124	26	98	2	2					12	10	2
30-34	**728**	**145**	**583**	**20**	**11**	**9**				**68**	**45**	**23**
30岁	114	20	94	2	2					9	8	1
31岁	117	13	104	4	3	1				11	8	3
32岁	144	40	104	6	2	4				9	6	3
33岁	164	36	128	3	3					18	13	5
34岁	189	36	153	5	1	4				21	10	11
35-39	**902**	**175**	**727**	**33**	**20**	**13**	**2**		**2**	**114**	**64**	**50**
35岁	199	31	168	11	5	6				16	7	9

1-14 续表 4

单位：人

年龄	家庭其他成员供养			财产性收入			保险收入			其他		
	小计	男	女	小计	男	女	小计	男	女	小计	男	女
36岁	188	31	157	4	2	2	1		1	17	11	6
37岁	201	40	161	7	5	2				27	17	10
38岁	155	42	113	7	6	1	1		1	23	9	14
39岁	159	31	128	4	2	2				31	20	11
40-44	**986**	**220**	**766**	**61**	**38**	**23**	**6**	**3**	**3**	**161**	**86**	**75**
40岁	162	30	132	6	3	3	2		2	24	9	15
41岁	199	49	150	17	9	8	2	1	1	29	17	12
42岁	260	59	201	15	11	4				41	26	15
43岁	225	57	168	15	9	6				49	23	26
44岁	140	25	115	8	6	2	2	2		18	11	7
45-49	**871**	**199**	**672**	**48**	**30**	**18**	**6**	**1**	**5**	**139**	**68**	**71**
45岁	170	34	136	9	8	1	2		2	25	9	16
46岁	148	37	111	9	8	1	4	1	3	29	14	15
47岁	158	38	120	11	5	6				28	14	14
48岁	195	38	157	9	5	4				22	13	9
49岁	200	52	148	10	4	6				35	18	17
50-54	**966**	**268**	**698**	**35**	**23**	**12**	**4**	**2**	**2**	**85**	**61**	**24**
50岁	175	47	128	7	5	2	1		1	18	14	4
51岁	191	62	129	10	7	3				21	14	7
52岁	199	57	142	3	2	1	1		1	14	11	3
53岁	202	46	156	8	6	2	2	2		15	12	3
54岁	199	56	143	7	3	4				17	10	7
55-59	**998**	**195**	**803**	**21**	**8**	**13**	**2**	**2**		**72**	**49**	**23**
55岁	200	48	152	5	2	3	1	1		15	8	7
56岁	234	47	187	4	1	3				14	10	4
57岁	168	36	132	3	1	2	1	1		10	7	3
58岁	193	26	167	3	1	2				13	10	3
59岁	203	38	165	6	3	3				20	14	6

1-14 续表 5

单位：人

年 龄	家庭其他成员供养			财产性收入			保险收入			其他		
	小计	男	女	小计	男	女	小计	男	女	小计	男	女
60-64	**872**	**145**	**727**	**32**	**13**	**19**	**2**	**1**	**1**	**38**	**12**	**26**
60岁	179	29	150	4	1	3				5	1	4
61岁	177	27	150	6	2	4				12	4	8
62岁	176	34	142	4	1	3				3	2	1
63岁	168	31	137	9	4	5	1	1		11	3	8
64岁	172	24	148	9	5	4	1		1	7	2	5
65-69	**1035**	**245**	**790**	**39**	**19**	**20**	**1**		**1**	**73**	**37**	**36**
65岁	204	57	147	5	3	2	1		1	15	11	4
66岁	230	50	180	10	5	5				13	4	9
67岁	210	50	160	9	4	5				18	9	9
68岁	185	44	141	6	2	4				14	8	6
69岁	206	44	162	9	5	4				13	5	8
70-74	**936**	**265**	**671**	**20**	**12**	**8**	**1**		**1**	**67**	**39**	**28**
70岁	193	50	143	3	3					12	9	3
71岁	214	62	152	8	6	2				15	10	6
72岁	213	61	152	5	1	4				15	6	9
73岁	161	49	112	3	2	1	1		1	12	7	5
74岁	155	43	112	1		1				12	7	5
75-79	**696**	**216**	**480**	**8**	**4**	**4**				**38**	**20**	**18**
75岁	150	48	102	3	2	1				13	5	8
76岁	133	39	94	1	1					9	6	3
77岁	138	41	97	3		3				4	1	3
78岁	156	44	112	1	1					7	3	4
79岁	119	44	75							5	5	
80-84	**379**	**121**	**258**	**3**	**2**	**1**				**20**	**14**	**6**
80岁	119	36	83							4	4	
81岁	68	20	48							6	3	3
82岁	73	24	49	1		1				7	6	1
83岁	63	17	46	2	2					2	1	1
84岁	56	24	32							1		1
85+	**164**	**57**	**107**	**1**	**1**					**8**	**5**	**3**

第二部分　残疾人口的基本状况

2－1　各地区分性别、残疾类别的残疾人

单位：人

地　区	残疾人			视力残疾人			听力残疾人			言语残疾人		
	合计	男	女	小计	男	女	小计	男	女	小计	男	女
总　计	**5370**	**2863**	**2507**	**766**	**319**	**447**	**1204**	**701**	**503**	**82**	**54**	**28**
朝阳区	213	115	98	14	6	8	54	32	22	2	2	
昌邑区	339	177	162	29	10	19	110	65	45	11	6	5
龙潭区	230	130	100	24	9	15	71	38	33	4	2	2
二道区	231	122	109	31	15	16	16	9	7	2	2	
洮北区	182	99	83	37	18	19	49	27	22	7	5	2
东昌区	225	109	116	34	13	21	58	31	27	1	1	
二道江区	259	141	118	45	22	23	72	39	33	8	8	
延吉市	258	133	125	20	13	7	50	26	24			
临江市	289	166	123	14	7	7	66	47	19			
榆树市	235	119	116	47	14	33	41	19	22	3	2	1
公主岭市	202	107	95	22	10	12	38	22	16	7	3	4
九台市	251	148	103	44	19	25	52	39	13	4	2	2
舒兰市	266	137	129	69	32	37	38	25	13	3	3	
蛟河市	265	131	134	27	15	12	35	20	15	5	2	3
大安市	243	116	127	31	7	24	65	33	32	1	1	
抚松县	219	119	100	24	9	15	48	25	23	3	2	1
安图县	253	155	98	12	6	6	52	36	16	7	5	2
农安县	224	123	101	55	22	33	54	35	19	5	2	3
梨树县	215	107	108	46	18	28	53	33	20	2	2	
永吉县	273	144	129	39	15	24	76	39	37	2	2	
长岭县	236	120	116	39	14	25	77	44	33	4	2	2
乾安县	262	145	117	63	25	38	29	17	12	1		1

2－1　续表

单位：人

地　区	肢体残疾人			智力残疾人			精神残疾人			多重残疾人		
	小计	男	女	小计	男	女	小计	男	女	小计	男	女
总　计	**1823**	**1035**	**788**	**339**	**187**	**152**	**378**	**147**	**231**	**778**	**420**	**358**
朝阳区	91	46	45	5	4	1	18	7	11	29	18	11
昌邑区	99	52	47	8	3	5	27	7	20	55	34	21
龙潭区	68	40	28	9	7	2	17	7	10	37	27	10
二道区	97	50	47	35	20	15	17	6	11	33	20	13
洮北区	47	32	15	9	5	4	14	5	9	19	7	12
东昌区	71	40	31	5	3	2	15	6	9	41	15	26
二道江区	57	34	23	7	4	3	22	12	10	48	22	26
延吉市	137	67	70	9	5	4	12	7	5	30	15	15
临江市	108	56	52	11	5	6	27	11	16	63	40	23
榆树市	80	50	30	7	5	2	18	7	11	39	22	17
公主岭市	88	46	42	20	11	9	13	6	7	14	9	5
九台市	77	50	27	13	8	5	14	4	10	47	26	21
舒兰市	74	40	34	20	10	10	20	4	16	42	23	19
蛟河市	130	67	63	21	5	16	15	4	11	32	18	14
大安市	66	40	26	28	14	14	18	7	11	34	14	20
抚松县	74	45	29	24	15	9	9	4	5	37	19	18
安图县	118	74	44	13	10	3	16	8	8	35	16	19
农安县	53	35	18	17	12	5	22	11	11	18	6	12
梨树县	44	23	21	14	7	7	18	7	11	38	17	21
永吉县	86	48	38	21	14	7	12	6	6	37	20	17
长岭县	48	28	20	16	8	8	24	10	14	28	14	14
乾安县	110	72	38	27	12	15	10	1	9	22	18	4

2－2 分年龄、性别、残疾类别的残疾人

单位：人

年龄	残疾人			视力残疾人			听力残疾人			言语残疾人		
	合计	男	女	小计	男	女	小计	男	女	小计	男	女
总　计	**5370**	**2863**	**2507**	**766**	**319**	**447**	**1204**	**701**	**503**	**82**	**54**	**28**
0–4	**39**	**23**	**16**	**2**		**2**	**2**	**2**		**2**	**2**	
0岁	2	1	1									
1岁	10	8	2				1	1				
2岁	8	3	5	1		1	1	1				
3岁	9	4	5							1	1	
4岁	10	7	3	1		1				1	1	
5–9	**41**	**22**	**19**	**3**	**2**	**1**	**1**	**1**		**1**	**1**	
5岁	10	7	3	1	1		1	1				
6岁	7	3	4									
7岁	10	5	5	1		1						
8岁	7	4	3	1	1					1	1	
9岁	7	3	4									
10–14	**45**	**24**	**21**	**1**	**1**		**2**	**1**	**1**			
10岁	9	7	2									
11岁	9	3	6				1		1			
12岁	7	3	4									
13岁	9	4	5	1	1							
14岁	11	7	4				1	1				
15–19	**104**	**58**	**46**	**4**	**2**	**2**	**4**	**3**	**1**	**1**	**1**	
15岁	12	8	4									
16岁	18	8	10	1	1							
17岁	26	16	10	3	1	2						
18岁	23	11	12				1	1				
19岁	25	15	10				3	2	1	1	1	
20–24	**95**	**51**	**44**	**1**	**1**		**5**	**4**	**1**	**1**	**1**	
20岁	22	13	9				2	2				
21岁	15	9	6	1	1					1	1	
22岁	21	10	11				2	1	1			
23岁	20	11	9				1	1				
24岁	17	8	9									
25–29	**121**	**74**	**47**	**9**	**3**	**6**	**8**	**6**	**2**	**1**	**1**	
25岁	15	12	3	2	1	1	1	1		1	1	

2－2 续表 1

单位：人

年龄	残疾人			视力残疾人			听力残疾人			言语残疾人		
	合计	男	女	小计	男	女	小计	男	女	小计	男	女
26岁	24	16	8	1		1	3	2	1			
27岁	23	13	10	4	1	3						
28岁	35	19	16	2	1	1	3	2	1			
29岁	24	14	10				1	1				
30-34	**194**	**115**	**79**	**15**	**7**	**8**	**12**	**6**	**6**	**4**	**3**	**1**
30岁	28	17	11	2	1	1	3		3	1	1	
31岁	24	13	11	1		1						
32岁	44	28	16	2	1	1	3	2	1	1	1	
33岁	57	28	29	6	2	4	3	1	2	1		1
34岁	41	29	12	4	3	1	3	3		1	1	
35-39	**285**	**170**	**115**	**29**	**20**	**9**	**26**	**14**	**12**	**4**	**2**	**2**
35岁	54	33	21	9	5	4						
36岁	46	31	15	1	1		4	3	1	1		1
37岁	62	38	24	7	5	2	9	5	4	1	1	
38岁	58	31	27	6	5	1	8	5	3	1		1
39岁	65	37	28	6	4	2	5	1	4	1	1	
40-44	**418**	**250**	**168**	**36**	**20**	**16**	**49**	**29**	**20**	**11**	**7**	**4**
40岁	61	34	27	3	2	1	8	5	3	3	1	2
41岁	85	49	36	7	2	5	8	5	3	2	1	1
42岁	99	58	41	7	3	4	14	7	7	2	2	
43岁	103	66	37	12	8	4	11	8	3	2	1	1
44岁	70	43	27	7	5	2	8	4	4	2	2	
45-49	**432**	**234**	**198**	**44**	**14**	**30**	**51**	**30**	**21**	**5**	**4**	**1**
45岁	87	55	32	7	3	4	8	5	3	1	1	
46岁	81	44	37	13	5	8	7	6	1	1	1	
47岁	80	42	38	3	3		13	6	7	1	1	
48岁	89	41	48	10		10	10	5	5	2	1	1
49岁	95	52	43	11	3	8	13	8	5			
50-54	**501**	**263**	**238**	**66**	**32**	**34**	**96**	**54**	**42**	**7**	**3**	**4**
50岁	90	51	39	8	7	1	16	7	9	1		1
51岁	113	54	59	13	5	8	22	13	9	2		2
52岁	103	56	47	15	8	7	16	12	4	3	2	1
53岁	101	49	52	14	5	9	20	11	9	1	1	
54岁	94	53	41	16	7	9	22	11	11			

2－2 续表 2

单位：人

年 龄	残疾人			视力残疾人			听力残疾人			言语残疾人		
	合计	男	女	小计	男	女	小计	男	女	小计	男	女
55-59	**535**	**269**	**266**	**100**	**38**	**62**	**114**	**67**	**47**	**10**	**8**	**2**
55岁	113	54	59	21	9	12	24	9	15	3	3	
56岁	107	51	56	21	7	14	21	12	9			
57岁	92	54	38	11	6	5	24	15	9	2	1	1
58岁	104	51	53	21	5	16	23	17	6	2	1	1
59岁	119	59	60	26	11	15	22	14	8	3	3	
60-64	**423**	**220**	**203**	**85**	**35**	**50**	**121**	**65**	**56**	**11**	**5**	**6**
60岁	78	41	37	9	3	6	24	16	8	2	1	1
61岁	95	51	44	24	11	13	28	14	14	3	1	2
62岁	76	43	33	14	5	9	28	17	11			
63岁	92	41	51	15	6	9	22	7	15	3	1	2
64岁	82	44	38	23	10	13	19	11	8	3	2	1
65-69	**574**	**302**	**272**	**102**	**37**	**65**	**160**	**101**	**59**	**8**	**5**	**3**
65岁	113	64	49	17	6	11	34	24	10	1	1	
66岁	130	67	63	18	7	11	33	22	11	1		1
67岁	116	68	48	23	12	11	31	18	13	1	1	
68岁	99	47	52	19	2	17	25	14	11	2	2	
69岁	116	56	60	25	10	15	37	23	14	3	1	2
70-74	**637**	**331**	**306**	**117**	**52**	**65**	**217**	**124**	**93**	**9**	**7**	**2**
70岁	122	59	63	28	11	17	42	25	17			
71岁	138	77	61	23	12	11	49	31	18	4	3	1
72岁	139	81	58	28	12	16	50	31	19	3	3	
73岁	122	62	60	18	12	6	32	15	17	1		1
74岁	116	52	64	20	5	15	44	22	22	1	1	
75-79	**485**	**252**	**233**	**77**	**30**	**47**	**169**	**99**	**70**	**6**	**4**	**2**
75岁	113	56	57	18	5	13	39	23	16			
76岁	85	49	36	15	8	7	29	23	6	2	1	1
77岁	94	48	46	15	5	10	32	16	16	3	2	1
78岁	99	50	49	13	6	7	33	15	18			
79岁	94	49	45	16	6	10	36	22	14	1	1	
80-84	**307**	**135**	**172**	**53**	**15**	**38**	**120**	**66**	**54**	**1**		**1**
80岁	93	36	57	17	5	12	36	18	18			
81岁	59	27	32	6	2	4	27	14	13	1		1
82岁	69	35	34	8	5	3	29	15	14			
83岁	44	17	27	14	1	13	12	7	5			
84岁	42	20	22	8	2	6	16	12	4			
85+	**134**	**70**	**64**	**22**	**10**	**12**	**47**	**29**	**18**			

2－2 续表 3

单位：人

年龄	肢体残疾人			智力残疾人			精神残疾人			多重残疾人		
	小计	男	女	小计	男	女	小计	男	女	小计	男	女
总　计	**1823**	**1035**	**788**	**339**	**187**	**152**	**378**	**147**	**231**	**778**	**420**	**358**
0–4	**4**	**1**	**3**	**14**	**9**	**5**	**1**		**1**	**14**	**9**	**5**
0岁				2	1	1						
1岁	2	1	1	5	5					2	1	1
2岁				3	1	2	1		1	2	1	1
3岁	1		1	2		2				5	3	2
4岁	1		1	2	2					5	4	1
5–9	**10**	**4**	**6**	**10**	**5**	**5**				**16**	**9**	**7**
5岁	2		2							6	5	1
6岁	2	1	1	2		2				3	2	1
7岁	3	2	1	4	2	2				2	1	1
8岁	3	1	2	1	1					1		1
9岁				3	2	1				4	1	3
10–14	**12**	**5**	**7**	**14**	**7**	**7**	**3**	**2**	**1**	**13**	**8**	**5**
10岁	2	1	1	4	3	1	1	1		2	2	
11岁	1		1	3	1	2	1	1		3	1	2
12岁	3	1	2							4	2	2
13岁	3	1	2	5	2	3						
14岁	3	2	1	2	1	1	1		1	4	3	1
15–19	**32**	**17**	**15**	**35**	**21**	**14**	**5**	**3**	**2**	**23**	**11**	**12**
15岁	4	3	1	5	4	1				3	1	2
16岁	5	3	2	9	3	6				3	1	2
17岁	7	4	3	9	6	3	1	1		6	4	2
18岁	11	4	7	4	2	2	2	1	1	5	3	2
19岁	5	3	2	8	6	2	2	1	1	6	2	4
20–24	**18**	**8**	**10**	**29**	**17**	**12**	**10**	**4**	**6**	**31**	**16**	**15**
20岁	1	1		9	6	3	3	1	2	7	3	4
21岁	3	1	2	4	2	2				6	4	2
22岁	3	2	1	5	1	4	2	2		9	4	5
23岁	7	2	5	6	5	1	1		1	5	3	2
24岁	4	2	2	5	3	2	4	1	3	4	2	2
25–29	**42**	**25**	**17**	**21**	**15**	**6**	**20**	**11**	**9**	**20**	**13**	**7**
25岁	5	3	2	2	2		2	2		2	2	

2-2 续表 4

单位：人

年龄	肢体残疾人			智力残疾人			精神残疾人			多重残疾人		
	小计	男	女	小计	男	女	小计	男	女	小计	男	女
26岁	6	3	3	7	5	2	3	3		4	3	1
27岁	9	8	1	3	1	2	3	2	1	4	1	3
28岁	10	5	5	7	5	2	6	1	5	7	5	2
29岁	12	6	6	2	2		6	3	3	3	2	1
30-34	**71**	**47**	**24**	**32**	**17**	**15**	**32**	**19**	**13**	**28**	**16**	**12**
30岁	7	6	1	8	4	4	6	4	2	1	1	
31岁	7	5	2	7	4	3	5	3	2	4	1	3
32岁	19	11	8	4	4		6	4	2	9	5	4
33岁	19	11	8	8	3	5	10	4	6	10	7	3
34岁	19	14	5	5	2	3	5	4	1	4	2	2
35-39	**127**	**87**	**40**	**39**	**21**	**18**	**39**	**17**	**22**	**21**	**9**	**12**
35岁	28	21	7	6	3	3	7	2	5	4	2	2
36岁	19	15	4	9	5	4	8	5	3	4	2	2
37岁	32	19	13	6	4	2	5	3	2	2	1	1
38岁	22	15	7	7	3	4	9	2	7	5	1	4
39岁	26	17	9	11	6	5	10	5	5	6	3	3
40-44	**190**	**130**	**60**	**36**	**22**	**14**	**57**	**24**	**33**	**39**	**18**	**21**
40岁	26	16	10	6	3	3	11	6	5	4	1	3
41岁	35	26	9	9	6	3	17	5	12	7	4	3
42岁	47	32	15	8	5	3	12	6	6	9	3	6
43岁	47	32	15	9	6	3	12	5	7	10	6	4
44岁	35	24	11	4	2	2	5	2	3	9	4	5
45-49	**214**	**131**	**83**	**22**	**10**	**12**	**50**	**24**	**26**	**46**	**21**	**25**
45岁	43	28	15	7	4	3	16	11	5	5	3	2
46岁	40	23	17	2	1	1	10	4	6	8	4	4
47岁	40	24	16	5	1	4	7	2	5	11	5	6
48岁	48	28	20	4	1	3	7	2	5	8	4	4
49岁	43	28	15	4	3	1	10	5	5	14	5	9
50-54	**196**	**114**	**82**	**23**	**9**	**14**	**51**	**14**	**37**	**62**	**37**	**25**
50岁	39	26	13	4		4	11	3	8	11	8	3
51岁	44	22	22	3	1	2	11	2	9	18	11	7
52岁	39	23	16	3	2	1	14	3	11	13	6	7
53岁	36	19	17	8	4	4	8	3	5	14	6	8
54岁	38	24	14	5	2	3	7	3	4	6	6	

2－2 续表 5

单位：人

年 龄	肢体残疾人			智力残疾人			精神残疾人			多重残疾人		
	小计	男	女	小计	男	女	小计	男	女	小计	男	女
55-59	**177**	**96**	**81**	**30**	**18**	**12**	**40**	**8**	**32**	**64**	**34**	**30**
55岁	36	17	19	5	2	3	10	5	5	14	9	5
56岁	36	23	13	5	4	1	11	1	10	13	4	9
57岁	34	22	12	7	3	4	4		4	10	7	3
58岁	28	15	13	6	5	1	9	1	8	15	7	8
59岁	43	19	24	7	4	3	6	1	5	12	7	5
60-64	**124**	**73**	**51**	**7**	**2**	**5**	**17**	**6**	**11**	**58**	**34**	**24**
60岁	23	13	10	1		1	6	2	4	13	6	7
61岁	27	18	9	2		2	2		2	9	7	2
62岁	20	12	8	2	1	1	3	1	2	9	7	2
63岁	34	21	13	1	1		4	1	3	13	4	9
64岁	20	9	11	1		1	2	2		14	10	4
65-69	**206**	**112**	**94**	**8**	**6**	**2**	**26**	**8**	**18**	**64**	**33**	**31**
65岁	35	20	15				9	2	7	17	11	6
66岁	53	28	25	5	4	1	6	1	5	14	5	9
67岁	39	25	14	1	1		5	3	2	16	8	8
68岁	41	23	18				2		2	10	6	4
69岁	38	16	22	2	1	1	4	2	2	7	3	4
70-74	**177**	**85**	**92**	**7**	**1**	**6**	**15**	**5**	**10**	**95**	**57**	**38**
70岁	28	15	13	1		1	5	1	4	18	7	11
71岁	37	16	21	1		1	4	1	3	20	14	6
72岁	36	20	16				2	1	1	20	14	6
73岁	48	23	25	4	1	3	2	1	1	17	10	7
74岁	28	11	17	1		1	2	1	1	20	12	8
75-79	**134**	**63**	**71**	**7**	**4**	**3**	**10**	**2**	**8**	**82**	**50**	**32**
75岁	35	15	20	1	1		2		2	18	12	6
76岁	25	13	12							14	4	10
77岁	23	13	10	2	1	1	3		3	16	11	5
78岁	26	12	14				3	1	2	24	16	8
79岁	25	10	15	4	2	2	2	1	1	10	7	3
80-84	**64**	**26**	**38**	**3**	**2**	**1**				**66**	**26**	**40**
80岁	15	4	11	1		1				24	9	15
81岁	12	6	6	1	1					12	4	8
82岁	19	9	10							13	6	7
83岁	10	6	4	1	1					7	2	5
84岁	8	1	7							10	5	5
85+	**25**	**11**	**14**	**2**	**1**	**1**	**2**		**2**	**36**	**19**	**17**

2－2a 城镇分年龄、性别、残疾类别的残疾人

单位：人

年龄	残疾人			视力残疾人			听力残疾人			言语残疾人		
	合计	男	女	小计	男	女	小计	男	女	小计	男	女
总　计	**2452**	**1321**	**1131**	**290**	**118**	**172**	**564**	**317**	**247**	**35**	**25**	**10**
0–4	**16**	**8**	**8**	**1**		**1**	**2**	**2**				
0岁	1		1									
1岁	7	5	2				1	1				
2岁	2	1	1				1	1				
3岁	4	2	2									
4岁	2		2	1		1						
5–9	**18**	**8**	**10**	**2**	**1**	**1**						
5岁	4	2	2									
6岁	1		1									
7岁	5	3	2	1		1						
8岁	4	1	3	1	1							
9岁	4	2	2									
10–14	**13**	**8**	**5**									
10岁	3	2	1									
11岁	3	1	2									
12岁	3	3										
13岁	1		1									
14岁	3	2	1									
15–19	**38**	**21**	**17**	**1**	**1**							
15岁	6	4	2									
16岁	7	2	5									
17岁	11	8	3	1	1							
18岁	6	2	4									
19岁	8	5	3									
20–24	**41**	**21**	**20**									
20岁	12	6	6									
21岁	3	2	1									
22岁	6	3	3									
23岁	10	6	4									
24岁	10	4	6									
25–29	**47**	**29**	**18**	**1**		**1**	**4**	**3**	**1**			
25岁	6	5	1				1	1				

2－2a 续表 1

单位：人

年 龄	残疾人			视力残疾人			听力残疾人			言语残疾人		
	合计	男	女	小计	男	女	小计	男	女	小计	男	女
26岁	6	5	1				1	1				
27岁	11	5	6	1		1						
28岁	14	6	8				1		1			
29岁	10	8	2				1	1				
30-34	**84**	**58**	**26**	**7**	**4**	**3**	**3**	**1**	**2**	**1**	**1**	
30岁	12	8	4	2	1	1				1	1	
31岁	7	4	3	1		1						
32岁	20	14	6	1	1		2	1	1			
33岁	24	18	6	1	1		1		1			
34岁	21	14	7	2	1	1						
35-39	**130**	**82**	**48**	**12**	**10**	**2**	**11**	**4**	**7**	**2**	**1**	**1**
35岁	23	15	8	3	2	1						
36岁	24	16	8	1	1		3	2	1	1		1
37岁	30	18	12	4	3	1	3		3			
38岁	24	15	9	2	2		3	2	1			
39岁	29	18	11	2	2		2		2	1	1	
40-44	**192**	**126**	**66**	**14**	**10**	**4**	**18**	**12**	**6**	**1**	**1**	
40岁	25	15	10	2	1	1						
41岁	36	24	12	2	1	1	2	1	1			
42岁	48	32	16	2	2		9	6	3	1	1	
43岁	54	33	21	7	5	2	5	3	2			
44岁	29	22	7	1	1		2	2				
45-49	**207**	**118**	**89**	**18**	**7**	**11**	**18**	**12**	**6**	**2**	**2**	
45岁	43	29	14	5	3	2	2	2				
46岁	36	23	13	2	1	1	3	3		1	1	
47岁	40	23	17	3	3		7	4	3			
48岁	47	19	28	5		5	3	1	2	1	1	
49岁	41	24	17	3		3	3	2	1			
50-54	**217**	**121**	**96**	**31**	**15**	**16**	**38**	**25**	**13**	**2**	**1**	**1**
50岁	39	23	16	2	2		6	4	2			
51岁	54	28	26	7	2	5	12	9	3	1		1
52岁	48	22	26	9	5	4	4	2	2	1	1	
53岁	37	21	16	6	3	3	8	4	4			
54岁	39	27	12	7	3	4	8	6	2			
55-59	**214**	**115**	**99**	**35**	**11**	**24**	**45**	**27**	**18**	**7**	**6**	**1**

2－2a 续表 2

单位：人

年 龄	残疾人			视力残疾人			听力残疾人			言语残疾人		
	合计	男	女	小计	男	女	小计	男	女	小计	男	女
55岁	45	20	25	4		4	10	5	5	2	2	
56岁	41	24	17	10	5	5	8	4	4			
57岁	38	22	16	4	1	3	7	4	3	2	1	1
58岁	40	21	19	8	1	7	8	7	1	1	1	
59岁	50	28	22	9	4	5	12	7	5	2	2	
60-64	**185**	**91**	**94**	**32**	**11**	**21**	**55**	**22**	**33**	**5**	**4**	**1**
60岁	39	24	15	4	2	2	13	10	3	1	1	
61岁	30	13	17	5	1	4	11	3	8	1	1	
62岁	32	16	16	6	2	4	11	5	6			
63岁	45	19	26	5	3	2	11	1	10	1		1
64岁	39	19	20	12	3	9	9	3	6	2	2	
65-69	**273**	**130**	**143**	**38**	**11**	**27**	**79**	**48**	**31**	**4**	**2**	**2**
65岁	53	27	26	8	2	6	17	12	5			
66岁	61	28	33	5	2	3	19	11	8	1		1
67岁	50	29	21	8	4	4	14	9	5	1	1	
68岁	52	22	30	9		9	11	7	4			
69岁	57	24	33	8	3	5	18	9	9	2	1	1
70-74	**315**	**165**	**150**	**40**	**19**	**21**	**108**	**62**	**46**	**7**	**5**	**2**
70岁	64	34	30	13	6	7	26	16	10			
71岁	60	28	32	6	3	3	23	13	10	2	1	1
72岁	63	41	22	7	4	3	20	14	6	3	3	
73岁	64	33	31	5	3	2	15	7	8	1		1
74岁	64	29	35	9	3	6	24	12	12	1	1	
75-79	**242**	**121**	**121**	**28**	**10**	**18**	**94**	**52**	**42**	**3**	**2**	**1**
75岁	59	28	31	5	1	4	25	12	13			
76岁	45	24	21	6	1	5	18	15	3	2	1	1
77岁	43	24	19	4	1	3	16	7	9			
78岁	50	21	29	7	4	3	17	7	10			
79岁	45	24	21	6	3	3	18	11	7	1	1	
80-84	**145**	**62**	**83**	**19**	**4**	**15**	**60**	**30**	**30**	**1**		**1**
80岁	47	18	29	8	2	6	21	9	12			
81岁	30	15	15	1		1	15	8	7	1		1
82岁	35	17	18	2	2		13	7	6			
83岁	16	4	12	5		5	4	1	3			
84岁	17	8	9	3		3	7	5	2			
85+	**75**	**37**	**38**	**11**	**4**	**7**	**29**	**17**	**12**			

2－2a 续表 3

单位：人

年龄	肢体残疾人			智力残疾人			精神残疾人			多重残疾人		
	小计	男	女	小计	男	女	小计	男	女	小计	男	女
总计	**930**	**527**	**403**	**116**	**71**	**45**	**160**	**66**	**94**	**357**	**197**	**160**
0-4	**2**		**2**	**5**	**3**	**2**				**6**	**3**	**3**
0岁				1		1						
1岁	1		1	3	3					2	1	1
2岁										1		1
3岁				1		1				3	2	1
4岁	1		1									
5-9	**6**	**2**	**4**	**3**	**2**	**1**				**7**	**3**	**4**
5岁	1		1							3	2	1
6岁	1		1									
7岁	2	2		2	1	1						
8岁	2		2							1		1
9岁				1	1					3	1	2
10-14	**4**	**1**	**3**	**2**	**1**	**1**	**1**	**1**		**6**	**5**	**1**
10岁	1		1				1	1		1	1	
11岁				2	1	1				1		1
12岁	1	1								2	2	
13岁	1		1									
14岁	1		1							2	2	
15-19	**12**	**6**	**6**	**12**	**6**	**6**	**1**	**1**		**12**	**7**	**5**
15岁	2	2		3	2	1				1		1
16岁	3	2	1	3		3				1		1
17岁	4	2	2	1	1					5	4	1
18岁	2		2	3	1	2				1	1	
19岁	1		1	2	2		1	1		4	2	2
20-24	**7**	**2**	**5**	**12**	**9**	**3**	**7**	**2**	**5**	**15**	**8**	**7**
20岁				4	3	1	3	1	2	5	2	3
21岁	1		1	1	1					1	1	
22岁	1	1		1		1	1	1		3	1	2
23岁	4	1	3	3	3					3	2	1
24岁	1		1	3	2	1	3		3	3	2	1
25-29	**16**	**10**	**6**	**10**	**7**	**3**	**7**	**4**	**3**	**9**	**5**	**4**
25岁	2	1	1				1	1		2	2	

2－2a 续表 4

单位：人

年龄	肢体残疾人			智力残疾人			精神残疾人			多重残疾人		
	小计	男	女	小计	男	女	小计	男	女	小计	男	女
26岁				3	3		1	1		1		1
27岁	6	5	1	1		1	1		1	2		2
28岁	4	1	3	4	2	2	1		1	4	3	1
29岁	4	3	1	2	2		3	2	1			
30-34	**36**	**29**	**7**	**12**	**7**	**5**	**12**	**8**	**4**	**13**	**8**	**5**
30岁	5	4	1	2	1	1	1		1	1	1	
31岁	2	2		2	1	1	1	1		1		1
32岁	10	7	3	1	1		2	2		4	2	2
33岁	9	8	1	3	2	1	5	3	2	5	4	1
34岁	10	8	2	4	2	2	3	2	1	2	1	1
35-39	**63**	**42**	**21**	**14**	**11**	**3**	**16**	**10**	**6**	**12**	**4**	**8**
35岁	14	10	4	1	1		3	2	1	2		2
36岁	10	7	3	4	3	1	3	2	1	2	1	1
37岁	18	11	7	2	1	1	2	2		1	1	
38岁	9	7	2	3	2	1	4	2	2	3		3
39岁	12	7	5	4	4		4	2	2	4	2	2
40-44	**107**	**78**	**29**	**10**	**7**	**3**	**26**	**11**	**15**	**16**	**7**	**9**
40岁	14	10	4	3	2	1	4	2	2	2		2
41岁	20	15	5	2	2		8	4	4	2	1	1
42岁	27	20	7	1	1		3		3	5	2	3
43岁	27	18	9	3	2	1	9	3	6	3	2	1
44岁	19	15	4	1		1	2	2		4	2	2
45-49	**117**	**69**	**48**	**8**	**3**	**5**	**22**	**15**	**7**	**22**	**10**	**12**
45岁	20	12	8	2	1	1	9	8	1	5	3	2
46岁	25	16	9				2	1	1	3	1	2
47岁	22	14	8	2		2	3	1	2	3	1	2
48岁	29	14	15	1		1	3	1	2	5	2	3
49岁	21	13	8	3	2	1	5	4	1	6	3	3
50-54	**95**	**60**	**35**	**6**	**3**	**3**	**24**	**4**	**20**	**21**	**13**	**8**
50岁	21	14	7	1		1	6		6	3	3	
51岁	26	14	12				4	1	3	4	2	2
52岁	20	11	9	1	1		9	1	8	4	1	3
53岁	14	10	4	1	1		3	1	2	5	2	3
54岁	14	11	3	3	1	2	2	1	1	5	5	
55-59	**84**	**49**	**35**	**10**	**5**	**5**	**12**	**2**	**10**	**21**	**15**	**6**

2－2a 续表 5

单位：人

年 龄	肢体残疾人			智力残疾人			精神残疾人			多重残疾人		
	小计	男	女	小计	男	女	小计	男	女	小计	男	女
55岁	21	10	11	3	1	2	3	1	2	2	1	1
56岁	15	11	4	2	1	1	2	1	1	4	2	2
57岁	19	13	6	1		1	2		2	3	3	
58岁	12	7	5	1	1		3		3	7	4	3
59岁	17	8	9	3	2	1	2		2	5	5	
60-64	**56**	**32**	**24**	**2**	**1**	**1**	**8**	**3**	**5**	**27**	**18**	**9**
60岁	13	5	8				2	1	1	6	5	1
61岁	7	5	2	1		1	1		1	4	3	1
62岁	10	6	4	1	1		2	1	1	2	1	1
63岁	20	12	8				3	1	2	5	2	3
64岁	6	4	2							10	7	3
65-69	**105**	**50**	**55**	**2**	**2**		**17**	**4**	**13**	**28**	**13**	**15**
65岁	16	8	8				3		3	9	5	4
66岁	28	12	16	1	1		5	1	4	2	1	1
67岁	16	10	6				3	1	2	8	4	4
68岁	25	13	12				2		2	5	2	3
69岁	20	7	13	1	1		4	2	2	4	1	3
70-74	**105**	**49**	**56**	**3**	**1**	**2**	**3**	**1**	**2**	**49**	**28**	**21**
70岁	17	9	8							8	3	5
71岁	20	8	12	1		1	2		2	6	3	3
72岁	20	11	9							13	9	4
73岁	29	14	15	2	1	1				12	8	4
74岁	19	7	12				1	1		10	5	5
75-79	**76**	**33**	**43**	**3**	**2**	**1**	**3**		**3**	**35**	**22**	**13**
75岁	18	7	11				1		1	10	8	2
76岁	16	7	9							3		3
77岁	12	9	3	1	1		2		2	8	6	2
78岁	16	5	11							10	5	5
79岁	14	5	9	2	1	1				4	3	1
80-84	**28**	**10**	**18**	**1**	**1**					**36**	**17**	**19**
80岁	6	1	5							12	6	6
81岁	7	4	3	1	1					5	2	3
82岁	9	3	6							11	5	6
83岁	3	2	1							4	1	3
84岁	3		3							4	3	1
85+	**11**	**5**	**6**	**1**		**1**	**1**		**1**	**22**	**11**	**11**

2－2b　农村分年龄、性别、残疾类别的残疾人

单位：人

年龄	残疾人			视力残疾人			听力残疾人			言语残疾人		
	合计	男	女	小计	男	女	小计	男	女	小计	男	女
总　计	**2918**	**1542**	**1376**	**476**	**201**	**275**	**640**	**384**	**256**	**47**	**29**	**18**
0–4	**23**	**15**	**8**	**1**		**1**				**2**	**2**	
0岁	1	1										
1岁	3	3										
2岁	6	2	4	1		1						
3岁	5	2	3							1	1	
4岁	8	7	1							1	1	
5–9	**23**	**14**	**9**	**1**	**1**		**1**	**1**		**1**	**1**	
5岁	6	5	1	1	1		1	1				
6岁	6	3	3									
7岁	5	2	3									
8岁	3	3								1	1	
9岁	3	1	2									
10–14	**32**	**16**	**16**	**1**	**1**		**2**	**1**	**1**			
10岁	6	5	1									
11岁	6	2	4				1		1			
12岁	4		4									
13岁	8	4	4	1	1							
14岁	8	5	3				1	1				
15–19	**66**	**37**	**29**	**3**	**1**	**2**	**4**	**3**	**1**	**1**	**1**	
15岁	6	4	2									
16岁	11	6	5	1	1							
17岁	15	8	7	2		2						
18岁	17	9	8				1	1				
19岁	17	10	7				3	2	1	1	1	
20–24	**54**	**30**	**24**	**1**	**1**		**5**	**4**	**1**	**1**	**1**	
20岁	10	7	3				2	2				
21岁	12	7	5	1	1					1	1	
22岁	15	7	8				2	1	1			
23岁	10	5	5				1	1				
24岁	7	4	3									
25–29	**74**	**45**	**29**	**8**	**3**	**5**	**4**	**3**	**1**	**1**	**1**	
25岁	9	7	2	2	1	1				1	1	
26岁	18	11	7	1		1	2	1	1			

2－2b 续表 1

单位：人

年 龄	残疾人			视力残疾人			听力残疾人			言语残疾人		
	合计	男	女	小计	男	女	小计	男	女	小计	男	女
27岁	12	8	4	3	1	2						
28岁	21	13	8	2	1	1	2	2				
29岁	14	6	8									
30-34	**110**	**57**	**53**	**8**	**3**	**5**	**9**	**5**	**4**	**3**	**2**	**1**
30岁	16	9	7				3		3			
31岁	17	9	8									
32岁	24	14	10	1		1	1	1		1	1	
33岁	33	10	23	5	1	4	2	1	1	1		1
34岁	20	15	5	2	2		3	3		1	1	
35-39	**155**	**88**	**67**	**17**	**10**	**7**	**15**	**10**	**5**	**2**	**1**	**1**
35岁	31	18	13	6	3	3						
36岁	22	15	7				1	1				
37岁	32	20	12	3	2	1	6	5	1	1	1	
38岁	34	16	18	4	3	1	5	3	2	1		1
39岁	36	19	17	4	2	2	3	1	2			
40-44	**226**	**124**	**102**	**22**	**10**	**12**	**31**	**17**	**14**	**10**	**6**	**4**
40岁	36	19	17	1	1		8	5	3	3	1	2
41岁	49	25	24	5	1	4	6	4	2	2	1	1
42岁	51	26	25	5	1	4	5	1	4	1	1	
43岁	49	33	16	5	3	2	6	5	1	2	1	1
44岁	41	21	20	6	4	2	6	2	4	2	2	
45-49	**225**	**116**	**109**	**26**	**7**	**19**	**33**	**18**	**15**	**3**	**2**	**1**
45岁	44	26	18	2		2	6	3	3	1	1	
46岁	45	21	24	11	4	7	4	3	1			
47岁	40	19	21				6	2	4	1	1	
48岁	42	22	20	5		5	7	4	3	1		1
49岁	54	28	26	8	3	5	10	6	4			
50-54	**284**	**142**	**142**	**35**	**17**	**18**	**58**	**29**	**29**	**5**	**2**	**3**
50岁	51	28	23	6	5	1	10	3	7	1		1
51岁	59	26	33	6	3	3	10	4	6	1		1
52岁	55	34	21	6	3	3	12	10	2	2	1	1
53岁	64	28	36	8	2	6	12	7	5	1	1	
54岁	55	26	29	9	4	5	14	5	9			
55-59	**321**	**154**	**167**	**65**	**27**	**38**	**69**	**40**	**29**	**3**	**2**	**1**
55岁	68	34	34	17	9	8	14	4	10	1	1	

2－2b 续表 2

单位：人

年 龄	残疾人			视力残疾人			听力残疾人			言语残疾人		
	合计	男	女	小计	男	女	小计	男	女	小计	男	女
56岁	66	27	39	11	2	9	13	8	5			
57岁	54	32	22	7	5	2	17	11	6			
58岁	64	30	34	13	4	9	15	10	5	1		1
59岁	69	31	38	17	7	10	10	7	3	1	1	
60-64	**238**	**129**	**109**	**53**	**24**	**29**	**66**	**43**	**23**	**6**	**1**	**5**
60岁	39	17	22	5	1	4	11	6	5	1		1
61岁	65	38	27	19	10	9	17	11	6	2		2
62岁	44	27	17	8	3	5	17	12	5			
63岁	47	22	25	10	3	7	11	6	5	2	1	1
64岁	43	25	18	11	7	4	10	8	2	1		1
65-69	**301**	**172**	**129**	**64**	**26**	**38**	**81**	**53**	**28**	**4**	**3**	**1**
65岁	60	37	23	9	4	5	17	12	5	1	1	
66岁	69	39	30	13	5	8	14	11	3			
67岁	66	39	27	15	8	7	17	9	8			
68岁	47	25	22	10	2	8	14	7	7	2	2	
69岁	59	32	27	17	7	10	19	14	5	1		1
70-74	**322**	**166**	**156**	**77**	**33**	**44**	**109**	**62**	**47**	**2**	**2**	
70岁	58	25	33	15	5	10	16	9	7			
71岁	78	49	29	17	9	8	26	18	8	2	2	
72岁	76	40	36	21	8	13	30	17	13			
73岁	58	29	29	13	9	4	17	8	9			
74岁	52	23	29	11	2	9	20	10	10			
75-79	**243**	**131**	**112**	**49**	**20**	**29**	**75**	**47**	**28**	**3**	**2**	**1**
75岁	54	28	26	13	4	9	14	11	3			
76岁	40	25	15	9	7	2	11	8	3			
77岁	51	24	27	11	4	7	16	9	7	3	2	1
78岁	49	29	20	6	2	4	16	8	8			
79岁	49	25	24	10	3	7	18	11	7			
80-84	**162**	**73**	**89**	**34**	**11**	**23**	**60**	**36**	**24**			
80岁	46	18	28	9	3	6	15	9	6			
81岁	29	12	17	5	2	3	12	6	6			
82岁	34	18	16	6	3	3	16	8	8			
83岁	28	13	15	9	1	8	8	6	2			
84岁	25	12	13	5	2	3	9	7	2			
85+	**59**	**33**	**26**	**11**	**6**	**5**	**18**	**12**	**6**			

2-2b 续表 3

单位：人

年龄	肢体残疾人			智力残疾人			精神残疾人			多重残疾人		
	小计	男	女	小计	男	女	小计	男	女	小计	男	女
总　计	**893**	**508**	**385**	**223**	**116**	**107**	**218**	**81**	**137**	**421**	**223**	**198**
0-4	**2**	**1**	**1**	**9**	**6**	**3**	**1**		**1**	**8**	**6**	**2**
0岁				1	1							
1岁	1	1		2	2							
2岁				3	1	2	1		1	1	1	
3岁	1		1	1		1				2	1	1
4岁				2	2					5	4	1
5-9	**4**	**2**	**2**	**7**	**3**	**4**				**9**	**6**	**3**
5岁	1		1							3	3	
6岁	1	1		2		2				3	2	1
7岁	1		1	2	1	1				2	1	1
8岁	1	1		1	1							
9岁				2	1	1				1		1
10-14	**8**	**4**	**4**	**12**	**6**	**6**	**2**	**1**	**1**	**7**	**3**	**4**
10岁	1	1		4	3	1				1	1	
11岁	1		1	1		1	1	1		2	1	1
12岁	2		2							2		2
13岁	2	1	1	5	2	3						
14岁	2	2		2	1	1	1		1	2	1	1
15-19	**20**	**11**	**9**	**23**	**15**	**8**	**4**	**2**	**2**	**11**	**4**	**7**
15岁	2	1	1	2	2					2	1	1
16岁	2	1	1	6	3	3				2	1	1
17岁	3	2	1	8	5	3	1	1		1		1
18岁	9	4	5	1	1		2	1	1	4	2	2
19岁	4	3	1	6	4	2	1		1	2		2
20-24	**11**	**6**	**5**	**17**	**8**	**9**	**3**	**2**	**1**	**16**	**8**	**8**
20岁	1	1		5	3	2				2	1	1
21岁	2	1	1	3	1	2				5	3	2
22岁	2	1	1	4	1	3	1	1		6	3	3
23岁	3	1	2	3	2	1	1		1	2	1	1
24岁	3	2	1	2	1	1	1	1		1		1
25-29	**26**	**15**	**11**	**11**	**8**	**3**	**13**	**7**	**6**	**11**	**8**	**3**
25岁	3	2	1	2	2		1	1				
26岁	6	3	3	4	2	2	2	2		3	3	

2－2b 续表 4

单位：人

年 龄	肢体残疾人			智力残疾人			精神残疾人			多重残疾人		
	小计	男	女	小计	男	女	小计	男	女	小计	男	女
27岁	3	3		2	1	1	2	2		2	1	1
28岁	6	4	2	3	3		5	1	4	3	2	1
29岁	8	3	5				3	1	2	3	2	1
30-34	**35**	**18**	**17**	**20**	**10**	**10**	**20**	**11**	**9**	**15**	**8**	**7**
30岁	2	2		6	3	3	5	4	1			
31岁	5	3	2	5	3	2	4	2	2	3	1	2
32岁	9	4	5	3	3		4	2	2	5	3	2
33岁	10	3	7	5	1	4	5	1	4	5	3	2
34岁	9	6	3	1		1	2	2		2	1	1
35-39	**64**	**45**	**19**	**25**	**10**	**15**	**23**	**7**	**16**	**9**	**5**	**4**
35岁	14	11	3	5	2	3	4		4	2	2	
36岁	9	8	1	5	2	3	5	3	2	2	1	1
37岁	14	8	6	4	3	1	3	1	2	1		1
38岁	13	8	5	4	1	3	5		5	2	1	1
39岁	14	10	4	7	2	5	6	3	3	2	1	1
40-44	**83**	**52**	**31**	**26**	**15**	**11**	**31**	**13**	**18**	**23**	**11**	**12**
40岁	12	6	6	3	1	2	7	4	3	2	1	1
41岁	15	11	4	7	4	3	9	1	8	5	3	2
42岁	20	12	8	7	4	3	9	6	3	4	1	3
43岁	20	14	6	6	4	2	3	2	1	7	4	3
44岁	16	9	7	3	2	1	3		3	5	2	3
45-49	**97**	**62**	**35**	**14**	**7**	**7**	**28**	**9**	**19**	**24**	**11**	**13**
45岁	23	16	7	5	3	2	7	3	4			
46岁	15	7	8	2	1	1	8	3	5	5	3	2
47岁	18	10	8	3	1	2	4	1	3	8	4	4
48岁	19	14	5	3	1	2	4	1	3	3	2	1
49岁	22	15	7	1	1		5	1	4	8	2	6
50-54	**101**	**54**	**47**	**17**	**6**	**11**	**27**	**10**	**17**	**41**	**24**	**17**
50岁	18	12	6	3		3	5	3	2	8	5	3
51岁	18	8	10	3	1	2	7	1	6	14	9	5
52岁	19	12	7	2	1	1	5	2	3	9	5	4
53岁	22	9	13	7	3	4	5	2	3	9	4	5
54岁	24	13	11	2	1	1	5	2	3	1	1	
55-59	**93**	**47**	**46**	**20**	**13**	**7**	**28**	**6**	**22**	**43**	**19**	**24**
55岁	15	7	8	2	1	1	7	4	3	12	8	4

2－2b 续表 5

单位：人

年 龄	肢体残疾人			智力残疾人			精神残疾人			多重残疾人		
	小计	男	女	小计	男	女	小计	男	女	小计	男	女
56岁	21	12	9	3	3		9		9	9	2	7
57岁	15	9	6	6	3	3	2		2	7	4	3
58岁	16	8	8	5	4	1	6	1	5	8	3	5
59岁	26	11	15	4	2	2	4	1	3	7	2	5
60-64	**68**	**41**	**27**	**5**	**1**	**4**	**9**	**3**	**6**	**31**	**16**	**15**
60岁	10	8	2	1		1	4	1	3	7	1	6
61岁	20	13	7	1		1	1		1	5	4	1
62岁	10	6	4	1		1	1		1	7	6	1
63岁	14	9	5	1	1		1		1	8	2	6
64岁	14	5	9	1		1	2	2		4	3	1
65-69	**101**	**62**	**39**	**6**	**4**	**2**	**9**	**4**	**5**	**36**	**20**	**16**
65岁	19	12	7				6	2	4	8	6	2
66岁	25	16	9	4	3	1	1		1	12	4	8
67岁	23	15	8	1	1		2	2		8	4	4
68岁	16	10	6							5	4	1
69岁	18	9	9	1		1				3	2	1
70-74	**72**	**36**	**36**	**4**		**4**	**12**	**4**	**8**	**46**	**29**	**17**
70岁	11	6	5	1		1	5	1	4	10	4	6
71岁	17	8	9				2	1	1	14	11	3
72岁	16	9	7				2	1	1	7	5	2
73岁	19	9	10	2		2	2	1	1	5	2	3
74岁	9	4	5	1		1	1		1	10	7	3
75-79	**58**	**30**	**28**	**4**	**2**	**2**	**7**	**2**	**5**	**47**	**28**	**19**
75岁	17	8	9	1	1		1		1	8	4	4
76岁	9	6	3							11	4	7
77岁	11	4	7	1		1	1		1	8	5	3
78岁	10	7	3				3	1	2	14	11	3
79岁	11	5	6	2	1	1	2	1	1	6	4	2
80-84	**36**	**16**	**20**	**2**	**1**	**1**				**30**	**9**	**21**
80岁	9	3	6	1		1				12	3	9
81岁	5	2	3							7	2	5
82岁	10	6	4							2	1	1
83岁	7	4	3	1	1					3	1	2
84岁	5	1	4							6	2	4
85+	**14**	**6**	**8**	**1**	**1**		**1**		**1**	**14**	**8**	**6**

2－3　多重残疾人的残疾类别组合

单位：人，%

残疾类别组合	多重残疾人			占多重残疾人总数的比重
	合计	男	女	
总　　计	**778**	**420**	**358**	**100.00**
二种残疾类别组合人数小计	**664**	**351**	**313**	**85.35**
视力、听力	124	55	69	15.94
视力、言语	1		1	0.13
视力、肢体	67	32	35	8.61
视力、智力	3	3		0.39
视力、精神	10	2	8	1.29
听力、言语	124	61	63	15.94
听力、智力	10	4	6	1.29
听力、肢体	95	55	40	12.21
听力、精神	9	4	5	1.16
言语、智力	44	28	16	5.66
言语、肢体	93	63	30	11.95
言语、精神	5	5		0.64
智力、肢体	39	21	18	5.01
智力、精神	23	12	11	2.96
肢体、精神	17	6	11	2.19
三种残疾类别组合人数小计	**91**	**57**	**34**	**11.70**
视力、听力、言语	2	1	1	0.26
视力、听力、肢体	18	12	6	2.31
视力、听力、智力	1		1	0.13

3－3 续表

单位：人，%

残疾类别组合	多重残疾人数			占多重残疾人总数的比重
	合计	男	女	
视力、听力、精神				
视力、言语、肢体	2	1	1	0.26
视力、言语、智力	3		3	0.39
视力、言语、精神				
视力、肢体、智力	1		1	0.13
视力、肢体、精神				
视力、智力、精神	3	2	1	0.39
听力、言语、肢体	4	2	2	0.51
听力、言语、智力	12	11	1	1.54
听力、言语、精神	2	2		0.26
听力、肢体、智力	2	1	1	0.26
听力、肢体、精神	1		1	0.13
听力、智力、精神	1	1		0.13
言语、肢体、智力	27	17	10	3.47
言语、肢体、精神	2	1	1	0.26
言语、智力、精神	6	4	2	0.77
肢体、智力、精神	4	2	2	0.51
四种残疾类别组合人数小计	**20**	**11**	**9**	**2.57**
五种残疾类别组合人数小计	**3**	**1**	**2**	**0.39**
六种残疾类别组合人数小计				

2－4 各地区分性别、户口登记状况的残疾人

单位：人

地区	残疾人			住本调查小区，户口在本乡、镇、街道		
	合计	男	女	小计	男	女
总计	**5370**	**2863**	**2507**	**5120**	**2734**	**2386**
朝阳区	213	115	98	198	105	93
昌邑区	339	177	162	310	159	151
龙潭区	230	130	100	221	126	95
二道区	231	122	109	199	104	95
洮北区	182	99	83	178	98	80
东昌区	225	109	116	193	94	99
二道江区	259	141	118	248	137	111
延吉市	258	133	125	215	110	105
临江市	289	166	123	281	162	119
榆树市	235	119	116	228	117	111
公主岭市	202	107	95	197	105	92
九台市	251	148	103	242	142	100
舒兰市	266	137	129	264	136	128
蛟河市	265	131	134	259	130	129
大安市	243	116	127	239	115	124
抚松县	219	119	100	206	112	94
安图县	253	155	98	247	152	95
农安县	224	123	101	220	121	99
梨树县	215	107	108	213	105	108
永吉县	273	144	129	266	140	126
长岭县	236	120	116	236	120	116
乾安县	262	145	117	260	144	116

2－4 续表

单位：人

地 区	住本调查小区半年以上，户口在外乡、镇、街道			住本调查小区不满半年，离开户口所在地半年以上			住本调查小区，户口待定		
	小计	男	女	小计	男	女	小计	男	女
总 计	**247**	**127**	**120**	**1**	**1**		**2**	**1**	**1**
朝阳区	15	10	5						
昌邑区	29	18	11						
龙潭区	9	4	5						
二道区	32	18	14						
洮北区	4	1	3						
东昌区	32	15	17						
二道江区	11	4	7						
延吉市	43	23	20						
临江市	7	3	4	1	1				
榆树市	6	2	4				1		1
公主岭市	5	2	3						
九台市	9	6	3						
舒兰市	2	1	1						
蛟河市	5		5				1	1	
大安市	4	1	3						
抚松县	13	7	6						
安图县	6	3	3						
农安县	4	2	2						
梨树县	2	2							
永吉县	7	4	3						
长岭县									
乾安县	2	1	1						

2－5 各地区分性别、户口性质的残疾人

单位：人

地区	残疾人			农业户口			非农业户口			户口性质待定		
	合计	男	女	小计	男	女	小计	男	女	小计	男	女
总计	**5370**	**2863**	**2507**	**3046**	**1592**	**1454**	**2322**	**1270**	**1052**	**2**	**1**	**1**
朝阳区	213	115	98	73	38	35	140	77	63			
昌邑区	339	177	162	46	23	23	293	154	139			
龙潭区	230	130	100	97	57	40	133	73	60			
二道区	231	122	109	76	44	32	155	78	77			
洮北区	182	99	83	66	34	32	116	65	51			
东昌区	225	109	116	6	3	3	219	106	113			
二道江区	259	141	118	33	14	19	226	127	99			
延吉市	258	133	125	114	59	55	144	74	70			
临江市	289	166	123	153	84	69	136	82	54			
榆树市	235	119	116	183	96	87	51	23	28	1		1
公主岭市	202	107	95	123	62	61	79	45	34			
九台市	251	148	103	202	117	85	49	31	18			
舒兰市	266	137	129	194	93	101	72	44	28			
蛟河市	265	131	134	203	101	102	61	29	32	1	1	
大安市	243	116	127	205	104	101	38	12	26			
抚松县	219	119	100	67	27	40	152	92	60			
安图县	253	155	98	157	98	59	96	57	39			
农安县	224	123	101	176	93	83	48	30	18			
梨树县	215	107	108	182	89	93	33	18	15			
永吉县	273	144	129	261	134	127	12	10	2			
长岭县	236	120	116	205	101	104	31	19	12			
乾安县	262	145	117	224	121	103	38	24	14			

2－6 有残疾人的家庭户类别

单位：户

家庭户类型	合计	一代户				二代户			
		小计	只有1个残疾人的户	有2个残疾人的户	有3人以上残疾人的户	小计	只有1个残疾人的户	有2个残疾人的户	有3人以上残疾人的户
总　计	**4662**	**1536**	**1367**	**167**	**2**	**1766**	**1511**	**229**	**26**
一人户	307	307	307						
二人户	1434	1189	1030	159		245	213	32	
三人户	1155	33	26	6	1	1062	912	133	17
四人户	869	4	3		1	386	328	51	7
五人户	622	2	1	1		62	50	10	2
六人户	207	1		1		9	7	2	
七人户	51					2	1	1	
八人户	15								
九人户	2								

2－6 续表

单位：户

家庭户类型	三代户				四代户及以上			
	小计	只有1个残疾人的户	有2个残疾人的户	有3人以上残疾人的户	小计	只有1个残疾人的户	有2个残疾人的户	有3人以上残疾人的户
总　计	**1312**	**1098**	**191**	**23**	**48**	**37**	**9**	**2**
一人户								
二人户								
三人户	60	58	2					
四人户	479	423	51	5				
五人户	551	452	91	8	7	7		
六人户	174	129	37	8	23	18	4	1
七人户	34	25	7	2	15	10	4	1
八人户	12	9	3		3	2	1	
九人户	2	2						

2－6a　城镇有残疾人的家庭户类别

单位：户

家庭户类型	合计	一代户				二代户			
		小计	只有1个残疾人的户	有2个残疾人的户	有3人以上残疾人的户	小计	只有1个残疾人的户	有2个残疾人的户	有3人以上残疾人的户
总　计	**2145**	**794**	**704**	**88**	**2**	**822**	**705**	**107**	**10**
一人户	172	172	172						
二人户	735	597	513	84		138	120	18	
三人户	597	22	17	4	1	532	462	64	6
四人户	353	2	1		1	135	112	20	3
五人户	213	1	1			16	10	5	1
六人户	61					1	1		
七人户	12								
八人户	2								
九人户									

2－6a　续表

单位：户

家庭户类型	三代户				四代户及以上			
	小计	只有1个残疾人的户	有2个残疾人的户	有3人以上残疾人的户	小计	只有1个残疾人的户	有2个残疾人的户	有3人以上残疾人的户
总　计	**516**	**436**	**73**	**7**	**13**	**13**		
一人户								
二人户								
三人户	43	43						
四人户	216	189	27					
五人户	194	157	34	3	2	2		
六人户	51	38	10	3	9	9		
七人户	10	8	1	1	2	2		
八人户	2	1	1					
九人户								

2－6b 农村有残疾人的家庭户类别

单位：户

家庭户类型	合计	一代户				二代户			
		小计	只有1个残疾人的户	有2个残疾人的户	有3人以上残疾人的户	小计	只有1个残疾人的户	有2个残疾人的户	有3人以上残疾人的户
总　计	**2517**	**742**	**663**	**79**		**944**	**806**	**122**	**16**
一人户	135	135	135						
二人户	699	592	517	75		107	93	14	
三人户	558	11	9	2		530	450	69	11
四人户	516	2	2			251	216	31	4
五人户	409	1		1		46	40	5	1
六人户	146	1		1		8	6	2	
七人户	39					2	1	1	
八人户	13								
九人户	2								

2－6b 续表

单位：户

家庭户类型	三代户				四代户及以上			
	小计	只有1个残疾人的户	有2个残疾人的户	有3人以上残疾人的户	小计	只有1个残疾人的户	有2个残疾人的户	有3人以上残疾人的户
总　计	**796**	**662**	**118**	**16**	**35**	**24**	**9**	**2**
一人户								
二人户								
三人户	17	15	2					
四人户	263	234	24	5				
五人户	357	295	57	5	5	5		
六人户	123	91	27	5	14	9	4	1
七人户	24	17	6	1	13	8	4	1
八人户	10	8	2		3	2	1	
九人户	2	2						

2－7 6岁及以上残疾人分年龄、性别的受教育程度

单位：人

年 龄	残疾人			不识字			未上过学		
	合计	男	女	小计	男	女	小计	男	女
总 计	**5321**	**2833**	**2488**	**1631**	**593**	**1038**	**70**	**35**	**35**
6岁	7	3	4	4	3	1			
7岁	10	5	5	5	3	2			
8岁	7	4	3	2		2			
9岁	7	3	4	2		2			
10岁	9	7	2	6	4	2			
11岁	9	3	6	2		2			
12岁	7	3	4	2	1	1			
13岁	9	4	5	1		1			
14岁	11	7	4	5	4	1			
15岁	12	8	4	5	5				
16岁	18	8	10	8	3	5			
17岁	26	16	10	11	7	4			
18岁	23	11	12	6	3	3			
19岁	25	15	10	10	5	5	1	1	
20岁	22	13	9	7	4	3	1		1
21岁	15	9	6	6	5	1			
22岁	21	10	11	6	3	3	2	1	1
23岁	20	11	9	7	6	1			
24岁	17	8	9	4	2	2			
25岁	15	12	3	1	1				
26岁	24	16	8	5	4	1			
27岁	23	13	10	6	2	4			
28岁	35	19	16	9	5	4			
29岁	24	14	10	3	1	2			
30岁	28	17	11	7	5	2			

2－7 续表 1

单位：人

年 龄	残疾人			不识字			未上过学		
	小计	男	女	小计	男	女	小计	男	女
31岁	24	13	11	11	7	4			
32岁	44	28	16	7	5	2			
33岁	57	28	29	13	7	6	2	1	1
34岁	41	29	12	9	6	3			
35岁	54	33	21	12	8	4			
36岁	46	31	15	12	6	6			
37岁	62	38	24	11	9	2	1	1	
38岁	58	31	27	11	4	7			
39岁	65	37	28	14	7	7	2		2
40岁	61	34	27	8		8			
41岁	85	49	36	9	5	4	1		1
42岁	99	58	41	13	8	5			
43岁	103	66	37	7	6	1			
44岁	70	43	27	10	4	6			
45岁	87	55	32	8	4	4			
46岁	81	44	37	12	2	10			
47岁	80	42	38	13	5	8			
48岁	89	41	48	13	2	11	2		2
49岁	95	52	43	15	5	10			
50岁	90	51	39	18	5	13			
51岁	113	54	59	25	9	16			
52岁	103	56	47	12	5	7			
53岁	101	49	52	18	5	13	1	1	
54岁	94	53	41	17	6	11			
55岁	113	54	59	21	6	15	1		1
56岁	107	51	56	22	5	17	1		1
57岁	92	54	38	13	8	5			
58岁	104	51	53	19	7	12			

2－7 续表 2

单位：人

年龄	残疾人			不识字			未上过学		
	小计	男	女	小计	男	女	小计	男	女
59岁	119	59	60	20	8	12	2		2
60岁	78	41	37	20	6	14			
61岁	95	51	44	26	12	14			
62岁	76	43	33	20	5	15	1		1
63岁	92	41	51	21	4	17			
64岁	82	44	38	17	6	11	1	1	
65岁	113	64	49	21	8	13			
66岁	130	67	63	29	7	22	1	1	
67岁	116	68	48	33	12	21	1		1
68岁	99	47	52	26	5	21	1		1
69岁	116	56	60	37	14	23	3	1	2
70岁	122	59	63	56	13	43			
71岁	138	77	61	64	23	41	3	2	1
72岁	139	81	58	63	19	44	6	4	2
73岁	122	62	60	55	19	36	5	2	3
74岁	116	52	64	66	21	45	4	1	3
75岁	113	56	57	62	16	46	5	1	4
76岁	85	49	36	39	14	25	1	1	
77岁	94	48	46	48	11	37	3	3	
78岁	99	50	49	61	20	41	1	1	
79岁	94	49	45	46	17	29	4	3	1
80岁	93	36	57	60	14	46	4	2	2
81岁	59	27	32	39	13	26	1		1
82岁	69	35	34	45	16	29	1	1	
83岁	44	17	27	34	11	23	1	1	
84岁	42	20	22	30	12	18	3	2	1
85+	134	70	64	90	35	55	3	3	

2－7 续表 3

单位：人

年龄	小学			初中			高中		
	小计	男	女	小计	男	女	小计	男	女
总计	**1802**	**990**	**812**	**1182**	**779**	**403**	**411**	**281**	**130**
6岁	3		3						
7岁	5	2	3						
8岁	5	4	1						
9岁	5	3	2						
10岁	3	3							
11岁	7	3	4						
12岁	5	2	3						
13岁	6	3	3	2	1	1			
14岁	2		2	4	3	1			
15岁	3	1	2	4	2	2			
16岁	4	2	2	5	2	3	1	1	
17岁	7	5	2	8	4	4			
18岁	11	5	6	6	3	3			
19岁	9	6	3	3	2	1	1		1
20岁	9	7	2	3	1	2	2	1	1
21岁	4	1	3	4	3	1			
22岁	8	4	4	5	2	3			
23岁	5	2	3	7	3	4			
24岁	7	4	3	5	2	3	1		1
25岁	5	4	1	6	5	1	2	2	
26岁	11	5	6	6	5	1	1	1	
27岁	5	3	2	9	6	3	1		1
28岁	12	6	6	12	8	4	2		2
29岁	13	9	4	8	4	4			
30岁	8	3	5	7	6	1	4	2	2

2-7 续表 4

单位：人

年　龄	小学			初中			高中		
	小计	男	女	小计	男	女	小计	男	女
31岁	7	3	4	6	3	3			
32岁	17	9	8	16	11	5	3	3	
33岁	18	6	12	21	12	9	3	2	1
34岁	13	10	3	11	7	4	2	2	
35岁	16	7	9	23	15	8	2	2	
36岁	11	7	4	18	15	3	2	1	1
37岁	18	11	7	24	13	11	3	2	1
38岁	15	8	7	24	13	11	4	4	
39岁	18	9	9	24	18	6	6	2	4
40岁	24	14	10	21	15	6	5	5	
41岁	23	10	13	38	25	13	13	8	5
42岁	30	12	18	33	21	12	19	14	5
43岁	24	14	10	40	27	13	25	13	12
44岁	14	8	6	26	18	8	16	10	6
45岁	25	10	15	23	17	6	28	21	7
46岁	19	7	12	31	20	11	17	14	3
47岁	17	7	10	29	15	14	18	14	4
48岁	28	14	14	26	16	10	18	7	11
49岁	36	19	17	26	18	8	16	9	7
50岁	35	21	14	19	14	5	16	10	6
51岁	36	16	20	25	12	13	23	14	9
52岁	31	18	13	39	22	17	15	8	7
53岁	35	14	21	40	25	15	6	4	2
54岁	39	18	21	24	20	4	8	5	3
55岁	39	22	17	41	20	21	6	4	2
56岁	40	18	22	35	20	15	4	3	1
57岁	45	27	18	21	9	12	7	5	2
58岁	55	25	30	20	13	7	7	3	4

2-7 续表 5

单位：人

年 龄	小学			初中			高中		
	小计	男	女	小计	男	女	小计	男	女
59岁	59	24	35	29	21	8	3	2	1
60岁	29	14	15	22	16	6	2	1	1
61岁	37	16	21	23	18	5	5	3	2
62岁	29	17	12	18	14	4	4	4	
63岁	44	21	23	20	12	8	3	2	1
64岁	42	21	21	9	8	1	6	4	2
65岁	55	30	25	23	17	6	5	3	2
66岁	58	32	26	25	17	8	5	4	1
67岁	50	30	20	18	15	3	6	6	
68岁	46	25	21	18	10	8	4	3	1
69岁	51	23	28	13	9	4	6	5	1
70岁	36	25	11	19	11	8	6	5	1
71岁	43	33	10	15	11	4	6	3	3
72岁	42	33	9	18	16	2	3	3	
73岁	42	28	14	13	8	5	3	2	1
74岁	29	17	12	7	3	4	5	5	
75岁	27	21	6	10	9	1	5	5	
76岁	24	16	8	13	12	1	5	4	1
77岁	23	15	8	11	10	1	4	4	
78岁	24	17	7	4	4		6	6	
79岁	33	21	12	5	4	1	2	1	1
80岁	18	11	7	5	4	1	3	3	
81岁	13	8	5	2	2		2	2	
82岁	14	12	2	5	3	2	2	2	
83岁	8	4	4	1	1				
84岁	6	3	3	2	2		1	1	
85+	30	22	8	6	6		2	2	

2－7 续表 6

单位：人

年龄	中专			大学专科			大学本科			研究生		
	小计	男	女	小计	男	女	小计	男	女	小计	男	女
总 计	**99**	**66**	**33**	**76**	**51**	**25**	**50**	**38**	**12**			
6岁												
7岁												
8岁												
9岁												
10岁												
11岁												
12岁												
13岁												
14岁												
15岁												
16岁												
17岁												
18岁												
19岁	1	1										
20岁												
21岁				1		1						
22岁												
23岁	1		1									
24岁												
25岁				1		1						
26岁	1	1										
27岁	1	1		1	1							
28岁												
29岁												
30岁	2	1	1									

2－7 续表 7

单位：人

年 龄	中专			大学专科			大学本科			研究生		
	小计	男	女	小计	男	女	小计	男	女	小计	男	女
31岁												
32岁				1		1						
33岁												
34岁	1	1		5	3	2						
35岁							1	1				
36岁	1	1		1		1	1	1				
37岁	3	1	2	2	1	1						
38岁	1	1		3	1	2						
39岁							1	1				
40岁	1		1	2		2						
41岁	1	1										
42岁	2	1	1	1	1		1	1				
43岁	4	3	1	3	3							
44岁				3	2	1	1	1				
45岁	2	2		1	1							
46岁	1	1		1		1						
47岁	3	1	2									
48岁	1	1		1	1							
49岁	1		1				1	1				
50岁	1		1	1	1							
51岁	2	1	1	1	1		1	1				
52岁	3	2	1	3	1	2						
53岁	1		1									
54岁	2	2		4	2	2						
55岁	3	1	2				2	1	1			
56岁	3	3		1	1		1	1				
57岁	3	3		3	2	1						
58岁	3	3										

2-7 续表 8

单位：人

年龄	中专			大学专科			大学本科			研究生		
	小计	男	女	小计	男	女	小计	男	女	小计	男	女
59岁	4	3	1	1		1	1	1				
60岁	2	1	1	2	2		1	1				
61岁	2		2	1	1		1	1				
62岁	2	2		2	1	1						
63岁	1		1	3	2	1						
64岁	6	3	3	1	1							
65岁	6	4	2				3	2	1			
66岁	4	2	2	3	2	1	5	2	3			
67岁	4	3	1	2	2		2		2			
68岁	1	1		1	1		2	2				
69岁	3	2	1	1	1		2	1	1			
70岁	2	2		2	2		1	1				
71岁	2	2		2	1	1	3	2	1			
72岁	2	2					5	4	1			
73岁	1		1	1	1		2	2				
74岁	2	2		2	2		1	1				
75岁	1	1		1	1		2	2				
76岁	1	1		2	1	1						
77岁	1	1		2	2		2	2				
78岁				2	2		1		1			
79岁	1		1	2	2		1	1				
80岁				1	1		2	1	1			
81岁	1	1		1	1							
82岁				1		1	1	1				
83岁												
84岁												
85+	1		1				2	2				

2－7a 城镇6岁及以上残疾人分年龄、性别的受教育程度

单位：人

年龄	残疾人			不识字			未上过学		
	合计	男	女	小计	男	女	小计	男	女
总计	**2432**	**1311**	**1121**	**563**	**182**	**381**	**26**	**11**	**15**
6岁	1		1						
7岁	5	3	2	4	2	2			
8岁	4	1	3	2		2			
9岁	4	2	2	2		2			
10岁	3	2	1	2	1	1			
11岁	3	1	2	2		2			
12岁	3	3		1	1				
13岁	1		1						
14岁	3	2	1	2	2				
15岁	6	4	2	2	2				
16岁	7	2	5	2		2			
17岁	11	8	3	3	3				
18岁	6	2	4	3	2	1			
19岁	8	5	3	4	3	1			
20岁	12	6	6	3	2	1	1		1
21岁	3	2	1	1	1				
22岁	6	3	3	1	1		1	1	
23岁	10	6	4	5	4	1			
24岁	10	4	6	3	1	2			
25岁	6	5	1						
26岁	6	5	1	2	2				
27岁	11	5	6	2		2			
28岁	14	6	8	4	2	2			
29岁	10	8	2						
30岁	12	8	4	3	2	1			

2－7a 续表 1

单位：人

年 龄	残疾人			不识字			未上过学		
	小计	男	女	小计	男	女	小计	男	女
31岁	7	4	3	3	3				
32岁	20	14	6	1	1				
33岁	24	18	6	3	3				
34岁	21	14	7	5	3	2			
35岁	23	15	8	4	2	2			
36岁	24	16	8	6	3	3			
37岁	30	18	12	5	5				
38岁	24	15	9	4	2	2			
39岁	29	18	11	4	3	1	1		1
40岁	25	15	10	3		3			
41岁	36	24	12	2	2				
42岁	48	32	16	5	3	2			
43岁	54	33	21	3	2	1			
44岁	29	22	7	2	1	1			
45岁	43	29	14	1		1			
46岁	36	23	13	2		2			
47岁	40	23	17	2	1	1			
48岁	47	19	28	3		3			
49岁	41	24	17	2	1	1			
50岁	39	23	16	2	1	1			
51岁	54	28	26	5	2	3			
52岁	48	22	26	4	3	1			
53岁	37	21	16	2	1	1			
54岁	39	27	12	4	2	2			
55岁	45	20	25	4	1	3	1		1
56岁	41	24	17	3	2	1			
57岁	38	22	16	3	2	1			
58岁	40	21	19	6	2	4			

2－7a 续表 2

单位：人

年 龄	残疾人			不识字			未上过学		
	小计	男	女	小计	男	女	小计	男	女
59岁	50	28	22	5	1	4			
60岁	39	24	15	7	4	3			
61岁	30	13	17	3	1	2			
62岁	32	16	16	6	2	4			
63岁	45	19	26	8	1	7			
64岁	39	19	20	5		5	1	1	
65岁	53	27	26	8	2	6			
66岁	61	28	33	7	1	6			
67岁	50	29	21	9	2	7	1		1
68岁	52	22	30	13	1	12			
69岁	57	24	33	11	1	10	1	1	
70岁	64	34	30	21	5	16			
71岁	60	28	32	22	4	18			
72岁	63	41	22	19	3	16	2	2	
73岁	64	33	31	22	9	13	2		2
74岁	64	29	35	27	6	21	4	1	3
75岁	59	28	31	27	6	21	5	1	4
76岁	45	24	21	15	4	11			
77岁	43	24	19	12	1	11			
78岁	50	21	29	28	6	22	1	1	
79岁	45	24	21	17	4	13	1	1	
80岁	47	18	29	25	4	21	1	1	
81岁	30	15	15	15	5	10	1		1
82岁	35	17	18	19	6	13			
83岁	16	4	12	13	3	10			
84岁	17	8	9	8	3	5	2	1	1
85+	75	37	38	45	15	30			

2－7a　续表 3

单位：人

年　龄	小学			初中			高中		
	小计	男	女	小计	男	女	小计	男	女
总　计	**635**	**343**	**292**	**674**	**424**	**250**	**331**	**216**	**115**
6岁	1		1						
7岁	1	1							
8岁	2	1	1						
9岁	2	2							
10岁	1	1							
11岁	1	1							
12岁	2	2							
13岁	1		1						
14岁				1		1			
15岁	2	1	1	2	1	1			
16岁	1		1	3	1	2	1	1	
17岁	3	3		5	2	3			
18岁	1		1	2		2			
19岁	4	2	2						
20岁	4	3	1	2		2	2	1	1
21岁				1	1				
22岁	2		2	2	1	1			
23岁	1	1		3	1	2			
24岁	4	3	1	2		2	1		1
25岁	1	1		2	2		2	2	
26岁	2	2		1		1	1	1	
27岁	1		1	7	5	2	1		1
28岁	3	1	2	6	3	3	1		1
29岁	5	4	1	5	4	1			
30岁	1	1		4	3	1	3	2	1

2－7a 续表 4

单位：人

年 龄	小学			初中			高中		
	小计	男	女	小计	男	女	小计	男	女
31岁	3	1	2	1		1			
32岁	4	2	2	11	8	3	3	3	
33岁	4	3	1	14	10	4	3	2	1
34岁	4	3	1	5	3	2	2	2	
35岁	1	1		15	9	6	2	2	
36岁	2	1	1	11	9	2	2	1	1
37岁	5	3	2	12	6	6	3	2	1
38岁	2	1	1	11	7	4	4	4	
39岁	4	3	1	14	10	4	6	2	4
40岁	6	4	2	10	8	2	3	3	
41岁	2	1	1	19	12	7	12	8	4
42岁	6	3	3	18	12	6	16	11	5
43岁	6	5	1	17	11	6	22	10	12
44岁	4	2	2	12	10	2	8	7	1
45岁	6	3	3	14	11	3	20	13	7
46岁	4	2	2	14	9	5	14	11	3
47岁	3	2	1	18	9	9	14	10	4
48岁	7	1	6	19	11	8	17	6	11
49岁	9	5	4	13	8	5	15	9	6
50岁	12	6	6	12	9	3	11	6	5
51岁	10	4	6	16	7	9	20	12	8
52岁	5	2	3	18	6	12	15	8	7
53岁	8	3	5	22	15	7	4	2	2
54岁	10	7	3	13	11	2	6	3	3
55岁	6	5	1	25	9	16	4	3	1
56岁	13	5	8	17	10	7	4	3	1
57岁	12	8	4	12	4	8	5	3	2
58岁	12	6	6	13	8	5	6	2	4

2－7a 续表 5

单位：人

年龄	小学			初中			高中		
	小计	男	女	小计	男	女	小计	男	女
59岁	19	9	10	18	12	6	2	2	
60岁	12	7	5	13	8	5	2	1	1
61岁	10	2	8	9	6	3	4	2	2
62岁	11	4	7	9	5	4	2	2	
63岁	17	7	10	13	7	6	3	2	1
64岁	19	9	10	5	5		2		2
65岁	17	7	10	16	11	5	4	2	2
66岁	23	9	14	19	13	6	2	1	1
67岁	18	10	8	10	8	2	4	4	
68岁	20	8	12	12	7	5	3	2	1
69岁	26	10	16	8	4	4	5	4	1
70岁	22	14	8	13	7	6	4	4	
71岁	16	11	5	10	6	4	5	2	3
72岁	20	17	3	13	11	2	3	3	
73岁	22	12	10	11	7	4	3	2	1
74岁	18	11	7	7	3	4	4	4	
75岁	14	9	5	6	5	1	4	4	
76岁	11	4	7	11	10	1	5	4	1
77岁	14	7	7	8	7	1	4	4	
78岁	12	6	6	1	1		5	5	
79岁	19	13	6	2	2		2	1	1
80岁	12	6	6	4	3	1	2	2	
81岁	10	6	4	1	1		1	1	
82岁	8	6	2	5	3	2	1	1	
83岁	3	1	2						
84岁	5	2	3	1	1		1	1	
85+	21	14	7	5	5		1	1	

2－7a 续表 6

单位：人

年龄	中专			大学专科			大学本科			研究生		
	小计	男	女	小计	男	女	小计	男	女	小计	男	女
总　计	**83**	**52**	**31**	**71**	**46**	**25**	**49**	**37**	**12**			
6岁												
7岁												
8岁												
9岁												
10岁												
11岁												
12岁												
13岁												
14岁												
15岁												
16岁												
17岁												
18岁												
19岁												
20岁												
21岁				1		1						
22岁												
23岁	1		1									
24岁												
25岁				1		1						
26岁												
27岁												
28岁												
29岁												
30岁	1		1									

2－7a 续表 7

单位：人

年龄	中专			大学专科			大学本科			研究生		
	小计	男	女	小计	男	女	小计	男	女	小计	男	女
31岁												
32岁				1		1						
33岁												
34岁	1	1		4	2	2						
35岁							1	1				
36岁	1	1		1		1	1	1				
37岁	3	1	2	2	1	1						
38岁				3	1	2						
39岁												
40岁	1		1	2		2						
41岁	1	1										
42岁	1	1		1	1		1	1				
43岁	4	3	1	2	2							
44岁				2	1	1	1	1				
45岁	1	1		1	1							
46岁	1	1		1		1						
47岁	3	1	2									
48岁	1	1										
49岁	1		1				1	1				
50岁	1		1	1	1							
51岁	1	1		1	1		1	1				
52岁	3	2	1	3	1	2						
53岁	1		1									
54岁	2	2		4	2	2						
55岁	3	1	2				2	1	1			
56岁	2	2		1	1		1	1				
57岁	3	3		3	2	1						
58岁	3	3										

2－7a 续表 8

单位：人

年 龄	中专			大学专科			大学本科			研究生		
	小计	男	女	小计	男	女	小计	男	女	小计	男	女
59岁	4	3	1	1		1	1	1				
60岁	2	1	1	2	2		1	1				
61岁	2		2	1	1		1	1				
62岁	2	2		2	1	1						
63岁	1		1	3	2	1						
64岁	6	3	3	1	1							
65岁	5	3	2				3	2	1			
66岁	2		2	3	2	1	5	2	3			
67岁	4	3	1	2	2		2		2			
68岁	1	1		1	1		2	2				
69岁	3	2	1	1	1		2	1	1			
70岁	1	1		2	2		1	1				
71岁	2	2		2	1	1	3	2	1			
72岁	1	1					5	4	1			
73岁	1		1	1	1		2	2				
74岁	1	1		2	2		1	1				
75岁				1	1		2	2				
76岁	1	1		2	1	1						
77岁	1	1		2	2		2	2				
78岁				2	2		1		1			
79岁	1		1	2	2		1	1				
80岁				1	1		2	1	1			
81岁	1	1		1	1							
82岁				1		1	1	1				
83岁												
84岁												
85+	1		1				2	2				

2－7b 农村6岁及以上残疾人分年龄、性别的受教育程度

单位：人

年 龄	残疾人			不识字			未上过学		
	合计	男	女	小计	男	女	小计	男	女
总 计	**2889**	**1522**	**1367**	**1068**	**411**	**657**	**44**	**24**	**20**
6岁	6	3	3	4	3	1			
7岁	5	2	3	1	1				
8岁	3	3							
9岁	3	1	2						
10岁	6	5	1	4	3	1			
11岁	6	2	4						
12岁	4		4	1		1			
13岁	8	4	4	1		1			
14岁	8	5	3	3	2	1			
15岁	6	4	2	3	3				
16岁	11	6	5	6	3	3			
17岁	15	8	7	8	4	4			
18岁	17	9	8	3	1	2			
19岁	17	10	7	6	2	4	1	1	
20岁	10	7	3	4	2	2			
21岁	12	7	5	5	4	1			
22岁	15	7	8	5	2	3	1		1
23岁	10	5	5	2	2				
24岁	7	4	3	1	1				
25岁	9	7	2	1	1				
26岁	18	11	7	3	2	1			
27岁	12	8	4	4	2	2			
28岁	21	13	8	5	3	2			
29岁	14	6	8	3	1	2			
30岁	16	9	7	4	3	1			

2－7b 续表 1

单位：人

年 龄	残疾人			不识字			未上过学		
	小计	男	女	小计	男	女	小计	男	女
31岁	17	9	8	8	4	4			
32岁	24	14	10	6	4	2			
33岁	33	10	23	10	4	6	2	1	1
34岁	20	15	5	4	3	1			
35岁	31	18	13	8	6	2			
36岁	22	15	7	6	3	3			
37岁	32	20	12	6	4	2	1	1	
38岁	34	16	18	7	2	5			
39岁	36	19	17	10	4	6	1		1
40岁	36	19	17	5		5			
41岁	49	25	24	7	3	4	1		1
42岁	51	26	25	8	5	3			
43岁	49	33	16	4	4				
44岁	41	21	20	8	3	5			
45岁	44	26	18	7	4	3			
46岁	45	21	24	10	2	8			
47岁	40	19	21	11	4	7			
48岁	42	22	20	10	2	8	2		2
49岁	54	28	26	13	4	9			
50岁	51	28	23	16	4	12			
51岁	59	26	33	20	7	13			
52岁	55	34	21	8	2	6			
53岁	64	28	36	16	4	12	1	1	
54岁	55	26	29	13	4	9			
55岁	68	34	34	17	5	12			
56岁	66	27	39	19	3	16	1		1
57岁	54	32	22	10	6	4			
58岁	64	30	34	13	5	8			

2-7b 续表 2

单位：人

年 龄	残疾人			不识字			未上过学		
	小计	男	女	小计	男	女	小计	男	女
59岁	69	31	38	15	7	8	2		2
60岁	39	17	22	13	2	11			
61岁	65	38	27	23	11	12			
62岁	44	27	17	14	3	11	1		1
63岁	47	22	25	13	3	10			
64岁	43	25	18	12	6	6			
65岁	60	37	23	13	6	7			
66岁	69	39	30	22	6	16	1	1	
67岁	66	39	27	24	10	14			
68岁	47	25	22	13	4	9	1		1
69岁	59	32	27	26	13	13	2		2
70岁	58	25	33	35	8	27			
71岁	78	49	29	42	19	23	3	2	1
72岁	76	40	36	44	16	28	4	2	2
73岁	58	29	29	33	10	23	3	2	1
74岁	52	23	29	39	15	24			
75岁	54	28	26	35	10	25			
76岁	40	25	15	24	10	14	1	1	
77岁	51	24	27	36	10	26	3	3	
78岁	49	29	20	33	14	19			
79岁	49	25	24	29	13	16	3	2	1
80岁	46	18	28	35	10	25	3	1	2
81岁	29	12	17	24	8	16			
82岁	34	18	16	26	10	16	1	1	
83岁	28	13	15	21	8	13	1	1	
84岁	25	12	13	22	9	13	1	1	
85+	59	33	26	45	20	25	3	3	

2－7b 续表 3

单位：人

年 龄	小学			初中			高中		
	小计	男	女	小计	男	女	小计	男	女
总 计	**1167**	**647**	**520**	**508**	**355**	**153**	**80**	**65**	**15**
6岁	2		2						
7岁	4	1	3						
8岁	3	3							
9岁	3	1	2						
10岁	2	2							
11岁	6	2	4						
12岁	3		3						
13岁	5	3	2	2	1	1			
14岁	2		2	3	3				
15岁	1		1	2	1	1			
16岁	3	2	1	2	1	1			
17岁	4	2	2	3	2	1			
18岁	10	5	5	4	3	1			
19岁	5	4	1	3	2	1	1		1
20岁	5	4	1	1	1				
21岁	4	1	3	3	2	1			
22岁	6	4	2	3	1	2			
23岁	4	1	3	4	2	2			
24岁	3	1	2	3	2	1			
25岁	4	3	1	4	3	1			
26岁	9	3	6	5	5				
27岁	4	3	1	2	1	1			
28岁	9	5	4	6	5	1	1		1
29岁	8	5	3	3		3			
30岁	7	2	5	3	3		1		1

2－7b 续表 4

单位：人

年龄	小学			初中			高中		
	小计	男	女	小计	男	女	小计	男	女
31岁	4	2	2	5	3	2			
32岁	13	7	6	5	3	2			
33岁	14	3	11	7	2	5			
34岁	9	7	2	6	4	2			
35岁	15	6	9	8	6	2			
36岁	9	6	3	7	6	1			
37岁	13	8	5	12	7	5			
38岁	13	7	6	13	6	7			
39岁	14	6	8	10	8	2			
40岁	18	10	8	11	7	4	2	2	
41岁	21	9	12	19	13	6	1		1
42岁	24	9	15	15	9	6	3	3	
43岁	18	9	9	23	16	7	3	3	
44岁	10	6	4	14	8	6	8	3	5
45岁	19	7	12	9	6	3	8	8	
46岁	15	5	10	17	11	6	3	3	
47岁	14	5	9	11	6	5	4	4	
48岁	21	13	8	7	5	2	1	1	
49岁	27	14	13	13	10	3	1		1
50岁	23	15	8	7	5	2	5	4	1
51岁	26	12	14	9	5	4	3	2	1
52岁	26	16	10	21	16	5			
53岁	27	11	16	18	10	8	2	2	
54岁	29	11	18	11	9	2	2	2	
55岁	33	17	16	16	11	5	2	1	1
56岁	27	13	14	18	10	8			
57岁	33	19	14	9	5	4	2	2	
58岁	43	19	24	7	5	2	1	1	

2－7b 续表 5

单位：人

年 龄	小学			初中			高中		
	小计	男	女	小计	男	女	小计	男	女
59岁	40	15	25	11	9	2	1		1
60岁	17	7	10	9	8	1			
61岁	27	14	13	14	12	2	1	1	
62岁	18	13	5	9	9		2	2	
63岁	27	14	13	7	5	2			
64岁	23	12	11	4	3	1	4	4	
65岁	38	23	15	7	6	1	1	1	
66岁	35	23	12	6	4	2	3	3	
67岁	32	20	12	8	7	1	2	2	
68岁	26	17	9	6	3	3	1	1	
69岁	25	13	12	5	5		1	1	
70岁	14	11	3	6	4	2	2	1	1
71岁	27	22	5	5	5		1	1	
72岁	22	16	6	5	5				
73岁	20	16	4	2	1	1			
74岁	11	6	5				1	1	
75岁	13	12	1	4	4		1	1	
76岁	13	12	1	2	2				
77岁	9	8	1	3	3				
78岁	12	11	1	3	3		1	1	
79岁	14	8	6	3	2	1			
80岁	6	5	1	1	1		1	1	
81岁	3	2	1	1	1		1	1	
82岁	6	6					1	1	
83岁	5	3	2	1	1				
84岁	1	1		1	1				
85+	9	8	1	1	1		1	1	

2－7b 续表 6

单位：人

年 龄	中专			大学专科			大学本科			研究生		
	小计	男	女	小计	男	女	小计	男	女	小计	男	女
总 计	**16**	**14**	**2**	**5**	**5**		**1**	**1**				
6岁												
7岁												
8岁												
9岁												
10岁												
11岁												
12岁												
13岁												
14岁												
15岁												
16岁												
17岁												
18岁												
19岁	1	1										
20岁												
21岁												
22岁												
23岁												
24岁												
25岁												
26岁	1	1										
27岁	1	1		1	1							
28岁												
29岁												
30岁	1	1										

2－7b 续表 7

单位：人

年龄	中专			大学专科			大学本科			研究生		
	小计	男	女	小计	男	女	小计	男	女	小计	男	女
31岁												
32岁												
33岁												
34岁				1	1							
35岁												
36岁												
37岁												
38岁	1	1										
39岁							1	1				
40岁												
41岁												
42岁	1		1									
43岁				1	1							
44岁				1	1							
45岁	1	1										
46岁												
47岁												
48岁				1	1							
49岁												
50岁												
51岁	1		1									
52岁												
53岁												
54岁												
55岁												
56岁	1	1										
57岁												
58岁												

2－7b　续表 8

单位：人

年龄	中专			大学专科			大学本科			研究生		
	小计	男	女	小计	男	女	小计	男	女	小计	男	女
59岁												
60岁												
61岁												
62岁												
63岁												
64岁												
65岁	1	1										
66岁	2	2										
67岁												
68岁												
69岁												
70岁	1	1										
71岁												
72岁	1	1										
73岁												
74岁	1	1										
75岁	1	1										
76岁												
77岁												
78岁												
79岁												
80岁												
81岁												
82岁												
83岁												
84岁												
85+												

2－8　各地区6岁及以上残疾人分性别的受教育程度

单位：人

地　区	残疾人			不识字			未上过学		
	合计	男	女	小计	男	女	小计	男	女
总　计	**5321**	**2833**	**2488**	**1631**	**593**	**1038**	**70**	**35**	**35**
朝阳区	212	114	98	45	12	33	1		1
昌邑区	337	175	162	66	18	48	3	2	1
龙潭区	228	128	100	48	18	30	3	1	2
二道区	229	120	109	68	30	38	1		1
洮北区	181	99	82	39	13	26	5	2	3
东昌区	222	107	115	43	7	36	3	2	1
二道江区	258	140	118	61	17	44	1		1
延吉市	258	133	125	41	9	32	2		2
临江市	286	165	121	131	56	75	8	5	3
榆树市	228	116	112	66	17	49	12	5	7
公主岭市	200	106	94	67	30	37	2	2	
九台市	250	147	103	58	22	36	1	1	
舒兰市	265	136	129	107	40	67	1	1	
蛟河市	263	130	133	95	35	60	2	1	1
大安市	242	115	127	112	42	70	3	1	2
抚松县	217	119	98	90	36	54	1		1
安图县	251	155	96	63	30	33	5	4	1
农安县	221	120	101	84	28	56	4	1	3
梨树县	211	103	108	101	32	69	1		1
永吉县	273	144	129	61	27	34	3	2	1
长岭县	234	119	115	101	33	68	8	5	3
乾安县	255	142	113	84	41	43			

2－8 续表 1

单位：人

地 区	小学			初中			高中		
	小计	男	女	小计	男	女	小计	男	女
总 计	**1802**	**990**	**812**	**1182**	**779**	**403**	**411**	**281**	**130**
朝阳区	40	19	21	54	33	21	38	25	13
昌邑区	70	40	30	119	68	51	47	25	22
龙潭区	88	51	37	43	27	16	31	21	10
二道区	64	39	25	63	33	30	24	14	10
洮北区	69	38	31	41	26	15	17	12	5
东昌区	60	27	33	64	39	25	28	19	9
二道江区	92	52	40	64	45	19	33	22	11
延吉市	71	31	40	77	48	29	38	23	15
临江市	75	48	27	49	39	10	14	11	3
榆树市	93	54	39	43	31	12	9	7	2
公主岭市	60	34	26	48	27	21	18	10	8
九台市	86	49	37	81	54	27	15	15	
舒兰市	98	56	42	45	29	16	9	6	3
蛟河市	109	54	55	41	28	13	10	6	4
大安市	75	35	40	37	25	12	12	9	3
抚松县	68	45	23	41	26	15	14	10	4
安图县	90	50	40	70	51	19	20	17	3
农安县	84	53	31	41	31	10	4	4	
梨树县	66	40	26	34	24	10	4	4	
永吉县	159	78	81	38	28	10	11	9	2
长岭县	79	44	35	41	32	9	4	4	
乾安县	106	53	53	48	35	13	11	8	3

2－8 续表 2

单位：人

地区	中专			大学专科			大学本科			研究生		
	小计	男	女	小计	男	女	小计	男	女	小计	男	女
总　计	**99**	**66**	**33**	**76**	**51**	**25**	**50**	**38**	**12**			
朝阳区	12	8	4	12	8	4	10	9	1			
昌邑区	15	11	4	11	7	4	6	4	2			
龙潭区	7	5	2	7	4	3	1	1				
二道区	4	3	1	4	1	3	1		1			
洮北区	2	1	1	6	5	1	2	2				
东昌区	8	2	6	11	8	3	5	3	2			
二道江区	3	1	2	3	2	1	1	1				
延吉市	10	8	2	6	5	1	13	9	4			
临江市	4	3	1	4	2	2	1	1				
榆树市	2	1	1	2	1	1	1		1			
公主岭市	4	3	1	1		1						
九台市	5	3	2	1	1		3	2	1			
舒兰市	3	2	1	1	1		1	1				
蛟河市	2	2		2	2		2	2				
大安市	2	2		1	1							
抚松县	2	1	1	1	1							
安图县	1	1					2	2				
农安县	2	1	1	1	1		1	1				
梨树县	5	3	2									
永吉县				1		1						
长岭县	1	1										
乾安县	5	4	1	1	1							

2－9　各地区15岁及以上残疾人分性别的文盲人口

单位：人，%

地　区	残疾人口			文盲人口			文盲人口与残疾人口的比例		
	合计	男	女	小计	男	女	总比例	男	女
总　计	**5245**	**2794**	**2451**	**1602**	**578**	**1024**	**30.54**	**20.69**	**41.78**
朝阳区	210	112	98	44	11	33	20.95	9.82	33.67
昌邑区	333	172	161	63	16	47	18.92	9.30	29.19
龙潭区	225	126	99	48	18	30	21.33	14.29	30.30
二道区	224	118	106	67	30	37	29.91	25.42	34.91
洮北区	178	98	80	39	13	26	21.91	13.27	32.50
东昌区	222	107	115	43	7	36	19.37	6.54	31.30
二道江区	255	139	116	59	17	42	23.14	12.23	36.21
延吉市	255	131	124	41	9	32	16.08	6.87	25.81
临江市	284	163	121	130	55	75	45.77	33.74	61.98
榆树市	227	115	112	65	16	49	28.63	13.91	43.75
公主岭市	196	104	92	65	28	37	33.16	26.92	40.22
九台市	246	146	100	55	21	34	22.36	14.38	34.00
舒兰市	260	134	126	105	39	66	40.38	29.10	52.38
蛟河市	258	129	129	92	34	58	35.66	26.36	44.96
大安市	234	113	121	109	40	69	46.58	35.40	57.02
抚松县	214	119	95	89	36	53	41.59	30.25	55.79
安图县	246	150	96	62	29	33	25.20	19.33	34.38
农安县	218	118	100	83	28	55	38.07	23.73	55.00
梨树县	210	102	108	100	31	69	47.62	30.39	63.89
永吉县	270	142	128	60	26	34	22.22	18.31	26.56
长岭县	232	119	113	100	33	67	43.10	27.73	59.29
乾安县	248	137	111	83	41	42	33.47	29.93	37.84

2－9a 各地区城镇15岁及以上残疾人分性别的文盲人口

单位：人，%

地 区	残疾人口			文盲人口			文盲人口占残疾人口的比例		
	合计	男	女	小计	男	女	总比例	男	女
总 计	**2405**	**1297**	**1108**	**548**	**176**	**372**	**22.79**	**13.57**	**33.57**
朝阳区	160	86	74	27	7	20	16.88	8.14	27.03
昌邑区	293	154	139	50	14	36	17.06	9.09	25.90
龙潭区	131	70	61	23	7	16	17.56	10.00	26.23
二道区	179	91	88	43	16	27	24.02	17.58	30.68
洮北区	115	65	50	21	5	16	18.26	7.69	32.00
东昌区	222	107	115	43	7	36	19.37	6.54	31.30
二道江区	226	121	105	53	15	38	23.45	12.40	36.19
延吉市	135	66	69	19	3	16	14.07	4.55	23.19
临江市	163	97	66	63	25	38	38.65	25.77	57.58
榆树市	56	23	33	15	5	10	26.79	21.74	30.30
公主岭市	72	41	31	16	6	10	22.22	14.63	32.26
九台市	56	39	17	4	1	3	7.14	2.56	17.65
舒兰市	102	58	44	26	12	14	25.49	20.69	31.82
蛟河市	74	39	35	21	7	14	28.38	17.95	40.00
大安市	40	14	26	14	4	10	35.00	28.57	38.46
抚松县	165	97	68	59	24	35	35.76	24.74	51.47
安图县	65	42	23	12	5	7	18.46	11.90	30.43
农安县	42	21	21	12	3	9	28.57	14.29	42.86
梨树县	31	16	15	11	4	7	35.48	25.00	46.67
永吉县	11	9	2	1		1	9.09		50.00
长岭县	29	19	10	11	4	7	37.93	21.05	70.00
乾安县	38	22	16	4	2	2	10.53	9.09	12.50

2－9b 各地区农村15岁及以上残疾人分性别的文盲人口

单位：人，%

地 区	残疾人口			文盲人口			文盲人口占残疾人口的比例		
	合计	男	女	小计	男	女	总比例	男	女
总 计	**2840**	**1497**	**1343**	**1054**	**402**	**652**	**37.11**	**26.85**	**48.55**
朝阳区	50	26	24	17	4	13	34.00	15.38	54.17
昌邑区	40	18	22	13	2	11	32.50	11.11	50.00
龙潭区	94	56	38	25	11	14	26.60	19.64	36.84
二道区	45	27	18	24	14	10	53.33	51.85	55.56
洮北区	63	33	30	18	8	10	28.57	24.24	33.33
东昌区									
二道江区	29	18	11	6	2	4	20.69	11.11	36.36
延吉市	120	65	55	22	6	16	18.33	9.23	29.09
临江市	121	66	55	67	30	37	55.37	45.45	67.27
榆树市	171	92	79	50	11	39	29.24	11.96	49.37
公主岭市	124	63	61	49	22	27	39.52	34.92	44.26
九台市	190	107	83	51	20	31	26.84	18.69	37.35
舒兰市	158	76	82	79	27	52	50.00	35.53	63.41
蛟河市	184	90	94	71	27	44	38.59	30.00	46.81
大安市	194	99	95	95	36	59	48.97	36.36	62.11
抚松县	49	22	27	30	12	18	61.22	54.55	66.67
安图县	181	108	73	50	24	26	27.62	22.22	35.62
农安县	176	97	79	71	25	46	40.34	25.77	58.23
梨树县	179	86	93	89	27	62	49.72	31.40	66.67
永吉县	259	133	126	59	26	33	22.78	19.55	26.19
长岭县	203	100	103	89	29	60	43.84	29.00	58.25
乾安县	210	115	95	79	39	40	37.62	33.91	42.11

2－10 15岁及以上残疾人分年龄、性别的文盲人口

单位：人，%

年 龄	残疾人口			文盲人口			文盲人口占残疾人口的比例		
	合计	男	女	小计	男	女	总比例	男	女
总 计	**5245**	**2794**	**2451**	**1602**	**578**	**1024**	**30.54**	**20.69**	**41.78**
15-19	**104**	**58**	**46**	**40**	**23**	**17**	**38.46**	**39.66**	**36.96**
15岁	12	8	4	5	5		41.67	62.50	
16岁	18	8	10	8	3	5	44.44	37.50	50.00
17岁	26	16	10	11	7	4	42.31	43.75	40.00
18岁	23	11	12	6	3	3	26.09	27.27	25.00
19岁	25	15	10	10	5	5	40.00	33.33	50.00
20-24	**95**	**51**	**44**	**30**	**20**	**10**	**31.58**	**39.22**	**22.73**
20岁	22	13	9	7	4	3	31.82	30.77	33.33
21岁	15	9	6	6	5	1	40.00	55.56	16.67
22岁	21	10	11	6	3	3	28.57	30.00	27.27
23岁	20	11	9	7	6	1	35.00	54.55	11.11
24岁	17	8	9	4	2	2	23.53	25.00	22.22
25-29	**121**	**74**	**47**	**24**	**13**	**11**	**19.83**	**17.57**	**23.40**
25岁	15	12	3	1	1		6.67	8.33	
26岁	24	16	8	5	4	1	20.83	25.00	12.50
27岁	23	13	10	6	2	4	26.09	15.38	40.00
28岁	35	19	16	9	5	4	25.71	26.32	25.00
29岁	24	14	10	3	1	2	12.50	7.14	20.00
30-34	**194**	**115**	**79**	**47**	**30**	**17**	**24.23**	**26.09**	**21.52**
30岁	28	17	11	7	5	2	25.00	29.41	18.18
31岁	24	13	11	11	7	4	45.83	53.85	36.36
32岁	44	28	16	7	5	2	15.91	17.86	12.50
33岁	57	28	29	13	7	6	22.81	25.00	20.69
34岁	41	29	12	9	6	3	21.95	20.69	25.00
35-39	**285**	**170**	**115**	**60**	**34**	**26**	**21.05**	**20.00**	**22.61**
35岁	54	33	21	12	8	4	22.22	24.24	19.05
36岁	46	31	15	12	6	6	26.09	19.35	40.00

2－10 续表 1

单位：人，%

年 龄	15岁及以上残疾人口			文盲人口			文盲人口占15岁及以上残疾人口比例		
	合计	男	女	小计	男	女	总比例	男	女
37岁	62	38	24	11	9	2	17.74	23.68	8.33
38岁	58	31	27	11	4	7	18.97	12.90	25.93
39岁	65	37	28	14	7	7	21.54	18.92	25.00
40-44	**418**	**250**	**168**	**47**	**23**	**24**	**11.24**	**9.20**	**14.29**
40岁	61	34	27	8		8	13.11		29.63
41岁	85	49	36	9	5	4	10.59	10.20	11.11
42岁	99	58	41	13	8	5	13.13	13.79	12.20
43岁	103	66	37	7	6	1	6.80	9.09	2.70
44岁	70	43	27	10	4	6	14.29	9.30	22.22
45-49	**432**	**234**	**198**	**61**	**18**	**43**	**14.12**	**7.69**	**21.72**
45岁	87	55	32	8	4	4	9.20	7.27	12.50
46岁	81	44	37	12	2	10	14.81	4.55	27.03
47岁	80	42	38	13	5	8	16.25	11.90	21.05
48岁	89	41	48	13	2	11	14.61	4.88	22.92
49岁	95	52	43	15	5	10	15.79	9.62	23.26
50-54	**501**	**263**	**238**	**90**	**30**	**60**	**17.96**	**11.41**	**25.21**
50岁	90	51	39	18	5	13	20.00	9.80	33.33
51岁	113	54	59	25	9	16	22.12	16.67	27.12
52岁	103	56	47	12	5	7	11.65	8.93	14.89
53岁	101	49	52	18	5	13	17.82	10.20	25.00
54岁	94	53	41	17	6	11	18.09	11.32	26.83
55-59	**535**	**269**	**266**	**95**	**34**	**61**	**17.76**	**12.64**	**22.93**
55岁	113	54	59	21	6	15	18.58	11.11	25.42
56岁	107	51	56	22	5	17	20.56	9.80	30.36
57岁	92	54	38	13	8	5	14.13	14.81	13.16
58岁	104	51	53	19	7	12	18.27	13.73	22.64
59岁	119	59	60	20	8	12	16.81	13.56	20.00
60-64	**423**	**220**	**203**	**104**	**33**	**71**	**24.59**	**15.00**	**34.98**
60岁	78	41	37	20	6	14	25.64	14.63	37.84

2－10 续表 2

单位：人，%

年 龄	15岁及以上残疾人口			文盲人口			文盲人口占15岁及以上残疾人口比例		
	合计	男	女	小计	男	女	总比例	男	女
61岁	95	51	44	26	12	14	27.37	23.53	31.82
62岁	76	43	33	20	5	15	26.32	11.63	45.45
63岁	92	41	51	21	4	17	22.83	9.76	33.33
64岁	82	44	38	17	6	11	20.73	13.64	28.95
65-69	**574**	**302**	**272**	**146**	**46**	**100**	**25.44**	**15.23**	**36.76**
65岁	113	64	49	21	8	13	18.58	12.50	26.53
66岁	130	67	63	29	7	22	22.31	10.45	34.92
67岁	116	68	48	33	12	21	28.45	17.65	43.75
68岁	99	47	52	26	5	21	26.26	10.64	40.38
69岁	116	56	60	37	14	23	31.90	25.00	38.33
70-74	**637**	**331**	**306**	**304**	**95**	**209**	**47.72**	**28.70**	**68.30**
70岁	122	59	63	56	13	43	45.90	22.03	68.25
71岁	138	77	61	64	23	41	46.38	29.87	67.21
72岁	139	81	58	63	19	44	45.32	23.46	75.86
73岁	122	62	60	55	19	36	45.08	30.65	60.00
74岁	116	52	64	66	21	45	56.90	40.38	70.31
75-79	**485**	**252**	**233**	**256**	**78**	**178**	**52.78**	**30.95**	**76.39**
75岁	113	56	57	62	16	46	54.87	28.57	80.70
76岁	85	49	36	39	14	25	45.88	28.57	69.44
77岁	94	48	46	48	11	37	51.06	22.92	80.43
78岁	99	50	49	61	20	41	61.62	40.00	83.67
79岁	94	49	45	46	17	29	48.94	34.69	64.44
80-84	**307**	**135**	**172**	**208**	**66**	**142**	**67.75**	**48.89**	**82.56**
80岁	93	36	57	60	14	46	64.52	38.89	80.70
81岁	59	27	32	39	13	26	66.10	48.15	81.25
82岁	69	35	34	45	16	29	65.22	45.71	85.29
83岁	44	17	27	34	11	23	77.27	64.71	85.19
84岁	42	20	22	30	12	18	71.43	60.00	81.82
85+	**134**	**70**	**64**	**90**	**35**	**55**	**67.16**	**50.00**	**85.94**

2－11 15岁及以上残疾人分年龄、性别的婚姻状况

单位：人

年龄	残疾人			未婚			初婚有配偶		
	合计	男	女	小计	男	女	小计	男	女
总 计	**5245**	**2794**	**2451**	**507**	**402**	**105**	**3306**	**1831**	**1475**
15-19	**104**	**58**	**46**	**102**	**58**	**44**	**2**		**2**
15岁	12	8	4	12	8	4			
16岁	18	8	10	18	8	10			
17岁	26	16	10	26	16	10			
18岁	23	11	12	23	11	12			
19岁	25	15	10	23	15	8	2		2
20-24	**95**	**51**	**44**	**67**	**44**	**23**	**27**	**6**	**21**
20岁	22	13	9	22	13	9			
21岁	15	9	6	10	8	2	5	1	4
22岁	21	10	11	11	9	2	10	1	9
23岁	20	11	9	15	9	6	5	2	3
24岁	17	8	9	9	5	4	7	2	5
25-29	**121**	**74**	**47**	**66**	**52**	**14**	**51**	**21**	**30**
25岁	15	12	3	10	8	2	5	4	1
26岁	24	16	8	14	13	1	10	3	7
27岁	23	13	10	11	9	2	11	4	7
28岁	35	19	16	19	11	8	15	8	7
29岁	24	14	10	12	11	1	10	2	8
30-34	**194**	**115**	**79**	**63**	**56**	**7**	**110**	**49**	**61**
30岁	28	17	11	11	10	1	15	6	9
31岁	24	13	11	10	8	2	11	4	7
32岁	44	28	16	14	14		26	12	14
33岁	57	28	29	10	8	2	39	16	23
34岁	41	29	12	18	16	2	19	11	8
35-39	**285**	**170**	**115**	**57**	**50**	**7**	**195**	**99**	**96**
35岁	54	33	21	11	11		35	18	17
36岁	46	31	15	12	10	2	29	17	12

2－11 续表 1

单位：人

年　龄	残疾人			未婚			初婚有配偶		
	合计	男	女	小计	男	女	小计	男	女
37岁	62	38	24	8	8		49	26	23
38岁	58	31	27	11	10	1	41	19	22
39岁	65	37	28	15	11	4	41	19	22
40-44	**418**	**250**	**168**	**44**	**40**	**4**	**314**	**172**	**142**
40岁	61	34	27	10	8	2	39	19	20
41岁	85	49	36	8	8		66	33	33
42岁	99	58	41	13	12	1	74	41	33
43岁	103	66	37	9	9		77	44	33
44岁	70	43	27	4	3	1	58	35	23
45-49	**432**	**234**	**198**	**29**	**25**	**4**	**324**	**164**	**160**
45岁	87	55	32	3	3		60	35	25
46岁	81	44	37	7	5	2	64	32	32
47岁	80	42	38	5	4	1	59	30	29
48岁	89	41	48	8	7	1	65	27	38
49岁	95	52	43	6	6		76	40	36
50-54	**501**	**263**	**238**	**30**	**29**	**1**	**395**	**207**	**188**
50岁	90	51	39	5	4	1	71	39	32
51岁	113	54	59	9	9		87	43	44
52岁	103	56	47	6	6		84	44	40
53岁	101	49	52	8	8		77	37	40
54岁	94	53	41	2	2		76	44	32
55-59	**535**	**269**	**266**	**22**	**22**		**416**	**208**	**208**
55岁	113	54	59	3	3		90	43	47
56岁	107	51	56	6	6		84	37	47
57岁	92	54	38	7	7		68	41	27
58岁	104	51	53	3	3		82	42	40
59岁	119	59	60	3	3		92	45	47
60-64	**423**	**220**	**203**	**8**	**8**		**318**	**176**	**142**
60岁	78	41	37	2	2		59	33	26
61岁	95	51	44	4	4		68	38	30
62岁	76	43	33				59	35	24

2－11 续表 2

单位：人

年龄	残疾人			未婚			初婚有配偶		
	合计	男	女	小计	男	女	小计	男	女
63岁	92	41	51	1	1		71	35	36
64岁	82	44	38	1	1		61	35	26
65-69	**574**	**302**	**272**	**7**	**7**		**404**	**240**	**164**
65岁	113	64	49				84	50	34
66岁	130	67	63	2	2		100	57	43
67岁	116	68	48	2	2		83	56	27
68岁	99	47	52				60	32	28
69岁	116	56	60	3	3		77	45	32
70-74	**637**	**331**	**306**	**6**	**6**		**378**	**243**	**135**
70岁	122	59	63	2	2		75	47	28
71岁	138	77	61	2	2		81	54	27
72岁	139	81	58	1	1		82	57	25
73岁	122	62	60				75	51	24
74岁	116	52	64	1	1		65	34	31
75-79	**485**	**252**	**233**	**4**	**3**	**1**	**227**	**150**	**77**
75岁	113	56	57	1		1	64	37	27
76岁	85	49	36	1	1		39	32	7
77岁	94	48	46				37	25	12
78岁	99	50	49	1	1		45	31	14
79岁	94	49	45	1	1		42	25	17
80-84	**307**	**135**	**172**	**2**	**2**		**113**	**70**	**43**
80岁	93	36	57				34	23	11
81岁	59	27	32				23	13	10
82岁	69	35	34	1	1		26	18	8
83岁	44	17	27				15	7	8
84岁	42	20	22	1	1		15	9	6
85+	**134**	**70**	**64**				**32**	**26**	**6**

2－11 续表 3

单位：人

年龄	再婚有配偶			离婚			丧偶		
	小计	男	女	小计	男	女	小计	男	女
总 计	**181**	**97**	**84**	**165**	**119**	**46**	**1086**	**345**	**741**
15-19									
15岁									
16岁									
17岁									
18岁									
19岁									
20-24				**1**	**1**				
20岁									
21岁									
22岁									
23岁									
24岁				1	1				
25-29	**1**		**1**	**2**	**1**	**1**	**1**		**1**
25岁									
26岁									
27岁							1		1
28岁	1		1						
29岁				2	1	1			
30-34	**2**		**2**	**17**	**10**	**7**	**2**		**2**
30岁	1		1	1	1				
31岁				3	1	2			
32岁				3	2	1	1		1
33岁				7	4	3	1		1
34岁	1		1	3	2	1			
35-39	**3**	**2**	**1**	**26**	**17**	**9**	**4**	**2**	**2**
35岁				7	4	3	1		1
36岁				5	4	1			

2－11　续表 4

单位：人

年　龄	再婚有配偶			离婚			丧偶		
	小计	男	女	小计	男	女	小计	男	女
37岁	1	1		4	3	1			
38岁				5	2	3	1		1
39岁	2	1	1	5	4	1	2	2	
40–44	**15**	**4**	**11**	**33**	**26**	**7**	**12**	**8**	**4**
40岁	3	1	2	5	3	2	4	3	1
41岁	1		1	9	7	2	1	1	
42岁	5		5	6	5	1	1		1
43岁	5	3	2	8	7	1	4	3	1
44岁	1		1	5	4	1	2	1	1
45–49	**30**	**11**	**19**	**38**	**30**	**8**	**11**	**4**	**7**
45岁	7	3	4	17	14	3			
46岁	4	2	2	3	3		3	2	1
47岁	6	3	3	7	4	3	3	1	2
48岁	8	2	6	4	4		4	1	3
49岁	5	1	4	7	5	2	1		1
50–54	**24**	**8**	**16**	**19**	**14**	**5**	**33**	**5**	**28**
50岁	4	2	2	5	3	2	5	3	2
51岁	4		4	2	1	1	11	1	10
52岁	6	3	3	4	3	1	3		3
53岁	5		5	3	3		8	1	7
54岁	5	3	2	5	4	1	6		6
55–59	**17**	**10**	**7**	**18**	**13**	**5**	**62**	**16**	**46**
55岁	2	1	1	9	5	4	9	2	7
56岁	5	3	2	1	1		11	4	7
57岁	1		1	2	2		14	4	10
58岁	2	1	1	3	3		14	2	12
59岁	7	5	2	3	2	1	14	4	10
60–64	**24**	**14**	**10**	**5**	**2**	**3**	**68**	**20**	**48**
60岁	6	3	3	2	1	1	9	2	7
61岁	3	1	2	1		1	19	8	11
62岁	5	4	1				12	4	8

2－11 续表 5

单位：人

年 龄	再婚有配偶			离婚			丧偶		
	小计	男	女	小计	男	女	小计	男	女
63岁	4	2	2	1		1	15	3	12
64岁	6	4	2	1	1		13	3	10
65-69	**17**	**10**	**7**	**2**	**2**		**144**	**43**	**101**
65岁	4	3	1	1	1		24	10	14
66岁	3	1	2				25	7	18
67岁	3	2	1	1	1		27	7	20
68岁	5	4	1				34	11	23
69岁	2		2				34	8	26
70-74	**19**	**15**	**4**				**234**	**67**	**167**
70岁	5	4	1				40	6	34
71岁	2	2					53	19	34
72岁	5	5					51	18	33
73岁	3	2	1				44	9	35
74岁	4	2	2				46	15	31
75-79	**20**	**16**	**4**	**2**	**2**		**232**	**81**	**151**
75岁	6	4	2	1	1		41	14	27
76岁	4	3	1				41	13	28
77岁	4	3	1				53	20	33
78岁	2	2		1	1		50	15	35
79岁	4	4					47	19	28
80-84	**6**	**4**	**2**	**1**		**1**	**185**	**59**	**126**
80岁	2	1	1				57	12	45
81岁	2	1	1				34	13	21
82岁	1	1		1		1	40	15	25
83岁	1	1					28	9	19
84岁							26	10	16
85+	**3**	**3**		**1**	**1**		**98**	**40**	**58**

2－12 残疾人分年龄、性别的经济活动人口

单位：人

年 龄	残疾人口			在业人口			不在业人口		
	合计	男	女	小计	男	女	小计	男	女
总 计	**5245**	**2794**	**2451**	**1397**	**936**	**461**	**3848**	**1858**	**1990**
15–19	**104**	**58**	**46**	**19**	**12**	**7**	**85**	**46**	**39**
15岁	12	8	4				12	8	4
16岁	18	8	10	1	1		17	7	10
17岁	26	16	10	2	1	1	24	15	9
18岁	23	11	12	6	3	3	17	8	9
19岁	25	15	10	10	7	3	15	8	7
20–24	**95**	**51**	**44**	**34**	**18**	**16**	**61**	**33**	**28**
20岁	22	13	9	8	5	3	14	8	6
21岁	15	9	6	6	3	3	9	6	3
22岁	21	10	11	9	4	5	12	6	6
23岁	20	11	9	7	3	4	13	8	5
24岁	17	8	9	4	3	1	13	5	8
25–29	**121**	**74**	**47**	**58**	**43**	**15**	**63**	**31**	**32**
25岁	15	12	3	10	9	1	5	3	2
26岁	24	16	8	15	11	4	9	5	4
27岁	23	13	10	10	8	2	13	5	8
28岁	35	19	16	15	10	5	20	9	11
29岁	24	14	10	8	5	3	16	9	7
30–34	**194**	**115**	**79**	**102**	**61**	**41**	**92**	**54**	**38**
30岁	28	17	11	15	8	7	13	9	4
31岁	24	13	11	11	6	5	13	7	6
32岁	44	28	16	25	16	9	19	12	7
33岁	57	28	29	29	15	14	28	13	15
34岁	41	29	12	22	16	6	19	13	6
35–39	**285**	**170**	**115**	**144**	**97**	**47**	**141**	**73**	**68**
35岁	54	33	21	28	17	11	26	16	10
36岁	46	31	15	21	19	2	25	12	13

2－12 续表 1

单位：人

年 龄	残疾人口			在业人口			不在业人口		
	合计	男	女	小计	男	女	小计	男	女
37岁	62	38	24	33	23	10	29	15	14
38岁	58	31	27	34	21	13	24	10	14
39岁	65	37	28	28	17	11	37	20	17
40-44	**418**	**250**	**168**	**231**	**148**	**83**	**187**	**102**	**85**
40岁	61	34	27	34	19	15	27	15	12
41岁	85	49	36	49	29	20	36	20	16
42岁	99	58	41	53	33	20	46	25	21
43岁	103	66	37	54	37	17	49	29	20
44岁	70	43	27	41	30	11	29	13	16
45-49	**432**	**234**	**198**	**211**	**133**	**78**	**221**	**101**	**120**
45岁	87	55	32	48	33	15	39	22	17
46岁	81	44	37	42	24	18	39	20	19
47岁	80	42	38	46	26	20	34	16	18
48岁	89	41	48	27	17	10	62	24	38
49岁	95	52	43	48	33	15	47	19	28
50-54	**501**	**263**	**238**	**219**	**140**	**79**	**282**	**123**	**159**
50岁	90	51	39	44	30	14	46	21	25
51岁	113	54	59	46	28	18	67	26	41
52岁	103	56	47	43	30	13	60	26	34
53岁	101	49	52	46	28	18	55	21	34
54岁	94	53	41	40	24	16	54	29	25
55-59	**535**	**269**	**266**	**171**	**108**	**63**	**364**	**161**	**203**
55岁	113	54	59	38	22	16	75	32	43
56岁	107	51	56	40	22	18	67	29	38
57岁	92	54	38	36	26	10	56	28	28
58岁	104	51	53	29	21	8	75	30	45
59岁	119	59	60	28	17	11	91	42	49

2－12 续表 2

单位：人

年 龄	残疾人口			在业人口			不在业人口		
	合计	男	女	小计	男	女	小计	男	女
60-64	**423**	**220**	**203**	**95**	**76**	**19**	**328**	**144**	**184**
60岁	78	41	37	20	17	3	58	24	34
61岁	95	51	44	32	25	7	63	26	37
62岁	76	43	33	12	9	3	64	34	30
63岁	92	41	51	17	14	3	75	27	48
64岁	82	44	38	14	11	3	68	33	35
65-69	**574**	**302**	**272**	**65**	**58**	**7**	**509**	**244**	**265**
65岁	113	64	49	12	11	1	101	53	48
66岁	130	67	63	19	17	2	111	50	61
67岁	116	68	48	14	12	2	102	56	46
68岁	99	47	52	9	8	1	90	39	51
69岁	116	56	60	11	10	1	105	46	59
70-74	**637**	**331**	**306**	**35**	**29**	**6**	**602**	**302**	**300**
70岁	122	59	63	12	9	3	110	50	60
71岁	138	77	61	11	10	1	127	67	60
72岁	139	81	58	5	4	1	134	77	57
73岁	122	62	60	5	4	1	117	58	59
74岁	116	52	64	2	2		114	50	64
75-79	**485**	**252**	**233**	**10**	**10**		**475**	**242**	**233**
75岁	113	56	57	3	3		110	53	57
76岁	85	49	36	2	2		83	47	36
77岁	94	48	46	3	3		91	45	46
78岁	99	50	49	1	1		98	49	49
79岁	94	49	45	1	1		93	48	45
80-84	**307**	**135**	**172**	**2**	**2**		**305**	**133**	**172**
80岁	93	36	57				93	36	57
81岁	59	27	32	1	1		58	26	32
82岁	69	35	34				69	35	34
83岁	44	17	27	1	1		43	16	27
84岁	42	20	22				42	20	22
85+	**134**	**70**	**64**	**1**	**1**		**133**	**69**	**64**

2－12a 城镇残疾人分年龄、性别的经济活动人口

单位：人

年龄	残疾人口			在业人口			不在业人口		
	合计	男	女	小计	男	女	小计	男	女
总 计	**2405**	**1297**	**1108**	**326**	**237**	**89**	**2079**	**1060**	**1019**
15-19	**38**	**21**	**17**	**1**		**1**	**37**	**21**	**16**
15岁	6	4	2				6	4	2
16岁	7	2	5				7	2	5
17岁	11	8	3				11	8	3
18岁	6	2	4				6	2	4
19岁	8	5	3	1		1	7	5	2
20-24	**41**	**21**	**20**	**5**	**1**	**4**	**36**	**20**	**16**
20岁	12	6	6	1		1	11	6	5
21岁	3	2	1				3	2	1
22岁	6	3	3	1		1	5	3	2
23岁	10	6	4	1		1	9	6	3
24岁	10	4	6	2	1	1	8	3	5
25-29	**47**	**29**	**18**	**13**	**11**	**2**	**34**	**18**	**16**
25岁	6	5	1	3	3		3	2	1
26岁	6	5	1	1	1		5	4	1
27岁	11	5	6	4	3	1	7	2	5
28岁	14	6	8	3	2	1	11	4	7
29岁	10	8	2	2	2		8	6	2
30-34	**84**	**58**	**26**	**31**	**23**	**8**	**53**	**35**	**18**
30岁	12	8	4	4	3	1	8	5	3
31岁	7	4	3	1	1		6	3	3
32岁	20	14	6	9	7	2	11	7	4
33岁	24	18	6	12	8	4	12	10	2
34岁	21	14	7	5	4	1	16	10	6
35-39	**130**	**82**	**48**	**43**	**32**	**11**	**87**	**50**	**37**
35岁	23	15	8	9	6	3	14	9	5
36岁	24	16	8	8	7	1	16	9	7

2－12a 续表 1

单位：人

年 龄	残疾人口			在业人口			不在业人口		
	合计	男	女	小计	男	女	小计	男	女
37岁	30	18	12	9	7	2	21	11	10
38岁	24	15	9	9	8	1	15	7	8
39岁	29	18	11	8	4	4	21	14	7
40-44	**192**	**126**	**66**	**73**	**53**	**20**	**119**	**73**	**46**
40岁	25	15	10	6	3	3	19	12	7
41岁	36	24	12	15	9	6	21	15	6
42岁	48	32	16	21	18	3	27	14	13
43岁	54	33	21	17	10	7	37	23	14
44岁	29	22	7	14	13	1	15	9	6
45-49	**207**	**118**	**89**	**68**	**48**	**20**	**139**	**70**	**69**
45岁	43	29	14	18	13	5	25	16	9
46岁	36	23	13	13	8	5	23	15	8
47岁	40	23	17	17	12	5	23	11	12
48岁	47	19	28	6	5	1	41	14	27
49岁	41	24	17	14	10	4	27	14	13
50-54	**217**	**121**	**96**	**42**	**33**	**9**	**175**	**88**	**87**
50岁	39	23	16	6	6		33	17	16
51岁	54	28	26	10	9	1	44	19	25
52岁	48	22	26	4	3	1	44	19	25
53岁	37	21	16	13	9	4	24	12	12
54岁	39	27	12	9	6	3	30	21	9
55-59	**214**	**115**	**99**	**26**	**18**	**8**	**188**	**97**	**91**
55岁	45	20	25	5	3	2	40	17	23
56岁	41	24	17	8	6	2	33	18	15
57岁	38	22	16	6	4	2	32	18	14
58岁	40	21	19	5	3	2	35	18	17
59岁	50	28	22	2	2		48	26	22
60-64	**185**	**91**	**94**	**14**	**10**	**4**	**171**	**81**	**90**

2－12a 续表 2

单位：人

年龄	残疾人口			在业人口			不在业人口		
	合计	男	女	小计	男	女	小计	男	女
60岁	39	24	15	8	7	1	31	17	14
61岁	30	13	17	1	1		29	12	17
62岁	32	16	16	1		1	31	16	15
63岁	45	19	26	2	1	1	43	18	25
64岁	39	19	20	2	1	1	37	18	19
65-69	**273**	**130**	**143**	**6**	**4**	**2**	**267**	**126**	**141**
65岁	53	27	26	1		1	52	27	25
66岁	61	28	33	1	1		60	27	33
67岁	50	29	21				50	29	21
68岁	52	22	30	4	3	1	48	19	29
69岁	57	24	33				57	24	33
70-74	**315**	**165**	**150**	**3**	**3**		**312**	**162**	**150**
70岁	64	34	30	2	2		62	32	30
71岁	60	28	32				60	28	32
72岁	63	41	22				63	41	22
73岁	64	33	31				64	33	31
74岁	64	29	35	1	1		63	28	35
75-79	**242**	**121**	**121**	**1**	**1**		**241**	**120**	**121**
75岁	59	28	31				59	28	31
76岁	45	24	21				45	24	21
77岁	43	24	19				43	24	19
78岁	50	21	29				50	21	29
79岁	45	24	21	1	1		44	23	21
80-84	**145**	**62**	**83**				**145**	**62**	**83**
80岁	47	18	29				47	18	29
81岁	30	15	15				30	15	15
82岁	35	17	18				35	17	18
83岁	16	4	12				16	4	12
84岁	17	8	9				17	8	9
85+	**75**	**37**	**38**				**75**	**37**	**38**

2－12b 农村残疾人分年龄、性别的经济活动人口

单位：人

年龄	残疾人口			在业人口			不在业人口		
	合计	男	女	小计	男	女	小计	男	女
总　计	**2840**	**1497**	**1343**	**1071**	**699**	**372**	**1769**	**798**	**971**
15-19	**66**	**37**	**29**	**18**	**12**	**6**	**48**	**25**	**23**
15岁	6	4	2				6	4	2
16岁	11	6	5	1	1		10	5	5
17岁	15	8	7	2	1	1	13	7	6
18岁	17	9	8	6	3	3	11	6	5
19岁	17	10	7	9	7	2	8	3	5
20-24	**54**	**30**	**24**	**29**	**17**	**12**	**25**	**13**	**12**
20岁	10	7	3	7	5	2	3	2	1
21岁	12	7	5	6	3	3	6	4	2
22岁	15	7	8	8	4	4	7	3	4
23岁	10	5	5	6	3	3	4	2	2
24岁	7	4	3	2	2		5	2	3
25-29	**74**	**45**	**29**	**45**	**32**	**13**	**29**	**13**	**16**
25岁	9	7	2	7	6	1	2	1	1
26岁	18	11	7	14	10	4	4	1	3
27岁	12	8	4	6	5	1	6	3	3
28岁	21	13	8	12	8	4	9	5	4
29岁	14	6	8	6	3	3	8	3	5
30-34	**110**	**57**	**53**	**71**	**38**	**33**	**39**	**19**	**20**
30岁	16	9	7	11	5	6	5	4	1
31岁	17	9	8	10	5	5	7	4	3
32岁	24	14	10	16	9	7	8	5	3
33岁	33	10	23	17	7	10	16	3	13
34岁	20	15	5	17	12	5	3	3	
35-39	**155**	**88**	**67**	**101**	**65**	**36**	**54**	**23**	**31**
35岁	31	18	13	19	11	8	12	7	5
36岁	22	15	7	13	12	1	9	3	6

2－12b 续表 1

单位：人

年 龄	残疾人口			在业人口			不在业人口		
	合计	男	女	小计	男	女	小计	男	女
37岁	32	20	12	24	16	8	8	4	4
38岁	34	16	18	25	13	12	9	3	6
39岁	36	19	17	20	13	7	16	6	10
40-44	**226**	**124**	**102**	**158**	**95**	**63**	**68**	**29**	**39**
40岁	36	19	17	28	16	12	8	3	5
41岁	49	25	24	34	20	14	15	5	10
42岁	51	26	25	32	15	17	19	11	8
43岁	49	33	16	37	27	10	12	6	6
44岁	41	21	20	27	17	10	14	4	10
45-49	**225**	**116**	**109**	**143**	**85**	**58**	**82**	**31**	**51**
45岁	44	26	18	30	20	10	14	6	8
46岁	45	21	24	29	16	13	16	5	11
47岁	40	19	21	29	14	15	11	5	6
48岁	42	22	20	21	12	9	21	10	11
49岁	54	28	26	34	23	11	20	5	15
50-54	**284**	**142**	**142**	**177**	**107**	**70**	**107**	**35**	**72**
50岁	51	28	23	38	24	14	13	4	9
51岁	59	26	33	36	19	17	23	7	16
52岁	55	34	21	39	27	12	16	7	9
53岁	64	28	36	33	19	14	31	9	22
54岁	55	26	29	31	18	13	24	8	16
55-59	**321**	**154**	**167**	**145**	**90**	**55**	**176**	**64**	**112**
55岁	68	34	34	33	19	14	35	15	20
56岁	66	27	39	32	16	16	34	11	23
57岁	54	32	22	30	22	8	24	10	14
58岁	64	30	34	24	18	6	40	12	28
59岁	69	31	38	26	15	11	43	16	27
60-64	**238**	**129**	**109**	**81**	**66**	**15**	**157**	**63**	**94**

2－12b 续表 2

单位：人

年龄	残疾人口			在业人口			不在业人口		
	合计	男	女	小计	男	女	小计	男	女
60岁	39	17	22	12	10	2	27	7	20
61岁	65	38	27	31	24	7	34	14	20
62岁	44	27	17	11	9	2	33	18	15
63岁	47	22	25	15	13	2	32	9	23
64岁	43	25	18	12	10	2	31	15	16
65-69	**301**	**172**	**129**	**59**	**54**	**5**	**242**	**118**	**124**
65岁	60	37	23	11	11		49	26	23
66岁	69	39	30	18	16	2	51	23	28
67岁	66	39	27	14	12	2	52	27	25
68岁	47	25	22	5	5		42	20	22
69岁	59	32	27	11	10	1	48	22	26
70-74	**322**	**166**	**156**	**32**	**26**	**6**	**290**	**140**	**150**
70岁	58	25	33	10	7	3	48	18	30
71岁	78	49	29	11	10	1	67	39	28
72岁	76	40	36	5	4	1	71	36	35
73岁	58	29	29	5	4	1	53	25	28
74岁	52	23	29	1	1		51	22	29
75-79	**243**	**131**	**112**	**9**	**9**		**234**	**122**	**112**
75岁	54	28	26	3	3		51	25	26
76岁	40	25	15	2	2		38	23	15
77岁	51	24	27	3	3		48	21	27
78岁	49	29	20	1	1		48	28	20
79岁	49	25	24				49	25	24
80-84	**162**	**73**	**89**	**2**	**2**		**160**	**71**	**89**
80岁	46	18	28				46	18	28
81岁	29	12	17	1	1		28	11	17
82岁	34	18	16				34	18	16
83岁	28	13	15	1	1		27	12	15
84岁	25	12	13				25	12	13
85+	**59**	**33**	**26**	**1**	**1**		**58**	**32**	**26**

2－13　残疾人分年龄、性别的职业状况

单位：人

年　龄	在业残疾人			国家机关、党群组织、企业、事业单位负责人			专业技术人员			办事人员和有关人员		
	合计	男	女	合计	男	女	合计	男	女	小计	男	女
总　计	**1397**	**936**	**461**	**9**	**8**	**1**	**28**	**20**	**8**	**47**	**45**	**2**
15-19	19	12	7							1	1	
20-24	34	18	16				1		1			
25-29	58	43	15							2	2	
30-34	102	61	41				3	1	2	2	2	
35-39	144	97	47				3	2	1	4	4	
40-44	231	148	83	4	3	1	3	3		13	12	1
45-49	211	133	78	3	3		7	4	3	8	8	
50-54	219	140	79	2	2		7	6	1	6	6	
55-59	171	108	63				3	3		5	5	
60-64	95	76	19							3	3	
65+	113	100	13				1	1		3	2	1

2－13　续表

单位：人

年　龄	商业、服务业人员			农、林、牧、渔、水利业生产人员			生产、运输设备操作人员及有关人员			不便分类的其他从业人员		
	小计	男	女	小计	男	女	小计	男	女	合计	男	女
总　计	**137**	**96**	**41**	**1030**	**655**	**375**	**146**	**112**	**34**			
15-19				18	11	7						
20-24	4	3	1	23	12	11	6	3	3			
25-29	8	4	4	43	32	11	5	5				
30-34	12	9	3	71	36	35	14	13	1			
35-39	16	12	4	95	59	36	26	20	6			
40-44	29	20	9	142	82	60	40	28	12			
45-49	23	16	7	142	82	60	28	20	8			
50-54	19	14	5	167	96	71	18	16	2			
55-59	11	8	3	147	88	59	5	4	1			
60-64	12	9	3	76	61	15	4	3	1			
65+	3	1	2	106	96	10						

2－14 残疾人分性别、受教育程度的职业状况

单位：人

受教育程度	在业残疾人			国家机关、党群组织、企业、事业单位负责人			专业技术人员			办事人员和有关人员		
	合计	男	女	小计	男	女	小计	男	女	小计	男	女
总　计	**1397**	**936**	**461**	**9**	**8**	**1**	**28**	**20**	**8**	**47**	**45**	**2**
不识字	235	135	100							3	3	
未上过学	10	4	6									
小学	571	358	213				1	1		4	4	
初中	409	305	104	4	4		5	4	1	23	22	1
高中	130	103	27	4	3	1	7	6	1	9	9	
中专	22	16	6	1	1		7	5	2			
大学专科	15	10	5				7	3	4	6	5	1
大学本科	5	5					1	1		2	2	
研究生												

2－14 续表

单位：人

受教育程度	商业、服务业人员			农、林、牧、渔、水利业生产人员			生产、运输设备操作人员及有关人员			不便分类的其他从业人员		
	小计	男	女	小计	男	女	小计	男	女	小计	男	女
总　计	**137**	**96**	**41**	**1030**	**655**	**375**	**146**	**112**	**34**			
不识字	10	7	3	211	115	96	11	10	1			
未上过学				10	4	6						
小学	27	20	7	507	310	197	32	23	9			
初中	63	43	20	253	184	69	61	48	13			
高中	31	20	11	41	35	6	38	30	8			
中专	4	4		7	6	1	3		3			
大学专科				1	1		1	1				
大学本科	2	2										
研究生												

2－15 各地区残疾人分性别的未工作状况

单位：人

地区	未工作残疾人			在校学生			离退休		
	合计	男	女	小计	男	女	小计	男	女
总 计	**3848**	**1858**	**1990**	**15**	**6**	**9**	**895**	**611**	**284**
朝阳区	166	83	83				69	47	22
昌邑区	290	138	152	1		1	145	74	71
龙潭区	164	84	80	1		1	60	35	25
二道区	169	86	83	2		2	61	39	22
洮北区	137	71	66				56	39	17
东昌区	206	96	110	2	1	1	96	58	38
二道江区	213	105	108	2	2		82	64	18
延吉市	196	91	105				75	48	27
临江市	220	111	109				49	44	5
榆树市	170	82	88	1		1	19	13	6
公主岭市	145	67	78	2	1	1	11	8	3
九台市	146	78	68				12	10	2
舒兰市	187	87	100				21	17	4
蛟河市	160	76	84	1	1		18	12	6
大安市	157	59	98				8	2	6
抚松县	182	98	84				50	44	6
安图县	180	102	78				25	24	1
农安县	140	59	81	1		1	7	6	1
梨树县	159	74	85				12	9	3
永吉县	162	70	92				6	6	
长岭县	162	73	89				8	7	1
乾安县	137	68	69	2	1	1	5	5	

2－15 续表 1

单位：人

地区	料理家务			丧失劳动能力			毕业后未工作		
	小计	男	女	小计	男	女	小计	男	女
总计	**823**	**81**	**742**	**1326**	**689**	**637**	**13**	**6**	**7**
朝阳区	24	4	20	60	26	34	1	1	
昌邑区	34	5	29	46	17	29	2	1	1
龙潭区	15	2	13	40	22	18			
二道区	31	2	29	61	36	25	1	1	
洮北区	20		20	52	28	24	1		1
东昌区	43	2	41	41	21	20	1		1
二道江区	47	3	44	70	25	45			
延吉市	37	4	33	68	26	42	1	1	
临江市	46	1	45	32	15	17			
榆树市	39	4	35	20	14	6			
公主岭市	42		42	51	32	19	1		1
九台市	20	4	16	100	54	46	4	2	2
舒兰市	54	9	45	75	36	39	1		1
蛟河市	39	5	34	85	50	35			
大安市	52	10	42	72	29	43			
抚松县	49	2	47	56	33	23			
安图县	47	12	35	89	55	34			
农安县	50	6	44	47	24	23			
梨树县	26	3	23	2	1	1			
永吉县	52	1	51	96	58	38			
长岭县	26		26	75	34	41			
乾安县	30	2	28	88	53	35			

2－15 续表 2

单位：人

地　区	因单位原因失去原工作			因本人原因失去原工作			承包土地被征用			其他		
	小计	男	女	小计	男	女	小计	男	女	小计	男	女
总　计	**152**	**113**	**39**	**29**	**22**	**7**				**595**	**330**	**265**
朝阳区	9	5	4	1		1				2		2
昌邑区	39	29	10	5	4	1				18	8	10
龙潭区	14	12	2							34	13	21
二道区	3	1	2	5	4	1				5	3	2
洮北区	3	2	1							5	2	3
东昌区	16	11	5	6	3	3				1		1
二道江区	8	7	1	2	2					2	2	
延吉市	11	8	3	3	3					1	1	
临江市	5	3	2	2	2					86	46	40
榆树市	2	1	1							89	50	39
公主岭市	14	11	3							24	15	9
九台市	4	3	1							6	5	1
舒兰市	8	6	2							28	19	9
蛟河市	3	2	1							14	6	8
大安市	3	3		1	1					21	14	7
抚松县	1	1		2	1	1				24	17	7
安图县				2	2					17	9	8
农安县										35	23	12
梨树县	4	3	1							115	58	57
永吉县										8	5	3
长岭县	2	2								51	30	21
乾安县	3	3								9	4	5

2－15a　各地区城镇残疾人分性别的未工作状况

单位：人

地　区	未工作残疾人			在校学生			离退休		
	合计	男	女	小计	男	女	小计	男	女
总　计	**2079**	**1060**	**1019**	**9**	**3**	**6**	**838**	**558**	**280**
朝阳区	138	72	66				69	47	22
昌邑区	263	129	134	1		1	145	74	71
龙潭区	117	58	59				58	34	24
二道区	146	73	73	2		2	59	37	22
洮北区	104	56	48				55	39	16
东昌区	206	96	110	2	1	1	96	58	38
二道江区	194	95	99				77	59	18
延吉市	123	58	65				67	40	27
临江市	137	76	61				42	37	5
榆树市	51	20	31				14	9	5
公主岭市	61	33	28	2	1	1	10	7	3
九台市	35	22	13				8	6	2
舒兰市	82	46	36				21	17	4
蛟河市	62	31	31	1	1		18	12	6
大安市	36	10	26				7	1	6
抚松县	146	83	63				50	44	6
安图县	52	32	20				14	13	1
农安县	33	15	18				4	3	1
梨树县	31	16	15				10	7	3
永吉县	9	8	1				6	6	
长岭县	27	17	10				4	4	
乾安县	26	14	12	1		1	4	4	

2－15a 续表 1

单位：人

地区	料理家务			丧失劳动能力			毕业后未工作		
	小计	男	女	小计	男	女	小计	男	女
总计	**371**	**32**	**339**	**494**	**237**	**257**	**11**	**4**	**7**
朝阳区	18	3	15	38	16	22	1	1	
昌邑区	31	5	26	24	9	15	2	1	1
龙潭区	10	1	9	19	8	11			
二道区	26	2	24	46	26	20			
洮北区	14		14	30	15	15	1		1
东昌区	43	2	41	41	21	20	1		1
二道江区	41	3	38	65	23	42			
延吉市	15	2	13	28	6	22			
临江市	25	1	24	15	8	7			
榆树市	16	1	15	2	1	1			
公主岭市	8		8	13	6	7	1		1
九台市	1		1	16	9	7	4	2	2
舒兰市	16	2	14	27	14	13	1		1
蛟河市	17	3	14	19	12	7			
大安市	12		12	12	4	8			
抚松县	39	2	37	41	24	17			
安图县	11	2	9	23	14	9			
农安县	10	3	7	11	4	7			
梨树县	5		5	1	1				
永吉县				3	2	1			
长岭县	4		4	13	8	5			
乾安县	9		9	7	6	1			

2－15a 续表 2

单位：人

地　区	因单位原因失去原工作			因本人原因失去原工作			承包土地被征用			其他		
	小计	男	女	小计	男	女	小计	男	女	小计	男	女
总　计	**145**	**108**	**37**	**26**	**19**	**7**				**185**	**99**	**86**
朝阳区	9	5	4	1		1				2		2
昌邑区	39	29	10	5	4	1				16	7	9
龙潭区	14	12	2							16	3	13
二道区	3	1	2	5	4	1				5	3	2
洮北区	3	2	1							1		1
东昌区	16	11	5	6	3	3				1		1
二道江区	7	6	1	2	2					2	2	
延吉市	10	7	3	2	2					1	1	
临江市	4	3	1	2	2					49	25	24
榆树市	1	1								18	8	10
公主岭市	13	10	3							14	9	5
九台市	2	1	1							4	4	
舒兰市	8	6	2							9	7	2
蛟河市	3	2	1							4	1	3
大安市	3	3								2	2	
抚松县	1	1		2	1	1				13	11	2
安图县				1	1					3	2	1
农安县										8	5	3
梨树县	4	3	1							11	5	6
永吉县												
长岭县	2	2								4	3	1
乾安县	3	3								2	1	1

2－15b 各地区农村残疾人分性别的未工作状况

单位：人

地　区	未工作残疾人			在校学生			离退休		
	合计	男	女	小计	男	女	小计	男	女
总　计	**1769**	**798**	**971**	**6**	**3**	**3**	**57**	**53**	**4**
朝阳区	28	11	17						
昌邑区	27	9	18						
龙潭区	47	26	21	1		1	2	1	1
二道区	23	13	10				2	2	
洮北区	33	15	18				1		1
东昌区									
二道江区	19	10	9	2	2		5	5	
延吉市	73	33	40				8	8	
临江市	83	35	48				7	7	
榆树市	119	62	57	1		1	5	4	1
公主岭市	84	34	50				1	1	
九台市	111	56	55				4	4	
舒兰市	105	41	64						
蛟河市	98	45	53						
大安市	121	49	72				1	1	
抚松县	36	15	21						
安图县	128	70	58				11	11	
农安县	107	44	63	1		1	3	3	
梨树县	128	58	70				2	2	
永吉县	153	62	91						
长岭县	135	56	79				4	3	1
乾安县	111	54	57	1	1		1	1	

2－15b 续表 1

单位：人

地 区	料理家务			丧失劳动能力			毕业后未工作		
	小计	男	女	小计	男	女	小计	男	女
总 计	**452**	**49**	**403**	**832**	**452**	**380**	**2**	**2**	
朝阳区	6	1	5	22	10	12			
昌邑区	3		3	22	8	14			
龙潭区	5	1	4	21	14	7			
二道区	5		5	15	10	5	1	1	
洮北区	6		6	22	13	9			
东昌区									
二道江区	6		6	5	2	3			
延吉市	22	2	20	40	20	20	1	1	
临江市	21		21	17	7	10			
榆树市	23	3	20	18	13	5			
公主岭市	34		34	38	26	12			
九台市	19	4	15	84	45	39			
舒兰市	38	7	31	48	22	26			
蛟河市	22	2	20	66	38	28			
大安市	40	10	30	60	25	35			
抚松县	10		10	15	9	6			
安图县	36	10	26	66	41	25			
农安县	40	3	37	36	20	16			
梨树县	21	3	18	1		1			
永吉县	52	1	51	93	56	37			
长岭县	22		22	62	26	36			
乾安县	21	2	19	81	47	34			

2－15b 续表 2

单位：人

地 区	因单位原因失去原工作			因本人原因失去原工作			承包土地被征用			其他		
	小计	男	女	小计	男	女	小计	男	女	小计	男	女
总 计	**7**	**5**	**2**	**3**	**3**					**410**	**231**	**179**
朝阳区												
昌邑区										2	1	1
龙潭区										18	10	8
二道区												
洮北区										4	2	2
东昌区												
二道江区	1	1										
延吉市	1	1		1	1							
临江市	1		1							37	21	16
榆树市	1		1							71	42	29
公主岭市	1	1								10	6	4
九台市	2	2								2	1	1
舒兰市										19	12	7
蛟河市										10	5	5
大安市				1	1					19	12	7
抚松县										11	6	5
安图县				1	1					14	7	7
农安县										27	18	9
梨树县										104	53	51
永吉县										8	5	3
长岭县										47	27	20
乾安县										7	3	4

2－16　残疾人分年龄、性别的未工作状况

单位：人

年　龄	未工作残疾人			在校学生			离退休		
	合计	男	女	小计	男	女	小计	男	女
总　计	**3848**	**1858**	**1990**	**15**	**6**	**9**	**895**	**611**	**284**
15-19	85	46	39	14	6	8			
20-24	61	33	28	1		1			
25-29	63	31	32						
30-34	92	54	38						
35-39	141	73	68						
40-44	187	102	85				6	3	3
45-49	221	101	120				27	12	15
50-54	282	123	159				67	23	44
55-59	364	161	203				93	60	33
60-64	328	144	184				103	67	36
65-69	509	244	265				176	116	60
70-74	602	302	300				197	147	50
75-79	475	242	233				137	108	29
80-84	305	133	172				62	48	14
85+	133	69	64				27	27	

2－16　续表 1

单位：人

年　龄	料理家务			丧失劳动能力			毕业后未工作		
	小计	男	女	小计	男	女	小计	男	女
总　计	**823**	**81**	**742**	**1326**	**689**	**637**	**13**	**6**	**7**
15-19	4	1	3	42	24	18			
20-24	6		6	33	22	11	4	2	2
25-29	16	1	15	31	20	11	4	2	2
30-34	17		17	46	35	11	2	1	1
35-39	47	9	38	53	37	16	1	1	
40-44	48	10	38	61	39	22	1		1
45-49	55	5	50	75	43	32			
50-54	80	9	71	68	40	28			
55-59	115	7	108	90	52	38			
60-64	102	5	97	81	43	38			
65-69	111	11	100	160	80	80			
70-74	102	9	93	198	93	105			
75-79	75	10	65	168	78	90	1		1
80-84	37	2	35	152	58	94			
85+	8	2	6	68	25	43			

2－16　续表 2

单位：人

年　龄	因单位原因失去原工作			因本人原因失去原工作			承包土地被征用			其他		
	小计	男	女	小计	男	女	小计	男	女	小计	男	女
总　计	**152**	**113**	**39**	**29**	**22**	**7**				**595**	**330**	**265**
15-19				1	1					24	14	10
20-24				1		1				16	9	7
25-29										12	8	4
30-34	6	2	4	2	2					19	14	5
35-39	12	8	4	7	4	3				21	14	7
40-44	36	26	10	7	6	1				28	18	10
45-49	35	23	12	3	3					26	15	11
50-54	32	31	1	7	6	1				28	14	14
55-59	21	17	4							45	25	20
60-64	3	3								39	26	13
65-69	2	1	1	1		1				59	36	23
70-74	4	1	3							101	52	49
75-79	1	1								93	45	48
80-84										54	25	29
85+										30	15	15

2－16a　城镇残疾人分年龄、性别的未工作状况

单位：人

年　龄	未工作残疾人			在校学生			离退休		
	合计	男	女	小计	男	女	小计	男	女
总　计	**2079**	**1060**	**1019**	**9**	**3**	**6**	**838**	**558**	**280**
15-19	37	21	16	8	3	5			
20-24	36	20	16	1		1			
25-29	34	18	16						
30-34	53	35	18						
35-39	87	50	37						
40-44	119	73	46				5	3	2
45-49	139	70	69				25	11	14
50-54	175	88	87				65	21	44
55-59	188	97	91				88	55	33
60-64	171	81	90				97	61	36
65-69	267	126	141				162	104	58
70-74	312	162	150				183	133	50
75-79	241	120	121				127	98	29
80-84	145	62	83				60	46	14
85+	75	37	38				26	26	

2－16a 续表 1

单位：人

年龄	料理家务			丧失劳动能力			毕业后未工作		
	小计	男	女	小计	男	女	小计	男	女
总计	**371**	**32**	**339**	**494**	**237**	**257**	**11**	**4**	**7**
15-19	1		1	19	12	7			
20-24	1		1	21	13	8	4	2	2
25-29	8		8	16	13	3	3	1	2
30-34	6		6	29	23	6	1		1
35-39	23	3	20	32	24	8	1	1	
40-44	23	7	16	36	24	12	1		1
45-49	25	2	23	37	22	15			
50-54	34	6	28	29	20	9			
55-59	35	2	33	29	13	16			
60-64	42	2	40	27	13	14			
65-69	46	1	45	44	16	28			
70-74	52	4	48	51	17	34			
75-79	45	3	42	47	12	35	1		1
80-84	24	1	23	47	10	37			
85+	6	1	5	30	5	25			

2－16a 续表 2

单位：人

年龄	因单位原因失去原工作			因本人原因失去原工作			承包土地被征用			其他		
	小计	男	女	小计	男	女	小计	男	女	小计	男	女
总计	**145**	**108**	**37**	**26**	**19**	**7**				**185**	**99**	**86**
15-19				1	1					8	5	3
20-24				1		1				8	5	3
25-29										7	4	3
30-34	5	2	3	2	2					10	8	2
35-39	12	8	4	7	4	3				12	10	2
40-44	34	25	9	4	3	1				16	11	5
45-49	35	23	12	3	3					14	9	5
50-54	32	31	1	7	6	1				8	4	4
55-59	20	16	4							15	11	5
60-64	2	2								3	3	
65-69	1		1	1		1				13	5	8
70-74	4	1	3							22	7	15
75-79										21	7	14
80-84										14	5	9
85+										13	5	8

2－16b 农村残疾人分年龄、性别的未工作状况

单位：人

年 龄	未工作残疾人			在校学生			离退休		
	合计	男	女	小计	男	女	小计	男	女
总 计	**1769**	**798**	**971**	**6**	**3**	**3**	**57**	**53**	**4**
15-19	48	25	23	6	3	3			
20-24	25	13	12						
25-29	29	13	16						
30-34	39	19	20						
35-39	54	23	31						
40-44	68	29	39				1		1
45-49	82	31	51				2	1	1
50-54	107	35	72				2	2	
55-59	176	64	112				5	5	
60-64	157	63	94				6	6	
65-69	242	118	124				14	12	2
70-74	290	140	150				14	14	
75-79	234	122	112				10	10	
80-84	160	71	89				2	2	
85+	58	32	26				1	1	

2－16b 续表 1

单位：人

年 龄	料理家务			丧失劳动能力			毕业后未工作		
	小计	男	女	小计	男	女	小计	男	女
总 计	**452**	**49**	**403**	**832**	**452**	**380**	**2**	**2**	
15-19	3	1	2	23	12	11			
20-24	5		5	12	9	3			
25-29	8	1	7	15	7	8	1	1	
30-34	11		11	17	12	5	1	1	
35-39	24	6	18	21	13	8			
40-44	25	3	22	25	15	10			
45-49	30	3	27	38	21	17			
50-54	46	3	43	39	20	19			
55-59	80	5	75	61	39	22			
60-64	60	3	57	54	30	24			
65-69	65	10	55	116	64	52			
70-74	50	5	45	147	76	71			
75-79	30	7	23	121	66	55			
80-84	13	1	12	105	48	57			
85+	2	1	1	38	20	18			

2－16b 续表 2

单位：人

年龄	因单位原因失去原工作			因本人原因失去原工作			承包土地被征用			其他		
	小计	男	女	小计	男	女	小计	男	女	小计	男	女
总 计	**7**	**5**	**2**	**3**	**3**					**410**	**231**	**179**
15-19										16	9	7
20-24										8	4	4
25-29										5	4	1
30-34	1		1							9	6	3
35-39										9	4	5
40-44	2	1	1	3	3					12	7	5
45-49										12	6	6
50-54										20	10	10
55-59	1	1								29	14	15
60-64	1	1								36	23	13
65-69	1	1								46	31	15
70-74										79	45	34
75-79	1	1								72	38	34
80-84										40	20	20
85+										17	10	7

2－17 各地区分性别、未工作残疾人的主要生活来源

单位：人

地 区	未工作残疾人			离退休金			领取基本生活费		
	合计	男	女	小计	男	女	小计	男	女
总 计	**3848**	**1858**	**1990**	**899**	**615**	**284**	**374**	**218**	**156**
朝阳区	166	83	83	70	48	22	14	6	8
昌邑区	290	138	152	145	74	71	29	22	7
龙潭区	164	84	80	60	35	25	13	9	4
二道区	169	86	83	61	39	22	29	19	10
洮北区	137	71	66	55	38	17	14	10	4
东昌区	206	96	110	96	58	38	37	17	20
二道江区	213	105	108	83	64	19	48	24	24
延吉市	196	91	105	75	48	27	15	5	10
临江市	220	111	109	49	44	5	28	17	11
榆树市	170	82	88	18	13	5	19	13	6
公主岭市	145	67	78	11	8	3	14	8	6
九台市	146	78	68	12	10	2	9	8	1
舒兰市	187	87	100	22	18	4	9	4	5
蛟河市	160	76	84	18	12	6	14	8	6
大安市	157	59	98	9	2	7	9	4	5
抚松县	182	98	84	51	45	6	24	10	14
安图县	180	102	78	25	24	1	16	11	5
农安县	140	59	81	8	8		7	4	3
梨树县	159	74	85	12	9	3	10	6	4
永吉县	162	70	92	6	6		3	3	
长岭县	162	73	89	8	7	1	7	6	1
乾安县	137	68	69	5	5		6	4	2

2－17 续表

单位：人

地　区	家庭其他成员供养			财产性收入			保险收入			其他		
	小计	男	女	小计	男	女	小计	男	女	小计	男	女
总　计	**2348**	**884**	**1464**	**59**	**33**	**26**	**4**	**2**	**2**	**164**	**106**	**58**
朝阳区	72	23	49	4	3	1	1	1		5	2	3
昌邑区	110	38	72				1		1	5	4	1
龙潭区	82	36	46	1		1				8	4	4
二道区	68	23	45	3	2	1				8	3	5
洮北区	62	20	42	5	2	3				1	1	
东昌区	62	18	44	9	2	7				2	1	1
二道江区	80	17	63				1		1	1		1
延吉市	93	28	65	10	7	3				3	3	
临江市	143	50	93									
榆树市	131	54	77							2	2	
公主岭市	119	50	69							1	1	
九台市	111	52	59	2	2					12	6	6
舒兰市	136	52	84	17	11	6				3	2	1
蛟河市	126	55	71	1		1				1	1	
大安市	122	42	80	2	1	1	1	1		14	9	5
抚松县	105	41	64							2	2	
安图县	116	50	66							23	17	6
农安县	120	43	77	3	2	1				2	2	
梨树县	109	39	70							28	20	8
永吉县	142	54	88							11	7	4
长岭县	137	52	85							10	8	2
乾安县	102	47	55	2	1	1				22	11	11

2－18 分年龄、性别、未工作残疾人的主要生活来源

单位：人

年 龄	未工作残疾人			离退休金			领取基本生活费		
	合计	男	女	小计	男	女	小计	男	女
总 计	**3848**	**1858**	**1990**	**899**	**615**	**284**	**374**	**218**	**156**
15-19	85	46	39				6	3	3
20-24	61	33	28				8	6	2
25-29	63	31	32				8	5	3
30-34	92	54	38				26	19	7
35-39	141	73	68				27	16	11
40-44	187	102	85	5	3	2	46	30	16
45-49	221	101	120	27	12	15	57	33	24
50-54	282	123	159	67	22	45	30	22	8
55-59	364	161	203	93	60	33	38	23	15
60-64	328	144	184	103	68	35	17	8	9
65-69	509	244	265	178	118	60	23	10	13
70-74	602	302	300	199	149	50	32	16	16
75-79	475	242	233	137	108	29	29	16	13
80-84	305	133	172	62	47	15	22	9	13
85+	133	69	64	28	28		5	2	3

2－18 续表

单位：人

年 龄	家庭其他成员供养			财产性收入			保险收入			其他		
	小计	男	女	小计	男	女	小计	男	女	小计	男	女
总 计	**2348**	**884**	**1464**	**59**	**33**	**26**	**4**	**2**	**2**	**164**	**106**	**58**
15-19	78	43	35							1		1
20-24	53	27	26									
25-29	54	25	29							1	1	
30-34	60	29	31	1	1					5	5	
35-39	102	48	54	2	2					10	7	3
40-44	120	57	63	5	4	1	2	1	1	9	7	2
45-49	127	49	78	3	1	2				7	6	1
50-54	165	67	98	7	5	2				13	7	6
55-59	205	60	145	2	1	1	1	1		25	16	9
60-64	187	60	127	14	5	9				7	3	4
65-69	270	94	176	14	7	7	1		1	23	15	8
70-74	335	113	222	6	4	2				30	20	10
75-79	292	109	183	3	2	1				14	7	7
80-84	205	67	138	2	1	1				14	9	5
85+	95	36	59							5	3	2

2－18a 城镇分年龄、性别、未工作残疾人的主要生活来源

单位：人

年 龄	未工作残疾人			离退休金			领取基本生活费		
	合计	男	女	小计	男	女	小计	男	女
总 计	**2079**	**1060**	**1019**	**843**	**562**	**281**	**302**	**168**	**134**
15-19	37	21	16				4	3	1
20-24	36	20	16				8	6	2
25-29	34	18	16				8	5	3
30-34	53	35	18				23	18	5
35-39	87	50	37				25	15	10
40-44	119	73	46	5	3	2	42	27	15
45-49	139	70	69	25	11	14	50	29	21
50-54	175	88	87	65	20	45	27	21	6
55-59	188	97	91	88	55	33	31	18	13
60-64	171	81	90	97	62	35	12	5	7
65-69	267	126	141	163	105	58	15	6	9
70-74	312	162	150	185	135	50	22	7	15
75-79	241	120	121	128	99	29	17	5	12
80-84	145	62	83	60	45	15	15	2	13
85+	75	37	38	27	27		3	1	2

2－18a 续表

单位：人

年 龄	家庭其他成员供养			财产性收入			保险收入			其他		
	小计	男	女	小计	男	女	小计	男	女	小计	男	女
总 计	**856**	**286**	**570**	**22**	**9**	**13**	**2**	**1**	**1**	**54**	**34**	**20**
15-19	33	18	15									
20-24	28	14	14									
25-29	26	13	13									
30-34	26	13	13							4	4	
35-39	55	30	25							7	5	2
40-44	65	37	28	3	2	1	1	1		3	3	
45-49	57	26	31	2		2				5	4	1
50-54	72	40	32	3	3					8	4	4
55-59	60	17	43	1	1					8	6	2
60-64	54	12	42	6	1	5				2	1	1
65-69	80	13	67	3	1	2	1		1	5	1	4
70-74	101	18	83	2	1	1				2	1	1
75-79	90	14	76	1		1				5	2	3
80-84	64	12	52	1		1				5	3	2
85+	45	9	36									

2－18b 农村分年龄、性别、未工作残疾人的主要生活来源

单位：人

年 龄	未工作残疾人			离退休金			领取基本生活费		
	合计	男	女	小计	男	女	小计	男	女
总 计	**1769**	**798**	**971**	**56**	**53**	**3**	**72**	**50**	**22**
15-19	48	25	23				2		2
20-24	25	13	12						
25-29	29	13	16						
30-34	39	19	20				3	1	2
35-39	54	23	31				2	1	1
40-44	68	29	39				4	3	1
45-49	82	31	51	2	1	1	7	4	3
50-54	107	35	72	2	2		3	1	2
55-59	176	64	112	5	5		7	5	2
60-64	157	63	94	6	6		5	3	2
65-69	242	118	124	15	13	2	8	4	4
70-74	290	140	150	14	14		10	9	1
75-79	234	122	112	9	9		12	11	1
80-84	160	71	89	2	2		7	7	
85+	58	32	26	1	1		2	1	1

2－18b 续表

单位：人

年 龄	家庭其他成员供养			财产性收入			保险收入			其他		
	小计	男	女	小计	男	女	小计	男	女	小计	男	女
总 计	**1492**	**598**	**894**	**37**	**24**	**13**	**2**	**1**	**1**	**110**	**72**	**38**
15-19	45	25	20							1		1
20-24	25	13	12									
25-29	28	12	16							1	1	
30-34	34	16	18	1	1					1	1	
35-39	47	18	29	2	2					3	2	1
40-44	55	20	35	2	2		1		1	6	4	2
45-49	70	23	47	1	1					2	2	
50-54	93	27	66	4	2	2				5	3	2
55-59	145	43	102	1		1	1	1		17	10	7
60-64	133	48	85	8	4	4				5	2	3
65-69	190	81	109	11	6	5				18	14	4
70-74	234	95	139	4	3	1				28	19	9
75-79	202	95	107	2	2					9	5	4
80-84	141	55	86	1	1					9	6	3
85+	50	27	23							5	3	2

2-19　0－14岁残疾儿童及其家庭基本情况

指　　标	单　位	数　量
0－14岁残疾儿童总人数	人	125
有残疾儿童的家庭户	户	125
残疾类别		
视力残疾人	人	6
听力残疾人	人	5
言语残疾人	人	3
肢体残疾人	人	26
智力残疾人	人	38
精神残疾人	人	4
多重残疾人	人	43
性别		
男	人	69
女	人	56
性别比(以女性为100)		123.00
年龄		
0-5岁	人	49
6岁	人	7
7-14岁	人	69
民族		
汉族	人	117
少数民族	人	8
户口性质		
农业	人	79
非农业	人	45
户口待定	人	1
受教育程度		
未上过学	人	
小学	人	41
初中	人	6
在校生接受义务教育情况		
普通教育学校普通班	人	28
普通教育学校特教班	人	2
特殊教育学校	人	6
其他	人	1
残疾儿童家庭户2005年人均收入水平		
户人均收入	元	2208
城市	元	2432
农村	元	2075
人均收入在0-683元之间	户	8
人均收入在684-994元之间	户	2

2-20 15岁及以上残疾妇女及其家庭基本情况

指 标	单 位	数 量
15岁及以上残疾妇女总人数	人	2451
有残疾妇女的家庭户	户	2389
残疾类别		
视力残疾人	人	444
听力残疾人	人	502
言语残疾人	人	28
肢体残疾人	人	772
智力残疾人	人	135
精神残疾人	人	229
多重残疾人	人	341
年龄		
15-49岁	人	697
50-59岁	人	504
60-74岁	人	781
75-89岁	人	458
90岁及以上	人	11
民族		
汉族	人	2255
少数民族	人	196
户口性质		
农业	人	1421
非农业	人	1030
户口待定	人	
文盲人口	人	1024
受教育程度		
未上过学	人	35
小学	人	791
初中	人	401

2-20 续表

指　　标	单 位	数 量
高中	人	130
中专	人	33
大学专科	人	25
大学本科	人	12
研究生	人	
婚姻状况		
未婚	人	105
初婚有配偶	人	1475
再婚有配偶	人	84
离婚	人	46
丧偶	人	741
当前工作状况		
当前有工作	人	461
当前无工作	人	1990
当前无工作者主要生活来源		
离退休金	人	284
领取基本生活费	人	156
家庭其它成员供养	人	1464
财产性收入	人	26
保险收入	人	2
其它	人	58
残疾妇女家庭户2005年人均收入水平		
户人均收入	元	2977
城市	元	3957
农村	元	2292
人均收入在0-683元之间	户	109
人均收入在684-994元之间	户	100

2-21 60岁及以上老年残疾人及其家庭基本情况

指　　标	单 位	数 量
60岁及以上老年残疾人总数	人	2560
有老年残疾人的家庭户	户	2335
残疾类别		
视力残疾人	人	456
听力残疾人	人	834
言语残疾人	人	35
肢体残疾人	人	730
智力残疾人	人	34
精神残疾人	人	70
多重残疾人	人	401
性别		
男	人	1310
女	人	1250
性别比(以女性为100)		105.00
年龄		
60-74岁	人	1634
75-89岁	人	900
90岁及以上	人	26
民族		
汉族	人	2354
少数民族	人	206
户口性质		
农业	人	1385
非农业	人	1175
户口待定	人	
文盲人口	人	1108
受教育程度		
未上过学	人	53
小学	人	853

2-21 续表

指　　标	单 位	数 量
初中	人	325
高中	人	101
中专	人	46
大学专科	人	35
大学本科	人	39
研究生	人	
婚姻状况		
未婚	人	27
初婚有配偶	人	1472
再婚有配偶	人	89
离婚	人	11
丧偶	人	961
当前工作状况		
当前有工作	人	208
当前无工作	人	2352
当前无工作者主要生活来源		
离退休金	人	707
领取基本生活费	人	128
家庭其它成员供养	人	1384
财产性收入	人	39
保险收入	人	1
其它	人	93
老年残疾人家庭户2005年人均收入水平		
户人均收入	元	3228
城市	元	4421
农村	元	2277
人均收入在0-683元之间	户	125
人均收入在684-994元之间	户	103

第三部分　残疾人的残疾类别、等级和主要致残原因

3－1　各地区残疾人分残疾类别、残疾等级分布

单位：人

地　区	视力残疾					听力残疾				
	小计	一级	二级	三级	四级	小计	一级	二级	三级	四级
总　计	**766**	**185**	**45**	**58**	**478**	**1204**	**143**	**112**	**479**	**470**
朝阳区	14			2	12	54	6	7	15	26
昌邑区	29	7	2	1	19	110	11	6	28	65
龙潭区	24	5		2	17	71	8	5	22	36
二道区	31	11	1	2	17	16	6	2	8	
洮北区	37	3	1	7	26	49	1	3	26	19
东昌区	34	4	2	4	24	58	3	2	18	35
二道江区	45	6	2	4	33	72	5	11	37	19
延吉市	20		1	4	15	50		3	21	26
临江市	14	6	3	2	3	66	2	4	29	31
榆树市	47	14	7	7	19	41	6	9	14	12
公主岭市	22	8	1	3	10	38	6	2	20	10
九台市	44	10	1	1	32	52	11	10	16	15
舒兰市	69	18	3	6	42	38	3	7	22	6
蛟河市	27	5	1		21	35		1	25	9
大安市	31	15			16	65	13	4	26	22
抚松县	24	3	2	3	16	48	15	5	21	7
安图县	12	4			8	52	4	4	22	22
农安县	55	13	4	1	37	54	2	2	26	24
梨树县	46	20	1	1	24	53	4	3	21	25
永吉县	39	10	2	3	24	76	8	2	19	47
长岭县	39	13	6	3	17	77	15	14	34	14
乾安县	63	10	5	2	46	29	14	6	9	

3－1 续表 1

单位：人

地区	言语残疾					肢体残疾				
	小计	一级	二级	三级	四级	小计	一级	二级	三级	四级
总　计	**82**	**15**	**16**	**21**	**30**	**1823**	**74**	**224**	**465**	**1060**
朝阳区	2	1			1	91	3	16	29	43
昌邑区	11	3	1	6	1	99	8	13	36	42
龙潭区	4	1		2	1	68	3	14	15	36
二道区	2	1	1			97	3	12	28	54
洮北区	7	2		2	3	47	1	5	16	25
东昌区	1		1			71	2	2	19	48
二道江区	8		2	5	1	57	3	3	21	30
延吉市						137		10	60	67
临江市						108	7	18	33	50
榆树市	3	1	1		1	80	3	6	12	59
公主岭市	7	1	3		3	88	1	3	12	72
九台市	4		1	1	2	77	3	10	17	47
舒兰市	3				3	74	1	6	21	46
蛟河市	5		1	1	3	130	1	22	32	75
大安市	1		1			66	5	8	20	33
抚松县	3		1	1	1	74	4	15	21	34
安图县	7	2		1	4	118	7	12	22	77
农安县	5	1	3	1		53	2	3	18	30
梨树县	2	1			1	44	5	9	11	19
永吉县	2			1	1	86	1	4	15	66
长岭县	4	1			3	48	5	7	3	33
乾安县	1				1	110	6	26	4	74

3－1 续表 2

单位：人

地区	智力残疾					精神残疾				
	小计	一级	二级	三级	四级	小计	一级	二级	三级	四级
总　计	**339**	**53**	**59**	**100**	**127**	**378**	**72**	**79**	**65**	**162**
朝阳区	5	1	2		2	18	9	2	1	6
昌邑区	8			5	3	27	3	3	6	15
龙潭区	9		2	1	6	17	2	8	2	5
二道区	35	9	7	10	9	17	6	7	2	2
洮北区	9		1	3	5	14		1	2	11
东昌区	5			1	4	15	3	6	3	3
二道江区	7	1	2	3	1	22		8	9	5
延吉市	9	1	1	3	4	12	1	1	1	9
临江市	11		2	4	5	27	11	2	1	13
榆树市	7		2	2	3	18	2	5	7	4
公主岭市	20	2	4	5	9	13	3	7	1	2
九台市	13	9		1	3	14	3	2	5	4
舒兰市	20		2	11	7	20	4	3	3	10
蛟河市	21	1	3	9	8	15	3	2	3	7
大安市	28	3	10	9	6	18	2	5	6	5
抚松县	24	1	4	8	11	9	2		2	5
安图县	13	3	2	3	5	16	2	2	3	9
农安县	17	6	5	3	3	22		8	4	10
梨树县	14	3	5	2	4	18	8	3	2	5
永吉县	21	2		11	8	12	4			8
长岭县	16		1	4	11	24	2	1	2	19
乾安县	27	11	4	2	10	10	2	3		5

3-1 续表 3

单位：人

地　区	多重残疾				
	小计	一级	二级	三级	四级
总　计	**778**	**369**	**127**	**183**	**99**
朝阳区	29	9	4	6	10
昌邑区	55	19	15	16	5
龙潭区	37	20	7	8	2
二道区	33	15	8	8	2
洮北区	19	12	4	2	1
东昌区	41	17	3	13	8
二道江区	48	26	9	11	2
延吉市	30	8	4	8	10
临江市	63	24	15	18	6
榆树市	39	27	4	4	4
公主岭市	14	9	3		2
九台市	47	21	4	16	6
舒兰市	42	20		16	6
蛟河市	32	15	6	8	3
大安市	34	20	3	7	4
抚松县	37	17	12	5	3
安图县	35	14	8	10	3
农安县	18	6	3	6	3
梨树县	38	22	5	7	4
永吉县	37	20	3	5	9
长岭县	28	12	4	6	6
乾安县	22	16	3	3	

3－1a 各地区城镇残疾人分残疾类别、残疾等级的分布

单位：人

地区	视力残疾					听力残疾				
	小计	一级	二级	三级	四级	小计	一级	二级	三级	四级
总计	**290**	**60**	**15**	**26**	**189**	**564**	**53**	**51**	**231**	**229**
朝阳区	12			1	11	40	2	6	13	19
昌邑区	20	7			13	103	11	5	23	64
龙潭区	13	4			9	33	1	2	12	18
二道区	26	10	1	2	13	15	6	1	8	
洮北区	21	2	1	3	15	36	1	3	21	11
东昌区	34	4	2	4	24	58	3	2	18	35
二道江区	38	2	2	4	30	63	4	10	34	15
延吉市	9			2	7	31		2	12	17
临江市	7	2	3	1	1	35	1	2	17	15
榆树市	13	3		2	8	16	1	6	5	4
公主岭市	8	4		1	3	6	1		3	2
九台市	5	1			4	10	3		4	3
舒兰市	25	5	1	4	15	11		2	7	2
蛟河市	9	4			5	7			7	
大安市	4	3			1	14		1	11	2
抚松县	15	3	1	2	9	43	12	4	20	7
安图县	1	1				15	1	1	7	6
农安县	15	4	3		8	7		1	5	1
梨树县	4	1			3	11		2	2	7
永吉县	1		1			2	1			1
长岭县	4				4	6	3	1	2	
乾安县	6				6	2	2			

3－1a 续表 1

单位：人

地 区	言语残疾					肢体残疾				
	小计	一级	二级	三级	四级	小计	一级	二级	三级	四级
总 计	**35**	**7**	**5**	**12**	**11**	**930**	**37**	**124**	**289**	**480**
朝阳区	2	1			1	68	3	9	24	32
昌邑区	11	3	1	6	1	89	7	12	31	39
龙潭区	1				1	44		9	12	23
二道区	1	1				85	2	11	23	49
洮北区	4	1		1	2	29		5	15	9
东昌区	1		1			71	2	2	19	48
二道江区	6		2	3	1	54	3	3	19	29
延吉市						79		7	40	32
临江市						76	6	16	25	29
榆树市	1		1			17	1	1	2	13
公主岭市	3	1			2	39	1	2	7	29
九台市						28	2	3	7	16
舒兰市						38	1	4	11	22
蛟河市	1				1	48		8	14	26
大安市						12	1	1	6	4
抚松县	1			1		62	3	13	18	28
安图县	1				1	34	1	6	6	21
农安县	1			1		11		1	5	5
梨树县						3			2	1
永吉县						7			2	5
长岭县						10	1	3		6
乾安县	1				1	26	3	8	1	14

3－1a 续表 2

单位：人

地 区	智力残疾					精神残疾				
	小计	一级	二级	三级	四级	小计	一级	二级	三级	四级
总 计	**116**	**17**	**25**	**38**	**36**	**160**	**34**	**37**	**31**	**58**
朝阳区	5	1	2		2	13	8	2	1	2
昌邑区	7			4	3	24	2	3	4	15
龙潭区	5		2	1	2	13	2	7	2	2
二道区	23	7	5	7	4	11	6	5		
洮北区	2				2	8		1	2	5
东昌区	5			1	4	15	3	6	3	3
二道江区	6	1	1	3	1	20		7	8	5
延吉市	3	1	1	1		4				4
临江市	5		1	3	1	11	5			6
榆树市						3		1	2	
公主岭市	10	1	3	2	4	3	1	1	1	
九台市	2	1		1		2		1		1
舒兰市	8		2	5	1	5	1		1	3
蛟河市	2			2		4			1	3
大安市	3	1	1		1	5	2	1	1	1
抚松县	16	1	3	6	6	4	2		1	1
安图县	3		2		1	4		1	1	2
农安县	4	1	1		2	3			1	2
梨树县	3	2			1	3	1		1	1
永吉县										
长岭县	2			2		5	1	1	1	2
乾安县	2		1		1					

3－1a 续表 3

单位：人

地 区	多重残疾				
	小计	一级	二级	三级	四级
总 计	**357**	**169**	**60**	**83**	**45**
朝阳区	21	9	3	3	6
昌邑区	45	16	11	13	5
龙潭区	24	15	4	5	
二道区	21	7	5	7	2
洮北区	16	11	3	2	
东昌区	41	17	3	13	8
二道江区	43	24	9	8	2
延吉市	10	3	1	2	4
临江市	33	15	4	9	5
榆树市	8	4	1	2	1
公主岭市	7	4	2		1
九台市	12	6	1	3	2
舒兰市	18	12		4	2
蛟河市	5	3	1	1	
大安市	2	2			
抚松县	26	11	7	5	3
安图县	7	1	3	2	1
农安县	4		1	3	
梨树县	7	5			2
永吉县	1		1		
长岭县	3	1		1	1
乾安县	3	3			

3－1b　各地区农村残疾人分残疾类别、残疾等级的分布

单位：人

地　区	视力残疾					听力残疾				
	小计	一级	二级	三级	四级	小计	一级	二级	三级	四级
总　计	**476**	**125**	**30**	**32**	**289**	**640**	**90**	**61**	**248**	**241**
朝阳区	2			1	1	14	4	1	2	7
昌邑区	9		2	1	6	7		1	5	1
龙潭区	11	1		2	8	38	7	3	10	18
二道区	5	1			4	1		1		
洮北区	16	1		4	11	13			5	8
东昌区										
二道江区	7	4			3	9	1	1	3	4
延吉市	11		1	2	8	19		1	9	9
临江市	7	4		1	2	31	1	2	12	16
榆树市	34	11	7	5	11	25	5	3	9	8
公主岭市	14	4	1	2	7	32	5	2	17	8
九台市	39	9	1	1	28	42	8	10	12	12
舒兰市	44	13	2	2	27	27	3	5	15	4
蛟河市	18	1	1		16	28		1	18	9
大安市	27	12			15	51	13	3	15	20
抚松县	9		1	1	7	5	3	1	1	
安图县	11	3			8	37	3	3	15	16
农安县	40	9	1	1	29	47	2	1	21	23
梨树县	42	19	1	1	21	42	4	1	19	18
永吉县	38	10	1	3	24	74	7	2	19	46
长岭县	35	13	6	3	13	71	12	13	32	14
乾安县	57	10	5	2	40	27	12	6	9	

3－1b 续表 1

单位：人

地区	言语残疾					肢体残疾				
	小计	一级	二级	三级	四级	小计	一级	二级	三级	四级
总计	**47**	**8**	**11**	**9**	**19**	**893**	**37**	**100**	**176**	**580**
朝阳区						23		7	5	11
昌邑区						10	1	1	5	3
龙潭区	3	1		2		24	3	5	3	13
二道区	1		1			12	1	1	5	5
洮北区	3	1		1	1	18	1		1	16
东昌区										
二道江区	2			2		3			2	1
延吉市						58		3	20	35
临江市						32	1	2	8	21
榆树市	2	1			1	63	2	5	10	46
公主岭市	4		3		1	49		1	5	43
九台市	4		1	1	2	49	1	7	10	31
舒兰市	3				3	36		2	10	24
蛟河市	4		1	1	2	82	1	14	18	49
大安市	1		1			54	4	7	14	29
抚松县	2		1		1	12	1	2	3	6
安图县	6	2		1	3	84	6	6	16	56
农安县	4	1	3			42	2	2	13	25
梨树县	2	1			1	41	5	9	9	18
永吉县	2			1	1	79	1	4	13	61
长岭县	4	1			3	38	4	4	3	27
乾安县						84	3	18	3	60

3－1b 续表 2

单位：人

地区	智力残疾					精神残疾				
	小计	一级	二级	三级	四级	小计	一级	二级	三级	四级
总　计	**223**	**36**	**34**	**62**	**91**	**218**	**38**	**42**	**34**	**104**
朝阳区						5	1			4
昌邑区	1			1		3	1		2	
龙潭区	4				4	4		1		3
二道区	12	2	2	3	5	6		2	2	2
洮北区	7		1	3	3	6				6
东昌区										
二道江区	1		1			2		1	1	
延吉市	6			2	4	8	1	1	1	5
临江市	6		1	1	4	16	6	2	1	7
榆树市	7		2	2	3	15	2	4	5	4
公主岭市	10	1	1	3	5	10	2	6		2
九台市	11	8			3	12	3	1	5	3
舒兰市	12			6	6	15	3	3	2	7
蛟河市	19	1	3	7	8	11	3	2	2	4
大安市	25	2	9	9	5	13		4	5	4
抚松县	8		1	2	5	5			1	4
安图县	10	3		3	4	12	2	1	2	7
农安县	13	5	4	3	1	19		8	3	8
梨树县	11	1	5	2	3	15	7	3	1	4
永吉县	21	2		11	8	12	4			8
长岭县	14		1	2	11	19	1		1	17
乾安县	25	11	3	2	9	10	2	3		5

3－1b 续表 3

单位：人

地 区	多重残疾				
	小计	一级	二级	三级	四级
总 计	**421**	**200**	**67**	**100**	**54**
朝阳区	8		1	3	4
昌邑区	10	3	4	3	
龙潭区	13	5	3	3	2
二道区	12	8	3	1	
洮北区	3	1	1		1
东昌区					
二道江区	5	2		3	
延吉市	20	5	3	6	6
临江市	30	9	11	9	1
榆树市	31	23	3	2	3
公主岭市	7	5	1		1
九台市	35	15	3	13	4
舒兰市	24	8		12	4
蛟河市	27	12	5	7	3
大安市	32	18	3	7	4
抚松县	11	6	5		
安图县	28	13	5	8	2
农安县	14	6	2	3	3
梨树县	31	17	5	7	2
永吉县	36	20	2	5	9
长岭县	25	11	4	5	5
乾安县	19	13	3	3	

3－2　残疾人分残疾类别、残疾等级的年龄构成

单位：人

年　龄	视力残疾					听力残疾				
	小计	一级	二级	三级	四级	小计	一级	二级	三级	四级
总　计	**766**	**185**	**45**	**58**	**478**	**1204**	**143**	**112**	**479**	**470**
0岁										
1岁						1	1			
2岁	1	1				1	1			
3岁										
4岁	1	1								
5岁	1				1	1				1
6岁										
7岁	1	1								
8岁	1				1					
9岁										
10岁										
11岁						1				1
12岁										
13岁	1				1					
14岁						1			1	
15岁										
16岁	1				1					
17岁	3				3					
18岁						1			1	
19岁						3			3	
20岁						2	1		1	
21岁	1			1						
22岁						2			1	1
23岁						1			1	
24岁										
25岁	2	1			1	1	1			
26岁	1	1				3	1	1	1	

3－2 续表 1

单位：人

年龄	视力残疾					听力残疾				
	小计	一级	二级	三级	四级	小计	一级	二级	三级	四级
27岁	4	1			3					
28岁	2				2	3	1		2	
29岁						1			1	
30岁	2	1			1	3			1	2
31岁	1	1								
32岁	2		2			3	1			2
33岁	6	1		1	4	3		1		2
34岁	4		1	1	2	3	2		1	
35岁	9	2	1	2	4					
36岁	1				1	4	1		1	2
37岁	7	1			6	9		2	5	2
38岁	6	1	1		4	8	1	1	4	2
39岁	6				6	5		1	2	2
40岁	3	2			1	8	2		2	4
41岁	7			2	5	8		2	3	3
42岁	7				7	14	2	1	4	7
43岁	12	2	3		7	11	3	2	3	3
44岁	7	1	2	1	3	8	1	1	2	4
45岁	7	3			4	8	1	1	4	2
46岁	13	3	2	2	6	7		3	2	2
47岁	3		1		2	13	1	2	5	5
48岁	10	2		1	7	10	1	2	2	5
49岁	11	3			8	13	2		6	5
50岁	8		2	2	4	16	4		5	7
51岁	13	4	1	1	7	22	3	3	9	7
52岁	15	4		1	10	16	1	2	5	8
53岁	14			2	12	20	3		10	7
54岁	16		1	2	13	22	3	1	7	11

3-2 续表 2

单位：人

年 龄	视力残疾					听力残疾				
	小计	一级	二级	三级	四级	小计	一级	二级	三级	四级
55岁	21	6			15	24	2	1	10	11
56岁	21	2		1	18	21	3	3	6	9
57岁	11	5			6	24		4	9	11
58岁	21	3	2		16	23	1	3	9	10
59岁	26	6	3	3	14	22	2	2	5	13
60岁	9	4		1	4	24			9	15
61岁	24	3	1	1	19	28	2	2	7	17
62岁	14	4			10	28	4	2	5	17
63岁	15	3	2	1	9	22	1	1	7	13
64岁	23	4	2	2	15	19	2	1	8	8
65岁	17	3		3	11	34	1	2	17	14
66岁	18	7			11	33	5	4	8	16
67岁	23	4	1	2	16	31	4	1	15	11
68岁	19	5	1	2	11	25	2		10	13
69岁	25	6	2		17	37	2	5	11	19
70岁	28	10	1		17	42	3	4	21	14
71岁	23	5		1	17	49	5	5	20	19
72岁	28	10	1	1	16	50	3	7	24	16
73岁	18	5		3	10	32	6	1	13	12
74岁	20	5	2	1	12	44	8	3	16	17
75岁	18	5	1	5	7	39	3	3	20	13
76岁	15	5		1	9	29	2	6	7	14
77岁	15	3	2	1	9	32	4	5	11	12
78岁	13	2	1	2	8	33	4	2	12	15
79岁	16	2	2	2	10	36	3	4	19	10
80岁	17	7	1	2	7	36	8	2	16	10
81岁	6	1	1		4	27	4	2	12	9
82岁	8	3		1	4	29	7	1	17	4
83岁	14	7	1		6	12	3	2	6	1
84岁	8	3		1	4	16	4		8	4
85+	22	10	1	2	9	47	7	8	26	6

3－2 续表 3

单位：人

年 龄	言语残疾					肢体残疾				
	小计	一级	二级	三级	四级	小计	一级	二级	三级	四级
总 计	**82**	**15**	**16**	**21**	**30**	**1823**	**74**	**224**	**465**	**1060**
0岁										
1岁						2				2
2岁										
3岁	1		1			1				1
4岁	1	1				1				1
5岁						2			1	1
6岁						2			1	1
7岁						3	1	1		1
8岁	1				1	3	1	1		1
9岁										
10岁						2	1	1		
11岁						1				1
12岁						3	1	1		1
13岁						3		2		1
14岁						3			1	2
15岁						4		1	1	2
16岁						5			1	4
17岁						7		2	2	3
18岁						11		2	3	6
19岁	1		1			5		1	1	3
20岁						1				1
21岁	1			1		3				3
22岁						3		1		2
23岁						7			3	4
24岁						4		1		3
25岁	1		1			5			1	4
26岁						6		1	1	4

3－2 续表 4

单位：人

年 龄	言语残疾					肢体残疾				
	小计	一级	二级	三级	四级	小计	一级	二级	三级	四级
27岁						9			3	6
28岁						10			1	9
29岁						12		1	3	8
30岁	1			1		7		2	1	4
31岁						7	1		2	4
32岁	1			1		19	3	1	5	10
33岁	1	1				19	2		7	10
34岁	1				1	19		1	7	11
35岁						28		4	8	16
36岁	1				1	19		2	1	16
37岁	1				1	32	1	1	11	19
38岁	1				1	22	1	3	5	13
39岁	1		1			26		2	8	16
40岁	3		1	1	1	26	2	2	3	19
41岁	2	1			1	35	1	2	4	28
42岁	2				2	47	2	7	14	24
43岁	2	2				47	1	1	5	40
44岁	2		1		1	35	3	5	8	19
45岁	1		1			43		4	9	30
46岁	1		1			40		2	8	30
47岁	1			1		40	2	5	8	25
48岁	2				2	48	4	4	16	24
49岁						43		5	12	26
50岁	1				1	39	1	2	8	28
51岁	2			1	1	44		6	8	30
52岁	3		1		2	39	3	1	5	30
53岁	1				1	36	2	4	5	25
54岁						38		1	11	26

3-2 续表 5

单位：人

年 龄	言语残疾					肢体残疾				
	小计	一级	二级	三级	四级	小计	一级	二级	三级	四级
55岁	3			2	1	36	1	4	11	20
56岁						36	3	4	9	20
57岁	2	1		1		34	1	5	4	24
58岁	2			1	1	28		1	10	17
59岁	3			1	2	43	1	6	7	29
60岁	2	1		1		23	1	4	6	12
61岁	3	1		1	1	27	1	7	4	15
62岁						20		4	10	6
63岁	3	1	1		1	34	2	2	9	21
64岁	3		2	1		20	1	1	6	12
65岁	1				1	35	2	7	9	17
66岁	1			1		53	3	8	18	24
67岁	1	1				39		6	7	26
68岁	2	1	1			41		5	13	23
69岁	3		1	1	1	38	2	2	15	19
70岁						28	1	4	10	13
71岁	4			2	2	37	1	4	13	19
72岁	3	1			2	36		5	9	22
73岁	1	1				48	5	9	14	20
74岁	1			1		28	2	5	7	14
75岁						35	1	8	11	15
76岁	2	1	1			25	1	3	11	10
77岁	3	1	1		1	23	2	6	5	10
78岁						26	2	4	9	11
79岁	1			1		25	1	5	7	12
80岁						15		3	5	7
81岁	1			1		12		2	6	4
82岁						19	1	7	5	6
83岁						10	2	3	2	3
84岁						8		3		5
85+						25	4	4	11	6

3－2 续表 6

单位：人

年 龄	智力残疾					精神残疾				
	小计	一级	二级	三级	四级	小计	一级	二级	三级	四级
总 计	**339**	**53**	**59**	**100**	**127**	**378**	**72**	**79**	**65**	**162**
0岁	2				2					
1岁	5	1	2		2					
2岁	3			1	2	1		1		
3岁	2				2					
4岁	2				2					
5岁										
6岁	2			1	1					
7岁	4	1		3						
8岁	1				1					
9岁	3	2			1					
10岁	4	2	1		1	1				1
11岁	3	1	1		1	1				1
12岁										
13岁	5	1	1		3					
14岁	2		1		1	1				1
15岁	5	3	1	1						
16岁	9		2	3	4					
17岁	9	2	4	2	1	1				1
18岁	4	1		2	1	2			1	1
19岁	8	1	1	3	3	2				2
20岁	9	2	1	3	3	3		1	1	1
21岁	4		1	1	2					
22岁	5		2	2	1	2			1	1
23岁	6	2	1	2	1	1				1
24岁	5	2	2		1	4	1	1		2
25岁	2		1		1	2				2
26岁	7	1		4	2	3		1		2

3-2 续表 7

单位：人

年龄	智力残疾					精神残疾				
	小计	一级	二级	三级	四级	小计	一级	二级	三级	四级
27岁	3	1			2	3		2		1
28岁	7	2	3	2		6	1	2		3
29岁	2			1	1	6	4	1		1
30岁	8	2	2	1	3	6	1	1		4
31岁	7		1	2	4	5	2		1	2
32岁	4	3			1	6		1	1	4
33岁	8	2	2	3	1	10	1	1	1	7
34岁	5	2		2	1	5		3	2	
35岁	6	1	2	1	2	7	2	3		2
36岁	9		3	4	2	8	3	1	1	3
37岁	6		2	3	1	5	1		2	2
38岁	7	2	3		2	9			3	6
39岁	11	1	2	3	5	10	2	4		4
40岁	6	1		3	2	11	1	2	2	6
41岁	9		2	4	3	17	4	6	4	3
42岁	8	1	1	4	2	12	4	2	1	5
43岁	9	2	2	1	4	12	5	2	2	3
44岁	4	1			3	5	1	1	1	2
45岁	7	2		2	3	16	5		4	7
46岁	2	1			1	10	2	2	2	4
47岁	5	1		1	3	7	3		2	2
48岁	4		1	1	2	7	2	1	2	2
49岁	4			1	3	10	1		3	6
50岁	4	1			3	11	2	1	2	6
51岁	3		1	2		11	1	2	1	7
52岁	3		1	1	1	14	2	2	2	8
53岁	8		1	4	3	8	1	3	1	3
54岁	5	1	1	1	2	7	1	1	1	4

3－2 续表 8

单位：人

年龄	智力残疾					精神残疾				
	小计	一级	二级	三级	四级	小计	一级	二级	三级	四级
55岁	5	1	1	2	1	10	1	1	3	5
56岁	5	1		1	3	11	1	4	2	4
57岁	7			1	6	4		2	1	1
58岁	6			3	3	9	2	3	2	2
59岁	7	1		3	3	6	1	1	1	3
60岁	1			1		6		2	1	3
61岁	2			1	1	2	1	1		
62岁	2		1	1		3		1	1	1
63岁	1				1	4		1	1	2
64岁	1				1	2			2	
65岁						9	4	1	1	3
66岁	5		2	2	1	6	1	3	1	1
67岁	1				1	5	1	1	1	2
68岁						2		2		
69岁	2				2	4	1	1	1	1
70岁	1				1	5	1	1		3
71岁	1			1		4			1	3
72岁						2		1		1
73岁	4	1		3		2	1	1		
74岁	1				1	2		1	1	
75岁	1				1	2				2
76岁										
77岁	2			2		3	1	1		1
78岁						3	1	1	1	
79岁	4		2	1	1	2	1			1
80岁	1			1						
81岁	1			1						
82岁										
83岁	1				1					
84岁										
85+	2		1	1		2	1	1		

3－2 续表 9

单位：人

年龄	多重残疾				
	小计	一级	二级	三级	四级
总计	**778**	**369**	**127**	**183**	**99**
0岁					
1岁	2	2			
2岁	2	2			
3岁	5	3	1		1
4岁	5	2	2		1
5岁	6	4	1		1
6岁	3	3			
7岁	2	1	1		
8岁	1	1			
9岁	4	3	1		
10岁	2		2		
11岁	3	2	1		
12岁	4	3	1		
13岁					
14岁	4	4			
15岁	3	2		1	
16岁	3	2	1		
17岁	6	5			1
18岁	5	3		2	
19岁	6	6			
20岁	7	4	1	2	
21岁	6	5	1		
22岁	9	8		1	
23岁	5	5			
24岁	4	3	1		
25岁	2	1	1		
26岁	4	3			1

3－2 续表 10

单位：人

年 龄	多重残疾				
	小计	一级	二级	三级	四级
27岁	4	2	1		1
28岁	7	4	1	1	1
29岁	3	1	2		
30岁	1			1	
31岁	4	3			1
32岁	9	7	1	1	
33岁	10	5	2	3	
34岁	4	4			
35岁	4	3	1		
36岁	4	2	1	1	
37岁	2	2			
38岁	5	1	3	1	
39岁	6	3	1	1	1
40岁	4	4			
41岁	7	4		2	1
42岁	9	1	1	3	4
43岁	10	7		2	1
44岁	9	6	1	1	1
45岁	5	2		1	2
46岁	8	5	1	2	
47岁	11	5	1	3	2
48岁	8	4		2	2
49岁	14	8	1	5	
50岁	11	8	2	1	
51岁	18	8	2	5	3
52岁	13	4	3	5	1
53岁	14	6	4	3	1
54岁	6	3		2	1

3－2 续表 11

单位：人

年　龄	多重残疾				
	小计	一级	二级	三级	四级
55岁	14	5	4	5	
56岁	13	8	2	2	1
57岁	10	5	1	2	2
58岁	15	5	4	3	3
59岁	12	5	3	3	1
60岁	13	9		3	1
61岁	9	5	1	3	
62岁	9	3	2	3	1
63岁	13	4	2	4	3
64岁	14	6	1	2	5
65岁	17	7	1	5	4
66岁	14	8	2	1	3
67岁	16	5	2	8	1
68岁	10	3	2	4	1
69岁	7	2	1	3	1
70岁	18	8	3	6	1
71岁	20	7	3	5	5
72岁	20	7	6	4	3
73岁	17	6	4	3	4
74岁	20	5	3	9	3
75岁	18	6	3	6	3
76岁	14	4	1	5	4
77岁	16	6		5	5
78岁	24	9	6	6	3
79岁	10	3	2	3	2
80岁	24	8	3	11	2
81岁	12	5	5		2
82岁	13	3	2	4	4
83岁	7	5	1	1	
84岁	10	4	4	2	
85+	36	14	9	10	3

3－2a 残疾人分残疾类别、残疾等级的年龄构成(男性)

单位：人

年　龄	视力残疾					听力残疾				
	小计	一级	二级	三级	四级	小计	一级	二级	三级	四级
总　计	**319**	**64**	**19**	**26**	**210**	**701**	**83**	**68**	**275**	**275**
0岁										
1岁						1	1			
2岁						1	1			
3岁										
4岁										
5岁	1				1	1				1
6岁										
7岁										
8岁	1				1					
9岁										
10岁										
11岁										
12岁										
13岁	1				1					
14岁						1			1	
15岁										
16岁	1				1					
17岁	1				1					
18岁						1			1	
19岁						2			2	
20岁						2	1		1	
21岁	1			1						
22岁						1				1
23岁						1			1	
24岁										
25岁	1				1	1	1			
26岁						2		1	1	

3－2a 续表 1

单位：人

年 龄	视力残疾					听力残疾				
	小计	一级	二级	三级	四级	小计	一级	二级	三级	四级
27岁	1				1					
28岁	1				1	2	1		1	
29岁						1			1	
30岁	1	1								
31岁										
32岁	1		1			2	1			1
33岁	2				2	1				1
34岁	3		1		2	3	2		1	
35岁	5	2	1		2					
36岁	1				1	3			1	2
37岁	5	1			4	5		1	3	1
38岁	5	1	1		3	5	1	1	1	2
39岁	4				4	1			1	
40岁	2	1			1	5	1		2	2
41岁	2			1	1	5		2	2	1
42岁	3				3	7	1		2	4
43岁	8	1	2		5	8	3	1	2	2
44岁	5	1	2	1	1	4	1	1	1	1
45岁	3	1			2	5		1	2	2
46岁	5		2		3	6		2	2	2
47岁	3		1		2	6	1		2	3
48岁						5	1	1		3
49岁	3	2			1	8	2		2	4
50岁	7		1	2	4	7	2		3	2
51岁	5	1	1		3	13	1	2	5	5
52岁	8	2		1	5	12	1	2	3	6
53岁	5			2	3	11	1		5	5
54岁	7			2	5	11	2	1		8

3－2a 续表 2

单位：人

年 龄	视力残疾					听力残疾				
	小计	一级	二级	三级	四级	小计	一级	二级	三级	四级
55岁	9	3			6	9			6	3
56岁	7			1	6	12	1	2	5	4
57岁	6	3			3	15		2	4	9
58岁	5	1	1		3	17	1	2	6	8
59岁	11	1	1	1	8	14		1	3	10
60岁	3				3	16			6	10
61岁	11	3			8	14	2		2	10
62岁	5	2			3	17	3	2	3	9
63岁	6			1	5	7		1	1	5
64岁	10	1		2	7	11	2		4	5
65岁	6	1		1	4	24	1	2	11	10
66岁	7	3			4	22	3	2	6	11
67岁	12	1			11	18	1		10	7
68岁	2			1	1	14	1		6	7
69岁	10	3	1		6	23	1	4	8	10
70岁	11	4	1		6	25	2	2	13	8
71岁	12	3		1	8	31	3	3	12	13
72岁	12	4			8	31	2	5	15	9
73岁	12	1		3	8	15	2		9	4
74岁	5	3			2	22	4	2	9	7
75岁	5	1		2	2	23	3	3	12	5
76岁	8	3			5	23	2	5	5	11
77岁	5				5	16	2	1	6	7
78岁	6				6	15	1	1	6	7
79岁	6		1		5	22	1	2	11	8
80岁	5	3		1	1	18	4	1	7	6
81岁	2		1		1	14	1	1	8	4
82岁	5	2		1	2	15	5	1	7	2
83岁	1	1				7	1	1	4	1
84岁	2	1			1	12	4		5	3
85+	10	2		1	7	29	4	6	16	3

3－2a 续表 3

单位：人

年 龄	言语残疾					肢体残疾				
	小计	一级	二级	三级	四级	小计	一级	二级	三级	四级
总 计	**54**	**6**	**12**	**12**	**24**	**1035**	**47**	**121**	**250**	**617**
0岁										
1岁						1				1
2岁										
3岁	1		1							
4岁	1	1								
5岁										
6岁						1				1
7岁						2	1	1		
8岁	1				1	1	1			
9岁										
10岁						1	1			
11岁										
12岁						1	1			
13岁						1		1		
14岁						2			1	1
15岁						3		1	1	1
16岁						3			1	2
17岁						4		2		2
18岁						4		1	2	1
19岁	1		1			3		1	1	1
20岁						1				1
21岁	1			1		1				1
22岁						2		1		1
23岁						2			2	
24岁						2		1		1
25岁	1		1			3				3
26岁						3				3

3－2a 续表 4

单位：人

年 龄	言语残疾					肢体残疾				
	小计	一级	二级	三级	四级	小计	一级	二级	三级	四级
27岁						8			3	5
28岁						5			1	4
29岁						6		1	2	3
30岁	1			1		6		2	1	3
31岁						5	1			4
32岁	1			1		11	3	1	2	5
33岁						11	2		6	3
34岁	1				1	14		1	6	7
35岁						21		3	6	12
36岁						15		2	1	12
37岁	1				1	19	1		7	11
38岁						15	1	2	4	8
39岁	1		1			17			6	11
40岁	1				1	16	2	2	1	11
41岁	1				1	26	1	1	3	21
42岁	2				2	32	2	6	8	16
43岁	1	1				32	1	1		30
44岁	2		1		1	24		4	7	13
45岁	1		1			28		1	7	20
46岁	1		1			23			7	16
47岁	1			1		24	2	5	2	15
48岁	1				1	28	3	3	8	14
49岁						28		1	6	21
50岁						26			5	21
51岁						22		1	4	17
52岁	2				2	23	2	1	3	17
53岁	1				1	19	2	1	4	12
54岁						24		1	8	15

3－2a 续表 5

单位：人

年 龄	言语残疾					肢体残疾				
	小计	一级	二级	三级	四级	小计	一级	二级	三级	四级
55岁	3			2	1	17		1	5	11
56岁						23	2	2	5	14
57岁	1			1		22	1	4	2	15
58岁	1			1		15			5	10
59岁	3			1	2	19	1	5	4	9
60岁	1	1				13	1	3	2	7
61岁	1				1	18	1	6	4	7
62岁						12		2	6	4
63岁	1				1	21	1	2	4	14
64岁	2		2			9			4	5
65岁	1				1	20	1	3	3	13
66岁						28	1	4	10	13
67岁	1	1				25		5	4	16
68岁	2	1	1			23		4	7	12
69岁	1				1	16		1	5	10
70岁						15	1	1	5	8
71岁	3			1	2	16	1	3	3	9
72岁	3	1			2	20		1	7	12
73岁						23	2	5	5	11
74岁	1			1		11	1		2	8
75岁						15	1	3	5	6
76岁	1		1			13	1	1	5	6
77岁	2		1		1	13	1	3	1	8
78岁						12		4	5	3
79岁	1			1		10	1	1	4	4
80岁						4		1	1	2
81岁						6		2	3	1
82岁						9		3	3	3
83岁						6	1	2	1	2
84岁						1				1
85+						11	1		4	6

3－2a 续表 6

单位：人

年龄	智力残疾					精神残疾				
	小计	一级	二级	三级	四级	小计	一级	二级	三级	四级
总计	**187**	**35**	**33**	**53**	**66**	**147**	**26**	**27**	**29**	**65**
0岁	1				1					
1岁	5	1	2		2					
2岁	1			1						
3岁										
4岁	2				2					
5岁										
6岁										
7岁	2	1		1						
8岁	1				1					
9岁	2	1			1					
10岁	3	1	1		1	1				1
11岁	1		1			1				1
12岁										
13岁	2		1		1					
14岁	1		1							
15岁	4	3	1							
16岁	3			1	2					
17岁	6	2	2	1	1	1				1
18岁	2			2		1			1	
19岁	6		1	2	3	1				1
20岁	6	1	1	2	2	1			1	
21岁	2		1		1					
22岁	1				1	2			1	1
23岁	5	2	1	2						
24岁	3	1	1		1	1		1		
25岁	2		1		1	2				2
26岁	5	1		3	1	3		1		2

3－2a 续表 7

单位：人

年 龄	智力残疾					精神残疾				
	小计	一级	二级	三级	四级	小计	一级	二级	三级	四级
27岁	1				1	2		2		
28岁	5	2	1	2		1		1		
29岁	2			1	1	3	2	1		
30岁	4	2	1	1		4	1	1		2
31岁	4			2	2	3	2		1	
32岁	4	3			1	4			1	3
33岁	3	1	1	1		4	1			3
34岁	2	2				4		3	1	
35岁	3	1	2			2		2		
36岁	5		1	3	1	5	2		1	2
37岁	4		1	2	1	3			1	2
38岁	3	1	1		1	2			1	1
39岁	6	1	2		3	5		4		1
40岁	3			1	2	6			1	5
41岁	6		1	4	1	5	1	2	1	1
42岁	5		1	3	1	6	1	1	1	3
43岁	6	1	1	1	3	5	3	1		1
44岁	2	1			1	2	1		1	
45岁	4	2			2	11	3		3	5
46岁	1	1				4	2		1	1
47岁	1			1		2	1			1
48岁	1				1	2	1		1	
49岁	3			1	2	5	1		1	3
50岁						3				3
51岁	1			1		2				2
52岁	2		1		1	3	1			2
53岁	4		1	2	1	3		1	1	1
54岁	2	1			1	3				3

3－2a 续表 8

单位：人

年龄	智力残疾					精神残疾				
	小计	一级	二级	三级	四级	小计	一级	二级	三级	四级
55岁	2	1			1	5			2	3
56岁	4	1		1	2	1			1	
57岁	3			1	2					
58岁	5			2	3	1				1
59岁	4			2	2	1			1	
60岁						2				2
61岁										
62岁	1		1			1				1
63岁	1				1	1		1		
64岁						2			2	
65岁						2	1	1		
66岁	4		1	2	1	1		1		
67岁	1				1	3	1	1	1	
68岁										
69岁	1				1	2			1	1
70岁						1				1
71岁						1				1
72岁						1				1
73岁	1			1		1		1		
74岁						1		1		
75岁	1				1					
76岁										
77岁	1			1						
78岁						1			1	
79岁	2			1	1	1	1			
80岁										
81岁	1			1						
82岁										
83岁	1				1					
84岁										
85+	1		1							

3－2a 续表 9

单位：人

年 龄	多重残疾				
	小计	一级	二级	三级	四级
总 计	**420**	**197**	**72**	**106**	**45**
0岁					
1岁	1	1			
2岁	1	1			
3岁	3	2	1		
4岁	4	1	2		1
5岁	5	3	1		1
6岁	2	2			
7岁	1	1			
8岁					
9岁	1	1			
10岁	2		2		
11岁	1	1			
12岁	2	2			
13岁					
14岁	3	3			
15岁	1	1			
16岁	1	1			
17岁	4	4			
18岁	3	1		2	
19岁	2	2			
20岁	3	1	1	1	
21岁	4	3	1		
22岁	4	4			
23岁	3	3			
24岁	2	1	1		
25岁	2	1	1		
26岁	3	2			1

3－2a 续表 10

单位：人

年 龄	多重残疾				
	小计	一级	二级	三级	四级
27岁	1	1			
28岁	5	2	1	1	1
29岁	2	1	1		
30岁	1			1	
31岁	1				1
32岁	5	3	1	1	
33岁	7	4	1	2	
34岁	2	2			
35岁	2	2			
36岁	2	2			
37岁	1	1			
38岁	1			1	
39岁	3	1		1	1
40岁	1	1			
41岁	4	3		1	
42岁	3		1	2	
43岁	6	4		2	
44岁	4	3			1
45岁	3	2			1
46岁	4	3		1	
47岁	5	2	1	2	
48岁	4	1		1	2
49岁	5	3		2	
50岁	8	5	2	1	
51岁	11	5	1	4	1
52岁	6	1	1	4	
53岁	6	2	1	3	
54岁	6	3		2	1

3－2a 续表 11

单位：人

年 龄	多重残疾				
	小计	一级	二级	三级	四级
55岁	9	4	3	2	
56岁	4	2		1	1
57岁	7	3	1	2	1
58岁	7	2	3	1	1
59岁	7	3	2	2	
60岁	6	6			
61岁	7	4	1	2	
62岁	7	2	1	3	1
63岁	4	2	1	1	
64岁	10	4	1	1	4
65岁	11	5	1	4	1
66岁	5	3	1		1
67岁	8	3	1	3	1
68岁	6	1	2	2	1
69岁	3	1		2	
70岁	7	2	1	3	1
71岁	14	5	2	4	3
72岁	14	5	6	3	
73岁	10	4	2	2	2
74岁	12	2	2	5	3
75岁	12	5	2	5	
76岁	4			2	2
77岁	11	5		2	4
78岁	16	6	5	3	2
79岁	7	2	2	1	2
80岁	9	4	2	3	
81岁	4	2	2		
82岁	6	1	1	3	1
83岁	2	1	1		
84岁	5	1	2	2	
85+	19	8	3	7	1

3－2b 残疾人分残疾类别、残疾等级的年龄构成(女性)

单位：人

年 龄	视力残疾					听力残疾				
	小计	一级	二级	三级	四级	小计	一级	二级	三级	四级
总 计	**447**	**121**	**26**	**32**	**268**	**503**	**60**	**44**	**204**	**195**
0岁										
1岁										
2岁	1	1								
3岁										
4岁	1	1								
5岁										
6岁										
7岁	1	1								
8岁										
9岁										
10岁										
11岁						1				1
12岁										
13岁										
14岁										
15岁										
16岁										
17岁	2				2					
18岁										
19岁						1			1	
20岁										
21岁										
22岁						1			1	
23岁										
24岁										
25岁	1	1								
26岁	1	1				1	1			

3－2b 续表 1

单位：人

年 龄	视力残疾					听力残疾				
	小计	一级	二级	三级	四级	小计	一级	二级	三级	四级
27岁	3	1			2					
28岁	1				1	1			1	
29岁										
30岁	1				1	3			1	2
31岁	1	1								
32岁	1		1			1				1
33岁	4	1		1	2	2		1		1
34岁	1			1						
35岁	4			2	2					
36岁						1	1			
37岁	2				2	4		1	2	1
38岁	1				1	3			3	
39岁	2				2	4		1	1	2
40岁	1	1				3	1			2
41岁	5			1	4	3			1	2
42岁	4				4	7	1	1	2	3
43岁	4	1	1		2	3		1	1	1
44岁	2				2	4			1	3
45岁	4	2			2	3	1		2	
46岁	8	3		2	3	1		1		
47岁						7		2	3	2
48岁	10	2		1	7	5		1	2	2
49岁	8	1			7	5			4	1
50岁	1		1			9	2		2	5
51岁	8	3		1	4	9	2	1	4	2
52岁	7	2			5	4			2	2
53岁	9				9	9	2		5	2
54岁	9		1		8	11	1		7	3

3－2b 续表 2

单位：人

年龄	视力残疾					听力残疾				
	小计	一级	二级	三级	四级	小计	一级	二级	三级	四级
55岁	12	3			9	15	2	1	4	8
56岁	14	2			12	9	2	1	1	5
57岁	5	2			3	9		2	5	2
58岁	16	2	1		13	6		1	3	2
59岁	15	5	2	2	6	8	2	1	2	3
60岁	6	4		1	1	8			3	5
61岁	13		1	1	11	14		2	5	7
62岁	9	2			7	11	1		2	8
63岁	9	3	2		4	15	1		6	8
64岁	13	3	2		8	8		1	4	3
65岁	11	2		2	7	10			6	4
66岁	11	4			7	11	2	2	2	5
67岁	11	3	1	2	5	13	3	1	5	4
68岁	17	5	1	1	10	11	1		4	6
69岁	15	3	1		11	14	1	1	3	9
70岁	17	6			11	17	1	2	8	6
71岁	11	2			9	18	2	2	8	6
72岁	16	6	1	1	8	19	1	2	9	7
73岁	6	4			2	17	4	1	4	8
74岁	15	2	2	1	10	22	4	1	7	10
75岁	13	4	1	3	5	16			8	8
76岁	7	2		1	4	6		1	2	3
77岁	10	3	2	1	4	16	2	4	5	5
78岁	7	2	1	2	2	18	3	1	6	8
79岁	10	2	1	2	5	14	2	2	8	2
80岁	12	4	1	1	6	18	4	1	9	4
81岁	4	1			3	13	3	1	4	5
82岁	3	1			2	14	2		10	2
83岁	13	6	1		6	5	2	1	2	
84岁	6	2		1	3	4			3	1
85+	12	8	1	1	2	18	3	2	10	3

3－2b 续表 3

单位：人

年 龄	言语残疾					肢体残疾				
	小计	一级	二级	三级	四级	小计	一级	二级	三级	四级
总 计	**28**	**9**	**4**	**9**	**6**	**788**	**27**	**103**	**215**	**443**
0岁										
1岁						1				1
2岁										
3岁						1				1
4岁						1				1
5岁						2			1	1
6岁						1			1	
7岁						1				1
8岁						2		1		1
9岁										
10岁						1		1		
11岁						1				1
12岁						2		1		1
13岁						2		1		1
14岁						1				1
15岁						1				1
16岁						2				2
17岁						3			2	1
18岁						7		1	1	5
19岁						2				2
20岁										
21岁						2				2
22岁						1				1
23岁						5			1	4
24岁						2				2
25岁						2			1	1
26岁						3		1	1	1

3－2b 续表 4

单位：人

年 龄	言语残疾					肢体残疾				
	小计	一级	二级	三级	四级	小计	一级	二级	三级	四级
27岁						1				1
28岁						5				5
29岁						6			1	5
30岁						1				1
31岁						2			2	
32岁						8			3	5
33岁	1	1				8			1	7
34岁						5			1	4
35岁						7		1	2	4
36岁	1				1	4				4
37岁						13		1	4	8
38岁	1				1	7		1	1	5
39岁						9		2	2	5
40岁	2		1	1		10			2	8
41岁	1	1				9		1	1	7
42岁						15		1	6	8
43岁	1	1				15			5	10
44岁						11	3	1	1	6
45岁						15		3	2	10
46岁						17		2	1	14
47岁						16			6	10
48岁	1				1	20	1	1	8	10
49岁						15		4	6	5
50岁	1				1	13	1	2	3	7
51岁	2			1	1	22		5	4	13
52岁	1		1			16	1		2	13
53岁						17		3	1	13
54岁						14			3	11

3－2b 续表 5

单位：人

年 龄	言语残疾					肢体残疾				
	小计	一级	二级	三级	四级	小计	一级	二级	三级	四级
55岁						19	1	3	6	9
56岁						13	1	2	4	6
57岁	1	1				12		1	2	9
58岁	1				1	13		1	5	7
59岁						24		1	3	20
60岁	1			1		10		1	4	5
61岁	2	1		1		9		1		8
62岁						8		2	4	2
63岁	2	1	1			13	1		5	7
64岁	1			1		11	1	1	2	7
65岁						15	1	4	6	4
66岁	1			1		25	2	4	8	11
67岁						14		1	3	10
68岁						18		1	6	11
69岁	2		1	1		22	2	1	10	9
70岁						13		3	5	5
71岁	1			1		21		1	10	10
72岁						16		4	2	10
73岁	1	1				25	3	4	9	9
74岁						17	1	5	5	6
75岁						20		5	6	9
76岁	1	1				12		2	6	4
77岁	1	1				10	1	3	4	2
78岁						14	2		4	8
79岁						15		4	3	8
80岁						11		2	4	5
81岁	1			1		6			3	3
82岁						10	1	4	2	3
83岁						4	1	1	1	1
84岁						7		3		4
85+						14	3	4	7	

3－2b 续表 6

单位：人

年 龄	智力残疾					精神残疾				
	小计	一级	二级	三级	四级	小计	一级	二级	三级	四级
总 计	**152**	**18**	**26**	**47**	**61**	**231**	**46**	**52**	**36**	**97**
0岁	1				1					
1岁										
2岁	2				2	1		1		
3岁	2				2					
4岁										
5岁										
6岁	2			1	1					
7岁	2			2						
8岁										
9岁	1	1								
10岁	1	1								
11岁	2	1			1					
12岁										
13岁	3	1			2					
14岁	1				1	1				1
15岁	1			1						
16岁	6		2	2	2					
17岁	3		2	1						
18岁	2	1			1	1				1
19岁	2	1		1		1				1
20岁	3	1		1	1	2		1		1
21岁	2			1	1					
22岁	4		2	2						
23岁	1				1	1				1
24岁	2	1	1			3	1			2
25岁										
26岁	2			1	1					

3－2b 续表 7

单位：人

年 龄	智力残疾					精神残疾				
	小计	一级	二级	三级	四级	小计	一级	二级	三级	四级
27岁	2	1			1	1				1
28岁	2		2			5	1	1		3
29岁						3	2			1
30岁	4		1		3	2				2
31岁	3		1		2	2				2
32岁						2		1		1
33岁	5	1	1	2	1	6		1	1	4
34岁	3			2	1	1			1	
35岁	3			1	2	5	2	1		2
36岁	4		2	1	1	3	1	1		1
37岁	2		1	1		2	1		1	
38岁	4	1	2		1	7			2	5
39岁	5			3	2	5	2			3
40岁	3	1		2		5	1	2	1	1
41岁	3		1		2	12	3	4	3	2
42岁	3	1		1	1	6	3	1		2
43岁	3	1	1		1	7	2	1	2	2
44岁	2				2	3		1		2
45岁	3			2	1	5	2		1	2
46岁	1				1	6		2	1	3
47岁	4	1			3	5	2		2	1
48岁	3		1	1	1	5	1	1	1	2
49岁	1				1	5			2	3
50岁	4	1			3	8	2	1	2	3
51岁	2		1	1		9	1	2	1	5
52岁	1			1		11	1	2	2	6
53岁	4			2	2	5	1	2		2
54岁	3		1	1	1	4	1	1	1	1

3－2b 续表 8

单位：人

年龄	智力残疾					精神残疾				
	小计	一级	二级	三级	四级	小计	一级	二级	三级	四级
55岁	3		1	2		5	1	1	1	2
56岁	1				1	10	1	4	1	4
57岁	4				4	4		2	1	1
58岁	1			1		8	2	3	2	1
59岁	3	1		1	1	5	1	1		3
60岁	1			1		4		2	1	1
61岁	2			1	1	2	1	1		
62岁	1			1		2		1	1	
63岁						3			1	2
64岁	1				1					
65岁						7	3		1	3
66岁	1		1			5	1	2	1	1
67岁						2				2
68岁						2		2		
69岁	1				1	2	1	1		
70岁	1				1	4	1	1		2
71岁	1			1		3			1	2
72岁						1		1		
73岁	3	1		2		1	1			
74岁	1				1	1			1	
75岁						2				2
76岁										
77岁	1			1		3	1	1		1
78岁						2	1	1		
79岁	2		2			1				1
80岁	1			1						
81岁										
82岁										
83岁										
84岁										
85+	1			1		2	1	1		

3－2b 续表 9

单位：人

年龄	多重残疾				
	小计	一级	二级	三级	四级
总 计	**358**	**172**	**55**	**77**	**54**
0岁					
1岁	1	1			
2岁	1	1			
3岁	2	1			1
4岁	1	1			
5岁	1	1			
6岁	1	1			
7岁	1		1		
8岁	1	1			
9岁	3	2	1		
10岁					
11岁	2	1	1		
12岁	2	1	1		
13岁					
14岁	1	1			
15岁	2	1		1	
16岁	2	1	1		
17岁	2	1			1
18岁	2	2			
19岁	4	4			
20岁	4	3		1	
21岁	2	2			
22岁	5	4		1	
23岁	2	2			
24岁	2	2			
25岁					
26岁	1	1			

3－2b 续表 10

单位：人

年 龄	多重残疾				
	小计	一级	二级	三级	四级
27岁	3	1	1		1
28岁	2	2			
29岁	1		1		
30岁					
31岁	3	3			
32岁	4	4			
33岁	3	1	1	1	
34岁	2	2			
35岁	2	1	1		
36岁	2		1	1	
37岁	1	1			
38岁	4	1	3		
39岁	3	2	1		
40岁	3	3			
41岁	3	1		1	1
42岁	6	1		1	4
43岁	4	3			1
44岁	5	3	1	1	
45岁	2			1	1
46岁	4	2	1	1	
47岁	6	3		1	2
48岁	4	3		1	
49岁	9	5	1	3	
50岁	3	3			
51岁	7	3	1	1	2
52岁	7	3	2	1	1
53岁	8	4	3		1
54岁					

3－2b 续表 11

单位：人

年 龄	多重残疾				
	小计	一级	二级	三级	四级
55岁	5	1	1	3	
56岁	9	6	2	1	
57岁	3	2			1
58岁	8	3	1	2	2
59岁	5	2	1	1	1
60岁	7	3		3	1
61岁	2	1		1	
62岁	2	1	1		
63岁	9	2	1	3	3
64岁	4	2		1	1
65岁	6	2		1	3
66岁	9	5	1	1	2
67岁	8	2	1	5	
68岁	4	2		2	
69岁	4	1	1	1	1
70岁	11	6	2	3	
71岁	6	2	1	1	2
72岁	6	2		1	3
73岁	7	2	2	1	2
74岁	8	3	1	4	
75岁	6	1	1	1	3
76岁	10	4	1	3	2
77岁	5	1		3	1
78岁	8	3	1	3	1
79岁	3	1		2	
80岁	15	4	1	8	2
81岁	8	3	3		2
82岁	7	2	1	1	3
83岁	5	4		1	
84岁	5	3	2		
85+	17	6	6	3	2

3－3 各地区多重残疾人分残疾类别、残疾等级的分布

单位：人

地　区	视力残疾					听力残疾				
	小计	一级	二级	三级	四级	小计	一级	二级	三级	四级
总　计	**244**	**68**	**15**	**24**	**137**	**425**	**167**	**40**	**138**	**80**
朝阳区	4	1			3	9		1	3	5
昌邑区	13	3	1	2	7	31	7	4	16	4
龙潭区	7	3	1		3	20	5	4	6	5
二道区	5	1		2	2	14	10	2	2	
洮北区	4		1	1	2	11	7	2	2	
东昌区	19	4		1	14	25	5	1	10	9
二道江区	12	2	1	4	5	20	9		9	2
延吉市	12	1		1	10	15	5	2	3	5
临江市	16	7	2		7	44	7	5	21	11
榆树市	8	2	1	2	3	23	16	1	4	2
公主岭市	4	2			2	7	6			1
九台市	26	6	2	2	16	32	11	1	13	7
舒兰市	14	3		5	6	25	9	1	10	5
蛟河市	8	3			5	16	9	1	5	1
大安市	17	7	1		9	13	7		2	4
抚松县	7	1	1	2	3	17	10	4	2	1
安图县	7	3			4	15	3	1	9	2
农安县	9	2	1		6	10	3		4	3
梨树县	18	7	1		10	23	10	2	8	3
永吉县	10	4			6	21	12	1		8
长岭县	15	5	2	2	6	15	5	2	6	2
乾安县	9	1			8	19	11	5	3	

3－3 续表 1

单位：人

地 区	言语残疾					肢体残疾				
	小计	一级	二级	三级	四级	小计	一级	二级	三级	四级
总 计	**348**	**191**	**58**	**51**	**48**	**391**	**63**	**81**	**104**	**143**
朝阳区	17	7	4	1	5	22	5	2	5	10
昌邑区	33	8	8	12	5	19	5	5	4	5
龙潭区	19	13		5	1	15	6	2	2	5
二道区	15	10	3	2		18	1	3	7	7
洮北区	14	11	3			7	1	2	1	3
东昌区	14	7	2	4	1	26	5	5	6	10
二道江区	30	21	4	3	2	28	5	6	9	8
延吉市	11		1	3	7	17	2	2	4	9
临江市	12	8	2	1	1	52	6	14	21	11
榆树市	21	16	3	1	1	15	3	5		7
公主岭市	10		2		8	5		1		4
九台市	13	9	3		1	17		1	8	8
舒兰市	22	13	1	6	2	19	7	4	1	7
蛟河市	15	11		3	1	21	2	5	7	7
大安市	12	7	2	1	2	16	4	4	5	3
抚松县	21	8	8	3	2	23	2	7	8	6
安图县	14	7	3	2	2	16	1	2	4	9
农安县	8	2	3	2	1	6			4	2
梨树县	11	7	1	1	2	16	3	6	3	4
永吉县	16	10	5		1	17	2	3	3	9
长岭县	9	6			3	11	2		2	7
乾安县	11	10		1		5	1	2		2

3-3 续表 2

单位：人

地区	智力残疾					精神残疾				
	小计	一级	二级	三级	四级	小计	一级	二级	三级	四级
总计	**196**	**63**	**41**	**54**	**38**	**92**	**37**	**17**	**16**	**22**
朝阳区	5	2			3	2				2
昌邑区	14	6	1	3	4	12	1	3	4	4
龙潭区	16	4	2	7	3	9	3	4	1	1
二道区	15	3	4	6	2	3	1	1	1	
洮北区	4	1	2		1	1	1			
东昌区	5		1	3	1	1				1
二道江区	19	9	5	4	1	4	1		1	2
延吉市	3			1	2	3			1	2
临江市	16	4	4	4	4	11	10	1		
榆树市	6	1	2	2	1	6	5			1
公主岭市	5	2	1	1	1	1	1			
九台市	8	5			3	3	2	1		
舒兰市	9	2		5	2	3	1			2
蛟河市	11	3	6	2		2		1		1
大安市	8	2	2	3	1	6	2	2	2	
抚松县	11	4	3	2	2	4	2		1	1
安图县	14	5	1	7	1	7	1	3	1	2
农安县	2	1	1			1			1	
梨树县	10	4	1	1	4	4	4			
永吉县	7	2	2	2	1	4	1		1	2
长岭县	3	1		1	1	4		1	2	1
乾安县	5	2	3			1	1			

3－3a 各地区城镇多重残疾人分残疾类别、残疾等级的分布

单位：人

地 区	视力残疾					听力残疾				
	小计	一级	二级	三级	四级	小计	一级	二级	三级	四级
总 计	**89**	**22**	**5**	**11**	**51**	**179**	**67**	**16**	**67**	**29**
朝阳区	2	1			1	6		1	2	3
昌邑区	10	2		2	6	25	6	3	12	4
龙潭区	5	3	1		1	12	4	4	4	
二道区	5	1		2	2	6	3	1	2	
洮北区	3		1	1	1	10	6	2	2	
东昌区	19	4		1	14	25	5	1	10	9
二道江区	9	2	1	2	4	17	8		8	1
延吉市	3				3	5	1		2	2
临江市	7	3	1		3	23	6	1	11	5
榆树市	2	1			1	5	2		3	
公主岭市	2	1			1	2	2			
九台市	5	1	1		3	8	4		3	1
舒兰市	4	1			3	11	6		4	1
蛟河市	2				2	2	2			
大安市						1	1			
抚松县	5	1		2	2	11	6	2	2	1
安图县						4		1	2	1
农安县	3				3					
梨树县	1				1	2	1			1
永吉县										
长岭县	2	1		1		1	1			
乾安县						3	3			

3－3a 续表 1

单位：人

地区	言语残疾					肢体残疾				
	小计	一级	二级	三级	四级	小计	一级	二级	三级	四级
总　计	**178**	**103**	**27**	**27**	**21**	**215**	**41**	**47**	**53**	**74**
朝阳区	14	7	3		4	16	5	2	3	6
昌邑区	27	6	7	10	4	17	4	5	4	4
龙潭区	11	10		1		13	6	2	2	3
二道区	6	4	2			15	1	3	4	7
洮北区	12	10	2			5	1	1	1	2
东昌区	14	7	2	4	1	26	5	5	6	10
二道江区	28	20	3	3	2	27	5	6	8	8
延吉市	4			1	3	7	2	1		4
临江市	8	7		1		28	3	6	11	8
榆树市	3	2		1		5	1	1		3
公主岭市	5		1		4	3		1		2
九台市	5	5				4			2	2
舒兰市	10	8	1	1		10	5	2		3
蛟河市	3	3				3		2	1	
大安市	2	2				1			1	
抚松县	14	5	4	3	2	19	2	6	6	5
安图县	2	1		1		6		1	1	4
农安县	2		1	1		2			2	
梨树县	4	3	1			5	1	2		2
永吉县						1		1		
长岭县	1				1	2			1	1
乾安县	3	3								

3－3a 续表 2

单位：人

地 区	智力残疾					精神残疾				
	小计	一级	二级	三级	四级	小计	一级	二级	三级	四级
总 计	**102**	**34**	**20**	**27**	**21**	**32**	**10**	**6**	**7**	**9**
朝阳区	4	2			2	1				1
昌邑区	12	5	1	3	3	10	1	2	3	4
龙潭区	9	4	1	2	2	3	1	2		
二道区	10	2	1	5	2	2		1	1	
洮北区	4	1	2		1	1	1			
东昌区	5		1	3	1	1				1
二道江区	18	9	5	3	1	3			1	2
延吉市	2			1	1					
临江市	10	3	3	2	2	5	5			
榆树市	1			1						
公主岭市	5	2	1	1	1	1	1			
九台市	3	1			2					
舒兰市	4	1		3		1				1
蛟河市	2		2							
大安市										
抚松县	8	2	2	2	2	1			1	
安图县	2	1		1		1		1		
农安县						1			1	
梨树县	2	1			1	1	1			
永吉县	1		1							
长岭县										
乾安县										

3－3b 各地区农村多重残疾人分残疾类别、残疾等级的分布

单位：人

地 区	视力残疾					听力残疾				
	小计	一级	二级	三级	四级	小计	一级	二级	三级	四级
总 计	**155**	**46**	**10**	**13**	**86**	**246**	**100**	**24**	**71**	**51**
朝阳区	2				2	3			1	2
昌邑区	3	1	1		1	6	1	1	4	
龙潭区	2				2	8	1		2	5
二道区						8	7	1		
洮北区	1				1	1	1			
东昌区										
二道江区	3			2	1	3	1		1	1
延吉市	9	1		1	7	10	4	2	1	3
临江市	9	4	1		4	21	1	4	10	6
榆树市	6	1	1	2	2	18	14	1	1	2
公主岭市	2	1			1	5	4			1
九台市	21	5	1	2	13	24	7	1	10	6
舒兰市	10	2		5	3	14	3	1	6	4
蛟河市	6	3			3	14	7	1	5	1
大安市	17	7	1		9	12	6		2	4
抚松县	2		1		1	6	4	2		
安图县	7	3			4	11	3		7	1
农安县	6	2	1		3	10	3		4	3
梨树县	17	7	1		9	21	9	2	8	2
永吉县	10	4			6	21	12	1		8
长岭县	13	4	2	1	6	14	4	2	6	2
乾安县	9	1			8	16	8	5	3	

3－3b 续表 1

单位：人

地区	言语残疾					肢体残疾				
	小计	一级	二级	三级	四级	小计	一级	二级	三级	四级
总 计	**170**	**88**	**31**	**24**	**27**	**176**	**22**	**34**	**51**	**69**
朝阳区	3		1	1	1	6			2	4
昌邑区	6	2	1	2	1	2	1			1
龙潭区	8	3		4	1	2				2
二道区	9	6	1	2		3			3	
洮北区	2	1	1			2		1		1
东昌区										
二道江区	2	1	1			1			1	
延吉市	7		1	2	4	10		1	4	5
临江市	4	1	2		1	24	3	8	10	3
榆树市	18	14	3		1	10	2	4		4
公主岭市	5		1		4	2				2
九台市	8	4	3		1	13		1	6	6
舒兰市	12	5		5	2	9	2	2	1	4
蛟河市	12	8		3	1	18	2	3	6	7
大安市	10	5	2	1	2	15	4	4	4	3
抚松县	7	3	4			4		1	2	1
安图县	12	6	3	1	2	10	1	1	3	5
农安县	6	2	2	1	1	4			2	2
梨树县	7	4		1	2	11	2	4	3	2
永吉县	16	10	5		1	16	2	2	3	9
长岭县	8	6			2	9	2		1	6
乾安县	8	7		1		5	1	2		2

3－3b 续表 2

单位：人

地　区	智力残疾					精神残疾				
	小计	一级	二级	三级	四级	小计	一级	二级	三级	四级
总　计	**94**	**29**	**21**	**27**	**17**	**60**	**27**	**11**	**9**	**13**
朝阳区	1				1	1				1
昌邑区	2	1			1	2		1	1	
龙潭区	7		1	5	1	6	2	2	1	1
二道区	5	1	3	1		1	1			
洮北区										
东昌区										
二道江区	1			1		1	1			
延吉市	1				1	3			1	2
临江市	6	1	1	2	2	6	5	1		
榆树市	5	1	2	1	1	6	5			1
公主岭市										
九台市	5	4			1	3	2	1		
舒兰市	5	1		2	2	2	1			1
蛟河市	9	3	4	2		2		1		1
大安市	8	2	2	3	1	6	2	2	2	
抚松县	3	2	1			3	2			1
安图县	12	4	1	6	1	6	1	2	1	2
农安县	2	1	1							
梨树县	8	3	1	1	3	3	3			
永吉县	6	2	1	2	1	4	1		1	2
长岭县	3	1		1	1	4		1	2	1
乾安县	5	2	3			1	1			

3－4　多重残疾人分残疾类别、残疾等级的年龄构成

单位：人

年　龄	视力残疾					听力残疾				
	小计	一级	二级	三级	四级	小计	一级	二级	三级	四级
总　计	**244**	**68**	**15**	**24**	**137**	**425**	**167**	**40**	**138**	**80**
0岁										
1岁	1	1				2	1	1		
2岁						1	1			
3岁	1	1				1	1			
4岁										
5岁	1			1		1			1	
6岁						1	1			
7岁						1	1			
8岁										
9岁	2			1	1	1	1			
10岁										
11岁						1	1			
12岁						1	1			
13岁										
14岁										
15岁						2	1		1	
16岁										
17岁						1	1			
18岁						2	2			
19岁						2	2			
20岁	1	1				2	1		1	
21岁	1	1				3	2	1		
22岁						4	4			
23岁						3	3			
24岁						3	2	1		
25岁						1	1			
26岁						3	3			

3－4 续表 1

单位：人

年龄	视力残疾					听力残疾				
	小计	一级	二级	三级	四级	小计	一级	二级	三级	四级
27岁	1		1			3	1	1		1
28岁	2	1			1	2	2			
29岁						2	1		1	
30岁	1				1					
31岁						3	2			1
32岁	1				1	5	4	1		
33岁						4	2	1		1
34岁	1	1				3	3			
35岁	1		1			1	1			
36岁						2	2			
37岁	1	1				2	2			
38岁	1			1		2	1	1		
39岁	3	1			2	2	2			
40岁						2	2			
41岁						3	3			
42岁	1				1	3	1		2	
43岁	2				2	7	5	1	1	
44岁	1				1	5	3		1	1
45岁						2	1			1
46岁	3	1		1	1	4	2	1		1
47岁	2			1	1	5	4			1
48岁	2	1		1		3	1			2
49岁	1				1	8	4		4	
50岁	1				1	7	5	1	1	
51岁	2				2	11	6	1	3	1
52岁	3	1			2	6	1		4	1
53岁	2				2	8	4	2	2	
54岁	1	1				4	1		1	2

3－4 续表 2

单位：人

年龄	视力残疾					听力残疾				
	小计	一级	二级	三级	四级	小计	一级	二级	三级	四级
55岁	4		1		3	6	2		3	1
56岁	2		1		1	7	6			1
57岁	2				2	7	3	1	1	2
58岁	4			1	3	6	4	1	1	
59岁	3				3	4	4			
60岁	3			1	2	7	3		3	1
61岁	1				1	3	2		1	
62岁	2	1		1		1	1			
63岁	3				3	8	2	1	3	2
64岁	5	1		1	3	5		1	2	2
65岁	5	1	1	1	2	5	2			3
66岁	10	3	2		5	10	4	1	2	3
67岁	8	2		1	5	13	3	1	8	1
68岁	3	1			2	5			4	1
69岁	3	1			2	3			2	1
70岁	12	5	1		6	11	4	1	5	1
71岁	12	3	1	2	6	13	2	1	5	5
72岁	9	2	2		5	11	2	2	4	3
73岁	9	3			6	10	1	1	4	4
74岁	7	2			5	14	2	1	6	5
75岁	8	1			7	14	3	1	6	4
76岁	10	2			8	11	3		4	4
77岁	11	3		2	6	8	1		3	4
78岁	10	2		2	6	14	3	1	7	3
79岁	7	2		2	3	7		2	2	3
80岁	12	4		1	7	15	3		11	1
81岁	5	1	1		3	10	2	4	1	3
82岁	5	1	1		3	9	2		3	4
83岁	4	3		1		4	2		2	
84岁	6	4		1	1	7	1	4	2	
85+	19	8	2	1	8	32	4	3	20	5

3－4 续表 3

单位：人

年 龄	言语残疾					肢体残疾				
	小计	一级	二级	三级	四级	小计	一级	二级	三级	四级
总 计	**348**	**191**	**58**	**51**	**48**	**391**	**63**	**81**	**104**	**143**
0岁										
1岁						1		1		
2岁						2	2			
3岁	2	1			1	5	1	3		1
4岁	5	2	2		1					
5岁	6	4	1		1	2	1			1
6岁	3	3				2	2			
7岁	2	1		1		1			1	
8岁	1	1								
9岁	4	3		1						
10岁	1		1			1				1
11岁	3	1	1		1	1	1			
12岁	4		2		2	2		2		
13岁										
14岁	2	1	1			1	1			
15岁	3	1	1	1						
16岁	1	1				1		1		
17岁	6	5			1	3	2			1
18岁	4	3		1		1			1	
19岁	5	4	1			4	2			2
20岁	5	3		1	1	5	1	1	2	1
21岁	4	3	1			1	1			
22岁	6	6				4	2		1	1
23岁	5	5				1				1
24岁	3		1	1	1	1			1	
25岁	2	1	1			1		1		
26岁	3	3				1				1

3－4 续表 4

单位：人

年 龄	言语残疾					肢体残疾				
	小计	一级	二级	三级	四级	小计	一级	二级	三级	四级
27岁	1	1				2	1			1
28岁	3	2		1		3	1	1		1
29岁	2	1	1			1		1		
30岁						1			1	
31岁	4	3			1					
32岁	7	6		1		1			1	
33岁	5	3		2		1				1
34岁	3	3				2			2	
35岁	2	1	1			1			1	
36岁	2	2								
37岁	1	1				1				1
38岁	3		1	1	1	3		1	1	1
39岁	3	2			1	3		1	1	1
40岁	3	3								
41岁	3	1			2	3			1	2
42岁	2	1			1	6		1	1	4
43岁	7	4			3	3			1	2
44岁	4	3		1		2	1			1
45岁	3	1		1	1	4	1		1	2
46岁	5	2	2		1					
47岁	7	5	1	1		5	1			4
48岁	4	1		2	1	5	2		2	1
49岁	6	3	1	2		5	1	1	1	2
50岁	9	6		2	1	4	1	1		2
51岁	10	4	2	1	3	7		2		5
52岁	6	2	2	1	1	3		1	2	
53岁	9	4	1	3	1	4		1	1	2
54岁	3	2		1		4			2	2

3－4 续表 5

单位：人

年 龄	言语残疾					肢体残疾				
	小计	一级	二级	三级	四级	小计	一级	二级	三级	四级
55岁	9	4	2	3		6	2	1	3	
56岁	10	3	2	4	1	4			1	3
57岁	6	5		1		3				3
58岁	8	3	2	1	2	10	1	2	3	4
59岁	8	2	3	1	2	6		1	2	3
60岁	8	7	1			6	1	3		2
61岁	6	4		1	1	7	1	3	1	2
62岁	6	2	2	2		7			4	3
63岁	4	4				10	1	2	2	5
64岁	6	3		1	2	9	1	3	2	3
65岁	10	4	1	3	2	14	1	3	7	3
66岁	3	1	1		1	5	1	1		3
67岁	1		1			10	2	1	3	4
68岁	5	2	2		1	7	2	2	1	2
69岁	2	1		1		4	1		1	2
70岁	6	2	3	1		8	1		3	4
71岁	3	1	1		1	10		2	4	4
72岁	6	3	2		1	13	2	5	3	3
73岁	5	2	2	1		9	2	4	1	2
74岁	5	1	2	2		14	2	1	7	4
75岁	5	4	1			12	3	4	3	2
76岁	2	1			1	6		2	3	1
77岁	3	2		1		10	2			8
78岁	9	5	1		3	15	3	5	2	5
79岁	1	1				7	1	1	1	4
80岁	5	1	1	1	2	14	1	4	4	5
81岁						12	2	2	3	5
82岁	4	2		1	1	7		2	2	3
83岁	1	1				5	2	1	1	1
84岁	1		1			7	2		3	2
85+	3	1	2			19	1	6	9	3

3－4 续表 6

单位：人

年 龄	智力残疾					精神残疾				
	小计	一级	二级	三级	四级	小计	一级	二级	三级	四级
总 计	**196**	**63**	**41**	**54**	**38**	**92**	**37**	**17**	**16**	**22**
0岁										
1岁										
2岁	2	1		1						
3岁	5	2	1		2					
4岁	4		1	1	2	1	1			
5岁	6	3	1		2	2	1		1	
6岁	2	2				1		1		
7岁	1		1							
8岁	1		1							
9岁	3	1	1	1						
10岁	2		1	1		1		1		
11岁	3	1	1	1						
12岁	2	2								
13岁										
14岁	4	4				2	1	1		
15岁	1		1							
16岁	3	1	2			1				1
17岁	5	4			1					
18岁	2	1		1		1			1	
19岁	5	3	1	1						
20岁	3	2			1					
21岁	3		1	2		2	2			
22岁	4	1	1	2		2	2			
23岁	2	2				1	1			
24岁	2	1			1					
25岁	1		1							
26岁						1				1

3－4 续表 7

单位：人

年龄	智力残疾					精神残疾				
	小计	一级	二级	三级	四级	小计	一级	二级	三级	四级
27岁	1	1								
28岁	4	1		3		2	1			1
29岁	1		1			1			1	
30岁										
31岁	1	1								
32岁	3		1	2		1	1			
33岁	7	2	1	3	1	5	2	2	1	
34岁	1	1								
35岁	2	1			1	2	1	1		
36岁	3	1	1	1		2				2
37岁						1	1			
38岁	3	1			2					
39岁	3	1	1		1	1	1			
40岁	2	1	1			2	2			
41岁	3		1	1	1	3	1		2	
42岁	5				5	1				1
43岁	5	2	2	1		1				1
44岁	4	2	1	1		4	1	1	1	1
45岁						1				1
46岁	3		1	1	1	2	1		1	
47岁	2			1	1	1			1	
48岁	3	1		1	1	2	1			1
49岁	4		1	2	1	5	4		1	
50岁	3	3				3	2	1		
51岁	7	1	1	5		3	1	1		1
52岁	5	1		3	1	4		1	1	2
53岁	2		1		1	3	1		1	1
54岁	2		1		1	1			1	

3－4 续表 8

单位：人

年 龄	智力残疾					精神残疾				
	小计	一级	二级	三级	四级	小计	一级	二级	三级	四级
55岁	3		1	1	1	2		1	1	
56岁	2			1	1	1				1
57岁	4	1		2	1	1				1
58岁	3				3	3		2		1
59岁	3		1	2		1			1	
60岁	2	1		1		2	1			1
61岁	2			1	1					
62岁	2		1		1	1				1
63岁						1				1
64岁	3	1	1		1	3	2			1
65岁										
66岁										
67岁	2	1	1							
68岁	1		1							
69岁	2	1		1		2		1	1	
70岁	1	1				1		1		
71岁	1			1		2	1	1		
72岁	3	1	1	1		1	1			
73岁	2			2						
74岁	2			1	1					
75岁	3	2		1						
76岁	1		1							
77岁										
78岁	1		1			1	1			
79岁										
80岁	3	1	1	1						
81岁										
82岁	3		1	1	1	1	1			
83岁										
84岁										
85+	2	1		1		3	1	1		1

3-5 残疾(含多重)人分残疾类别、残疾等级的残疾发现年龄

单位：人

残疾发现年龄	视力残疾					听力残疾				
	小计	一级	二级	三级	四级	小计	一级	二级	三级	四级
总　计	**1010**	**253**	**60**	**82**	**615**	**1629**	**310**	**152**	**617**	**550**
0岁	17	9	2	2	4	95	72	4	14	5
1岁	7	2			5	27	16	4	3	4
2岁	6	2			4	17	11		5	1
3岁	5	4		1		24	12	5	3	4
4岁	3	2			1	12	5	2	3	2
5岁	8	1		2	5	14	8	1	3	2
6岁	5	1		1	3	10	4	1	3	2
7岁	10	1		1	8	12	3	2	7	
8岁	15		1	2	12	14	4	3	4	3
9岁	6	3	1		2	8	3	1	2	2
10岁	9	1			8	14	1	4	6	3
11岁	1				1	8		1	3	4
12岁	6	1	1	1	3	4		1	1	2
13岁	6	1			5	3	1		2	
14岁	4	1		1	2	8		1	5	2
15岁	5		2		3	6	1	1	3	1
16岁	3				3	7	3	1	2	1
17岁	8	1	1	1	5	6	1	1	1	3
18岁	2		1		1	8	1	2	3	2
19岁	6	2		1	3	11	1	1	4	5
20岁	4	1		1	2	11	3	2	3	3
21岁	3	1			2	6	1	3	1	1
22岁	3			1	2	9	3	1	5	
23岁	7	1	1	1	4	8	3	1	3	1
24岁	7			1	6	7		1	5	1
25岁	5	1		1	3	4	1	1	1	1
26岁	9	2	3		4	4		1	1	2

3-5 续表 1

单位：人

残疾发现年龄	视力残疾					听力残疾				
	小计	一级	二级	三级	四级	小计	一级	二级	三级	四级
27岁	9	1	2	1	5	4	2	1		1
28岁	4	2			2	9	4		3	2
29岁	4	1			3	7	3		3	1
30岁	8	3		2	3	13	4	2	6	1
31岁	3			1	2	6	3	2		1
32岁	4		1	1	2	6			4	2
33岁	8	1		3	4	4		2		2
34岁	10	2		1	7	11	1	2	3	5
35岁	6			1	5	9	2	1	2	4
36岁	6		2		4	9	1	1	5	2
37岁	11	3	1		7	7	4		3	
38岁	8	5			3	12	1	1	4	6
39岁	3				3	12	1	1	4	6
40岁	13	2	2		9	16	5	1	8	2
41岁	6	2			4	9	1	1	3	4
42岁	12	4		2	6	20		1	11	8
43岁	11				11	16	2	4	5	5
44岁	11	2	1	1	7	17	6		5	6
45岁	8	3		1	4	9			5	4
46岁	15	2	2	1	10	21	2	1	9	9
47岁	7	4			3	21	3	2	3	13
48岁	13	3		2	8	13	2	1	5	5
49岁	11		1		10	20		1	6	13
50岁	21	4	2	1	14	20	3	3	7	7
51岁	16	3	1	3	9	29	1	1	8	19
52岁	14	2		1	11	19	1	4	6	8
53岁	25	5	2		18	16	1		6	9
54岁	18	5	2	1	10	16	3	1	4	8

3-5 续表 2

单位：人

残疾发现年龄	视力残疾					听力残疾				
	小计	一级	二级	三级	四级	小计	一级	二级	三级	四级
55岁	24	7	1	1	15	19	1	2	4	12
56岁	15	1		1	13	32	3	2	10	17
57岁	16	4			12	21	2	3	11	5
58岁	18	5	1	1	11	28	5	3	8	12
59岁	25	7	3	2	13	33	1	3	14	15
60岁	21	6		2	13	28	3	2	12	11
61岁	25	12	1		12	34	6	2	11	15
62岁	25	6		1	18	38	2	3	17	16
63岁	16	3	1		12	40	2	1	16	21
64岁	15	5	1		9	36	2	1	25	8
65岁	28	11		3	14	45	6	3	17	19
66岁	26	7	1	2	16	46	4	5	21	16
67岁	19	3	3	2	11	51	5	4	21	21
68岁	26	8		6	12	42	4	5	21	12
69岁	26	5	2	1	18	35	6	3	14	12
70岁	30	4	1	2	23	39	5	4	21	9
71岁	16	4	1		11	45	9		21	15
72岁	23	7	2		14	35	5	2	11	17
73岁	21	6	1	2	12	37	5	6	11	15
74岁	13	2	1	3	7	37	6	3	10	18
75岁	9	3		1	5	27	4	1	13	9
76岁	18	3	1	2	12	32	3	3	12	14
77岁	18	6	1	3	8	27	2	1	18	6
78岁	15	4	1	1	9	23	1	2	14	6
79岁	12	2		2	8	17	2	3	8	4
80岁	9	6			3	13		1	6	6
81岁	8	3	2		3	9	1	1	4	3
82岁	6	2	1		3	6			5	1
83岁	5	2			3	8			8	
84岁	7	2	1	2	2	6		3	2	1
85岁+	20	10	1	1	8	12	1		7	4

3-5 续表 3

单位：人

残疾发现年龄	言语残疾					肢体残疾				
	小计	一级	二级	三级	四级	小计	一级	二级	三级	四级
总　计	**430**	**206**	**74**	**72**	**78**	**2214**	**137**	**305**	**569**	**1203**
0岁	82	54	8	11	9	180	20	25	36	99
1岁	14	4	4	3	3	67	5	6	16	40
2岁	25	15	4	2	4	71	2	5	19	45
3岁	61	40	8	4	9	58	3	6	12	37
4岁	19	12	2	2	3	19		3	2	14
5岁	15	7	2	2	4	29	1	2	5	21
6岁	9	3	2	2	2	20		3	3	14
7岁	4	2	1	1		14		1	5	8
8岁	7	1		3	3	19	1	1	3	14
9岁						8	1		2	5
10岁	5	1	1	3		12		2	2	8
11岁	3	1	1		1	8	1		3	4
12岁	2		1	1		13			2	11
13岁	2			1	1	9		2	1	6
14岁	1			1		14		1	8	5
15岁						15		1	2	12
16岁						11			1	10
17岁	3	2	1			14		2	4	8
18岁						19		2	5	12
19岁	1				1	14		2	3	9
20岁						15			7	8
21岁	1		1			16		1	3	12
22岁						22	1	2	6	13
23岁	1				1	14	1		3	10
24岁	2		1		1	28	3	3	3	19
25岁						20			6	14
26岁						10	1	2	1	6

3-5 续表 4

单位：人

残疾发现年龄	言语残疾					肢体残疾				
	小计	一级	二级	三级	四级	小计	一级	二级	三级	四级
27岁						23	2		7	14
28岁						20		2	5	13
29岁						18		1	6	11
30岁						24	1	1	4	18
31岁	1		1			16			6	10
32岁						21		2	5	14
33岁	1			1		16		1	5	10
34岁						14		2	3	9
35岁						19	1	2	4	12
36岁	3	1		1	1	28	2	4	3	19
37岁						22	1		4	17
38岁	1	1				20			5	15
39岁	1				1	25	4	3	5	13
40岁						38	2	3	5	28
41岁	1		1			22	1	3	5	13
42岁						30	4	2	6	18
43岁	3	1		1	1	24	1	1	5	17
44岁	1				1	22	1	3	7	11
45岁	2	1		1		31	4	6	4	17
46岁	4	1		1	2	28	1	1	10	16
47岁	3	1		2		30	1	6	9	14
48岁	4	3			1	34	3	2	10	19
49岁	5	2		2	1	34	2	2	8	22
50岁	1	1				28		4	10	14
51岁	6	4		2		32	1	10	6	15
52岁	3			2	1	20	2	4	6	8
53岁	9	2	4		3	36	3	8	7	18
54岁	4	2		1	1	27	2	3	9	13

3-5 续表 5

单位：人

残疾发现年龄	言语残疾					肢体残疾				
	小计	一级	二级	三级	四级	小计	一级	二级	三级	四级
55岁	6	4	2			34	2	7	9	16
56岁	4	1	1	2		32		5	9	18
57岁	5		1	2	2	36		5	9	22
58岁	11	3	4	3	1	39	2	12	7	18
59岁	10	5	2	1	2	30	4	11	9	6
60岁	6	2	1	3		32	2	5	11	14
61岁	3	1	1		1	31	1	2	11	17
62岁	5	2	2		1	39	5	2	14	18
63岁	3	1	1		1	40	1	8	12	19
64岁	1		1			22		5	6	11
65岁	5		3	2		35	3	3	15	14
66岁	7	2		3	2	43	1	8	15	19
67岁	8	4	1		3	21	3	4	5	9
68岁	4	2	1		1	32	3	7	9	13
69岁	4	2	1	1		37	2	10	9	16
70岁	5	2		2	1	28	3	6	8	11
71岁	5	2	1		2	33		7	8	18
72岁	4	1	2		1	31	3	7	9	12
73岁	6	2	1	1	2	20	5	3	8	4
74岁	4	1		1	2	19	2	5	5	7
75岁	4	3	1			24	4	8	5	7
76岁	2			1	1	13		2	6	5
77岁	1	1				14	4	1	3	6
78岁	3	1	2			13	3	3	3	4
79岁						15		4	6	5
80岁	2	1	1			13	3	5	4	1
81岁	1		1			14		4	8	2
82岁						7		1	3	3
83岁						5		1	2	2
84岁						4		1	2	1
85岁+	1	1				17	2	5	7	3

3-5 续表 6

单位：人

残疾发现年龄	智力残疾					精神残疾				
	小计	一级	二级	三级	四级	小计	一级	二级	三级	四级
总　计	**535**	**116**	**100**	**154**	**165**	**470**	**109**	**96**	**81**	**184**
0岁	168	57	36	50	25	5	3	1		1
1岁	58	16	12	16	14	5	2	1	1	1
2岁	47	8	12	15	12	7	3	1	1	2
3岁	24	4	3	6	11	6	1	1	1	3
4岁	13	1	3	5	4	2	1			1
5岁	16	4	3	2	7					
6岁	10	1	2	2	5					
7岁	11	2	2	3	4	1		1		
8岁	10	1	1	3	5	1				1
9岁	3	1	1		1	1	1			
10岁	6	1	2	3		1		1		
11岁	1				1	4	1	1		2
12岁	1		1			1				1
13岁	5	1		1	3	3		1		2
14岁	3		1	1	1	2	1			1
15岁	1			1		7		3	2	2
16岁						9	1		3	5
17岁	1				1	9	4		2	3
18岁						6	3		1	2
19岁	1				1	6	2			4
20岁	5	3	1		1	11	1	5	1	4
21岁	4				4	5	1	1	1	2
22岁	3		1		2	9	5	1	2	1
23岁	4		1		3	9	4		1	4
24岁						19	6	5	2	6
25岁	2			1	1	14	4	3	3	4
26岁	4	1		1	2	12	5	4	1	2

3-5 续表 7

单位：人

残疾发现年龄	智力残疾					精神残疾				
	小计	一级	二级	三级	四级	小计	一级	二级	三级	四级
27岁	2		1		1	14	4	2	4	4
28岁	2			2		10	1	4	2	3
29岁	2	1		1		11	2	5	1	3
30岁	5	2		1	2	15	5	3	2	5
31岁	2			2		14	4	4	1	5
32岁	3		1	2		11	1	6		4
33岁	3			1	2	10	1	2	3	4
34岁	1				1	12	1	1	5	5
35岁	2	1			1	11	2		2	7
36岁	1				1	11	2	1	5	3
37岁	2			1	1	13	1	4	3	5
38岁	1			1		8	1	2	1	4
39岁	5			1	4	10	1	3	1	5
40岁	3			1	2	7	2	2		3
41岁	2				2	4	1		1	2
42岁	2				2	6	1		2	3
43岁	1				1	5	2			3
44岁	2		1		1	11	3	2	2	4
45岁	1				1	11	2	1	4	4
46岁	1			1		10	1	2	2	5
47岁	2			1	1	6			2	4
48岁	4	2			2	10	1	1	4	4
49岁	3				3	10	3	1	2	4
50岁	4			1	3	6	1	2		3
51岁	3			1	2	6	1	2		3
52岁	2				2	7	1		2	4
53岁	2			1	1	1			1	
54岁	3		1	1	1	3	1		1	1

3-5 续表 8

单位：人

残疾发现年龄	智力残疾					精神残疾				
	小计	一级	二级	三级	四级	小计	一级	二级	三级	四级
55岁	3			1	2	4				4
56岁	3	1		1	1	4		1	1	2
57岁	6			2	4	3		1		2
58岁	5		1	2	2	2	1		1	
59岁	2	1			1	8	2	3	1	2
60岁	2		1		1	3	1			2
61岁	1		1			2		1	1	
62岁	4	2			2	5	1	1		3
63岁	2		1		1	2				2
64岁	1				1	3		2		1
65岁	3		1	2		3	1		1	1
66岁	3		2	1		6	2	2		2
67岁	2			2		2		1		1
68岁	2	1		1		4	1		1	2
69岁	3			2	1					
70岁	2		1	1		1		1		
71岁	2		1	1						
72岁	1	1				1	1			
73岁	2	1		1						
74岁	3		2	1		1	1			
75岁	4		1	2	1	1				1
76岁	2			1	1					
77岁	2				2					
78岁	1	1				2	1	1		
79岁						1		1		
80岁	4		1	3						
81岁	1		1							
82岁						1	1			
83岁						1		1		
84岁										
85岁+	2	1		1		2	1			1

3－6 视力残疾(含多重)人分城乡、残疾等级的主要致残原因

单位：人

致残主要原因	合计			残疾一级		
	合计	城镇	农村	小计	城镇	农村
视力残疾(含多重)人	**1010**	**379**	**631**	**253**	**82**	**171**
致残原因一						
遗传、先天异常或发育障碍	49	16	33	13	4	9
白内障	389	147	242	101	27	74
青光眼	107	36	71	38	11	27
沙眼	1		1			
角膜病	60	13	47	18	4	14
视神经病变	77	30	47	26	10	16
视网膜、色素膜病变	145	62	83	34	17	17
屈光不正	94	42	52	10	1	9
弱视	28	8	20	2		2
外伤	38	17	21	6	4	2
中毒	3	1	2			
其他	13	5	8	3	2	1
原因不明	6	2	4	2	2	
致残原因二						
遗传、先天异常或发育障碍	2	2		1	1	
白内障	3	1	2	2		2
青光眼	2		2	1		1
沙眼						
角膜病	7	2	5	3		3
视神经病变	7	2	5	4	1	3
视网膜、色素膜病变	6	5	1	1	1	
屈光不正	7	4	3	1	1	
弱视	7	5	2	1		1
外伤	31	11	20	2	1	1
中毒	2	2		1	1	
其他						
原因不明						

3－6 续表

单位：人

致残主要原因	残疾二级			残疾三级			残疾四级		
	小计	城镇	农村	小计	城镇	农村	小计	城镇	农村
视力残疾(含多重)人	**60**	**20**	**40**	**82**	**37**	**45**	**615**	**240**	**375**
致残原因一									
遗传、先天异常或发育障碍	3	2	1	7	3	4	26	7	19
白内障	24	9	15	33	12	21	231	99	132
青光眼	7	2	5	7	4	3	55	19	36
沙眼							1		1
角膜病	3	1	2	6	1	5	33	7	26
视神经病变	5	3	2	2	2		44	15	29
视网膜、色素膜病变	9	3	6	12	8	4	90	34	56
屈光不正	1		1	9	5	4	74	36	38
弱视	5		5	2	1	1	19	7	12
外伤	2		2	2	1	1	28	12	16
中毒	1		1				2	1	1
其他				1		1	9	3	6
原因不明				1		1	3		3
致残原因二									
遗传、先天异常或发育障碍	1	1							
白内障							1	1	
青光眼				1		1			
沙眼									
角膜病							4	2	2
视神经病变				2	1	1	1		1
视网膜、色素膜病变	1	1		1		1	3	3	
屈光不正				1		1	5	3	2
弱视				2	2		4	3	1
外伤	5	2	3	4	1	3	20	7	13
中毒				1	1				
其他									
原因不明									

3－7 听力残疾(含多重)人分城乡、残疾等级的主要致残原因

单位：人

致残主要原因	合计			残疾一级		
	合计	城镇	农村	小计	城镇	农村
听力残疾(含多重)人	**1629**	**743**	**886**	**310**	**120**	**190**
致残原因一						
遗传	81	16	65	45	10	35
母孕期病毒感染	7	4	3	6	4	2
传染性疾病	39	20	19	19	9	10
自身免疫缺陷性疾病	3	1	2			
全身性疾病	75	42	33	8	3	5
中耳炎	186	95	91	25	11	14
老年性耳聋	756	345	411	80	30	50
早产和低体重	1		1	1		1
新生儿窒息	5	3	2	3	1	2
高胆红素血症	1	1				
药物中毒	49	34	15	25	17	8
创伤或意外伤害	57	25	32	6	4	2
噪声和爆震	52	38	14	8	3	5
其他	36	22	14	9	5	4
原因不明	281	97	184	75	23	52
致残原因二						
遗传	1	1		1	1	
母孕期病毒感染	1		1	1		1
传染性疾病						
自身免疫缺陷性疾病						
全身性疾病						
中耳炎	4	2	2	2	1	1
老年性耳聋	30	15	15	5	3	2
早产和低体重						
新生儿窒息						
高胆红素血症	1	1		1	1	
药物中毒	8	5	3	2	1	1
创伤或意外伤害	3	2	1	2	1	1
噪声和爆震	5	4	1	1	1	
其他						
原因不明						

3－7 续表

单位：人

致残主要原因	残疾二级			残疾三级			残疾四级		
	小计	城镇	农村	小计	城镇	农村	小计	城镇	农村
听力残疾(含多重)人	**152**	**67**	**85**	**617**	**298**	**319**	**550**	**258**	**292**
致残原因一									
遗传	6	2	4	13	1	12	17	3	14
母孕期病毒感染							1		1
传染性疾病	5	3	2	9	5	4	6	3	3
自身免疫缺陷性疾病				2	1	1	1		1
全身性疾病	10	5	5	27	16	11	30	18	12
中耳炎	18	9	9	71	36	35	72	39	33
老年性耳聋	68	27	41	331	161	170	277	127	150
早产和低体重									
新生儿窒息	2	2							
高胆红素血症				1	1				
药物中毒	6	5	1	10	6	4	8	6	2
创伤或意外伤害	9	3	6	26	9	17	16	9	7
噪声和爆震	6	4	2	14	13	1	24	18	6
其他	3	1	2	14	11	3	10	5	5
原因不明	19	6	13	99	38	61	88	30	58
致残原因二									
遗传									
母孕期病毒感染									
传染性疾病									
自身免疫缺陷性疾病									
全身性疾病									
中耳炎	1		1	1	1				
老年性耳聋	3	1	2	11	7	4	11	4	7
早产和低体重									
新生儿窒息									
高胆红素血症									
药物中毒				3	2	1	3	2	1
创伤或意外伤害							1	1	
噪声和爆震	1	1		3	2	1			
其他									
原因不明									

3－8 言语残疾(含多重)人分城乡、残疾等级的主要致残原因

单位：人

致残主要原因	合计			残疾一级		
	合计	城镇	农村	小计	城镇	农村
言语残疾(含多重)人	**430**	**213**	**217**	**206**	**110**	**96**
致残原因一						
唐氏综合症	1		1	1		1
脑性瘫痪	20	14	6	17	12	5
新生儿病理性黄疸						
早产、低体重和过期产	4	1	3	1		1
腭裂	4	1	3			
智力低下	21	9	12	6	2	4
脑梗死	116	79	37	43	35	8
脑出血	30	22	8	16	15	1
脑炎	11	4	7	7	2	5
脑囊虫病						
喉、舌疾病术后	8	5	3	1	1	
听力障碍	89	32	57	62	25	37
帕金森氏病	2	2				
多发性硬化	2	2				
脊髓侧索硬化						
脑外伤	8	3	5			
产伤	1		1			
孤独症	2		2	2		2
癫痫	7	3	4	3	3	
CO中毒						
其他	46	18	28	26	10	16
原因不明	58	18	40	21	5	16
致残原因二						
唐氏综合症						
脑性瘫痪						
新生儿病理性黄疸						
早产、低体重和过期产						
腭裂						
智力低下						
脑梗死						
脑出血						
脑炎						
脑囊虫病						
喉、舌疾病术后						
听力障碍	1		1			
帕金森氏病						
多发性硬化						
脊髓侧索硬化						
脑外伤						
产伤						
孤独症						
癫痫	3	2	1	1	1	
CO中毒	1	1		1	1	
其他						
原因不明						

3-8 续表

单位：人

致残主要原因	残疾二级			残疾三级			残疾四级		
	小计	城镇	农村	小计	城镇	农村	小计	城镇	农村
言语残疾(含多重)人	**74**	**32**	**42**	**72**	**39**	**33**	**78**	**32**	**46**
致残原因一									
唐氏综合症									
脑性瘫痪	1	1		1		1	1	1	
新生儿病理性黄疸									
早产、低体重和过期产	3	1	2						
腭裂	1		1	2	1	1	1		1
智力低下	7	3	4	3	2	1	5	2	3
脑梗死	29	15	14	21	14	7	23	15	8
脑出血	2	2		6	3	3	6	2	4
脑炎	3	2	1	1		1			
脑囊虫病									
喉、舌疾病术后	1	1		2	1	1	4	2	2
听力障碍	7		7	9	4	5	11	3	8
帕金森氏病	1	1		1	1				
多发性硬化				2	2				
脊髓侧索硬化									
脑外伤	3		3	5	3	2			
产伤							1		1
孤独症									
癫痫	1		1	1		1	2		2
CO中毒									
其他	6	2	4	6	4	2	8	2	6
原因不明	9	4	5	12	4	8	16	5	11
致残原因二									
唐氏综合症									
脑性瘫痪									
新生儿病理性黄疸									
早产、低体重和过期产									
腭裂									
智力低下									
脑梗死									
脑出血									
脑炎									
脑囊虫病									
喉、舌疾病术后									
听力障碍	1		1						
帕金森氏病									
多发性硬化									
脊髓侧索硬化									
脑外伤									
产伤									
孤独症									
癫痫	2	1	1						
CO中毒									
其他									
原因不明									

3－9 肢体残疾(含多重)人分城乡、残疾等级的主要致残原因

单位：人

致残主要原因	合计			残疾一级		
	合计	城镇	农村	小计	城镇	农村
肢体残疾(含多重)人	**2214**	**1145**	**1069**	**137**	**78**	**59**
致残原因一						
脑性瘫痪	47	29	18	21	10	11
发育畸形	137	55	82	1	1	
侏儒症	10	4	6			
其他先天性或发育障碍	18	6	12			
脊髓灰质炎	167	111	56	6	2	4
脑血管疾病	577	313	264	61	42	19
周围血管疾病	16	10	6	1	1	
肿瘤	15	9	6	2	1	1
骨关节病	414	200	214	3	1	2
地方病	5	4	1			
脊髓疾病	28	16	12	1		1
工伤	98	61	37	6	3	3
交通事故	112	56	56	3	1	2
脊髓损伤	15	10	5	6	4	2
脑外伤	9	4	5	1		1
其他外伤	327	137	190	6	1	5
结核性感染	21	10	11	2	2	
化脓性感染	10	5	5			
中毒	3		3			
其他	135	79	56	12	6	6
原因不明	50	26	24	5	3	2
致残原因二						
脑性瘫痪						
发育畸形						
侏儒症						
其他先天性或发育障碍	3		3			
脊髓灰质炎	4	1	3			
脑血管疾病	1		1			
周围血管疾病						
肿瘤						
骨关节病	8	5	3			
地方病	1		1			
脊髓疾病	1		1			
工伤	2	2		1	1	
交通事故	3	1	2	1	1	
脊髓损伤						
脑外伤						
其他外伤	25	18	7			
结核性感染	1	1				
化脓性感染						
中毒						
其他						
原因不明						

3－9 续表

单位：人

致残主要原因	残疾二级			残疾三级			残疾四级		
	小计	城镇	农村	小计	城镇	农村	小计	城镇	农村
肢体残疾(含多重)人	**305**	**171**	**134**	**569**	**342**	**227**	**1203**	**554**	**649**
致残原因一									
脑性瘫痪	12	9	3	7	4	3	7	6	1
发育畸形	11	4	7	24	14	10	101	36	65
侏儒症	1	1		1		1	8	3	5
其他先天性或发育障碍	2		2	4	2	2	12	4	8
脊髓灰质炎	18	14	4	50	40	10	93	55	38
脑血管疾病	155	82	73	187	116	71	174	73	101
周围血管疾病				2	1	1	13	8	5
肿瘤	3	2	1	7	3	4	3	3	
骨关节病	37	19	18	107	56	51	267	124	143
地方病				2	2		3	2	1
脊髓疾病	5	3	2	8	6	2	14	7	7
工伤	4	4		16	10	6	72	44	28
交通事故	6	5	1	26	15	11	77	35	42
脊髓损伤	3	2	1	3	2	1	3	2	1
脑外伤	2	1	1	3	2	1	3	1	2
其他外伤	17	11	6	68	37	31	236	88	148
结核性感染	3	3		4	2	2	12	3	9
化脓性感染				2	1	1	8	4	4
中毒	1		1	1		1	1		1
其他	18	7	11	34	20	14	71	46	25
原因不明	7	4	3	13	9	4	25	10	15
致残原因二									
脑性瘫痪									
发育畸形									
侏儒症									
其他先天性或发育障碍				1		1	2		2
脊髓灰质炎				3	1	2	1		1
脑血管疾病							1		1
周围血管疾病									
肿瘤									
骨关节病	2	1	1	3	2	1	3	2	1
地方病							1		1
脊髓疾病							1		1
工伤	1	1							
交通事故	1		1				1		1
脊髓损伤									
脑外伤									
其他外伤	4	2	2	4	4		17	12	5
结核性感染	1	1							
化脓性感染									
中毒									
其他									
原因不明									

3－10　智力残疾(含多重)人分城乡、残疾等级的主要致残原因

单位：人

致残主要原因	合计			残疾一级		
	合计	城镇	农村	小计	城镇	农村
智力残疾(含多重)人	**535**	**218**	**317**	**116**	**51**	**65**
致残原因一						
遗传	117	25	92	39	9	30
脑疾病	144	81	63	38	25	13
内分泌障碍	2	2		1	1	
惊厥性疾病	34	13	21	7	4	3
新生儿窒息	17	9	8	4	2	2
早产、低体重和过期产	14	6	8	2	1	1
发育畸形	6	4	2			
营养不良	3	1	2	1		1
母孕期外伤及物理伤害	2	2				
产伤	4	2	2	1		1
工伤	2	1	1			
交通事故	15	7	8	1	1	
其他外伤	5	3	2	1		1
中毒与过敏反应	8	3	5			
不良社会文化因素	9	4	5			
其他	32	8	24	6	2	4
原因不明	121	47	74	15	6	9
致残原因二						
遗传						
脑疾病	2		2			
内分泌障碍						
惊厥性疾病	3	2	1	1	1	
新生儿窒息	1	1		1	1	
早产、低体重和过期产						
发育畸形	2	1	1	1		1
营养不良						
母孕期外伤及物理伤害	1	1				
产伤						
工伤						
交通事故						
其他外伤						
中毒与过敏反应	1	1				
不良社会文化因素	1		1			
其他						
原因不明						

3－10 续表

单位：人

致残主要原因	残疾二级			残疾三级			残疾四级		
	小计	城镇	农村	小计	城镇	农村	小计	城镇	农村
智力残疾(含多重)人	**100**	**45**	**55**	**154**	**65**	**89**	**165**	**57**	**108**
致残原因一									
遗传	26	4	22	33	6	27	19	6	13
脑疾病	21	14	7	45	28	17	40	14	26
内分泌障碍							1	1	
惊厥性疾病	7	4	3	9	1	8	11	4	7
新生儿窒息	5	3	2	4	2	2	4	2	2
早产、低体重和过期产	4	2	2	2		2	6	3	3
发育畸形	1		1	1	1		4	3	1
营养不良	1		1				1	1	
母孕期外伤及物理伤害							2	2	
产伤	2	1	1	1	1				
工伤				1		1	1	1	
交通事故	3	2	1	4	3	1	7	1	6
其他外伤				1		1	3	3	
中毒与过敏反应	2	2		2	1	1	4		4
不良社会文化因素				3	3		6	1	5
其他	6	2	4	13	4	9	7		7
原因不明	22	11	11	35	15	20	49	15	34
致残原因二									
遗传									
脑疾病							2		2
内分泌障碍									
惊厥性疾病	1		1	1	1				
新生儿窒息									
早产、低体重和过期产									
发育畸形							1	1	
营养不良									
母孕期外伤及物理伤害							1	1	
产伤									
工伤									
交通事故									
其他外伤									
中毒与过敏反应				1	1				
不良社会文化因素							1		1
其他									
原因不明									

3－11　精神残疾(含多重)人分城乡、残疾等级的主要致残原因

单位：人、人次

致残主要原因	合计			残疾一级		
	合计	城镇	农村	小计	城镇	农村
精神残疾(含多重)人	**470**	**192**	**278**	**109**	**44**	**65**
致残原因一						
痴呆	35	16	19	12	5	7
其他器质性精神障碍	51	16	35	5	2	3
使用精神活性物质所致的障碍	16	10	6			
精神分裂症	255	105	150	75	32	43
妄想性障碍	5	2	3	1		1
分裂情感性障碍	6	3	3			
其他精神病性障碍	8	3	5	1	1	
心境障碍	15	6	9	1	1	
神经症性障碍	19	7	12			
行为综合症	1	1				
人格障碍	3		3			
孤独症	2		2	1		1
癫痫	43	18	25	8	1	7
其他	6	3	3	3	2	1
原因不明	5	2	3	2		2
致残原因二						
痴呆						
其他器质性精神障碍						
使用精神活性物质所致的障碍	2	2				
精神分裂症	1		1			
妄想性障碍						
分裂情感性障碍						
其他精神病性障碍	1		1			
心境障碍						
神经症性障碍						
行为综合症	1	1				
人格障碍						
孤独症						
癫痫	13	1	12			
其他						
原因不明						

3－11 续表

单位：人、人次

致残主要原因	残疾二级			残疾三级			残疾四级		
	小计	城镇	农村	小计	城镇	农村	小计	城镇	农村
精神残疾(含多重)人	**96**	**43**	**53**	**81**	**38**	**43**	**184**	**67**	**117**
致残原因一									
痴呆	11	6	5	2	2		10	3	7
其他器质性精神障碍	8	3	5	9	3	6	29	8	21
使用精神活性物质所致的障碍	2	2		1	1		13	7	6
精神分裂症	63	27	36	53	22	31	64	24	40
妄想性障碍	1	1					3	1	2
分裂情感性障碍	2	1	1				4	2	2
其他精神病性障碍				2	2		5		5
心境障碍	1		1	1		1	12	5	7
神经症性障碍	1	1		4	2	2	14	4	10
行为综合症				1	1				
人格障碍				1		1	2		2
孤独症	1		1						
癫痫	5	2	3	5	4	1	25	11	14
其他	1		1				2	1	1
原因不明				2	1	1	1	1	
致残原因二									
痴呆									
其他器质性精神障碍									
使用精神活性物质所致的障碍				1	1		1	1	
精神分裂症							1		1
妄想性障碍									
分裂情感性障碍									
其他精神病性障碍	1		1						
心境障碍									
神经症性障碍									
行为综合症							1	1	
人格障碍									
孤独症									
癫痫	1	1		4		4	3		8
其他									
原因不明									

3－12 视力残疾(含多重)人分年龄、性别的主要致残原因

单位：人

年 龄	遗传、先天异常或发育障碍		白内障		青光眼		沙眼		角膜病	
	男	女	男	女	男	女	男	女	男	女
总 计	**26**	**25**	**143**	**249**	**30**	**79**		**1**	**31**	**36**
0岁										
1岁										
2岁				1						
3岁										
4岁		1								
5岁	1									
6岁										
7岁										
8岁										
9岁		2								
10岁										
11岁										
12岁										
13岁										
14岁										
15岁										
16岁										
17岁		1								
18岁										
19岁										
20岁		1								
21岁	1									
22岁										
23岁										
24岁										
25岁				1						
26岁		1		1						
27岁		1				1				

3－12　续表 1

单位：人

年龄	遗传、先天异常或发育障碍		白内障		青光眼		沙眼		角膜病	
	男	女	男	女	男	女	男	女	男	女
28岁	2	1								
29岁										
30岁										
31岁						1				
32岁										
33岁	1	1								
34岁										
35岁	2	1	1							
36岁	1									
37岁			1							
38岁			1	1					1	
39岁	3			1						
40岁										1
41岁										1
42岁			1	1						
43岁				1					1	
44岁	1	1				1			1	
45岁	1	1		1						
46岁	1	1				2				2
47岁	1		1						1	
48岁		1		2		1				2
49岁	1			2						2
50岁	1									
51岁	1	2				3				
52岁			1	1	1	1				2
53岁	1			3		2			1	1
54岁			1	3					1	1
55岁		2		2	1				1	1
56岁	1		1	6		2				1

3－12 续表 2

单位：人

年 龄	遗传、先天异常或发育障碍		白内障		青光眼		沙眼		角膜病	
	男	女	男	女	男	女	男	女	男	女
57岁			1		1	2			1	
58岁		2	2	5		1		1		2
59岁			4	3	1	5			1	1
60岁		1	1	5		1				
61岁	1	2		5	1				1	
62岁			2	3		2			1	
63岁			3	6		1				1
64岁	1		3	4	1	1				1
65岁	1		2	7	3	3			1	1
66岁	1		5	6		2				1
67岁			8	8	2	2			1	
68岁			2	10		5				
69岁		2	6	8	1	3			2	
70岁	1		3	10	1	7			3	1
71岁			12	11	2				1	1
72岁			6	9	4	5				3
73岁			10	6	2	1			1	1
74岁			5	12	1	4			2	
75岁	1		5	11		2			1	5
76岁			7	6	2	3				
77岁			6	9		3			1	
78岁			6	8	2	3			1	
79岁			7	12					2	
80岁			7	17		2			1	
81岁			2	5		1				1
82岁			3	5					1	1
83岁			2	8		4				1
84岁			2	5	1	1				1
85+			13	18	3	1			2	

3－12　续表 3

单位：人

年　龄	视神经病变		视网膜、色素膜病变		屈光不正		弱视	
	男	女	男	女	男	女	男	女
总　计	**38**	**46**	**66**	**85**	**53**	**48**	**19**	**16**
0岁								
1岁								
2岁								
3岁								
4岁								
5岁					1		1	
6岁								
7岁				1		1		
8岁							1	
9岁								1
10岁								
11岁								
12岁								
13岁							1	
14岁								
15岁								
16岁							1	
17岁						1	1	
18岁								
19岁								
20岁								
21岁			2					
22岁								
23岁								
24岁								
25岁								1
26岁								
27岁		2	1			1		

3－12 续表 4

单位：人

年龄	视神经病变		视网膜、色素膜病变		屈光不正		弱视	
	男	女	男	女	男	女	男	女
28岁		2						
29岁								
30岁					1			1
31岁								
32岁			1					
33岁				2			1	
34岁		1		1				
35岁	1	1		1			3	1
36岁								
37岁	1		1		2	2		
38岁	1		2					
39岁			2			1		1
40岁			1				1	
41岁		1				2	2	1
42岁	1	1		1	1	2		
43岁	2	1	3	1	1	1		2
44岁			1			1	1	
45岁		1		1				
46岁			1	1	2	3		1
47岁					1	1		
48岁	1			1	1	4		
49岁		1	3	2		1		1
50岁	1				4		1	1
51岁	2			4	2	1		
52岁	1	2	2	1	1			1
53岁			1	1	1	2		2
54岁	1	1	2	1	2	3	2	1
55岁	4	2	3	4	1	3		
56岁	1	3	2	1	3	1	1	

3－12 续表 5

单位：人

年 龄	视神经病变		视网膜、色素膜病变		屈光不正		弱视	
	男	女	男	女	男	女	男	女
57岁		1	1	2	3			
58岁		2	1	3	2	5		
59岁	2	1	3	5	1	1		
60岁		1		1		1		
61岁	2	1	2	3	3	1	1	
62岁		1	2	2	1	2		
63岁	1	1	1	1	1	1		
64岁	2	1	5	6	2		1	
65岁	1			1	1	1		
66岁	1	3	1	5	2	2		
67岁	1		3	4	1			
68岁		1	1	4				
69岁	2	2	1	1				1
70岁		1	3	3	1	3		
71岁	2	1	2	2	1			
72岁	3	1	1	4	2			
73岁		2	1		2			
74岁	1		1	1				
75岁			1	1				
76岁			1	3	1			
77岁	1	1	1	1	2			
78岁	1		1	1				
79岁		1			1			
80岁				2				
81岁		1	1					
82岁		2	1		1			
83岁		1	1	2				
84岁		1	1	2				
85+	1		1	1	1			

3－12　续表 6

单位：人

年　龄	外伤		中毒		其他		原因不明	
	男	女	男	女	男	女	男	女
总　计	**53**	**16**	**4**	**1**	**7**	**6**	**2**	**4**
0岁								
1岁					1			
2岁								
3岁					1			
4岁								
5岁								
6岁								
7岁								
8岁								
9岁								
10岁								
11岁								
12岁								
13岁								
14岁								
15岁								
16岁								
17岁								
18岁								
19岁								
20岁								
21岁								
22岁								
23岁								
24岁								
25岁	1							
26岁								
27岁		1						

3-12 续表 7

单位：人

年 龄	外伤		中毒		其他		原因不明	
	男	女	男	女	男	女	男	女
28岁								
29岁								
30岁	1							
31岁								
32岁	1			1				
33岁		1						
34岁	2		1					
35岁	1	2						
36岁								
37岁	1	1						
38岁	1							
39岁	2							
40岁								
41岁	1							
42岁	1							
43岁	2	1						
44岁	2							
45岁	2							
46岁	2	1					1	
47岁								
48岁						1		
49岁								
50岁	1							
51岁	2							
52岁	3				1			
53岁	1	1				1		
54岁	1							
55岁	2	2						
56岁								1

3－12 续表 8

单位：人

年 龄	外伤		中毒		其他		原因不明	
	男	女	男	女	男	女	男	女
57岁	2							
58岁		1						
59岁		1						
60岁	2							
61岁	1	1				1		
62岁								
63岁						1		
64岁	2					1		
65岁	2	1	1				1	
66岁								
67岁	2							
68岁	1							
69岁								
70岁	3	2	1		1			1
71岁	2							
72岁	2		1			1		
73岁	2							
74岁					1			
75岁								
76岁					1			1
77岁					1			
78岁	2							
79岁								
80岁								
81岁								
82岁								
83岁								
84岁								
85+								1

3－13 听力残疾(含多重)人分年龄、性别的主要致残原因

单位：人

年龄	遗传		母孕期病毒感染		传染性疾病		自身免疫缺陷性疾病	
	男	女	男	女	男	女	男	女
总计	**48**	**34**	**4**	**4**	**16**	**23**	**3**	
0岁								
1岁				1				
2岁			1					
3岁								
4岁								
5岁							1	
6岁								
7岁	1							
8岁								
9岁		1						
10岁								
11岁					1			
12岁					1			
13岁								
14岁								
15岁		1						
16岁								
17岁	1							
18岁								
19岁	1							
20岁								
21岁		1						
22岁	1							
23岁	1							
24岁						1		
25岁								
26岁	1				1			
27岁								

3－13 续表 1

单位：人

年 龄	遗传		母孕期病毒感染		传染性疾病		自身免疫缺陷性疾病	
	男	女	男	女	男	女	男	女
28岁								
29岁					1			
30岁		1						
31岁								
32岁		1	1		1			
33岁			1		1	1		
34岁	2	1						
35岁		1						
36岁	2		1					
37岁	1					1		
38岁		1						
39岁		1						
40岁	1							
41岁					1			
42岁	1					1	1	
43岁	3	1				1		
44岁	2	1			1			
45岁								
46岁	2							
47岁	1	2				1		
48岁	1					1		
49岁	3	2				1		
50岁	1	5						
51岁	2	1			2	1		
52岁	2	1				1		
53岁	2	1				2		
54岁	1				1			
55岁	2				1			
56岁		3		2	2	1		

3－13 续表 2

单位：人

年 龄	遗传		母孕期病毒感染		传染性疾病		自身免疫缺陷性疾病	
	男	女	男	女	男	女	男	女
57岁	3	2						
58岁	1	2				1		
59岁		1				1	1	
60岁	2				1			
61岁						1		
62岁	1				1			
63岁		1						
64岁								
65岁								
66岁				1		1		
67岁								
68岁								
69岁	1							
70岁						1		
71岁	2	1				1		
72岁		1						
73岁						2		
74岁								
75岁								
76岁								
77岁						1		
78岁	1							
79岁	2							
80岁								
81岁								
82岁								
83岁								
84岁								
85+						1		

3－13 续表 3

单位：人

年 龄	全身性疾病		中耳炎		老年性耳聋		早产和低体重	
	男	女	男	女	男	女	男	女
总 计	**41**	**34**	**94**	**96**	**442**	**344**		**1**
0岁								
1岁	1							
2岁								
3岁								
4岁								
5岁	1							
6岁								
7岁								
8岁								
9岁								
10岁								
11岁								
12岁								
13岁								
14岁								
15岁								
16岁								
17岁								
18岁								
19岁			1					
20岁								
21岁								
22岁								
23岁								
24岁								
25岁								
26岁								
27岁								

3－13 续表 4

单位：人

年 龄	全身性疾病		中耳炎		老年性耳聋		早产和低体重	
	男	女	男	女	男	女	男	女
28岁								
29岁								
30岁				1				
31岁			1					1
32岁			1	1				
33岁								
34岁			1					
35岁								
36岁								
37岁				1				
38岁			1	2				
39岁								
40岁				3				
41岁			4					
42岁	1	1		3		1		
43岁			2					
44岁	1			2				
45岁	2	1		2				
46岁			3	1				
47岁			1	2				
48岁		1	3	1				
49岁			1	4	1			
50岁					1	1		
51岁	1		1	2		1		
52岁	3		2	1				
53岁		1		1	1	1		
54岁	1		3	2		1		
55岁		3	4	5		1		
56岁	3	4	2	4	1			

3－13 续表 5

单位：人

年 龄	全身性疾病		中耳炎		老年性耳聋		早产和低体重	
	男	女	男	女	男	女	男	女
57岁	2		8	3	1	3		
58岁	1		3	1	8	3		
59岁	1		7	3	5	1		
60岁	3	1		2	6	3		
61岁	1	1	1	5	9	4		
62岁		1	5	1	5	5		
63岁		2	3	3	3	7		
64岁			2	2	9	5		
65岁	1	2	3	3	18	5		
66岁	3	2	3		10	6		
67岁	1		3	4	15	14		
68岁	2	1	3		9	11		
69岁		1		2	20	9		
70岁		2	1	2	19	16		
71岁	3	2	4	2	24	13		
72岁	1	1	2		29	18		
73岁		1	3	5	10	15		
74岁		1	3	3	29	21		
75岁	3	1		3	22	15		
76岁			2	3	22	11		
77岁		1	3	1	15	15		
78岁	2			1	18	21		
79岁	1	1		2	22	13		
80岁			1	5	17	24		
81岁	2			2	14	17		
82岁		1	1		17	19		
83岁					7	7		
84岁			1		15	6		
85+		1	1		40	31		

3－13 续表 6

单位：人

年 龄	新生儿窒息		高胆红素血症		药物中毒		创伤或意外伤害	
	男	女	男	女	男	女	男	女
总 计	**4**	**1**	**1**	**1**	**29**	**28**	**43**	**17**
0岁								
1岁					1			
2岁	1							
3岁	1							
4岁								
5岁								
6岁	1							
7岁								
8岁								
9岁								
10岁								
11岁								
12岁								
13岁								
14岁								
15岁								
16岁								
17岁								
18岁					1			
19岁						1		
20岁						1		
21岁					1			
22岁						1		
23岁								
24岁	1					1		
25岁					2			
26岁								
27岁						1		1

3－13 续表 7

单位：人

年 龄	新生儿窒息		高胆红素血症		药物中毒		创伤或意外伤害	
	男	女	男	女	男	女	男	女
28岁						1	1	
29岁								
30岁								
31岁						1		
32岁						2		
33岁					1	1		
34岁					1			
35岁								
36岁						1	1	
37岁							1	
38岁		1			1			
39岁					1	1	1	1
40岁						2	2	
41岁					1		1	
42岁					2			1
43岁							3	
44岁							1	
45岁					1			
46岁								
47岁				1				
48岁						1		2
49岁						1	2	
50岁					1		3	
51岁					1	1	3	1
52岁						2	1	
53岁						1	3	1
54岁					2	1	2	
55岁							1	2
56岁					1		1	

3－13 续表 8

单位：人

年龄	新生儿窒息		高胆红素血症		药物中毒		创伤或意外伤害	
	男	女	男	女	男	女	男	女
57岁					1		2	
58岁							2	
59岁								1
60岁			1			1	1	
61岁								
62岁							2	
63岁								
64岁						1	1	
65岁					1		1	
66岁							1	
67岁						1	1	1
68岁					1			
69岁								
70岁					2	1	2	
71岁						1		1
72岁								1
73岁								
74岁					2			1
75岁					1		1	
76岁								
77岁					1	1		1
78岁						1		
79岁					1		1	
80岁								
81岁					1		1	1
82岁								
83岁								1
84岁								
85+								

3－13 续表 9

单位：人

年 龄	噪声和爆震		其他		原因不明	
	男	女	男	女	男	女
总 计	**49**	**8**	**20**	**16**	**157**	**124**
0岁						
1岁						
2岁						
3岁						
4岁						
5岁						
6岁						
7岁						
8岁						
9岁						
10岁						
11岁						1
12岁						
13岁						
14岁					1	
15岁						1
16岁						
17岁						
18岁						2
19岁					1	1
20岁			1		2	
21岁						1
22岁					1	3
23岁			1	1	1	
24岁						
25岁						
26岁					2	2
27岁						1

3－13 续表 10

单位：人

年 龄	噪声和爆震		其他		原因不明	
	男	女	男	女	男	女
28岁				1	2	
29岁					2	
30岁						1
31岁						
32岁					1	
33岁					1	1
34岁					1	
35岁						
36岁					1	
37岁					4	3
38岁	1				2	1
39岁						2
40岁					2	1
41岁		1				3
42岁	1				2	2
43岁					4	4
44岁	1	1				3
45岁					3	1
46岁	1		1		2	1
47岁	1		1	1	3	4
48岁				1	3	
49岁	1		2		2	1
50岁	1		1	1	4	4
51岁	3		2		5	6
52岁					7	3
53岁	2				7	5
54岁	1		1		4	7
55岁				1	4	6
56岁	1	1	1		1	2

3－13 续表 11

单位：人

年 龄	噪声和爆震		其他		原因不明	
	男	女	男	女	男	女
57岁	1				3	3
58岁	1		1	1	3	3
59岁	1				2	3
60岁			3	1	4	4
61岁	3				4	3
62岁	2	1		1	4	2
63岁				1	4	6
64岁	2			2		1
65岁	1			1	3	2
66岁	4	1			7	6
67岁	2				3	2
68岁				1	2	
69岁	1	1	1		3	2
70岁	1	1		1	4	1
71岁	2			1	9	
72岁	1				6	1
73岁			1		5	2
74岁	1					2
75岁	3		2		1	3
76岁	1				2	1
77岁					2	1
78岁	3				2	
79岁	1					1
80岁	1				4	1
81岁			1			
82岁					1	
83岁					1	
84岁	1					1
85+	2	1			3	

3-14 言语残疾(含多重)人分年龄、性别的主要致残原因

单位：人

年 龄	唐氏综合症		脑性瘫痪		新生儿病理性黄疸		早产、低体重和过期产		腭裂	
	男	女	男	女	男	女	男	女	男	女
总 计	**1**		**14**	**6**			**3**	**1**	**3**	**1**
0岁										
1岁										
2岁										
3岁			1	1						
4岁										
5岁	1		1							
6岁			1	1						
7岁				1						
8岁										
9岁			1							
10岁									1	
11岁				1						
12岁			1							
13岁										
14岁			1							
15岁										
16岁										
17岁			3	1						
18岁			1							
19岁			1							
20岁			1							
21岁									1	
22岁				1						
23岁			1							
24岁										
25岁							1			
26岁										
27岁										

3-14 续表 1

单位：人

年 龄	唐氏综合症		脑性瘫痪		新生儿病理性黄疸		早产、低体重和过期产		腭裂	
	男	女	男	女	男	女	男	女	男	女
28岁										
29岁										
30岁										
31岁										
32岁										
33岁										
34岁										
35岁										
36岁										
37岁										
38岁										
39岁										
40岁										
41岁									1	
42岁										
43岁										
44岁										
45岁										
46岁										
47岁										
48岁										
49岁										
50岁										
51岁										
52岁										
53岁										
54岁										
55岁										
56岁								1		

3-14 续表 2

单位：人

年龄	唐氏综合症		脑性瘫痪		新生儿病理性黄疸		早产、低体重和过期产		腭裂	
	男	女	男	女	男	女	男	女	男	女
57岁										
58岁							1			
59岁										
60岁										
61岁										
62岁							1			
63岁										
64岁										
65岁										
66岁										
67岁										
68岁										
69岁										
70岁										
71岁										
72岁										
73岁										
74岁										1
75岁										
76岁										
77岁			1							
78岁										
79岁										
80岁										
81岁										
82岁										
83岁										
84岁										
85+										

3-14 续表 3

单位：人

年龄	智力低下		脑梗死		脑出血		脑炎	
	男	女	男	女	男	女	男	女
总计	**12**	**9**	**79**	**37**	**21**	**9**	**6**	**5**
0岁								
1岁								
2岁								
3岁								
4岁	3							
5岁								
6岁								
7岁								
8岁		1						
9岁		1						
10岁								
11岁								
12岁		1						
13岁								
14岁	1							
15岁								
16岁								
17岁		1						
18岁								
19岁								
20岁		1						
21岁								
22岁								
23岁								
24岁								
25岁								
26岁							1	
27岁								

3-14 续表 4

单位：人

年龄	智力低下		脑梗死		脑出血		脑炎	
	男	女	男	女	男	女	男	女
28岁								
29岁								
30岁								
31岁								
32岁	2						1	
33岁								
34岁							1	
35岁	1							
36岁							1	
37岁								1
38岁								
39岁								
40岁						1		
41岁								
42岁								
43岁								
44岁								
45岁				1				
46岁								
47岁	1		1	1				
48岁	1		1			3		1
49岁								1
50岁					2			
51岁		1						1
52岁	1	1	4			1		
53岁	1		1		1			1
54岁			1		1			
55岁			4	2				
56岁			1		1			

3-14 续表 5

单位：人

年龄	智力低下		脑梗死		脑出血		脑炎	
	男	女	男	女	男	女	男	女
57岁	1			1				
58岁			4		2			
59岁			5	1	1		1	
60岁			3	1	2	1		
61岁		1	4	1	1			
62岁			2	1				
63岁			2	3				
64岁			6			2		
65岁			6	2	2			
66岁			1					
67岁			1					
68岁			4	1		1		
69岁			1	3				
70岁			2	1				
71岁			2	3				
72岁			5	1	2			
73岁			3	1				
74岁			3	2				
75岁			3	1	1			
76岁			1	3				
77岁			1	1	1		1	
78岁		1	2	1	2			
79岁					1			
80岁			2	2				
81岁								
82岁			1	1	1			
83岁				1				
84岁				1				
85+			2					

3-14 续表 6

单位：人

年 龄	脑囊虫病		喉、舌疾病术后		听力障碍		帕金森氏病		多发性硬化	
	男	女	男	女	男	女	男	女	男	女
总 计			**6**	**2**	**45**	**45**	**2**			**2**
0岁										
1岁										
2岁										
3岁										
4岁										
5岁										
6岁										
7岁					1					
8岁										
9岁										
10岁										
11岁					1					
12岁					1					
13岁										
14岁										
15岁						2				
16岁										
17岁					1					
18岁						2				
19岁					1	1				
20岁					1	1				
21岁					1	2				
22岁					1	2				
23岁										
24岁						2				
25岁					1					
26岁					1					
27岁						1				

3-14 续表 7

单位：人

年 龄	脑囊虫病		喉、舌疾病术后		听力障碍		帕金森氏病		多发性硬化	
	男	女	男	女	男	女	男	女	男	女
28岁						1				
29岁					1					
30岁										
31岁					1	2				
32岁					1	2				
33岁					3					
34岁										
35岁						1				
36岁				1						
37岁										
38岁						1				
39岁					1	1				
40岁						2				
41岁					2					
42岁						1				
43岁					3	1				
44岁			1							
45岁										
46岁			1		1					
47岁					1	3				
48岁										
49岁					3	2				
50岁					1	1				
51岁					4	1				
52岁						1				
53岁					1	1				
54岁										
55岁					3					
56岁						4				

3-14 续表 8

单位：人

年 龄	脑囊虫病		喉、舌疾病术后		听力障碍		帕金森氏病		多发性硬化	
	男	女	男	女	男	女	男	女	男	女
57岁					2	1				
58岁						1				
59岁						1				
60岁					2					
61岁										
62岁			1		1					
63岁						1				
64岁										
65岁										1
66岁				1	1	1				
67岁			1							
68岁							1			
69岁										
70岁					1	1				
71岁										
72岁			1							
73岁							1			
74岁										
75岁										
76岁										
77岁			1							
78岁					1					
79岁										
80岁										
81岁										1
82岁					1					
83岁										
84岁										
85+						1				

3-14 续表 9

单位：人

年 龄	脊髓侧索硬化		脑外伤		产伤		孤独症	
	男	女	男	女	男	女	男	女
总 计			**5**	**3**	**1**		**2**	
0岁								
1岁								
2岁								
3岁								
4岁							1	
5岁								
6岁							1	
7岁								
8岁					1			
9岁								
10岁								
11岁								
12岁								
13岁								
14岁								
15岁								
16岁								
17岁								
18岁			1					
19岁				1				
20岁								
21岁								
22岁								
23岁								
24岁								
25岁								
26岁								
27岁								

3-14 续表 10

单位：人

年 龄	脊髓侧索硬化		脑外伤		产伤		孤独症	
	男	女	男	女	男	女	男	女
28岁								
29岁			1					
30岁								
31岁								
32岁								
33岁								
34岁								
35岁								
36岁								
37岁								
38岁								
39岁								
40岁				1				
41岁								
42岁								
43岁								
44岁								
45岁								
46岁								
47岁								
48岁								
49岁								
50岁			1					
51岁								
52岁								
53岁								
54岁			1					
55岁								
56岁								

3-14 续表 11

单位：人

年 龄	脊髓侧索硬化		脑外伤		产伤		孤独症	
	男	女	男	女	男	女	男	女
57岁								
58岁								
59岁								
60岁								
61岁								
62岁								
63岁								
64岁								
65岁								
66岁								
67岁								
68岁								
69岁				1				
70岁								
71岁								
72岁								
73岁								
74岁								
75岁								
76岁								
77岁								
78岁								
79岁								
80岁			1					
81岁								
82岁								
83岁								
84岁								
85+								

3-14 续表 12

单位：人

年龄	癫痫		CO中毒		其他		原因不明	
	男	女	男	女	男	女	男	女
总 计	**7**	**3**		**1**	**22**	**24**	**34**	**24**
0岁								
1岁								
2岁								
3岁					1			
4岁						1	1	
5岁	1				2	1		
6岁								
7岁								
8岁								
9岁						2		
10岁								
11岁								1
12岁						1		
13岁								
14岁	1							
15岁					1			
16岁								1
17岁								
18岁								
19岁						1	1	
20岁					1			
21岁							1	
22岁						1	1	
23岁					2	2		
24岁					1			
25岁					1			
26岁						1		
27岁								

3-14 续表 13

单位：人

年 龄	癫痫		CO中毒		其他		原因不明	
	男	女	男	女	男	女	男	女
28岁					1		1	
29岁	1							
30岁					1			
31岁								1
32岁						1	1	
33岁							2	1
34岁	1				1	1		
35岁								
36岁					1			
37岁							1	
38岁						1		2
39岁					1			1
40岁		1					1	
41岁								2
42岁					1	1	1	
43岁						1	2	2
44岁					2		1	2
45岁							3	
46岁		1			1		1	1
47岁							1	
48岁								
49岁								
50岁					1	2	2	
51岁						2	2	1
52岁	1					1		
53岁						2	2	
54岁								
55岁	1				1		1	
56岁						1	1	2

3-14　续表 14

单位：人

年　龄	癫痫		CO中毒		其他		原因不明	
	男	女	男	女	男	女	男	女
57岁							2	1
58岁								2
59岁							1	1
60岁								1
61岁						1	1	
62岁								
63岁					1			
64岁								1
65岁								
66岁								
67岁								
68岁								
69岁								
70岁								1
71岁					1		1	
72岁								
73岁		1		1				
74岁								
75岁								
76岁								
77岁								
78岁	1						1	
79岁							1	
80岁								
81岁								
82岁								
83岁								
84岁								
85+								

3－15　肢体残疾(含多重)人分年龄、性别的主要致残原因

单位：人

年　龄	脑性瘫痪		发育畸形		侏儒症		其他先天性或发育障碍	
	男	女	男	女	男	女	男	女
总　计	**32**	**15**	**53**	**84**	**4**	**6**	**10**	**11**
0岁								
1岁			1					
2岁	1	1						
3岁	3	1		1				
4岁				1				
5岁	1			2				
6岁	1	1						
7岁	2	1		1				1
8岁	1							
9岁								
10岁	2							
11岁		1		1				
12岁	2							
13岁		1					1	1
14岁	1							
15岁	1							
16岁	1		1	1			1	
17岁	2	1	1	2	1			
18岁			2	5				
19岁	1	1	1	1				
20岁	1	2		1				
21岁	1						1	1
22岁		1		1				
23岁	1		1	1		1	1	
24岁	1			1				
25岁	1			1			1	1
26岁			1	1				
27岁	1		2					

3－15 续表 1

单位：人

年龄	脑性瘫痪		发育畸形		侏儒症		其他先天性或发育障碍	
	男	女	男	女	男	女	男	女
28岁				4				
29岁			1	3		1		
30岁	1							
31岁	2							
32岁				2	1		1	
33岁			1	3				
34岁	1	1	4	2				
35岁	1		2	3				
36岁				1				
37岁			2	1				
38岁		1	6	1				
39岁			1	5				
40岁			3	1				
41岁				1				
42岁	1			4				
43岁			3	4				1
44岁		1	1	1			1	
45岁		1	1					
46岁			1	4		2		
47岁			2	3				
48岁			1	2			1	
49岁								
50岁			1	1			1	
51岁			2	2	1			1
52岁			1	2				
53岁			1					
54岁			2	2			1	
55岁				1				1
56岁				1				

3－15 续表 2

单位：人

年 龄	脑性瘫痪		发育畸形		侏儒症		其他先天性或发育障碍	
	男	女	男	女	男	女	男	女
57岁			1					1
58岁			1					
59岁			1	1				1
60岁				1				
61岁					1			
62岁				1				
63岁			1	1				
64岁			2					
65岁				1				
66岁			1	1				
67岁				1		1		
68岁								
69岁				1				
70岁								1
71岁								
72岁								
73岁	1							
74岁						1		
75岁								
76岁								
77岁								
78岁								
79岁								
80岁								1
81岁								
82岁				1				
83岁								
84岁								
85+								

3－15 续表 3

单位：人

年 龄	脊髓灰质炎		脑血管疾病		周围血管疾病		肿瘤	
	男	女	男	女	男	女	男	女
总 计	**100**	**71**	**329**	**249**	**9**	**7**	**10**	**5**
0岁								
1岁								
2岁								
3岁				1				
4岁								
5岁								
6岁								
7岁								
8岁								
9岁								
10岁								
11岁								
12岁				1				
13岁								
14岁								
15岁								
16岁								
17岁	1							
18岁								
19岁		1					1	
20岁								
21岁								
22岁	1	1						
23岁								
24岁								
25岁								
26岁	1	1		1				
27岁								

3－15 续表 4

单位：人

年 龄	脊髓灰质炎		脑血管疾病		周围血管疾病		肿瘤	
	男	女	男	女	男	女	男	女
28岁	1							
29岁	1			1				
30岁	1	1						
31岁	1							
32岁		2						
33岁	1	2						
34岁	1	1						
35岁	4			1				
36岁	3	2						1
37岁	3	6		1				
38岁	1						1	
39岁	2	1	1					
40岁	4	3				1		
41岁	6	3	1			1		
42岁	13	7	1	2			1	
43岁	9	6	2					
44岁	6	3	2					
45岁	9	2	4	5			1	
46岁	4	6	3	1	1			1
47岁	6	2	3	3			1	
48岁	6	6	4	4				
49岁	3	4	2	7	1			
50岁	3	2	9	2	1		1	
51岁	2	3	7	4		1		
52岁	1	1	5	3	1			
53岁	2	2	7	5				
54岁	1		7	3				
55岁			9	8				
56岁	1		7	5				

3－15 续表 5

单位：人

年 龄	脊髓灰质炎		脑血管疾病		周围血管疾病		肿瘤	
	男	女	男	女	男	女	男	女
57岁			7	3			1	
58岁			8	5				1
59岁			12	5				
60岁			8	3				
61岁	1	1	13	5				
62岁		1	8	6	1			
63岁	1		11	5				
64岁			5	6	1			
65岁			13	10				
66岁			9	11	1	3	1	
67岁			14	7				
68岁		1	13	8				
69岁			8	10				
70岁			9	5	1			
71岁			12	9				
72岁			19	10				
73岁			14	11				1
74岁			8	9			1	
75岁			13	7			1	
76岁			6	7				1
77岁			5	3				
78岁			13	8				
79岁			7	7		1		
80岁			4	7				
81岁			5	4				
82岁			3	7				
83岁			2	3				
84岁			2	1				
85+			4	9	1			

3－15　续表 6

单位：人

年　龄	骨关节病		地方病		脊髓疾病		工伤	
	男	女	男	女	男	女	男	女
总　计	**174**	**248**	**4**	**2**	**15**	**14**	**88**	**12**
0岁								
1岁								
2岁								
3岁								
4岁								
5岁								
6岁					1			
7岁								
8岁		1						
9岁								
10岁								
11岁								
12岁								
13岁								
14岁								
15岁								
16岁	1							
17岁	1							
18岁								
19岁								
20岁							1	
21岁								
22岁	1							
23岁								
24岁								
25岁								
26岁	1							
27岁	1					1	1	

3－15 续表 7

单位：人

年龄	骨关节病		地方病		脊髓疾病		工伤	
	男	女	男	女	男	女	男	女
28岁							1	
29岁		2					1	
30岁	1				1			
31岁							1	
32岁	3	1					1	
33岁	1							
34岁		1			1		1	
35岁	1						3	1
36岁	3							
37岁	1	1				1	1	
38岁		2						
39岁	4						1	
40岁	1	2					1	
41岁	3	1			1		2	1
42岁	2	3				1	3	
43岁	5	2	1					1
44岁	5	2					4	
45岁	6	2					2	1
46岁	4						3	
47岁	3	7			1		4	1
48岁	3	1				1	2	2
49岁	5	4				1	2	
50岁	3	5			1		3	
51岁	3	5			1	1		
52岁	5	6					3	1
53岁	2	5				2	2	
54岁	2	6					5	
55岁	2	5					2	
56岁	3	6					3	1

3－15 续表 8

单位：人

年龄	骨关节病		地方病		脊髓疾病		工伤	
	男	女	男	女	男	女	男	女
57岁	4	5				1	3	1
58岁		9					3	
59岁	2	11				1	3	1
60岁	2	4					2	
61岁	3	4			1			
62岁	3	1					1	
63岁	2	6			1		2	1
64岁	2	6		1			2	
65岁	7	8			2		2	
66岁	9	9					2	
67岁	2	8			1		2	
68岁	3	7					5	
69岁	6	10				1		
70岁	5	1	1					
71岁	3	8	1		1			
72岁	5	6	1				3	
73岁	6	9						
74岁	3	11						
75岁	7	8					1	
76岁	3	5			1			
77岁	5	5				1	3	
78岁	1	9						
79岁	3	4			1	1	1	
80岁	2	3		1		1		
81岁	2	8						
82岁	3	6						
83岁	1	2						
84岁	1	1						
85+	3	4						

3－15　续表 9

单位：人

年　龄	交通事故		脊髓损伤		脑外伤		其他外伤		结核性感染	
	男	女	男	女	男	女	男	女	男	女
总　计	**83**	**32**	**11**	**4**	**7**	**2**	**239**	**113**	**5**	**17**
0岁										
1岁										
2岁										
3岁										
4岁										
5岁										
6岁								1		
7岁										
8岁								1		
9岁										
10岁										
11岁										
12岁								1		
13岁										
14岁	1						1	1		
15岁			1				1	1		
16岁										
17岁										
18岁	1			1	1		1	1		
19岁						1	2			
20岁										
21岁								1		
22岁							1			
23岁		1					1			
24岁							2	1		
25岁							1			
26岁										
27岁	2	1					1		1	

3－15 续表 10

单位：人

年龄	交通事故		脊髓损伤		脑外伤		其他外伤		结核性感染	
	男	女	男	女	男	女	男	女	男	女
28岁	2				1		2	1		
29岁							3			
30岁	1						2			
31岁		2					1			
32岁	1	1	1				4	1		1
33岁	3	1	1				3	3		
34岁	1			1			5			
35岁	2	1					5			1
36岁	2						5			
37岁	6	2					4			
38岁	2		1				4	4		
39岁	1				1		6	1		1
40岁	1	3					5	1		
41岁	8	1					4	1		
42岁					1		7	1	1	
43岁	5				1		6	1		
44岁							5	5		1
45岁	1	2	1				3	2		2
46岁	2						4	2		
47岁	1		1		1		3	3		
48岁	3	1		1			9	3		
49岁	6						6	1	1	
50岁							7	2		
51岁	3	2					6	5		1
52岁	3	1					3	3		
53岁	2	1					5	4		
54岁	2	1	1				7			1
55岁	2		1				5	2		1
56岁	2						9	1		

3－15 续表 11

单位：人

年龄	交通事故		脊髓损伤		脑外伤		其他外伤		结核性感染	
	男	女	男	女	男	女	男	女	男	女
57岁	1	1					7	1		1
58岁	1	1	1				4		1	
59岁	2	2					3	3		2
60岁	2						2	2		
61岁	2							1		
62岁	1						2			
63岁	1	1	1				5	4		
64岁							2	1		
65岁							4			1
66岁	2						3	1		
67岁		1					5			
68岁	2						4	6		
69岁							3	3		
70岁		1					3	4		
71岁		1					5	2		
72岁							3	4		
73岁		1					5	1		2
74岁	2	1					1	3		
75岁							2	3		
76岁							4	1	1	1
77岁						1	7	1		
78岁		1			1		4	3		
79岁								3		
80岁	1						2	2		1
81岁							2	1		
82岁							1	1		
83岁			1				2			
84岁				1			2	2		
85+							3	5		

3－15　续表 12

单位：人

年　龄	化脓性感染		中毒		其他		原因不明	
	男	女	男	女	男	女	男	女
总　计	**5**	**5**	**2**	**1**	**68**	**67**	**30**	**20**
0岁								
1岁						1		1
2岁								
3岁								
4岁								
5岁						1		
6岁								
7岁								
8岁								
9岁								
10岁						1		
11岁								
12岁						1		
13岁								
14岁								
15岁								
16岁				1				
17岁								1
18岁								
19岁								
20岁			1					
21岁								
22岁					1			
23岁						1		1
24岁								
25岁					1			
26岁	1							
27岁								

3－15 续表 13

单位：人

年龄	化脓性感染		中毒		其他		原因不明	
	男	女	男	女	男	女	男	女
28岁					1			
29岁								
30岁								
31岁								
32岁					1			
33岁					1			
34岁						1		
35岁	1				2	1		
36岁							2	
37岁					2	3		
38岁					1	1		1
39岁					1	3		
40岁							1	
41岁					1	1	2	
42岁					3	1	1	
43岁					2	1		
44岁					2			
45岁					2	1	1	
46岁	1					1		
47岁							1	1
48岁					1	2		
49岁	1				2	2		
50岁						1		1
51岁					1		1	
52岁						1	2	
53岁						2		
54岁						1		
55岁						3	3	
56岁						1	1	

3－15　续表 14

单位：人

年　龄	化脓性感染		中毒		其他		原因不明	
	男	女	男	女	男	女	男	女
57岁							1	
58岁		1				1		1
59岁					1	1		
60岁						2		1
61岁					1		1	
62岁					1			1
63岁						2		1
64岁		1					1	
65岁					1			
66岁					1	3	2	
67岁					3	1	2	1
68岁			1				1	
69岁								
70岁		2			2	2		
71岁	1	1				3	1	
72岁								
73岁					3	2		2
74岁					4			
75岁					1	3		1
76岁					1			1
77岁					1	1	1	
78岁					1		2	
79岁					3		1	
80岁					2	2		
81岁					1	2		
82岁					5	1		
83岁						3	1	
84岁						3		3
85+					11	3	1	2

3－16 智力残疾(含多重)人分年龄、性别的主要致残原因

单位：人

年 龄	遗传		脑疾病		内分泌障碍		惊厥性疾病		新生儿窒息	
	男	女	男	女	男	女	男	女	男	女
总 计	**65**	**52**	**86**	**60**	**1**	**1**	**22**	**15**	**11**	**7**
0岁										
1岁	2								2	
2岁	1			1						
3岁			3					1		2
4岁	2		1						1	
5岁	2		2						1	
6岁				1				1	1	
7岁				3						
8岁	1									1
9岁	1	1		1						
10岁	2		1							1
11岁				1			1	1	1	1
12岁			1							
13岁	2	1	1	1						
14岁		1	1				1		1	
15岁	2	1							1	
16岁	1	4	1	1				1		
17岁	2	1	4	2						
18岁	1		1				1			
19岁	1	2	1						1	
20岁	2	2	1	1						
21岁	1	1	1	1						
22岁			2	2						
23岁			1	1						
24岁			2		1			1		
25岁										
26岁	2	1					1			
27岁		1	1							1

3－16 续表 1

单位：人

年龄	遗传		脑疾病		内分泌障碍		惊厥性疾病		新生儿窒息	
	男	女	男	女	男	女	男	女	男	女
28岁	3		2							
29岁		1								
30岁	2	1		1						
31岁	1	1	1							
32岁	5									
33岁	1	2	3	1			2			1
34岁	1	1		1			1			
35岁	2	1		1						
36岁	1		1	1				1	1	
37岁	1							1	1	
38岁	2	2						1		
39岁	2	3	1							
40岁	1	1	1	1			1	1		
41岁	1	1	2					1		
42岁	1	1	3	1			3			
43岁	3	1		1			1			
44岁	1	1		2			1			
45岁		2	3				1	1		
46岁	1		1	2						
47岁		2		1			1			
48岁		1		3						
49岁	1	1	1	3			1			
50岁		1	1					2		
51岁	1	2	1				2			
52岁	2		1				1	1		
53岁	3		1				1			
54岁	2	1	2	1		1				
55岁		1	1				1			
56岁		2	1	1						

3－16 续表 2

单位：人

年 龄	遗传		脑疾病		内分泌障碍		惊厥性疾病		新生儿窒息	
	男	女	男	女	男	女	男	女	男	女
57岁	1	1	2	2						
58岁			1	1				1		
59岁	1		1	4						
60岁		1	1				1			
61岁			1	2						
62岁			3	1						
63岁			1							
64岁		1	1							
65岁										
66岁			1	1						
67岁				2						
68岁			1							
69岁			1	2						
70岁		1		1						
71岁				2						
72岁			3							
73岁		1	3							
74岁		1		1						
75岁			3	1						
76岁				1						
77岁			1	1						
78岁			1							
79岁			1							
80岁			1	1						
81岁			1							
82岁			3							
83岁			1							
84岁										
85+			2							

3－16 续表 3

单位：人

年 龄	早产、低体重和过期产		发育畸形		营养不良		母孕期外伤及物理伤害	
	男	女	男	女	男	女	男	女
总 计	**6**	**8**	**4**	**4**		**3**	**1**	**2**
0岁		1						
1岁								
2岁		1						
3岁		1						
4岁								
5岁			1					
6岁								
7岁								
8岁								
9岁	1							
10岁	1							
11岁								
12岁		1						
13岁								
14岁								
15岁								
16岁								
17岁						2		
18岁								1
19岁								
20岁				1				
21岁	1						1	
22岁		1						
23岁		1						
24岁		1						
25岁	1							
26岁								
27岁								

3－16 续表 4

单位：人

年 龄	早产、低体重和过期产		发育畸形		营养不良		母孕期外伤及物理伤害	
	男	女	男	女	男	女	男	女
28岁	1					1		
29岁								
30岁								
31岁		1						1
32岁								
33岁								
34岁				1				
35岁								
36岁								
37岁								
38岁			1	1				
39岁								
40岁				1				
41岁	1							
42岁								
43岁			1					
44岁								
45岁								
46岁								
47岁								
48岁			1					
49岁								
50岁								
51岁								
52岁								
53岁								
54岁								
55岁								
56岁								

3-16 续表 5

单位：人

年 龄	早产、低体重和过期产		发育畸形		营养不良		母孕期外伤及物理伤害	
	男	女	男	女	男	女	男	女
57岁								
58岁								
59岁								
60岁								
61岁								
62岁								
63岁								
64岁								
65岁								
66岁								
67岁								
68岁								
69岁								
70岁								
71岁								
72岁								
73岁								
74岁								
75岁								
76岁								
77岁								
78岁								
79岁								
80岁								
81岁								
82岁								
83岁								
84岁								
85+								

3－16　续表 6

单位：人

年　龄	产伤		工伤		交通事故		其他外伤	
	男	女	男	女	男	女	男	女
总　计	**3**	**1**	**2**		**9**	**6**	**4**	**1**
0岁								
1岁								
2岁								
3岁								
4岁								
5岁								
6岁								
7岁								
8岁								
9岁								
10岁								
11岁								
12岁								
13岁								
14岁	1							
15岁								
16岁		1						
17岁					1			
18岁								
19岁								1
20岁	1							
21岁								
22岁								
23岁								
24岁								
25岁					1			
26岁								
27岁								

3－16　续表 7

单位：人

年龄	产伤		工伤		交通事故		其他外伤	
	男	女	男	女	男	女	男	女
28岁								
29岁								
30岁						1		
31岁							1	
32岁								
33岁						1		
34岁								
35岁	1					1		
36岁								
37岁								
38岁								
39岁							1	
40岁								
41岁					2			
42岁								
43岁								
44岁						1		
45岁								
46岁								
47岁					1			
48岁								
49岁								
50岁								
51岁								
52岁					1			
53岁								
54岁								
55岁					1	1		
56岁							2	

3－16　续表 8

单位：人

年　龄	产伤		工伤		交通事故		其他外伤	
	男	女	男	女	男	女	男	女
57岁								
58岁						1		
59岁			1		1			
60岁								
61岁								
62岁								
63岁								
64岁								
65岁								
66岁			1		1			
67岁								
68岁								
69岁								
70岁								
71岁								
72岁								
73岁								
74岁								
75岁								
76岁								
77岁								
78岁								
79岁								
80岁								
81岁								
82岁								
83岁								
84岁								
85+								

3-16 续表 9

单位：人

年 龄	中毒与过敏反应		不良社会文化因素		其他		原因不明	
	男	女	男	女	男	女	男	女
总 计	**2**	**7**	**6**	**4**	**18**	**14**	**69**	**52**
0岁			1					
1岁							1	
2岁				1			1	
3岁				1				
4岁			2			1		
5岁						1		
6岁		1						
7岁							2	
8岁								
9岁					1			1
10岁							1	
11岁								1
12岁								
13岁								1
14岁							1	1
15岁							2	
16岁							2	1
17岁							2	
18岁					1			1
19岁						1	5	1
20岁							3	1
21岁							1	
22岁							1	3
23岁					2		3	
24岁							2	
25岁							1	
26岁					1		1	1
27岁							1	

3－16 续表 10

单位：人

年 龄	中毒与过敏反应		不良社会文化因素		其他		原因不明	
	男	女	男	女	男	女	男	女
28岁		1					2	1
29岁							2	
30岁					1		1	1
31岁					1			2
32岁			1					1
33岁				1		1	2	1
34岁		1				1		
35岁							2	
36岁		1	1			1	2	2
37岁					1		1	1
38岁								3
39岁					1	1	2	3
40岁							2	1
41岁		1					1	2
42岁						1	1	2
43岁	1	1					4	1
44岁					1			1
45岁								
46岁								1
47岁		1			1			
48岁						1	1	
49岁							1	
50岁							1	2
51岁	1					2	1	
52岁							1	2
53岁					1	1		3
54岁								
55岁					1	1		1
56岁							1	

3－16 续表 11

单位：人

年 龄	中毒与过敏反应		不良社会文化因素		其他		原因不明	
	男	女	男	女	男	女	男	女
57岁					3	1		1
58岁			1				4	
59岁					1		1	
60岁								
61岁								1
62岁								
63岁								
64岁					1		1	
65岁								
66岁							1	
67岁							1	
68岁								
69岁							1	
70岁								
71岁								
72岁								
73岁								2
74岁							1	
75岁								
76岁								
77岁								
78岁								
79岁							1	2
80岁				1				1
81岁								
82岁								
83岁								
84岁								
85+								2

3－17 精神残疾(含多重)人分年龄、性别的主要致残原因

单位：人

年 龄	痴呆		其他器质性精神障碍		使用精神活性物质所致的障碍		精神分裂症	
	男	女	男	女	男	女	男	女
总 计	**15**	**20**	**27**	**24**	**17**	**1**	**89**	**167**
0岁								
1岁								
2岁								
3岁								
4岁								
5岁	1							
6岁								
7岁								
8岁								
9岁								
10岁			1					
11岁								
12岁								
13岁								
14岁	1							
15岁								
16岁				1				
17岁			1					
18岁			1				1	
19岁				1				
20岁							1	1
21岁							2	
22岁	1						1	
23岁	1							
24岁							1	2
25岁							1	
26岁							1	
27岁							2	1

3－17 续表 1

单位：人

年龄	痴呆		其他器质性精神障碍		使用精神活性物质所致的障碍		精神分裂症	
	男	女	男	女	男	女	男	女
28岁		1		1			1	4
29岁				1			4	2
30岁			1				2	2
31岁			1				2	1
32岁				1			2	2
33岁			2	2			2	4
34岁	1						3	1
35岁	1				1			5
36岁			1				2	4
37岁			1	1				2
38岁			1				1	4
39岁		1	1				4	3
40岁	1		1		2		4	4
41岁			1	1	1		3	10
42岁							6	5
43岁					1		3	4
44岁	1	1		1			2	2
45岁					2		6	2
46岁							3	5
47岁			2		1		1	5
48岁				1			3	2
49岁		2			3		3	5
50岁			1	1	1		2	5
51岁	2	1		1			1	5
52岁		1	1		1		1	10
53岁				3	1		2	3
54岁			1	1	1		1	2
55岁			1	1	1		2	2
56岁			1				1	7

3－17 续表 2

单位：人

年龄	痴呆		其他器质性精神障碍		使用精神活性物质所致的障碍		精神分裂症	
	男	女	男	女	男	女	男	女
57岁								5
58岁	1	1	2					6
59岁				2			1	3
60岁		2						4
61岁		1						1
62岁	1				1			2
63岁		1				1	1	2
64岁			2				3	
65岁	1							7
66岁							1	4
67岁	1						2	2
68岁								2
69岁		3						1
70岁		2		1			1	2
71岁		1	2					2
72岁								2
73岁							1	1
74岁							1	
75岁				1				
76岁								
77岁								2
78岁		1					1	1
79岁	1							
80岁								
81岁								
82岁		1						
83岁								
84岁								
85+			1	2				2

3－17 续表 3

单位：人

年 龄	妄想性障碍		分裂情感性障碍		其他精神病性障碍		心境障碍	
	男	女	男	女	男	女	男	女
总 计	**3**	**2**	**3**	**3**	**5**	**4**	**2**	**13**
0岁								
1岁								
2岁								
3岁								
4岁								
5岁								
6岁								
7岁								
8岁								
9岁								
10岁								
11岁								
12岁								
13岁								
14岁								
15岁								
16岁								
17岁								
18岁								
19岁	1							
20岁								
21岁								
22岁								
23岁								
24岁								
25岁								
26岁			1					
27岁								

3－17 续表 4

单位：人

年 龄	妄想性障碍		分裂情感性障碍		其他精神病性障碍		心境障碍	
	男	女	男	女	男	女	男	女
28岁								
29岁								
30岁								
31岁		1						
32岁								
33岁			1		2			
34岁								
35岁				1				
36岁	1				1			
37岁								
38岁								2
39岁								1
40岁								
41岁						1		
42岁								
43岁								1
44岁								
45岁						1	1	
46岁					1			
47岁								
48岁								
49岁								
50岁								1
51岁								1
52岁								1
53岁								1
54岁								
55岁	1	1					1	1
56岁								2

3－17 续表 5

单位：人

年 龄	妄想性障碍		分裂情感性障碍		其他精神病性障碍		心境障碍	
	男	女	男	女	男	女	男	女
57岁								
58岁					1			
59岁								1
60岁								
61岁								
62岁								
63岁								
64岁								
65岁			1					
66岁						1		
67岁								
68岁								
69岁								
70岁								
71岁				1				
72岁								
73岁								
74岁								
75岁				1				
76岁								
77岁								1
78岁								
79岁						1		
80岁								
81岁								
82岁								
83岁								
84岁								
85+								

3－17 续表 6

单位：人

年龄	神经症性障碍		行为综合症		人格障碍		孤独症	
	男	女	男	女	男	女	男	女
总计	**5**	**14**		**2**		**3**	**2**	
0岁								
1岁								
2岁								
3岁								
4岁							1	
5岁								
6岁							1	
7岁								
8岁								
9岁								
10岁								
11岁								
12岁								
13岁								
14岁								
15岁								
16岁								
17岁								
18岁								
19岁								
20岁								
21岁								
22岁								
23岁						1		
24岁								
25岁								
26岁								
27岁								

3－17　续表 7

单位：人

年　龄	神经症性障碍		行为综合症		人格障碍		孤独症	
	男	女	男	女	男	女	男	女
28岁								
29岁								
30岁								
31岁								
32岁								
33岁								
34岁								
35岁								
36岁								
37岁								
38岁		1						
39岁		1						
40岁								
41岁								
42岁		1						
43岁		1						
44岁		1						
45岁	2					1		
46岁								
47岁								
48岁		2						
49岁		1						
50岁		1		1				
51岁		2						
52岁								
53岁						1		
54岁	1	1						
55岁		1						
56岁								

3－17 续表 8

单位：人

年 龄	神经症性障碍		行为综合症		人格障碍		孤独症	
	男	女	男	女	男	女	男	女
57岁								
58岁		1						
59岁								
60岁	1							
61岁								
62岁								
63岁				1				
64岁								
65岁								
66岁								
67岁								
68岁								
69岁								
70岁								
71岁								
72岁	1							
73岁								
74岁								
75岁								
76岁								
77岁								
78岁								
79岁								
80岁								
81岁								
82岁								
83岁								
84岁								
85+								

3－17 续表 9

单位：人

年 龄	癫痫		其他		原因不明	
	男	女	男	女	男	女
总 计	**27**	**29**	**4**	**2**	**3**	**2**
0岁						
1岁						
2岁				1		
3岁						
4岁						
5岁				1		
6岁						
7岁						
8岁						
9岁						
10岁	1					
11岁	1					
12岁						
13岁						
14岁	1	2				
15岁						
16岁						
17岁	1					
18岁	1	1				
19岁		1				
20岁		1				
21岁						
22岁	2					
23岁						
24岁		1				
25岁	1					
26岁	2					
27岁						

3－17　续表 10

单位：人

年　龄	癫痫		其他		原因不明	
	男	女	男	女	男	女
28岁	1	1				
29岁	1	1				
30岁	1					
31岁	1					
32岁	1		1			
33岁	1	3				
34岁						
35岁					1	
36岁		1				
37岁	1				1	
38岁						
39岁						
40岁		2				
41岁	2	1				
42岁		1				
43岁	1	1	1			
44岁			1			
45岁	1	1				
46岁		2				1
47岁	1					
48岁		1				
49岁		1				
50岁	1		1			1
51岁		1				
52岁	1	2				
53岁						
54岁						
55岁		1				
56岁		1				

3－17 续表 11

单位：人

年龄	癫痫		其他		原因不明	
	男	女	男	女	男	女
57岁						
58岁		1				
59岁						
60岁	1					
61岁						
62岁						
63岁						
64岁						
65岁						
66岁						
67岁						
68岁						
69岁	2					
70岁						
71岁						
72岁						
73岁						
74岁		1				
75岁						
76岁						
77岁						
78岁					1	
79岁						
80岁						
81岁						
82岁						
83岁						
84岁						
85+						

第四部分　残疾人的活动和参与、义务教育、社会保障、接受服务及主要需求

4-1 各地区18岁及以上视力残疾人分残疾等级的生活自理状况

单位：人

地　区	无障碍/无适用				轻度障碍			
	残疾一级	残疾二级	残疾三级	残疾四级	残疾一级	残疾二级	残疾三级	残疾四级
总　计	**50**	**25**	**30**	**325**	**46**	**8**	**14**	**115**
朝阳区			2	12				
昌邑区				7		1		11
龙潭区			1	9	1		1	6
二道区	7	1	2	16	1			
洮北区								10
东昌区		2	4	24	1			
二道江区				15		1	1	16
延吉市		1	4	15				
临江市		3	1	2	2		1	1
榆树市	8	6	7	17	2	1		1
公主岭市							3	10
九台市				13	3		1	15
舒兰市	3	2	2	30	2	1	2	10
蛟河市				16	3	1		5
大安市	9			16	3			
抚松县			3	10	1	1		6
安图县				5	1			1
农安县				21	7		1	14
梨树县	13	1		23	5		1	
永吉县	1	1	1	20	3		1	3
长岭县		3	1	10	10	2	2	6
乾安县	9	5	2	44	1			

4－1 续表 1

单位：人

地区	中度障碍				重度障碍			
	残疾一级	残疾二级	残疾三级	残疾四级	残疾一级	残疾二级	残疾三级	残疾四级
总 计	**39**	**12**	**9**	**27**	**34**		**5**	**4**
朝阳区								
昌邑区	3	1	1	1	4			
龙潭区	4			1				1
二道区	2				1			
洮北区	1	1	4	15	2		3	1
东昌区					2			
二道江区	1	1	2	2	1		1	
延吉市								
临江市	1				2			
榆树市	2				1			
公主岭市	1	1			7			
九台市	4	1		3	1			
舒兰市	4		1		4		1	2
蛟河市	2							
大安市					3			
抚松县	2	1						
安图县				2	1			
农安县	6	4		1				
梨树县	1			1	1			
永吉县	5	1	1	1	1			
长岭县		1			3			
乾安县								

4-1 续表 2

单位：人

地　区	极重度障碍/不能完成			
	残疾一级	残疾二级	残疾三级	残疾四级
总　计	**13**			
朝阳区				
昌邑区				
龙潭区				
二道区				
洮北区				
东昌区	1			
二道江区	4			
延吉市				
临江市				
榆树市				
公主岭市				
九台市	2			
舒兰市	4			
蛟河市				
大安市				
抚松县				
安图县	2			
农安县				
梨树县				
永吉县				
长岭县				
乾安县				

4－2　各地区18岁及以上视力残疾人分残疾等级的生活活动状况

单位：人

地　区	无障碍/无适用				轻度障碍			
	残疾一级	残疾二级	残疾三级	残疾四级	残疾一级	残疾二级	残疾三级	残疾四级
总　计			**2**	**29**	**2**	**7**	**16**	**162**
朝阳区								3
昌邑区								2
龙潭区								2
二道区							2	13
洮北区								3
东昌区			1	18		1	3	3
二道江区								21
延吉市				5			4	9
临江市			1			1		2
榆树市							2	17
公主岭市								2
九台市								8
舒兰市				2		1		13
蛟河市								
大安市								5
抚松县				1			3	13
安图县								2
农安县								
梨树县								
永吉县				1				10
长岭县							2	10
乾安县				2	2	4		24

4－2 续表 1

单位：人

地　区	中度障碍				重度障碍			
	残疾一级	残疾二级	残疾三级	残疾四级	残疾一级	残疾二级	残疾三级	残疾四级
总　计	**14**	**19**	**23**	**181**	**69**	**15**	**14**	**84**
朝阳区				7			2	2
昌邑区				17	2	2	1	
龙潭区			1	1	1		1	11
二道区	2			3	5			
洮北区			4	16	3	1	3	7
东昌区	1	1		3				
二道江区		1	1	10	1	1	2	1
延吉市		1		1				
临江市	2	2	1	1				
榆树市		6	4	1	5			
公主岭市		1	3	8	1			
九台市			1	8	2	1		14
舒兰市	3		4	24	3	2	2	2
蛟河市				9	4	1		12
大安市				7	14			4
抚松县	2	2		2	1			
安图县				5				1
农安县		1	1	25	2	3		11
梨树县				3	9			14
永吉县			1	10	3	1	2	2
长岭县		3		2	9	3	1	3
乾安县	4	1	2	18	4			

4－2 续表 2

单位：人

地 区	极重度障碍/不能完成			
	残疾一级	残疾二级	残疾三级	残疾四级
总 计	**97**	**4**	**3**	**15**
朝阳区				
昌邑区	5			
龙潭区	4			3
二道区	4	1		
洮北区				
东昌区	3			
二道江区	5		1	1
延吉市				
临江市	3			
榆树市	8	1	1	
公主岭市	7			
九台市	8			1
舒兰市	11			1
蛟河市	1			
大安市	1			
抚松县				
安图县	4			
农安县	11			
梨树县	11	1	1	7
永吉县	7	1		1
长岭县	4			1
乾安县				

4-3 各地区18岁及以上视力残疾人分残疾等级的社会参与状况

单位：人

地区	无障碍/无适用				轻度障碍			
	残疾一级	残疾二级	残疾三级	残疾四级	残疾一级	残疾二级	残疾三级	残疾四级
总　计			**1**	**29**	**3**	**4**	**20**	**175**
朝阳区								3
昌邑区								9
龙潭区							1	4
二道区							2	13
洮北区								2
东昌区			1	16		2	3	4
二道江区							1	22
延吉市				8		1	4	6
临江市				1		1	2	2
榆树市							2	18
公主岭市							2	3
九台市								12
舒兰市				1				20
蛟河市								4
大安市				1				2
抚松县							3	15
安图县								6
农安县								
梨树县								
永吉县								9
长岭县								4
乾安县				2	3			17

4-3 续表 1

单位：人

地 区	中度障碍				重度障碍			
	残疾一级	残疾二级	残疾三级	残疾四级	残疾一级	残疾二级	残疾三级	残疾四级
总 计	**26**	**24**	**24**	**207**	**87**	**14**	**12**	**59**
朝阳区			1	6			1	3
昌邑区		1	1	10	6	1		
龙潭区	2		1	11	3			2
二道区	3			3	6			
洮北区			3	16	3	1	4	8
东昌区	2			4	1			
二道江区		1		8	3	1	3	3
延吉市				1				
临江市	1	2			3			
榆树市		6	4		3			
公主岭市		1	1	7	1			
九台市	1	1	1	15	7			4
舒兰市	4	3	6	20	10			1
蛟河市				14	4	1		3
大安市	2			9	12			4
抚松县	1	2		1	2			
安图县				2				
农安县	1	1	1	25	1	3		11
梨树县	5			15	11	1	1	9
永吉县	1		2	9	6	2	1	6
长岭县		1	2	8	1	4	1	3
乾安县	3	5	1	23	4		1	2

4-3 续表 2

单位：人

地 区	极重度障碍/不能完成			
	残疾一级	残疾二级	残疾三级	残疾四级
总 计	**66**	**3**	**1**	**1**
朝阳区				
昌邑区	1			
龙潭区				
二道区	2	1		
洮北区				
东昌区	1			
二道江区	3			
延吉市				
临江市	1			
榆树市	10	1	1	
公主岭市	7			
九台市	2			
舒兰市	3			
蛟河市	1			
大安市	1			
抚松县				
安图县	4			
农安县	11			
梨树县	4			
永吉县	3			
长岭县	12	1		1
乾安县				

4－4 各地区18岁及以上听力残疾人分残疾等级的理解和交流状况

单位：人

地区	无障碍/无适用				轻度障碍			
	残疾一级	残疾二级	残疾三级	残疾四级	残疾一级	残疾二级	残疾三级	残疾四级
总计	**2**	**4**	**39**	**91**	**15**	**27**	**167**	**240**
朝阳区			2	3	2	5	6	18
昌邑区				3			4	23
龙潭区			2	13	1	2	10	14
二道区								
洮北区				2		1	19	17
东昌区			1	11	1		9	11
二道江区		1						4
延吉市		2	5	19			14	7
临江市			12	8		4	8	23
榆树市				1			6	11
公主岭市							1	6
九台市	1			2	2	3	5	6
舒兰市			2		1	2	4	4
蛟河市							16	5
大安市							10	20
抚松县			1	1	1	3	14	6
安图县			2	7	1	1	8	7
农安县			2				1	7
梨树县		1	1	2		1	11	14
永吉县			3	18	2	2	14	28
长岭县			1	1	1		3	9
乾安县	1		5		3	3	4	

4－4　续表 1

单位：人

地　区	中度障碍				重度障碍			
	残疾一级	残疾二级	残疾三级	残疾四级	残疾一级	残疾二级	残疾三级	残疾四级
总　计	**42**	**44**	**198**	**115**	**51**	**29**	**61**	**21**
朝阳区	3	2	5	2	1		1	3
昌邑区	4	5	19	38	7	1	5	1
龙潭区	3		8	8	2	3	2	
二道区		1	8		1	1		
洮北区	1	2	6				1	
东昌区	1	1	6	8	1	1	2	5
二道江区		1	31	15	3	9	6	
延吉市		1	2					
临江市	2		6				3	
榆树市		5	8		2	4		
公主岭市		2	15	4	5		4	
九台市	1	3	5	4	3	2	4	3
舒兰市			1	2		1	5	
蛟河市		1	9	4				
大安市	5	4	15	1	8		1	
抚松县	10	2	6		2			
安图县		2	12	7	2	1		1
农安县		1	8	13	1		15	4
梨树县	1		8	8	3	1	1	1
永吉县	4		2	1	2			
长岭县	2	8	18		4	5	11	3
乾安县	5	3			4			

4－4　续表 2

单位：人

地　区	极重度障碍/不能完成			
	残疾一级	残疾二级	残疾三级	残疾四级
总　计	**31**	**8**	**13**	**1**
朝阳区				
昌邑区				
龙潭区	2			
二道区	4			
洮北区				
东昌区				
二道江区	1			
延吉市				
临江市				
榆树市	4			
公主岭市	1			
九台市	4	2	2	
舒兰市	2	4	10	
蛟河市				
大安市				
抚松县	2			
安图县	1			
农安县	1	1		
梨树县				
永吉县				
长岭县	8	1	1	1
乾安县	1			

4－5　各地区18岁及以上听力残疾人分残疾等级的生活自理状况

单位：人

地　区	无障碍/无适用				轻度障碍			
	残疾一级	残疾二级	残疾三级	残疾四级	残疾一级	残疾二级	残疾三级	残疾四级
总　计	**76**	**62**	**308**	**400**	**35**	**36**	**138**	**60**
朝阳区	4	4	7	25	2	2	4	1
昌邑区	3	5	18	54	6	1	8	10
龙潭区	6	4	20	35	1	1	1	
二道区	4	2	8		1			
洮北区	1	1	5	19		2	20	
东昌区	3	2	13	31			4	4
二道江区	4	5	20	17		6	17	1
延吉市		3	19	26			2	
临江市	2	3	21	28			8	3
榆树市	1	3	3	3	3	6	11	9
公主岭市				3	2	1	15	7
九台市	3	3	4	9	4	3	6	3
舒兰市	1	1	5	5	1	3	9	1
蛟河市		1	19	8			4	1
大安市	13	4	26	21				
抚松县	3	3	9	3	6	2	11	4
安图县	3	3	20	21	1	1	2	1
农安县	1	2	25	24	1		1	
梨树县	3	2	13	17		1	7	7
永吉县	4	1	17	44	2	1	2	3
长岭县	12	7	28	7	2	4	5	5
乾安县	5	3	8		3	2	1	

4－5 续表 1

单位：人

地区	中度障碍				重度障碍			
	残疾一级	残疾二级	残疾三级	残疾四级	残疾一级	残疾二级	残疾三级	残疾四级
总　计	**19**	**7**	**20**	**7**	**10**	**5**	**9**	**1**
朝阳区		1	3					
昌邑区	2		1	1			1	
龙潭区	1		1					
二道区								
洮北区							1	
东昌区			1					
二道江区				1				
延吉市								
临江市		1						
榆树市	1				1			
公主岭市	4	1	4				1	
九台市	1	1	3	2	2	1	2	1
舒兰市		1	2		1	2	4	
蛟河市			2					
大安市								
抚松县	5		1		1			
安图县								
农安县								
梨树县	1		1	1				
永吉县					2			
长岭县	1	1	1	2		2		
乾安县	3	1			3			

4－5 续表 2

单位：人

地 区	极重度障碍/不能完成			
	残疾一级	残疾二级	残疾三级	残疾四级
总 计	**1**	**2**	**3**	
朝阳区				
昌邑区				
龙潭区				
二道区				
洮北区				
东昌区				
二道江区				
延吉市				
临江市				
榆树市				
公主岭市				
九台市	1	2	1	
舒兰市			2	
蛟河市				
大安市				
抚松县				
安图县				
农安县				
梨树县				
永吉县				
长岭县				
乾安县				

4－6 各地区18岁及以上听力残疾人分残疾等级的与人相处状况

单位：人

地　区	无障碍/无适用				轻度障碍			
	残疾一级	残疾二级	残疾三级	残疾四级	残疾一级	残疾二级	残疾三级	残疾四级
总　计	**5**	**6**	**62**	**133**	**16**	**34**	**178**	**226**
朝阳区			1	1	2	4	5	20
昌邑区				7			10	35
龙潭区	1	1	4	22	2	1	11	8
二道区	1	1	1		1		2	
洮北区				5		3	22	14
东昌区			2	11			3	11
二道江区		1		1			2	4
延吉市			14	25		3	4	1
临江市			12	15		2	13	16
榆树市			2	2		4	9	10
公主岭市				1			2	7
九台市		1		2	1	2	3	5
舒兰市	1		3				2	4
蛟河市			1	1			10	4
大安市				2	1	1	21	16
抚松县			1			2	5	4
安图县		1	4	7	1	2	16	14
农安县			1				5	12
梨树县		1	9	16	1	2	10	7
永吉县			2	15	3	2	14	31
长岭县			1		1	1	6	3
乾安县	2		4		3	5	3	

4－6 续表 1

单位：人

地　区	中度障碍				重度障碍			
	残疾一级	残疾二级	残疾三级	残疾四级	残疾一级	残疾二级	残疾三级	残疾四级
总　计	**35**	**44**	**179**	**95**	**62**	**20**	**40**	**11**
朝阳区	2	2	6	3	2	1	2	2
昌邑区	4	5	16	22	7	1	2	1
龙潭区	2	1	5	5	2	2	2	
二道区			5		2	1		
洮北区			4		1			
东昌区		1	7	9	2	1	5	3
二道江区		2	31	14	4	8	4	
延吉市			3					
临江市	1	2	4		1			
榆树市	2	3	3		1	2		
公主岭市	1	2	17	2	4		1	
九台市	4	3	5	5	3	2	5	1
舒兰市		1	4	2			2	
蛟河市		1	13	4			1	
大安市	4	3	5	3	7			
抚松县	5	3	12	3	2		3	
安图县	2	1	2	1	1			
农安县		2	13	11	2		7	1
梨树县			2	2	3			
永吉县	3		2	1	2		1	
长岭县		11	18	8	13	2	5	3
乾安县	5	1	2		3			

4－6　续表 2

单位：人

地　区	极重度障碍/不能完成			
	残疾一级	残疾二级	残疾三级	残疾四级
总　计	**23**	**8**	**19**	**3**
朝阳区				
昌邑区				
龙潭区	1			
二道区	1			
洮北区				
东昌区	1		1	1
二道江区				
延吉市				
临江市				
榆树市	3			
公主岭市	1			
九台市	3	2	3	2
舒兰市	2	6	11	
蛟河市				
大安市	1			
抚松县	8			
安图县				
农安县				
梨树县				
永吉县				
长岭县	1		4	
乾安县	1			

4－7　各地区18岁及以上听力残疾人分残疾等级的生活活动状况

单位：人

地　区	无障碍/无适用				轻度障碍			
	残疾一级	残疾二级	残疾三级	残疾四级	残疾一级	残疾二级	残疾三级	残疾四级
总　计	**20**	**12**	**79**	**128**	**18**	**28**	**144**	**194**
朝阳区	1		2	4	1	3	4	17
昌邑区	1			15		2	14	30
龙潭区			1	7	2	1	4	14
二道区	4	1	4		1			
洮北区						1	4	18
东昌区	2		7	15		1	5	9
二道江区						1	15	15
延吉市		2	15	22			5	4
临江市			5	3			2	
榆树市				1		2	7	8
公主岭市				1				2
九台市	1	1	1	6	2	4	5	3
舒兰市	1	1	2	2	1	1	8	3
蛟河市			6	4		1	11	4
大安市		1	4	6	4	3	15	9
抚松县	1	1	4	2	5	2	13	4
安图县	2	2	8	15		1	7	4
农安县			1	2			3	9
梨树县	3	2	8	13			3	7
永吉县		1	5	9	1		9	27
长岭县			1	1		2	8	7
乾安县	4		5		1	3	2	

4－7 续表 1

单位：人

地　区	中度障碍				重度障碍			
	残疾一级	残疾二级	残疾三级	残疾四级	残疾一级	残疾二级	残疾三级	残疾四级
总　计	**39**	**45**	**158**	**96**	**35**	**16**	**73**	**42**
朝阳区	3	4	5	4	1		3	1
昌邑区	4	2	7	18	6	2	6	2
龙潭区	1	1	9	8	3		5	4
二道区			4			1		
洮北区	1		14	1		1	7	
东昌区	1	1	3	7			2	4
二道江区	3	8	21	3	1	2	1	1
延吉市		1					1	
临江市	1	2	7	12	1	2	11	15
榆树市	3	6	6	3	1	1	1	
公主岭市	2		12	7	3	2	8	
九台市	3	3	5	3	2		2	2
舒兰市	1	1	4	1		2	3	
蛟河市			8	1				
大安市	5		7	6	4			
抚松县	1	2	4	1	1			
安图县	1	1	6	2	1			1
农安县		1	10	7	2	1	9	4
梨树县		1	5	2			4	3
永吉县	4	1	5	9				2
长岭县	1	7	14	1	6	2	10	3
乾安县	4	3	2		3			

4－7 续表 2

单位：人

地　区	极重度障碍/不能完成			
	残疾一级	残疾二级	残疾三级	残疾四级
总　计	**29**	**11**	**24**	**8**
朝阳区				
昌邑区			1	
龙潭区	2	3	3	2
二道区				
洮北区		1	1	
东昌区			1	
二道江区				
延吉市				
临江市			4	1
榆树市	2			
公主岭市	1			
九台市	3	2	3	1
舒兰市		2	5	
蛟河市				
大安市				
抚松县	7			
安图县			1	
农安县			3	2
梨树县	1		1	
永吉县	3			
长岭县	8	3	1	2
乾安县	2			

4－8 各地区18岁及以上听力残疾人分残疾等级的社会参与状况

单位：人

地 区	无障碍/无适用				轻度障碍			
	残疾一级	残疾二级	残疾三级	残疾四级	残疾一级	残疾二级	残疾三级	残疾四级
总 计	**2**	**2**	**21**	**79**	**13**	**23**	**138**	**245**
朝阳区			2	3	3	3	3	19
昌邑区				10			10	37
龙潭区				3	1		4	13
二道区								
洮北区							9	19
东昌区			1	11			9	11
二道江区								3
延吉市			7	18		3	12	7
临江市							14	24
榆树市						1		4
公主岭市							4	10
九台市			1	1	2	5	4	7
舒兰市					1		4	3
蛟河市						1	11	6
大安市							1	18
抚松县		1				1	7	3
安图县			3	10	1	3	13	10
农安县							3	6
梨树县		1	2	12	1		10	9
永吉县			1	11	2	2	16	34
长岭县							1	2
乾安县	2		4		2	4	3	

4－8 续表 1

单位：人

地 区	中度障碍				重度障碍			
	残疾一级	残疾二级	残疾三级	残疾四级	残疾一级	残疾二级	残疾三级	残疾四级
总 计	**26**	**27**	**177**	**103**	**41**	**35**	**90**	**33**
朝阳区	2	2	6	2		2	3	2
昌邑区	1	3	8	17	10	3	9	1
龙潭区		1	3	12	2	1	6	3
二道区		1	8		1	1		
洮北区		2	17		1	1		
东昌区		1	2	7	1		6	6
二道江区		2	31	15	3	9	6	1
延吉市			1	1			1	
临江市	2	4	13	7			2	
榆树市		1	10	7	2	7	4	1
公主岭市	1		15		4	2	1	
九台市	2	1	3	4	3	2	3	3
舒兰市		1	1	1	1		3	1
蛟河市			14	3				
大安市			17	3	4	3	8	
抚松县	5	2	4	3	2		10	1
安图县	2	1	6	2	1			
农安县			6	12	1	2	14	6
梨树县	2	2	7	4	1		2	
永吉县	5		1	2	1		1	
长岭县		1	2	1		2	11	8
乾安县	4	2	2		3			

4－8　续表 2

单位：人

地　区	极重度障碍/不能完成			
	残疾一级	残疾二级	残疾三级	残疾四级
总　计	**59**	**25**	**52**	**8**
朝阳区	1			
昌邑区			1	
龙潭区	5	3	9	4
二道区	4			
洮北区				
东昌区	2	1		
二道江区	1			
延吉市				
临江市				
榆树市	4			
公主岭市	1			
九台市	4	2	5	
舒兰市	1	6	14	1
蛟河市				
大安市	9	1		
抚松县	8	1		
安图县				
农安县	1		3	
梨树县				
永吉县				
长岭县	15	11	20	3
乾安县	3			

4－9　各地区18岁及以上言语残疾人分残疾等级的理解和交流状况

单位：人

地　区	无障碍/无适用				轻度障碍			
	残疾一级	残疾二级	残疾三级	残疾四级	残疾一级	残疾二级	残疾三级	残疾四级
总　计	**3**	**1**	**1**	**4**	**1**	**4**	**11**	**17**
朝阳区								1
昌邑区							4	
龙潭区							2	1
二道区								
洮北区								2
东昌区								
二道江区						1	3	
延吉市								
临江市								
榆树市								
公主岭市	1	1				2		1
九台市								2
舒兰市								3
蛟河市				2			1	
大安市								
抚松县								1
安图县	2		1					4
农安县						1		
梨树县								1
永吉县							1	
长岭县				1	1			1
乾安县				1				

4－9 续表 1

单位：人

地　区	中度障碍				重度障碍			
	残疾一级	残疾二级	残疾三级	残疾四级	残疾一级	残疾二级	残疾三级	残疾四级
总　计	**2**	**7**	**3**	**5**	**4**	**1**	**6**	**3**
朝阳区								
昌邑区	1			1	1		2	
龙潭区					1			
二道区		1						
洮北区	1		2		1			
东昌区		1						
二道江区		1		1			2	
延吉市								
临江市								
榆树市		1		1				
公主岭市								2
九台市							1	
舒兰市								
蛟河市				1				
大安市		1						
抚松县			1			1		
安图县								
农安县		2			1		1	
梨树县								
永吉县								1
长岭县				1				
乾安县								

4－9 续表 2

单位：人

地　区	极重度障碍/不能完成			
	残疾一级	残疾二级	残疾三级	残疾四级
总　计	**4**	**2**		
朝阳区	1			
昌邑区	1	1		
龙潭区				
二道区	1			
洮北区				
东昌区				
二道江区				
延吉市				
临江市				
榆树市	1			
公主岭市				
九台市		1		
舒兰市				
蛟河市				
大安市				
抚松县				
安图县				
农安县				
梨树县				
永吉县				
长岭县				
乾安县				

4－10 各地区18岁及以上言语残疾人分残疾等级的生活自理状况

单位：人

地　区	无障碍/无适用				轻度障碍			
	残疾一级	残疾二级	残疾三级	残疾四级	残疾一级	残疾二级	残疾三级	残疾四级
总　计	**8**	**10**	**14**	**21**	**2**		**2**	**4**
朝阳区				1				
昌邑区	1		4	1	1			
龙潭区	1		2	1				
二道区		1						
洮北区	2		2	2				
东昌区		1						
二道江区			2	1			1	
延吉市								
临江市								
榆树市		1						
公主岭市	1	3		1				
九台市				2				
舒兰市				2				1
蛟河市			1	3				
大安市		1						
抚松县			1	1				
安图县	2		1	4				
农安县	1	3					1	
梨树县								1
永吉县			1					1
长岭县				1	1			1
乾安县				1				

4－10 续表 1

单位：人

地区	中度障碍				重度障碍			
	残疾一级	残疾二级	残疾三级	残疾四级	残疾一级	残疾二级	残疾三级	残疾四级
总　计	**1**	**4**	**3**	**3**	**1**	**1**	**1**	
朝阳区								
昌邑区			2		1	1		
龙潭区								
二道区	1							
洮北区								
东昌区								
二道江区		2	1				1	
延吉市								
临江市								
榆树市				1				
公主岭市				1				
九台市		1						
舒兰市								
蛟河市								
大安市								
抚松县		1						
安图县								
农安县								
梨树县								
永吉县								
长岭县				1				
乾安县								

4－10 续表 2

单位：人

地 区	极重度障碍/不能完成			
	残疾一级	残疾二级	残疾三级	残疾四级
总 计	**2**		**1**	**1**
朝阳区	1			
昌邑区				
龙潭区				
二道区				
洮北区				
东昌区				
二道江区				
延吉市				
临江市				
榆树市	1			
公主岭市				1
九台市			1	
舒兰市				
蛟河市				
大安市				
抚松县				
安图县				
农安县				
梨树县				
永吉县				
长岭县				
乾安县				

4－11 各地区18岁及以上言语残疾人分残疾等级的与人相处状况

单位：人

地区	无障碍/无适用				轻度障碍			
	残疾一级	残疾二级	残疾三级	残疾四级	残疾一级	残疾二级	残疾三级	残疾四级
总　计	**2**	**1**	**2**	**6**	**2**	**3**	**6**	**13**
朝阳区								
昌邑区							3	
龙潭区				1				
二道区								
洮北区								1
东昌区								
二道江区							2	1
延吉市								
临江市								
榆树市						1		1
公主岭市		1			1	2		
九台市								2
舒兰市								2
蛟河市							1	1
大安市								
抚松县				1				
安图县	2		1	2				2
农安县								
梨树县								1
永吉县			1					
长岭县				1	1			2
乾安县				1				

4－11 续表 1

单位：人

地 区	中度障碍				重度障碍			
	残疾一级	残疾二级	残疾三级	残疾四级	残疾一级	残疾二级	残疾三级	残疾四级
总 计	**2**	**3**	**8**	**6**	**3**	**6**	**4**	**4**
朝阳区				1				
昌邑区	1		1	1			2	
龙潭区			1		1		1	
二道区						1		
洮北区	1		2	1	1			
东昌区		1						
二道江区		1	2			1	1	
延吉市								
临江市								
榆树市								
公主岭市				1				2
九台市								
舒兰市				1				
蛟河市				1				1
大安市						1		
抚松县		1	1					
安图县								
农安县			1		1	3		
梨树县								
永吉县								1
长岭县								
乾安县								

4－11 续表 2

单位：人

地 区	极重度障碍/不能完成			
	残疾一级	残疾二级	残疾三级	残疾四级
总 计	**5**	**2**	**1**	
朝阳区	1			
昌邑区	2	1		
龙潭区				
二道区	1			
洮北区				
东昌区				
二道江区				
延吉市				
临江市				
榆树市	1			
公主岭市				
九台市		1	1	
舒兰市				
蛟河市				
大安市				
抚松县				
安图县				
农安县				
梨树县				
永吉县				
长岭县				
乾安县				

4－12 各地区18岁及以上言语残疾人分残疾等级的生活活动状况

单位：人

地 区	无障碍/无适用				轻度障碍			
	残疾一级	残疾二级	残疾三级	残疾四级	残疾一级	残疾二级	残疾三级	残疾四级
总 计	**2**		**4**	**11**	**5**	**6**	**8**	**7**
朝阳区								1
昌邑区			2				1	1
龙潭区							1	
二道区					1	1		
洮北区				1	2		2	1
东昌区								
二道江区			1				1	1
延吉市								
临江市								
榆树市								
公主岭市				1	1	2		
九台市				2				
舒兰市				1				1
蛟河市				1			1	1
大安市						1		
抚松县				1			1	
安图县	2			3			1	
农安县						2		
梨树县								
永吉县			1					
长岭县					1			1
乾安县				1				

4－12 续表 1

单位：人

地　区	中度障碍				重度障碍			
	残疾一级	残疾二级	残疾三级	残疾四级	残疾一级	残疾二级	残疾三级	残疾四级
总　计	**3**	**3**	**2**	**5**	**1**	**4**	**3**	**3**
朝阳区								
昌邑区	1		1		1		1	
龙潭区	1		1	1				
二道区								
洮北区								
东昌区						1		
二道江区						2	1	
延吉市								
临江市								
榆树市		1						
公主岭市		1						
九台市								
舒兰市				1				
蛟河市								1
大安市								
抚松县						1		
安图县				1				
农安县	1	1					1	
梨树县				1				
永吉县								1
长岭县				1				1
乾安县								

4－12 续表 2

单位：人

地 区	极重度障碍/不能完成			
	残疾一级	残疾二级	残疾三级	残疾四级
总 计	**3**	**2**	**4**	**3**
朝阳区	1			
昌邑区	1	1	1	
龙潭区				
二道区				
洮北区				
东昌区				
二道江区			2	
延吉市				
临江市				
榆树市	1			1
公主岭市				2
九台市		1	1	
舒兰市				
蛟河市				
大安市				
抚松县				
安图县				
农安县				
梨树县				
永吉县				
长岭县				
乾安县				

4－13 各地区18岁及以上言语残疾人分残疾等级的社会参与状况

单位：人

地　区	无障碍/无适用				轻度障碍			
	残疾一级	残疾二级	残疾三级	残疾四级	残疾一级	残疾二级	残疾三级	残疾四级
总　计			**1**	**2**	**3**	**2**	**5**	**13**
朝阳区								1
昌邑区							3	
龙潭区								
二道区								
洮北区								1
东昌区								
二道江区							1	1
延吉市								
临江市								
榆树市								
公主岭市					1	2		1
九台市								2
舒兰市								3
蛟河市							1	1
大安市								
抚松县								1
安图县			1	2	2			1
农安县								
梨树县								
永吉县								
长岭县								
乾安县								1

4－13 续表 1

单位：人

地 区	中度障碍				重度障碍			
	残疾一级	残疾二级	残疾三级	残疾四级	残疾一级	残疾二级	残疾三级	残疾四级
总 计	**3**	**3**	**9**	**9**	**4**	**9**	**6**	**4**
朝阳区								
昌邑区			1	1	3	1	2	
龙潭区	1		2	1				
二道区						1		
洮北区	2		2	1				
东昌区		1						
二道江区		1	1			1	3	
延吉市								
临江市								
榆树市						1		
公主岭市		1						2
九台市			1					
舒兰市								
蛟河市				2				
大安市						1		
抚松县			1			1		
安图县				1				
农安县					1	3	1	
梨树县				1				
永吉县			1					1
长岭县				2				1
乾安县								

4－13 续表 2

单位：人

地 区	极重度障碍/不能完成			
	残疾一级	残疾二级	残疾三级	残疾四级
总 计	**4**	**1**		**1**
朝阳区	1			
昌邑区				
龙潭区				
二道区	1			
洮北区				
东昌区				
二道江区				
延吉市				
临江市				
榆树市	1			1
公主岭市				
九台市		1		
舒兰市				
蛟河市				
大安市				
抚松县				
安图县				
农安县				
梨树县				
永吉县				
长岭县	1			
乾安县				

4－14 各地区18岁及以上肢体残疾人分残疾等级的身体移动状况

单位：人

地 区	无障碍/无适用				轻度障碍			
	残疾一级	残疾二级	残疾三级	残疾四级	残疾一级	残疾二级	残疾三级	残疾四级
总 计	**4**	**5**	**46**	**232**		**1**	**33**	**692**
朝阳区			1	10				33
昌邑区			1	8			4	33
龙潭区		2	3	8				19
二道区		1	3	10				44
洮北区			1	7			1	17
东昌区				10			5	27
二道江区			4	11			3	12
延吉市			6	5			2	53
临江市			4	11			1	30
榆树市			2	18				15
公主岭市			1	11		1		52
九台市			2	14			3	21
舒兰市			1	9			1	33
蛟河市		1	1	15			3	58
大安市			2	13			3	17
抚松县		1	3	3				30
安图县	2		3	12			2	65
农安县			1	4			1	13
梨树县			1	7			4	12
永吉县			3	22				28
长岭县			1	5				26
乾安县	2		2	19				54

4－14 续表 1

单位：人

地 区	中度障碍				重度障碍			
	残疾一级	残疾二级	残疾三级	残疾四级	残疾一级	残疾二级	残疾三级	残疾四级
总 计		**16**	**342**	**108**	**2**	**163**	**34**	**5**
朝阳区			28			16		
昌邑区		1	30	1		12		
龙潭区			11	8		6	1	
二道区		1	25		1	9		
洮北区			14			5		
东昌区			10	9		1	4	1
二道江区			12	6		1	2	
延吉市		1	51	7		6	1	
临江市		1	22	9		14	6	
榆树市			9	22		6	1	
公主岭市			1	5			7	1
九台市		1	9	9		2	2	2
舒兰市		1	19	2		4		
蛟河市		1	27			19		1
大安市		2	15	3		5		
抚松县			17			10		
安图县		1	15			9		
农安县			14	12		1	2	
梨树县		3	6			6		
永吉县		1	4	15	1	3	8	
长岭县		2	2			5		
乾安县			1			23		

4－14　续表 2

单位：人

地　区	极重度障碍/不能完成			
	残疾一级	残疾二级	残疾三级	残疾四级
总　计	**64**	**30**	**3**	**1**
朝阳区	3			
昌邑区	8			
龙潭区	3	5		
二道区	2			
洮北区	1			
东昌区	2	1		
二道江区	2	2		
延吉市		3		1
临江市	6	3		
榆树市	3			
公主岭市	1	2	1	
九台市	3	5		
舒兰市	1	1		
蛟河市	1			
大安市	5	1		
抚松县	4	3	1	
安图县	5	1		
农安县	2	1		
梨树县	4			
永吉县				
长岭县	5			
乾安县	3	2	1	

4－15　各地区18岁及以上肢体残疾人分残疾等级的生活自理状况

单位：人

地　区	无障碍/无适用				轻度障碍			
	残疾一级	残疾二级	残疾三级	残疾四级	残疾一级	残疾二级	残疾三级	残疾四级
总　计		**1**	**28**	**269**	**1**	**5**	**129**	**724**
朝阳区				5			1	38
昌邑区			1	8		1	20	34
龙潭区		1	1	12			8	23
二道区			1	8			9	46
洮北区			1	6			6	18
东昌区			2	20			10	26
二道江区			10	19		1	6	8
延吉市							3	62
临江市				6	1		11	37
榆树市							6	45
公主岭市				1		1	2	68
九台市				16			5	22
舒兰市				2			4	42
蛟河市			2	20			6	53
大安市			1	3			4	23
抚松县				10			3	23
安图县			1	44			11	33
农安县			4	21			11	8
梨树县				6				12
永吉县			1	42			3	19
长岭县			3	20		2		11
乾安县								73

4－15 续表 1

单位：人

地　区	中度障碍				重度障碍			
	残疾一级	残疾二级	残疾三级	残疾四级	残疾一级	残疾二级	残疾三级	残疾四级
总　计	**6**	**37**	**280**	**43**	**15**	**163**	**20**	**1**
朝阳区			28			16		
昌邑区	3	1	14		1	11		
龙潭区	1	4	6		1	7		
二道区			18		1	11		
洮北区		3	9			1		
东昌区		1	7	1	1	1		
二道江区			2	1		1	2	1
延吉市		1	57	3		9		
临江市	1	3	17	7		15	5	
榆树市		1	5	10		5	1	
公主岭市			6			1	2	
九台市		1	9	8	1	4	2	
舒兰市		3	17			3		
蛟河市		6	23	1		15		
大安市			13	7	2	6	2	
抚松县		1	18		1	13		
安图县		5	8		1	6		
农安县	1		3		1	2		
梨树县		2	11	1	1	7		
永吉县		2	5	4		2	6	
长岭县		3			3	2		
乾安县			4		1	25		

4-15 续表 2

单位：人

地 区	极重度障碍/不能完成			
	残疾一级	残疾二级	残疾三级	残疾四级
总 计	**48**	**9**	**1**	**1**
朝阳区	3			
昌邑区	4			
龙潭区	1	1		
二道区	2			
洮北区	1	1		
东昌区	1			
二道江区	2	1	1	
延吉市				1
临江市	4			
榆树市	3			
公主岭市	1	1		
九台市	2	3		
舒兰市	1			
蛟河市	1			
大安市	3	2		
抚松县	3			
安图县	6			
农安县				
梨树县	3			
永吉县	1			
长岭县	2			
乾安县	4			

4－16 各地区18岁及以上肢体残疾人分残疾等级的生活活动状况

单位：人

地　区	无障碍/无适用				轻度障碍			
	残疾一级	残疾二级	残疾三级	残疾四级	残疾一级	残疾二级	残疾三级	残疾四级
总　计		**1**		**5**		**2**	**10**	**612**
朝阳区		1						41
昌邑区							1	41
龙潭区						1		3
二道区							2	54
洮北区							1	16
东昌区				2				23
二道江区				2			2	20
延吉市							2	60
临江市								3
榆树市								
公主岭市						1		67
九台市								19
舒兰市								1
蛟河市								2
大安市								1
抚松县								33
安图县				1				76
农安县							2	17
梨树县								19
永吉县								12
长岭县								31
乾安县								73

4－16 续表 1

单位：人

地区	中度障碍				重度障碍			
	残疾一级	残疾二级	残疾三级	残疾四级	残疾一级	残疾二级	残疾三级	残疾四级
总计		**1**	**281**	**349**	**3**	**160**	**148**	**69**
朝阳区			29	2		15		
昌邑区			32	1	1	6	2	
龙潭区			8	32		4	7	
二道区			26			11		
洮北区			5	8		4	10	
东昌区			7	20		1	10	2
二道江区			14	7		1	3	
延吉市		1	58	5		8		
临江市			10	38	2	5	17	8
榆树市			2	32		6	10	23
公主岭市			3	2		1	6	
九台市			5	17		1	5	9
舒兰市			7	43		5	14	
蛟河市			1	71		21	30	1
大安市				6		2	19	26
抚松县			20			12		
安图县			20			11		
农安县			14	12		1	2	
梨树县			11			9		
永吉县			2	53		4	13	
长岭县			3			7		
乾安县			4			25		

4－16 续表 2

单位：人

地 区	极重度障碍/不能完成			
	残疾一级	残疾二级	残疾三级	残疾四级
总 计	**67**	**51**	**19**	**3**
朝阳区	3			
昌邑区	7	7		
龙潭区	3	8		
二道区	3			
洮北区	1	1		
东昌区	2	1	2	
二道江区	2	2	2	
延吉市		1		1
临江市	4	13	6	1
榆树市	3			
公主岭市	1	1	1	
九台市	3	7	6	1
舒兰市	1	1		
蛟河市	1			
大安市	5	6	1	
抚松县	4	2	1	
安图县	7			
农安县	2	1		
梨树县	4			
永吉县	1			
长岭县	5			
乾安县	5			

4－17 各地区18岁及以上肢体残疾人分残疾等级的社会参与状况

单位：人

地 区	无障碍/无适用				轻度障碍			
	残疾一级	残疾二级	残疾三级	残疾四级	残疾一级	残疾二级	残疾三级	残疾四级
总 计		**1**	**4**	**50**		**7**	**66**	**810**
朝阳区		1						43
昌邑区								39
龙潭区							3	27
二道区			1	1			7	53
洮北区				3			1	21
东昌区				3			1	32
二道江区			3	20		1	10	7
延吉市							1	48
临江市							7	27
榆树市				2				26
公主岭市				1		1	6	68
九台市							2	30
舒兰市				1			3	42
蛟河市				1				71
大安市							1	19
抚松县				2			2	31
安图县				1		1	6	76
农安县				1			5	23
梨树县				12		4	11	7
永吉县				1				22
长岭县				1				30
乾安县								68

4－17 续表 1

单位：人

地区	中度障碍				重度障碍			
	残疾一级	残疾二级	残疾三级	残疾四级	残疾一级	残疾二级	残疾三级	残疾四级
总　计	**11**	**65**	**356**	**175**	**17**	**134**	**31**	**2**
朝阳区			29			15		
昌邑区			34	3	2	12	1	
龙潭区		2	11	8		10	1	
二道区		4	20		1	7		
洮北区			15			5		
东昌区			15	12		1	3	
二道江区			4	1		1	4	1
延吉市		3	59	17		7		
临江市	6	18	26	23				
榆树市			11	27		6	1	
公主岭市	1	1	4			1		
九台市		2	8	15	3	5	5	1
舒兰市		1	18	1		5		
蛟河市		16	31	2	1	5		
大安市	1	2	16	14	2	5	3	
抚松县		1	18			12	1	
安图县	1	5	14		2	5		
农安县			13	5	2	2		
梨树县	2	5			2			
永吉县		1	5	42	1	3	10	
长岭县		4	3		1	3		
乾安县			2	5		24	2	

4－17 续表 2

单位：人

地 区	极重度障碍/不能完成			
	残疾一级	残疾二级	残疾三级	残疾四级
总 计	**42**	**8**	**1**	**1**
朝阳区	3			
昌邑区	6	1		
龙潭区	3	1		
二道区	2			
洮北区	1			
东昌区	2	1		
二道江区	2	1		
延吉市				1
临江市				
榆树市	3			
公主岭市				
九台市		1	1	
舒兰市	1			
蛟河市				
大安市	2	1		
抚松县	4	1		
安图县	4			
农安县				
梨树县				
永吉县				
长岭县	4			
乾安县	5	1		

4－18　各地区18岁及以上智力残疾人分残疾等级的理解和交流状况

单位：人

地　区	无障碍/无适用				轻度障碍			
	残疾一级	残疾二级	残疾三级	残疾四级	残疾一级	残疾二级	残疾三级	残疾四级
总　计				**1**		**1**	**9**	**66**
朝阳区								2
昌邑区								3
龙潭区								2
二道区								6
洮北区								4
东昌区								3
二道江区								
延吉市								1
临江市								3
榆树市								
公主岭市								5
九台市								2
舒兰市							3	5
蛟河市								5
大安市							1	3
抚松县						1	3	5
安图县							1	2
农安县								1
梨树县								3
永吉县								5
长岭县								5
乾安县				1			1	1

4－18 续表 1

单位：人

地　区	中度障碍				重度障碍			
	残疾一级	残疾二级	残疾三级	残疾四级	残疾一级	残疾二级	残疾三级	残疾四级
总　计	**1**	**3**	**61**	**35**	**6**	**32**	**18**	**1**
朝阳区		2						
昌邑区			5					
龙潭区			1	4		1		
二道区			8			7		
洮北区			3	1				
东昌区			1					
二道江区			3			2		
延吉市			2	2			1	
临江市			2	2		1	2	
榆树市				1			2	1
公主岭市			2	3		3	2	
九台市	1		1	1	4			
舒兰市		1	8					
蛟河市			3	3		2	6	
大安市			4	2	1	7	1	
抚松县			3	5		1	1	
安图县			1	1		2	1	
农安县			3			3		
梨树县			1	1	1	2		
永吉县			9	3			2	
长岭县			1	5				
乾安县				1		1		

4－18 续表 2

单位：人

地 区	极重度障碍/不能完成			
	残疾一级	残疾二级	残疾三级	残疾四级
总 计	**33**	**10**	**1**	
朝阳区	1			
昌邑区				
龙潭区				
二道区	9			
洮北区		1		
东昌区				
二道江区	1			
延吉市				
临江市				
榆树市		1		
公主岭市	2	1		
九台市				
舒兰市		1		
蛟河市				
大安市	1	1		
抚松县	1	1		
安图县	3			
农安县	5	1		
梨树县	1			
永吉县				
长岭县		1	1	
乾安县	9	2		

4－19　各地区18岁及以上智力残疾人分残疾等级的身体移动状况

单位：人

地　区	无障碍/无适用				轻度障碍			
	残疾一级	残疾二级	残疾三级	残疾四级	残疾一级	残疾二级	残疾三级	残疾四级
总　计	**32**	**39**	**78**	**99**	**3**	**4**	**9**	**4**
朝阳区		2		2				
昌邑区			4	3			1	
龙潭区			1	5		1		1
二道区	9	7	8	6				
洮北区		1	3	5				
东昌区			1	3				
二道江区	1	2	1				1	
延吉市			3	3				
临江市		1	4	5				
榆树市				2			2	
公主岭市		1	3	8		3	1	
九台市	5			3				
舒兰市		1	9	2			2	3
蛟河市		2	9	8				
大安市	2	8	6	5				
抚松县		3	7	10				
安图县	1	2	3	3	2			
农安县	5	3	3	1				
梨树县	1	2	1	4	1			
永吉县			11	8				
长岭县		1		10			2	
乾安县	8	3	1	3				

4－19　续表 1

单位：人

地　区	中度障碍				重度障碍			
	残疾一级	残疾二级	残疾三级	残疾四级	残疾一级	残疾二级	残疾三级	残疾四级
总　计	**2**	**1**			**2**	**1**	**1**	
朝阳区					1			
昌邑区								
龙潭区								
二道区								
洮北区								
东昌区								
二道江区								
延吉市								
临江市								
榆树市						1		
公主岭市	1				1			
九台市							1	
舒兰市								
蛟河市								
大安市								
抚松县	1							
安图县								
农安县		1						
梨树县								
永吉县								
长岭县								
乾安县								

4－19　续表 2

单位：人

地　区	极重度障碍/不能完成			
	残疾一级	残疾二级	残疾三级	残疾四级
总　计	**1**	**1**	**1**	
朝阳区				
昌邑区				
龙潭区				
二道区				
洮北区				
东昌区				
二道江区			1	
延吉市				
临江市				
榆树市				
公主岭市				
九台市				
舒兰市		1		
蛟河市				
大安市				
抚松县				
安图县				
农安县				
梨树县				
永吉县				
长岭县				
乾安县	1			

4－20　各地区18岁及以上智力残疾人分残疾等级的生活自理状况

单位：人

地　区	无障碍/无适用				轻度障碍			
	残疾一级	残疾二级	残疾三级	残疾四级	残疾一级	残疾二级	残疾三级	残疾四级
总　计	**7**	**6**	**31**	**73**	**5**	**12**	**47**	**30**
朝阳区				2		1		
昌邑区			2	3			2	
龙潭区				4			1	2
二道区				1		3	7	5
洮北区				5			3	
东昌区			1	3				
二道江区			1		1	1	1	
延吉市			2	3			1	
临江市			2	4			2	1
榆树市				1			2	1
公主岭市							1	8
九台市				2	2			1
舒兰市			4	4			6	1
蛟河市				8		1	7	
大安市		3	5	5	1	4	1	
抚松县			5	7		1	2	3
安图县			2	1		1	1	2
农安县				1			2	
梨树县				3			1	1
永吉县			5	7			6	1
长岭县			1	6			1	4
乾安县	7	3	1	3	1			

4－20 续表 1

单位：人

地区	中度障碍				重度障碍			
	残疾一级	残疾二级	残疾三级	残疾四级	残疾一级	残疾二级	残疾三级	残疾四级
总　计	**15**	**21**	**9**		**9**	**7**	**1**	
朝阳区		1						
昌邑区			1					
龙潭区		1						
二道区	6	2	1		3	2		
洮北区		1						
东昌区								
二道江区						1		
延吉市								
临江市		1						
榆树市						1		
公主岭市		4	3		1			
九台市	3						1	
舒兰市		1	1			1		
蛟河市		1	2					
大安市	1	1						
抚松县		2			1			
安图县	1	1			1			
农安县	2	3	1		3	1		
梨树县	2	2						
永吉县								
长岭县						1		
乾安县								

4－20　续表 2

单位：人

地　区	极重度障碍/不能完成			
	残疾一级	残疾二级	残疾三级	残疾四级
总　计	**4**		**1**	
朝阳区	1			
昌邑区				
龙潭区				
二道区				
洮北区				
东昌区				
二道江区			1	
延吉市				
临江市				
榆树市				
公主岭市	1			
九台市				
舒兰市				
蛟河市				
大安市				
抚松县				
安图县	1			
农安县				
梨树县				
永吉县				
长岭县				
乾安县	1			

4－21　各地区18岁及以上智力残疾人分残疾等级的与人相处状况

单位：人

地　区	无障碍/无适用				轻度障碍			
	残疾一级	残疾二级	残疾三级	残疾四级	残疾一级	残疾二级	残疾三级	残疾四级
总　计			**2**	**6**			**8**	**61**
朝阳区				1				1
昌邑区								3
龙潭区								4
二道区								6
洮北区								5
东昌区							1	3
二道江区			1					
延吉市								
临江市								2
榆树市								1
公主岭市								3
九台市				1			1	1
舒兰市				1			2	4
蛟河市				1				3
大安市								2
抚松县				1				2
安图县			1				1	1
农安县								1
梨树县							1	4
永吉县							2	8
长岭县								5
乾安县				1				2

4-21 续表 1

单位：人

地区	中度障碍				重度障碍			
	残疾一级	残疾二级	残疾三级	残疾四级	残疾一级	残疾二级	残疾三级	残疾四级
总计	**4**	**6**	**54**	**31**	**2**	**28**	**23**	**5**
朝阳区						2		
昌邑区			4				1	
龙潭区		1	1	2				
二道区			8			5		
洮北区			3			1		
东昌区								
二道江区		1	1			1	1	
延吉市			1	3			2	
临江市			3	3		1	1	
榆树市			2	1		1		
公主岭市			3	5		3	1	
九台市	3			1	1			
舒兰市		1	7			1	2	
蛟河市				4			8	
大安市			2	3		4	4	
抚松县		1	6	6		1	1	1
安图县				1		2	1	1
农安县			3			4		
梨树县	1	2			1			
永吉县			9					
长岭县				2			1	3
乾安县			1			2		

4－21 续表 2

单位：人

地 区	极重度障碍/不能完成			
	残疾一级	残疾二级	残疾三级	残疾四级
总 计	**34**	**12**	**2**	
朝阳区	1			
昌邑区				
龙潭区				
二道区	9	2		
洮北区				
东昌区				
二道江区	1			
延吉市				
临江市				
榆树市				
公主岭市	2	1		
九台市	1			
舒兰市				
蛟河市		2	1	
大安市	2	4		
抚松县	1	1		
安图县	3			
农安县	5			
梨树县				
永吉县				
长岭县		1	1	
乾安县	9	1		

4－22 各地区18岁及以上智力残疾人分残疾等级的生活活动状况

单位：人

地 区	无障碍/无适用				轻度障碍			
	残疾一级	残疾二级	残疾三级	残疾四级	残疾一级	残疾二级	残疾三级	残疾四级
总 计				**4**			**5**	**49**
朝阳区								2
昌邑区								3
龙潭区								2
二道区							1	6
洮北区								4
东昌区								1
二道江区								
延吉市								
临江市								
榆树市								1
公主岭市								2
九台市								1
舒兰市								3
蛟河市				1				1
大安市								1
抚松县				1			1	3
安图县							2	2
农安县				1				
梨树县								4
永吉县							1	6
长岭县								5
乾安县				1				2

4－22 续表 1

单位：人

地区	中度障碍				重度障碍			
	残疾一级	残疾二级	残疾三级	残疾四级	残疾一级	残疾二级	残疾三级	残疾四级
总计	**1**	**2**	**49**	**33**	**6**	**27**	**28**	**15**
朝阳区						2		
昌邑区			3				2	
龙潭区			1	2		1		2
二道区			7			7		
洮北区			3	1				
东昌区			1	2				
二道江区			1				1	
延吉市				3			3	
临江市				1			3	4
榆树市			1				1	1
公主岭市			1	4		1	3	2
九台市	1			2	2			
舒兰市			9	2		1	2	
蛟河市				4			6	2
大安市		1	4	4		5	2	
抚松县			5	5		2	1	1
安图县			1			1		1
农安县			3			4		
梨树县			1		2	1		
永吉县			7	1			3	
长岭县				2			1	2
乾安县		1	1		2	2		

4－22 续表 2

单位：人

地 区	极重度障碍/不能完成			
	残疾一级	残疾二级	残疾三级	残疾四级
总 计	**33**	**17**	**7**	**2**
朝阳区	1			
昌邑区				
龙潭区				
二道区	9			
洮北区		1		
东昌区				
二道江区	1	2	1	
延吉市				
临江市		1	1	
榆树市		1		
公主岭市	2	3		
九台市	2		1	
舒兰市		1		
蛟河市		2	3	
大安市	2	2		
抚松县	1	1		
安图县	3	1		
农安县	5			
梨树县		1		
永吉县				1
长岭县		1	1	1
乾安县	7			

4－23　各地区18岁及以上智力残疾人分残疾等级的社会参与状况

单位：人

地　区	无障碍/无适用				轻度障碍			
	残疾一级	残疾二级	残疾三级	残疾四级	残疾一级	残疾二级	残疾三级	残疾四级
总　计			**1**	**5**		**1**	**14**	**46**
朝阳区								2
昌邑区				2				1
龙潭区						1		2
二道区							2	3
洮北区								5
东昌区							1	3
二道江区								
延吉市								1
临江市								
榆树市							1	1
公主岭市								3
九台市								1
舒兰市				1				1
蛟河市			1	1				2
大安市								
抚松县							1	2
安图县							1	
农安县								1
梨树县							1	3
永吉县							7	7
长岭县								6
乾安县				1				2

4－23 续表 1

单位：人

地区	中度障碍				重度障碍			
	残疾一级	残疾二级	残疾三级	残疾四级	残疾一级	残疾二级	残疾三级	残疾四级
总计	**2**	**4**	**44**	**47**	**8**	**23**	**26**	**3**
朝阳区		1				1		
昌邑区			5					
龙潭区			1	4				
二道区			3	3	1	3	3	
洮北区			3					
东昌区								
二道江区			2			1		
延吉市			2	2			1	
临江市			2	5		1	2	
榆树市			1	1		1		
公主岭市		1	2	5	1	2	2	
九台市	2			2	2			
舒兰市			2	2		1	9	
蛟河市		1	7	5		1	1	
大安市				5		3	5	
抚松县			6	8		1		
安图县			1	1	1	2	1	2
农安县			3			3		
梨树县				1	2	2		
永吉县			4	1				
长岭县				2			1	1
乾安县		1			1	1	1	

4－23 续表 2

单位：人

地　区	极重度障碍/不能完成			
	残疾一级	残疾二级	残疾三级	残疾四级
总　计	**30**	**18**	**4**	**2**
朝阳区	1			
昌邑区				
龙潭区				
二道区	8	4		
洮北区		1		
东昌区				
二道江区	1	1	1	
延吉市				
临江市				
榆树市				
公主岭市	1	1		
九台市	1		1	
舒兰市		1		1
蛟河市				
大安市	2	5	1	
抚松县	1	2		
安图县	2			
农安县	5	1		
梨树县				
永吉县				
长岭县		1	1	1
乾安县	8	1		

4－24 各地区18岁及以上精神残疾人分残疾等级的理解和交流状况

单位：人

地 区	无障碍/无适用				轻度障碍			
	残疾一级	残疾二级	残疾三级	残疾四级	残疾一级	残疾二级	残疾三级	残疾四级
总 计				**11**		**6**	**11**	**89**
朝阳区				3		1		2
昌邑区				1			1	9
龙潭区				1		1	1	2
二道区								1
洮北区				2			2	9
东昌区				1				2
二道江区						4	4	5
延吉市								3
临江市							1	9
榆树市								1
公主岭市								2
九台市								2
舒兰市								5
蛟河市				1			1	4
大安市								1
抚松县								1
安图县				1				7
农安县								5
梨树县							1	1
永吉县								6
长岭县				1				9
乾安县								3

4－24 续表 1

单位：人

地 区	中度障碍				重度障碍			
	残疾一级	残疾二级	残疾三级	残疾四级	残疾一级	残疾二级	残疾三级	残疾四级
总 计	**15**	**54**	**48**	**58**	**45**	**18**	**6**	
朝阳区	2	1	1	1	6			
昌邑区		1	5	5	3	2		
龙潭区	2	6	1	1		1		
二道区	4	5	2	1	2	2		
洮北区		1						
东昌区		6	3		2			
二道江区		4	5					
延吉市	1		1	6		1		
临江市	1	2		4	6			
榆树市		1	7	3	1	4		
公主岭市		5	1		3	2		
九台市	1	1	3	2	2	1	2	
舒兰市	1	3	3	5	3			
蛟河市		1	2	2	1			
大安市		3	6	4	1	2		
抚松县			1	3	1		1	
安图县	1	1	2	1	1	1	1	
农安县		8	4	4				
梨树县	1	2	1	4	7	1		
永吉县				2	3			
长岭县				8	2	1	2	
乾安县	1	3		2	1			

4－24 续表 2

单位：人

地　区	极重度障碍/不能完成			
	残疾一级	残疾二级	残疾三级	残疾四级
总　计	**12**			
朝阳区	1			
昌邑区				
龙潭区				
二道区				
洮北区				
东昌区	1			
二道江区				
延吉市				
临江市	4			
榆树市	1			
公主岭市				
九台市				
舒兰市				
蛟河市	2			
大安市	1			
抚松县	1			
安图县				
农安县				
梨树县				
永吉县	1			
长岭县				
乾安县				

4－25　各地区18岁及以上精神残疾人分残疾等级的身体移动状况

单位：人

地　区	无障碍/无适用				轻度障碍			
	残疾一级	残疾二级	残疾三级	残疾四级	残疾一级	残疾二级	残疾三级	残疾四级
总　计	**16**	**38**	**41**	**117**	**19**	**29**	**20**	**39**
朝阳区				5				1
昌邑区		2	3	11	1	1	2	3
龙潭区		4	2	4	2	4		
二道区					3	4	2	1
洮北区				7		1	2	4
东昌区	3	6	3	3				
二道江区		8	9	5				
延吉市		1	1	6	1			3
临江市	1		1	9	1	2		4
榆树市						2	6	4
公主岭市	1	4	1	2	2	3		
九台市		1	2	1	2		2	3
舒兰市	2	2	2	9	1	1	1	1
蛟河市	2	1	3	7	1			
大安市	2	4	6	5		1		
抚松县	1		2	3				1
安图县	1	1	2	9	1		1	
农安县		2	3	9		6	1	
梨树县				1	2	2	2	4
永吉县	3			8	1			
长岭县			1	10		1	1	8
乾安县		2		3	1	1		2

4－25　续表 1

单位：人

地　区	中度障碍				重度障碍			
	残疾一级	残疾二级	残疾三级	残疾四级	残疾一级	残疾二级	残疾三级	残疾四级
总　计	**21**	**11**	**3**	**2**	**11**		**1**	
朝阳区	2	2	1		5			
昌邑区	2			1			1	
龙潭区								
二道区	3	3		1				
洮北区								
东昌区								
二道江区								
延吉市								
临江市	4				3			
榆树市	1	3	1					
公主岭市								
九台市	1	1	1					
舒兰市					1			
蛟河市								
大安市								
抚松县	1							
安图县		1						
农安县								
梨树县	6	1						
永吉县								
长岭县					2			
乾安县	1							

4－25 续表 2

单位：人

地 区	极重度障碍/不能完成			
	残疾一级	残疾二级	残疾三级	残疾四级
总 计	**5**			
朝阳区	2			
昌邑区				
龙潭区				
二道区				
洮北区				
东昌区				
二道江区				
延吉市				
临江市	2			
榆树市	1			
公主岭市				
九台市				
舒兰市				
蛟河市				
大安市				
抚松县				
安图县				
农安县				
梨树县				
永吉县				
长岭县				
乾安县				

4－26 各地区18岁及以上精神残疾人分残疾等级的生活自理状况

单位：人

地 区	无障碍/无适用				轻度障碍			
	残疾一级	残疾二级	残疾三级	残疾四级	残疾一级	残疾二级	残疾三级	残疾四级
总 计		**8**	**17**	**90**	**14**	**47**	**37**	**62**
朝阳区				2		1		4
昌邑区		1		9	1	2	6	6
龙潭区			1	4		7	1	
二道区					2	2	1	2
洮北区				8		1	2	3
东昌区				3		5	3	
二道江区		5	9	5		3		
延吉市				7	1	1	1	2
临江市				8	2	1	1	4
榆树市								4
公主岭市				1	2	6	1	1
九台市				2		1	4	1
舒兰市				5	1	1	3	4
蛟河市				6	2	1	3	1
大安市		2	5	5	1	3	1	
抚松县			1	2			1	2
安图县			1	8	2	2	2	1
农安县						6	4	9
梨树县						2	1	4
永吉县				8				
长岭县				7		1	2	11
乾安县						1		3

4－26 续表 1

单位：人

地区	中度障碍				重度障碍			
	残疾一级	残疾二级	残疾三级	残疾四级	残疾一级	残疾二级	残疾三级	残疾四级
总计	**38**	**23**	**11**	**6**	**16**			
朝阳区	4	1	1		1			
昌邑区	2							
龙潭区	2	1						
二道区	4	5	1					
洮北区								
东昌区	2	1			1			
二道江区								
延吉市								
临江市	4	1		1	5			
榆树市		5	7		2			
公主岭市	1	1						
九台市	1	1	1	1	2			
舒兰市	2	2		1	1			
蛟河市	1							
大安市	1							
抚松县	1				1			
安图县								
农安县		2						
梨树县	6	1	1	1	2			
永吉县	4							
长岭县	1				1			
乾安县	2	2		2				

4－26　续表 2

单位：人

地　区	极重度障碍/不能完成			
	残疾一级	残疾二级	残疾三级	残疾四级
总　计	**4**			
朝阳区	4			
昌邑区				
龙潭区				
二道区				
洮北区				
东昌区				
二道江区				
延吉市				
临江市				
榆树市				
公主岭市				
九台市				
舒兰市				
蛟河市				
大安市				
抚松县				
安图县				
农安县				
梨树县				
永吉县				
长岭县				
乾安县				

4－27　各地区18岁及以上精神残疾人分残疾等级的与人相处状况

单位：人

地　区	无障碍/无适用				轻度障碍			
	残疾一级	残疾二级	残疾三级	残疾四级	残疾一级	残疾二级	残疾三级	残疾四级
总　计				**16**		**4**	**13**	**91**
朝阳区				3			1	3
昌邑区							1	6
龙潭区								2
二道区							1	1
洮北区				1			1	10
东昌区						2		3
二道江区							3	5
延吉市				2				3
临江市				2		1		7
榆树市							2	3
公主岭市						1		
九台市								3
舒兰市								8
蛟河市				1			2	6
大安市								4
抚松县								3
安图县				3			1	6
农安县								4
梨树县								3
永吉县								6
长岭县				4			1	5
乾安县								

4－27 续表 1

单位：人

地　区	中度障碍				重度障碍			
	残疾一级	残疾二级	残疾三级	残疾四级	残疾一级	残疾二级	残疾三级	残疾四级
总　计	**17**	**51**	**47**	**50**	**40**	**23**	**5**	**1**
朝阳区	2	2			3			
昌邑区	1	1	5	9	2	2		
龙潭区	1	6	2	2	1	2		
二道区	3	5	1	1	3	2		
洮北区		1	1					
东昌区	2	3	3		1	1		
二道江区		5	6			3		
延吉市		1	1	4	1			
临江市	1		1	4	6	1		
榆树市		5	5	1	2			
公主岭市		2	1	2	3	4		
九台市		1	4	1	2	1	1	
舒兰市	1	2	2	2	3	1	1	
蛟河市	1	1	1		1			
大安市			4	1	2	5	2	
抚松县			2	1	1			
安图县		2	2		2			
农安县		8	4	5				
梨树县	3	3	2	2	5			
永吉县				2	1			
长岭县		1		8	1		1	1
乾安县	2	2		5		1		

4－27 续表 2

单位：人

地 区	极重度障碍/不能完成			
	残疾一级	残疾二级	残疾三级	残疾四级
总 计	**15**			
朝阳区	4			
昌邑区				
龙潭区				
二道区				
洮北区				
东昌区				
二道江区				
延吉市				
临江市	4			
榆树市				
公主岭市				
九台市	1			
舒兰市				
蛟河市	1			
大安市				
抚松县	1			
安图县				
农安县				
梨树县				
永吉县	3			
长岭县	1			
乾安县				

4－28 各地区18岁及以上精神残疾人分残疾等级的生活活动状况

单位：人

地区	无障碍/无适用				轻度障碍			
	残疾一级	残疾二级	残疾三级	残疾四级	残疾一级	残疾二级	残疾三级	残疾四级
总 计				**3**			**4**	**53**
朝阳区				1				3
昌邑区								3
龙潭区								
二道区								1
洮北区								2
东昌区								
二道江区								
延吉市								1
临江市				1				7
榆树市								3
公主岭市								
九台市							2	2
舒兰市								1
蛟河市								2
大安市								2
抚松县								2
安图县							1	5
农安县								
梨树县								3
永吉县								3
长岭县				1			1	13
乾安县								

4－28　续表 1

单位：人

地　区	中度障碍				重度障碍			
	残疾一级	残疾二级	残疾三级	残疾四级	残疾一级	残疾二级	残疾三级	残疾四级
总　计	**7**	**21**	**31**	**83**	**36**	**44**	**29**	**19**
朝阳区	1	2	1	2	6			
昌邑区		2	5	12	3	1	1	
龙潭区				4	1	5	2	
二道区	3	6	2	1	3	1		
洮北区			1	6			1	3
东昌区				3	1	6	3	
二道江区				1		3	8	4
延吉市				4			1	4
临江市		1	1	5	3	1		
榆树市		5	7	1	1			
公主岭市		1	1	2	1	6		
九台市	2	2	3	2	1			
舒兰市			3	9	4	3		
蛟河市						1	3	5
大安市			3	3	1	5	3	
抚松县			1	2	1		1	
安图县		1	1	4	1	1	1	
农安县			1	6		5	3	3
梨树县	1			2	7	3	2	
永吉县				5				
长岭县			1	4		1		
乾安县		1		5	2	2		

4－28　续表 2

单位：人

地　区	极重度障碍/不能完成			
	残疾一级	残疾二级	残疾三级	残疾四级
总　计	**29**	**13**	**1**	
朝阳区	2			
昌邑区				
龙潭区	1	3		
二道区				
洮北区		1		
东昌区	2			
二道江区		5	1	
延吉市	1	1		
临江市	8			
榆树市	1			
公主岭市	2			
九台市				
舒兰市				
蛟河市	3			
大安市	1			
抚松县	1			
安图县	1			
农安县		3		
梨树县				
永吉县	4			
长岭县	2			
乾安县				

4－29　各地区18岁及以上精神残疾人分残疾等级的社会参与状况

单位：人

地　区	无障碍/无适用				轻度障碍			
	残疾一级	残疾二级	残疾三级	残疾四级	残疾一级	残疾二级	残疾三级	残疾四级
总　计				**2**				**41**
朝阳区								2
昌邑区								2
龙潭区								
二道区								
洮北区								1
东昌区								1
二道江区								
延吉市								2
临江市								5
榆树市								1
公主岭市								
九台市								
舒兰市								1
蛟河市								3
大安市								
抚松县								1
安图县				2				3
农安县								5
梨树县								2
永吉县								1
长岭县								10
乾安县								1

4－29 续表 1

单位：人

地 区	中度障碍				重度障碍			
	残疾一级	残疾二级	残疾三级	残疾四级	残疾一级	残疾二级	残疾三级	残疾四级
总 计	**9**	**36**	**34**	**103**	**46**	**40**	**31**	**12**
朝阳区		1		4	7	1	1	
昌邑区		1	2	12	3	2	4	1
龙潭区	1	6	2	4	1	2		
二道区		2	2	2	6	5		
洮北区		1	1	9			1	1
东昌区	2	1	1	2	1	5	2	
二道江区				1		8	9	4
延吉市	1			6		1	1	1
临江市	1	2		7	2		1	1
榆树市		4	7	3	2	1		
公主岭市				1	3	7	1	1
九台市			2	2	3	2	3	2
舒兰市		2	3	9	4	1		
蛟河市			2	4	3	1	1	
大安市				4		3	6	1
抚松县			2	3	1			
安图县	1	2	3	4	1			
农安县		8	4	4				
梨树县	1	3	2	3	7			
永吉县				7				
长岭县	1		1	8	1	1	1	
乾安县	1	3		4	1			

4-29 续表 2

单位：人

地　区	极重度障碍/不能完成			
	残疾一级	残疾二级	残疾三级	残疾四级
总　计	**17**	**2**		
朝阳区	2			
昌邑区				
龙潭区				
二道区				
洮北区				
东昌区				
二道江区				
延吉市				
临江市	8			
榆树市				
公主岭市				
九台市				
舒兰市				
蛟河市				
大安市	2	2		
抚松县	1			
安图县				
农安县				
梨树县				
永吉县	4			
长岭县				
乾安县				

4－30 各地区18岁及以上多重残疾人分残疾等级的理解和交流状况

单位：人

地 区	无障碍/无适用				轻度障碍			
	残疾一级	残疾二级	残疾三级	残疾四级	残疾一级	残疾二级	残疾三级	残疾四级
总 计	**42**	**25**	**55**	**41**	**30**	**21**	**50**	**36**
朝阳区	5	2	6	6				2
昌邑区	1	3	3	1	2	3	3	2
龙潭区			1			2	4	2
二道区	1		1	1		1	2	1
洮北区				1	2		2	
东昌区	2		2	4	2	2	4	3
二道江区			3		3		4	2
延吉市	4	2	4	7	2	2	1	2
临江市	5	9	15	4	2	3	2	2
榆树市			1	2	1	1	2	1
公主岭市	1	1			6			1
九台市			4	1		1	2	
舒兰市	4		1	3	1		7	2
蛟河市	3	2	2	2			5	1
大安市	6		1				1	2
抚松县		2		2	1	3	1	1
安图县	2		4	3			3	
农安县			1	1	1		1	
梨树县	2	1	2		3	2	4	2
永吉县	4	1	2	2	1			7
长岭县	2	1	1	1	1			3
乾安县		1	1		2	1	2	

4－30 续表 1

单位：人

地区	中度障碍				重度障碍			
	残疾一级	残疾二级	残疾三级	残疾四级	残疾一级	残疾二级	残疾三级	残疾四级
总　计	**61**	**38**	**48**	**14**	**81**	**21**	**23**	**2**
朝阳区								1
昌邑区	4	6	6	2	3	2	4	
龙潭区		3	1		9	2	2	
二道区		3	5		1	4		
洮北区	5	2			3			
东昌区	5	1	3	1	4		3	
二道江区	3	1	3		3	2		
延吉市	1		3	1	1			
临江市	2	1	1		4			
榆树市	6	3			8		1	
公主岭市		1		1				
九台市	6	3	3	3	5		5	1
舒兰市	3		4	1	5		1	
蛟河市	2	2	1		1	1		
大安市	2	1	4	1	6		1	
抚松县	4	3	3		5	2	1	
安图县	3	4	2		3	3	1	
农安县			2	2	3	2	2	
梨树县	5	1	1	2	7			
永吉县	6		3		5	2		
长岭县	3	2	3		4	1	2	
乾安县	1	1			1			

4－30 续表 2

单位：人

地 区	极重度障碍/不能完成			
	残疾一级	残疾二级	残疾三级	残疾四级
总 计	**116**	**11**	**6**	**2**
朝阳区	3	1		
昌邑区	3			
龙潭区	10			
二道区	12			
洮北区	1	1		
东昌区	2			
二道江区	16	5	1	
延吉市				
临江市	8	1		
榆树市	10			
公主岭市	1			
九台市	8		2	1
舒兰市	5		3	
蛟河市	6			
大安市	4	1		
抚松县	5	2		
安图县	3			
农安县				
梨树县	4			
永吉县	3			
长岭县	1			1
乾安县	11			

4－31　各地区18岁及以上多重残疾人分残疾等级的身体移动状况

单位：人

地　区	无障碍/无适用				轻度障碍			
	残疾一级	残疾二级	残疾三级	残疾四级	残疾一级	残疾二级	残疾三级	残疾四级
总　计	**174**	**39**	**80**	**46**	**21**	**15**	**37**	**43**
朝阳区		1		2		2	2	6
昌邑区	7	5	9	4		4	4	1
龙潭区	10	4	4	1			3	1
二道区	8	3	1		1	1	3	2
洮北区	8	2	2			1		1
东昌区	3		7	3				5
二道江区	7	1	7	2	2		1	
延吉市	6	2	2	5			4	4
临江市	3	2	2		1		3	6
榆树市	15		2	1	3	1		2
公主岭市	6	1		2	1	1		
九台市	15	2	11	5	2		1	
舒兰市	7		11	4			3	2
蛟河市	6	2	2		2	1	3	3
大安市	9		3	3	2		2	
抚松县	8	3	1	1	1	1	1	1
安图县	7	3	4		2	2	3	3
农安县	4	2	1	1			1	1
梨树县	11	1	5	3	1			
永吉县	14		1	8	1		1	1
长岭县	8	4	3	1	1		2	4
乾安县	12	1	2		1	1		

4－31　续表 1

单位：人

地　区	中度障碍				重度障碍			
	残疾一级	残疾二级	残疾三级	残疾四级	残疾一级	残疾二级	残疾三级	残疾四级
总　计	**35**	**22**	**54**	**6**	**32**	**27**	**7**	
朝阳区	1		4	1	2			
昌邑区		2	3		3	3		
龙潭区	1	1	1		2	2		
二道区	3	2	4		1	2		
洮北区	1				1			
东昌区	2	1	3		1		1	
二道江区	3	1	1		2	2		
延吉市	1		1	1		1	1	
临江市	6	6	13		3	3		
榆树市	2		2		2	3		
公主岭市	1							
九台市	2	1	2	1		1	2	
舒兰市	1		2		4			
蛟河市	1	1	3			1		
大安市	1				3	1	1	
抚松县	1	4	3	1	2	3		
安图县	2	1	3			1		
农安县			3	1			1	
梨树县	4		2	1	5	3		
永吉县	1	2	3		1	1		
长岭县	1		1					
乾安县							1	

4－31 续表 2

单位：人

地 区	极重度障碍/不能完成			
	残疾一级	残疾二级	残疾三级	残疾四级
总 计	**68**	**13**	**4**	
朝阳区	5			
昌邑区	3			
龙潭区	6			
二道区	1			
洮北区	1			
东昌区	9	2	1	
二道江区	11	4	2	
延吉市	1	1		
临江市	8	3		
榆树市	3			
公主岭市				
九台市				
舒兰市	6			
蛟河市	3			
大安市	3	1	1	
抚松县	3	1		
安图县				
农安县				
梨树县				
永吉县	2			
长岭县	1			
乾安县	2	1		

4－32 各地区18岁及以上多重残疾人分残疾等级的生活自理状况

单位：人

地 区	无障碍/无适用				轻度障碍			
	残疾一级	残疾二级	残疾三级	残疾四级	残疾一级	残疾二级	残疾三级	残疾四级
总 计	**85**	**14**	**44**	**32**	**63**	**33**	**66**	**54**
朝阳区				2		2	2	6
昌邑区	3	4	3	2	1	4	9	3
龙潭区	3	1	5	2	4	3	3	
二道区	5				1	1	4	2
洮北区	8	1	2			1		1
东昌区	2		5	3	2	1	5	5
二道江区	6		3	1	1	1	1	1
延吉市	4	1	3	4		1	3	5
临江市	1	1	2		2	2	5	5
榆树市	4		1		11	1	2	3
公主岭市	6				1	1		2
九台市	8	1	1	2	1	1	4	
舒兰市	7		3	3			6	3
蛟河市	1		3	1	4	1	4	2
大安市	7		1	2	2		2	
抚松县	1	1		1	4	4	3	2
安图县	2	1	4	3	4	4	4	
农安县	3		1			1	3	3
梨树县	4		2	1	2		2	3
永吉县	2		1	4	10	1	2	5
长岭县	4	3	2	1	5	1	1	3
乾安县	4		2		8	2	1	

4－32 续表 1

单位：人

地　区	中度障碍				重度障碍			
	残疾一级	残疾二级	残疾三级	残疾四级	残疾一级	残疾二级	残疾三级	残疾四级
总　计	**63**	**36**	**55**	**6**	**53**	**26**	**13**	**3**
朝阳区	1		4	1	2			
昌邑区	3	5	3		5	1	1	
龙潭区	3	3			3			
二道区	4	5	4		1	2		
洮北区	1	1			1			
东昌区	1	1			3		1	
二道江区	3	1	5		5	3	1	
延吉市	2		2	1	1	2		
临江市	8	6	11	1	1	5		
榆树市	4	2	1		5	1		
公主岭市	1	1						
九台市	5	1	7	1	4	1	3	3
舒兰市			3		4		4	
蛟河市	4	3	1			1		
大安市	1		1	1	6	1	2	
抚松县	4	4	2		3	2		
安图县	1	1	2		4	1		
农安县	1	1	2					
梨树县	9	1	3		4	3		
永吉县	5		2			2		
长岭县	1		2	1			1	
乾安县	1				1	1		

4-32 续表 2

单位：人

地 区	极重度障碍/不能完成			
	残疾一级	残疾二级	残疾三级	残疾四级
总 计	**66**	**7**	**4**	
朝阳区	5	1		
昌邑区	1			
龙潭区	6			
二道区	3			
洮北区	1			
东昌区	7	1	1	
二道江区	10	3	1	
延吉市	1			
临江市	9			
榆树市	1			
公主岭市				
九台市	1		1	
舒兰市	7			
蛟河市	3			
大安市	2	1	1	
抚松县	3	1		
安图县				
农安县				
梨树县	2			
永吉县	2			
长岭县	1			
乾安县	1			

4－33　各地区18岁及以上多重残疾人分残疾等级的与人相处状况

单位：人

地　区	无障碍/无适用				轻度障碍			
	残疾一级	残疾二级	残疾三级	残疾四级	残疾一级	残疾二级	残疾三级	残疾四级
总　计	**44**	**30**	**67**	**50**	**25**	**22**	**43**	**30**
朝阳区	5	2	6	6				2
昌邑区	2	3	4	1		3	2	2
龙潭区			2	1		1	2	
二道区	1		1	1	1	2	2	1
洮北区		1		1			2	
东昌区	2	1	2	4		1	4	4
二道江区	1		4				1	1
延吉市	3	1	5	8	2	3	3	1
临江市	6	10	17	5	1	2	1	1
榆树市			2	1	2		1	2
公主岭市	1	1						2
九台市			4	1		1	2	1
舒兰市	1		1	3	2		7	3
蛟河市	3	2	5	2			3	1
大安市	6		1		1		1	3
抚松县		3		2	1	3	1	1
安图县	2		4	3		1	2	
农安县			1	1		1	2	1
梨树县	5	3	4	2	5	1	3	1
永吉县	5	1	2	4	3		1	3
长岭县	1	1	1	4	4	1	1	
乾安县		1	1		3	2	2	

4－33 续表 1

单位：人

地区	中度障碍				重度障碍			
	残疾一级	残疾二级	残疾三级	残疾四级	残疾一级	残疾二级	残疾三级	残疾四级
总 计	**62**	**32**	**42**	**9**	**83**	**25**	**21**	**4**
朝阳区								
昌邑区	2	6	7	2	4	1	3	
龙潭区	2	5	2	1	10	1	1	
二道区	1	3	5		3	3		
洮北区	6	1			3	1		
东昌区	4		3		4		2	
二道江区	5	3	4	1	5	2	1	
延吉市	1				1			1
临江市	2				4	2		
榆树市	6	1	1		6	3		
公主岭市	2				4	1		
九台市	5	2	2	2	6	1	5	1
舒兰市	4		4		5		1	
蛟河市		1			4	2		
大安市	4	1	4		3		1	
抚松县	4	1	3		4	5	1	
安图县	3	6	3		1		1	
农安县	2					1	3	1
梨树县	1			1	8			
永吉县	5	1	1	2	3	1	1	
长岭县	2	1	3		2	1	1	1
乾安县	1				3			

4－33 续表 2

单位：人

地区	极重度障碍/不能完成			
	残疾一级	残疾二级	残疾三级	残疾四级
总计	**116**	**7**	**9**	**2**
朝阳区	3	1		1
昌邑区	5	1		
龙潭区	7		1	
二道区	8			
洮北区	2			
东昌区	5	1	1	
二道江区	14	3	1	
延吉市	1			
临江市	8			
榆树市	11			
公主岭市	1			
九台市	8		3	1
舒兰市	6		3	
蛟河市	5			
大安市	4	1		
抚松县	6			
安图县	5			
农安县	2			
梨树县	2			
永吉县	3			
长岭县	2			
乾安县	8			

4－34　各地区18岁及以上多重残疾人分残疾等级的生活活动状况

单位：人

地　区	无障碍/无适用				轻度障碍			
	残疾一级	残疾二级	残疾三级	残疾四级	残疾一级	残疾二级	残疾三级	残疾四级
总　计	**22**	**1**	**5**	**7**	**33**	**20**	**33**	**39**
朝阳区				1		2	2	6
昌邑区	1		1		1	4	4	3
龙潭区								
二道区	2				4	1	2	2
洮北区					5	1	1	
东昌区				1			4	2
二道江区	2				1			
延吉市	2	1		1	2		2	6
临江市							1	
榆树市					2		1	2
公主岭市	5				2	1		
九台市			1			2	1	1
舒兰市	5			2	1		4	1
蛟河市							2	
大安市								1
抚松县					1	3	1	3
安图县			1		3	2	5	2
农安县								1
梨树县	2			2	2	1	1	2
永吉县	1				2			3
长岭县					6	2	2	4
乾安县	2		2		1	1		

4－34 续表 1

单位：人

地区	中度障碍				重度障碍			
	残疾一级	残疾二级	残疾三级	残疾四级	残疾一级	残疾二级	残疾三级	残疾四级
总计	**46**	**23**	**67**	**32**	**71**	**45**	**51**	**11**
朝阳区	1		4	1	2			
昌邑区	1	3	9	1	3	4	1	1
龙潭区		1	5	1	3	4	2	1
二道区	2	3	5		2	3		
洮北区	4	1		1			1	
东昌区	2		3	5	3	2	3	
二道江区	2		5	1	2	3	4	1
延吉市	1	1	3	3	1	2	3	
临江市	1	3	3			5	10	4
榆树市	4	1	3	1	9	3		
公主岭市				2		1		
九台市	6	1	2	1	2		6	2
舒兰市	1		5	3	3		3	
蛟河市	1		3	3	4	3	3	
大安市	5		1	1	6	1	6	1
抚松县	1	5	3		6	3	1	
安图县	3	1	2	1	1	4		
农安县			3	1	2	2	2	1
梨树县	3		3		9	3	2	
永吉县	7	1	1	6	5		3	
长岭县		1	3		3	1	1	
乾安县	1	1	1		5	1		

4－34　续表 2

单位：人

地　区	极重度障碍/不能完成			
	残疾一级	残疾二级	残疾三级	残疾四级
总　计	**158**	**27**	**26**	**6**
朝阳区	5	1		1
昌邑区	7	3	1	
龙潭区	16	2	1	
二道区	4	1	1	
洮北区	2	1		
东昌区	10	1	2	
二道江区	18	5	2	
延吉市	2			
临江市	20	6	4	2
榆树市	10			
公主岭市	1			
九台市	11	1	6	2
舒兰市	8		4	
蛟河市	7	2		
大安市	7	1		
抚松县	7	1		
安图县	4		2	
农安县	2		1	
梨树县	5		1	
永吉县	4	2	1	
长岭县	2			1
乾安县	6			

4－35　各地区18岁及以上多重残疾人分残疾等级的社会参与状况

单位：人

地　区	无障碍/无适用				轻度障碍			
	残疾一级	残疾二级	残疾三级	残疾四级	残疾一级	残疾二级	残疾三级	残疾四级
总　计	**2**	**2**	**4**	**2**	**21**	**21**	**46**	**57**
朝阳区						2	2	6
昌邑区		1	1			3	3	3
龙潭区						1	2	1
二道区						1	1	2
洮北区						1	1	1
东昌区							3	5
二道江区							2	
延吉市	2	1		1	1		2	6
临江市							2	1
榆树市					1	1	3	1
公主岭市					7	1		2
九台市			1			1	1	2
舒兰市				1			3	4
蛟河市					2		3	3
大安市								2
抚松县						2	1	3
安图县			1		2	3	6	3
农安县							1	1
梨树县			1		5	3	3	2
永吉县					1		3	5
长岭县					1	1	2	4
乾安县					1	1	2	

4－35 续表 1

单位：人

地区	中度障碍				重度障碍			
	残疾一级	残疾二级	残疾三级	残疾四级	残疾一级	残疾二级	残疾三级	残疾四级
总计	**60**	**48**	**88**	**27**	**90**	**33**	**32**	**6**
朝阳区	1		4	3	2			
昌邑区	2	6	10	1	5	3	2	1
龙潭区	2	4	3	1	9	1	1	
二道区	1	3	5		2	3	2	
洮北区	7		1		4	2		
东昌区	2	2	7	3	4			
二道江区	1		5	1	6	3	3	1
延吉市	2	2	6	3	2	1		
临江市	9	12	16	5	2	2		
榆树市			1	2	6	3		
公主岭市						1		
九台市	1	3	5		3		6	2
舒兰市	4		5	1	8		6	
蛟河市	4	3	5		3	2		
大安市	1		3	1	8	2	4	
抚松县	6	5	1		3	5	3	
安图县	4	3	2		1	1	1	
农安县			3	1		2	1	1
梨树县	5	1	2	1	7		1	1
永吉县	5	3	1	4	10		1	
长岭县	1		2		3	1	1	
乾安县	2	1	1		2	1		

4－35 续表 2

单位：人

地 区	极重度障碍/不能完成			
	残疾一级	残疾二级	残疾三级	残疾四级
总 计	**157**	**12**	**12**	**3**
朝阳区	5	1		
昌邑区	6	1		
龙潭区	8	1	2	
二道区	11	1		
洮北区				
东昌区	9	1	2	
二道江区	18	5	1	
延吉市	1			
临江市	10			
榆树市	18			
公主岭市	1			
九台市	15		3	2
舒兰市	6		2	
蛟河市	3			
大安市	9			
抚松县	6			
安图县	4			
农安县	4		1	
梨树县	4			
永吉县	3			
长岭县	6	2	1	1
乾安县	10			

4－36 各地区视力残疾人分残疾等级的康复形式

单位：人

地　区	机构康复				延伸服务			
	残疾一级	残疾二级	残疾三级	残疾四级	残疾一级	残疾二级	残疾三级	残疾四级
合　计	**139**	**40**	**48**	**403**	**2**	**2**	**1**	**6**
朝阳区			1	7				1
昌邑区	3	1	1	16				
龙潭区	5		2	13				
二道区				3				
洮北区	3	1	7	26				
东昌区	2	2	3	21			1	1
二道江区	5	2	4	33				
延吉市		1	1	10				
临江市	5	2	2	3	1	1		
榆树市	12	7	7	19	1			
公主岭市	7	1	3	10				
九台市	7	1	1	31				
舒兰市	12	3	3	27				
蛟河市	5	1		20				1
大安市	15			13				2
抚松县	3	2	3	16				
安图县	4			8				
农安县	13	3	1	37		1		
梨树县	12	1	1	18				
永吉县	7	2	3	13				1
长岭县	9	5	3	13				
乾安县	10	5	2	46				

4－36 续表

单位：人

地　区	社区和家庭服务			
	残疾一级	残疾二级	残疾三级	残疾四级
合　计	**44**	**3**	**9**	**69**
朝阳区			1	4
昌邑区	4	1		3
龙潭区				4
二道区	11	1	2	14
洮北区				
东昌区	2			2
二道江区	1			
延吉市			3	5
临江市				
榆树市	1			
公主岭市	1			
九台市	3			1
舒兰市	6		3	15
蛟河市				
大安市				1
抚松县				
安图县				
农安县				
梨树县	8			6
永吉县	3			10
长岭县	4	1		4
乾安县				

4－37 各地区视力残疾人分残疾等级的康复内容

单位：人

地 区	医疗服务				辅助器具			
	残疾一级	残疾二级	残疾三级	残疾四级	残疾一级	残疾二级	残疾三级	残疾四级
总 计	**152**	**37**	**48**	**435**	**58**	**14**	**12**	**117**
朝阳区			2	12			1	6
昌邑区	3	2	1	17	7	1		9
龙潭区	5		2	17	4		1	10
二道区	8	1		13	3		2	4
洮北区	3	1	7	26				
东昌区	2	2	4	24	1		2	7
二道江区	5	2	4	33	2			3
延吉市		1	3	12				1
临江市	5	2	2	3	1	1		
榆树市	7	1	4	14	7	6	4	5
公主岭市	8	1	2	8			1	2
九台市	10	1	1	32	4			
舒兰市	10	3	3	25	4	1		4
蛟河市	5	1		21	5	1		21
大安市	15			13	2			3
抚松县	3	2	3	16				
安图县	4			8				
农安县	13	3	1	37	13	4	1	36
梨树县	15	1	1	21	1			
永吉县	10	2	3	20	2			5
长岭县	11	6	3	17	2			
乾安县	10	5	2	46				1

4－37 续表

单位：人

地　区	康复训练与服务			
	残疾一级	残疾二级	残疾三级	残疾四级
总　计	**24**	**2**	**9**	**56**
朝阳区				
昌邑区	4	1	1	12
龙潭区	4			10
二道区	1			
洮北区				
东昌区	2	1	2	9
二道江区				
延吉市			3	6
临江市				
榆树市				
公主岭市				
九台市	1			
舒兰市	6		3	14
蛟河市				
大安市				
抚松县				
安图县				
农安县				
梨树县	5			5
永吉县				
长岭县	1			
乾安县				

4－38　各地区听力残疾人分残疾等级的康复形式

单位：人

地　区	机构康复				延伸服务			
	残疾一级	残疾二级	残疾三级	残疾四级	残疾一级	残疾二级	残疾三级	残疾四级
总　计	**43**	**37**	**168**	**135**	**7**	**7**	**29**	**45**
朝阳区	6	7	13	22			1	3
昌邑区			3	3				
龙潭区			1	2	2	1	9	10
二道区	1		1					
洮北区	1	3	24	19				
东昌区	2	1	4	5			1	1
二道江区	1							
延吉市								
临江市			2					
榆树市	6	9	14	12				
公主岭市			4	2				
九台市								
舒兰市	3	7	22	6				
蛟河市			3					
大安市	12	4	26	19				
抚松县	8	2	9	3			1	
安图县			2				2	
农安县	2	2	25	22				
梨树县		1	2	5		1	2	1
永吉县		1	7	12	5	1	10	27
长岭县	1		4	3		4	3	3
乾安县			2					

4－38 续表

单位：人

地　区	社区和家庭服务			
	残疾一级	残疾二级	残疾三级	残疾四级
总　计	**93**	**68**	**282**	**290**
朝阳区			1	1
昌邑区	11	6	25	62
龙潭区	6	4	12	24
二道区	5	2	7	
洮北区			2	
东昌区	1	1	13	29
二道江区	4	11	37	19
延吉市		3	21	26
临江市	2	4	27	31
榆树市				
公主岭市	6	2	16	8
九台市	11	10	16	15
舒兰市				
蛟河市		1	22	9
大安市	1			3
抚松县	7	3	11	4
安图县	4	4	18	22
农安县			1	2
梨树县	4	1	17	19
永吉县	3		2	8
长岭县	14	10	27	8
乾安县	14	6	7	

4－39　各地区听力残疾人分残疾等级的康复内容

单位：人

地　区	医疗服务				辅助器具			
	残疾一级	残疾二级	残疾三级	残疾四级	残疾一级	残疾二级	残疾三级	残疾四级
总　计	**65**	**54**	**245**	**231**	**115**	**83**	**350**	**319**
朝阳区	2	2	6	5	4	7	10	22
昌邑区			1	6	11	6	28	63
龙潭区	6	5	20	23	8	4	20	31
二道区		1			5	1	8	
洮北区	1	3	19	16	1	3	25	19
东昌区	3	2	17	33	2	2	11	13
二道江区	4	11	34	18	1		3	1
延吉市		2	5	6			2	5
临江市			3	5	2	4	23	18
榆树市	4	6	13	11	4	8	9	8
公主岭市	2	1	9	8	6	2	20	2
九台市					11	10	16	15
舒兰市	2	7	22	5	1	1		1
蛟河市				1		1	24	3
大安市	8		20	18	10	4	14	7
抚松县	13	2	16	6	12	3	21	7
安图县	4	4	19	20	4	4	22	21
农安县	2	2	25	23	2	2	26	23
梨树县	3		3	14	4	3	20	19
永吉县			6	12	6	2	12	29
长岭县		2	1	1	14	12	29	12
乾安县	11	4	6		7	4	7	

4－39 续表

单位：人

地　区	康复训练与服务			
	残疾一级	残疾二级	残疾三级	残疾四级
总　计	**10**	**5**	**42**	**60**
朝阳区				
昌邑区				
龙潭区			2	2
二道区	1			
洮北区			1	
东昌区			3	6
二道江区			1	
延吉市		2	14	18
临江市			6	12
榆树市				
公主岭市				
九台市				
舒兰市				
蛟河市			1	5
大安市	2		4	5
抚松县	1	2	1	1
安图县			1	2
农安县				
梨树县	2		2	1
永吉县	2		1	6
长岭县	1	1	4	2
乾安县	1		1	

4－40 各地区言语残疾人分残疾等级的康复形式

单位：人

地 区	机构康复				延伸服务			
	残疾一级	残疾二级	残疾三级	残疾四级	残疾一级	残疾二级	残疾三级	残疾四级
总 计	**4**	**8**	**4**	**8**		**1**	**1**	**3**
朝阳区								1
昌邑区			1					
龙潭区							1	
二道区	1					1		
洮北区			1	1				1
东昌区								
二道江区			1					
延吉市								
临江市								
榆树市		1						
公主岭市	1	3		3				
九台市								
舒兰市				1				1
蛟河市		1						
大安市		1						
抚松县								
安图县			1	2				
农安县		2						
梨树县	1							
永吉县								
长岭县	1			1				
乾安县								

4－40 续表

单位：人

地 区	社区和家庭服务			
	残疾一级	残疾二级	残疾三级	残疾四级
总 计	**11**	**7**	**16**	**19**
朝阳区	1			
昌邑区	3	1	5	1
龙潭区	1		1	1
二道区				
洮北区	2		1	1
东昌区		1		
二道江区		2	4	1
延吉市				
临江市				
榆树市	1			1
公主岭市				
九台市		1	1	2
舒兰市				1
蛟河市			1	3
大安市				
抚松县		1	1	1
安图县	2			2
农安县	1	1	1	
梨树县				1
永吉县			1	1
长岭县				2
乾安县				1

4－41 各地区言语残疾人分残疾等级的康复内容

单位：人

地　区	医疗服务				辅助器具			
	残疾一级	残疾二级	残疾三级	残疾四级	残疾一级	残疾二级	残疾三级	残疾四级
总　计	**6**	**11**	**9**	**13**	**5**	**1**	**3**	**1**
朝阳区	1			1				
昌邑区					2			
龙潭区								
二道区	1	1						
洮北区	1			1				
东昌区								
二道江区		2	5				1	
延吉市								
临江市								
榆树市		1			1			
公主岭市	1	3		3				
九台市		1	1	1		1	1	1
舒兰市				1				
蛟河市				2				
大安市		1						
抚松县								
安图县			1	2				
农安县		2	1		1		1	
梨树县	1			1	1			
永吉县			1					
长岭县	1			1				
乾安县								

4－41 续表

单位：人

地 区	康复训练与服务			
	残疾一级	残疾二级	残疾三级	残疾四级
总 计	**9**	**10**	**19**	**19**
朝阳区	1			1
昌邑区	1	1	6	1
龙潭区	1		2	1
二道区	1			
洮北区	1		2	3
东昌区		1		
二道江区		2	5	1
延吉市				
临江市				
榆树市				1
公主岭市				
九台市		1	1	2
舒兰市				2
蛟河市		1	1	1
大安市				
抚松县		1	1	1
安图县	2			2
农安县	1	3	1	
梨树县	1			
永吉县				
长岭县				2
乾安县				1

4－42 各地区肢体残疾人分残疾等级的康复形式

单位：人

地 区	机构康复				延伸服务			
	残疾一级	残疾二级	残疾三级	残疾四级	残疾一级	残疾二级	残疾三级	残疾四级
总 计	**48**	**136**	**268**	**628**	**3**	**8**	**17**	**35**
朝阳区	3	10	22	38			1	
昌邑区	8	13	36	40				
龙潭区	3	5	6	21				2
二道区		1	2	2				
洮北区	1	2	11	9				1
东昌区	1	1	3	13	1		5	9
二道江区	2	2	6	7			1	5
延吉市		6	25	19			2	
临江市	2	4	9	19	2	8	6	8
榆树市	3	3	5	23				
公主岭市	1	3	12	72				
九台市		6	14	33				
舒兰市	1	5	19	41			1	1
蛟河市		10	18	24				1
大安市	4	5	11	12				
抚松县	4	14	21	34				
安图县	4	10	18	71				
农安县	2	3	15	24				3
梨树县	1	1	3	10				
永吉县		1	5	22			1	3
长岭县	3	5	3	20				2
乾安县	5	26	4	74				

4－42 续表

单位：人

地　区	社区和家庭服务			
	残疾一级	残疾二级	残疾三级	残疾四级
总　计	**23**	**80**	**180**	**397**
朝阳区		6	6	5
昌邑区				2
龙潭区		9	9	13
二道区	3	11	26	52
洮北区		3	5	15
东昌区		1	11	26
二道江区	1	1	14	18
延吉市		4	33	48
临江市	3	6	18	23
榆树市		3	7	36
公主岭市				
九台市	3	4	3	14
舒兰市		1	1	4
蛟河市	1	12	14	50
大安市	1	3	9	21
抚松县		1		
安图县	3	2	4	6
农安县			3	3
梨树县	4	8	8	9
永吉县	1	3	9	41
长岭县	2	2		11
乾安县	1			

4－43　各地区肢体残疾人分残疾等级的康复内容

单位：人

地　区	医疗服务				辅助器具			
	残疾一级	残疾二级	残疾三级	残疾四级	残疾一级	残疾二级	残疾三级	残疾四级
总　计	**55**	**155**	**328**	**749**	**44**	**147**	**261**	**386**
朝阳区	3	13	24	34		2	2	2
昌邑区	8	13	35	41	7	11	29	33
龙潭区		5	6	18	3	12	11	10
二道区	3	12	23	49	2	10	27	45
洮北区	1		1	4		1		
东昌区	2	1	6	20		2	16	25
二道江区	3	3	21	27	1	1	2	1
延吉市		8	46	41		10	53	50
临江市	2	4	9	21	6	14	22	17
榆树市	3	4	7	33	2	5	11	27
公主岭市	1	3	12	72				1
九台市	1	9	14	38	3	5	14	27
舒兰市	1	5	20	43		2	2	2
蛟河市		12	16	23	1	18	22	14
大安市	4	5	11	13	1	3	9	8
抚松县	4	12	20	34	3	10	12	16
安图县	7	11	22	75	3	4	8	5
农安县	2	2	15	25		1	4	8
梨树县	1	2	6	14	4	9	6	9
永吉县		1	7	28	1	1	8	22
长岭县	3	4	3	22	3	2		4
乾安县	6	26	4	74	4	24	3	60

4－43 续表

单位：人

地　区	康复训练与服务			
	残疾一级	残疾二级	残疾三级	残疾四级
总　计	**39**	**153**	**315**	**670**
朝阳区		2	3	7
昌邑区	1	2	6	7
龙潭区	1	8	8	29
二道区	3	10	26	51
洮北区		4	15	21
东昌区		1	12	22
二道江区	2		4	4
延吉市		8	52	51
临江市	5	15	30	41
榆树市	1	6	11	54
公主岭市			2	14
九台市		3	15	30
舒兰市	1	6	21	44
蛟河市	1	21	31	68
大安市	4	8	15	26
抚松县		8	11	7
安图县	6	12	20	71
农安县	2	3	14	14
梨树县	5	8	10	14
永吉县		2	6	25
长岭县	1	2		9
乾安县	6	24	3	61

4－44 各地区智力残疾人分残疾等级的康复形式

单位：人

地 区	机构康复				延伸服务			
	残疾一级	残疾二级	残疾三级	残疾四级	残疾一级	残疾二级	残疾三级	残疾四级
总 计	**8**	**12**	**18**	**21**		**1**	**6**	**15**
朝阳区	1	2		2				
昌邑区				1				
龙潭区		1		1				
二道区								
洮北区							1	1
东昌区				1				
二道江区								
延吉市	1	1	2	3				
临江市								
榆树市								
公主岭市			1	1				2
九台市	1		1	1				
舒兰市		2	6	4				
蛟河市	1	2	4					1
大安市	1	3	1					1
抚松县								
安图县			1	2				
农安县	1			1				
梨树县		1						
永吉县	2		2	1			2	1
长岭县				1		1	3	9
乾安县				2				

4－44 续表

单位：人

地　区	社区和家庭服务			
	残疾一级	残疾二级	残疾三级	残疾四级
总　计	**45**	**46**	**76**	**91**
朝阳区				
昌邑区			5	2
龙潭区		1	1	5
二道区	9	7	10	9
洮北区		1	2	4
东昌区			1	3
二道江区	1	2	3	1
延吉市			1	1
临江市		2	4	5
榆树市		2	2	3
公主岭市	2	4	4	6
九台市	8			2
舒兰市			5	3
蛟河市		1	5	7
大安市	2	7	8	5
抚松县	1	4	8	11
安图县	3	2	2	3
农安县	5	5	3	2
梨树县	3	4	2	4
永吉县			7	6
长岭县			1	1
乾安县	11	4	2	8

4－45 各地区智力残疾人分残疾等级的康复内容

单位：人

地区	医疗服务				辅助器具			
	残疾一级	残疾二级	残疾三级	残疾四级	残疾一级	残疾二级	残疾三级	残疾四级
总计	**33**	**24**	**51**	**63**	**6**	**1**	**1**	**2**
朝阳区				1				
昌邑区			1	2				
龙潭区		2		3		1		
二道区	9	7	10	7				
洮北区		1	3	4				
东昌区				2				
二道江区			1					
延吉市		1	1					
临江市				1				
榆树市		1	1	1				
公主岭市			1	3				
九台市	9		1	3	4		1	1
舒兰市		2	9	4				
蛟河市	1		3					1
大安市			1					
抚松县				3				
安图县	3	2	3	5				
农安县	1	3	2	2	1			
梨树县		1		2	1			
永吉县	2		11	8				
长岭县		1	3	9				
乾安县	8	3		3				

4－45 续表

单位：人

地 区	康复训练与服务			
	残疾一级	残疾二级	残疾三级	残疾四级
总 计	**45**	**49**	**79**	**92**
朝阳区	1	2		1
昌邑区			5	3
龙潭区		1	1	6
二道区	5	5	5	4
洮北区				1
东昌区			1	3
二道江区	1	2	2	1
延吉市	1		2	4
临江市		2	4	5
榆树市		1	2	3
公主岭市	2	4	4	6
九台市	9			3
舒兰市		2	9	4
蛟河市	1	3	9	8
大安市	3	10	9	6
抚松县	1	4	8	10
安图县	1		2	2
农安县	5	5	3	3
梨树县	2	5	2	2
永吉县	2		8	6
长岭县			1	2
乾安县	11	3	2	9

4－46 各地区精神残疾人分残疾等级的康复形式

单位：人

地 区	机构康复				延伸服务			
	残疾一级	残疾二级	残疾三级	残疾四级	残疾一级	残疾二级	残疾三级	残疾四级
总 计	**32**	**45**	**45**	**75**	**5**	**5**	**4**	**29**
朝阳区								
昌邑区	2	1	4	5			1	6
龙潭区	2	5	1	2				
二道区								
洮北区				11				
东昌区	3	3	2	2				
二道江区		8	9	5				
延吉市								
临江市	9	1		5				
榆树市	2	5	7	4				
公主岭市	1	3	1	1	1	4		1
九台市	3	2	5	4				
舒兰市	2	2	2	5				
蛟河市	1	1		2	2		1	1
大安市	1	3	6	4				1
抚松县	2		2	3				
安图县	1	1	2	6				
农安县		7	4	6				
梨树县				1				
永吉县	3			4				2
长岭县				1	2	1	2	18
乾安县		3		4				

4－46 续表

单位：人

地 区	社区和家庭服务			
	残疾一级	残疾二级	残疾三级	残疾四级
总 计	**35**	**29**	**16**	**58**
朝阳区	9	2	1	6
昌邑区	1	2	1	4
龙潭区		3	1	3
二道区	6	7	2	2
洮北区		1	2	
东昌区		3	1	1
二道江区				
延吉市	1	1	1	9
临江市	2	1	1	8
榆树市				
公主岭市	1			
九台市				
舒兰市	2	1	1	5
蛟河市		1	2	4
大安市	1	2		
抚松县				2
安图县	1	1	1	3
农安县		1		4
梨树县	8	3	2	4
永吉县	1			2
长岭县				
乾安县	2			1

4－47　各地区精神残疾人分残疾等级的康复内容

单位：人

地　区	医疗服务				辅助器具			
	残疾一级	残疾二级	残疾三级	残疾四级	残疾一级	残疾二级	残疾三级	残疾四级
总　计	**67**	**74**	**64**	**150**				
朝阳区	9	2	1	5				
昌邑区	3	3	6	15				
龙潭区	2	8	2	5				
二道区	6	7	2	2				
洮北区		1	2	11				
东昌区	3	5	3	3				
二道江区		8	9	5				
延吉市			1	6				
临江市	11	2		10				
榆树市	2	5	7	4				
公主岭市	3	7	1	2				
九台市	3	2	5	4				
舒兰市	4	3	3	10				
蛟河市	3	1	3	7				
大安市	1	4	6	5				
抚松县	2		2	3				
安图县	2	2	3	9				
农安县		7	4	8				
梨树县	6	3	2	5				
永吉县	3			7				
长岭县	2	1	2	19				
乾安县	2	3		5				

4－47 续表

单位：人

地　区	康复训练与服务			
	残疾一级	残疾二级	残疾三级	残疾四级
总　计	**18**	**27**	**21**	**51**
朝阳区				1
昌邑区	1	1	4	9
龙潭区				
二道区	6	7	2	2
洮北区		1		5
东昌区		1		
二道江区				
延吉市	1	1		3
临江市			1	3
榆树市	1	5	7	4
公主岭市				
九台市				
舒兰市				
蛟河市	3	2	3	7
大安市	1	1		
抚松县				2
安图县				
农安县		8	4	10
梨树县	3			
永吉县	2			5
长岭县				
乾安县				

4－48　各地区多重残疾人分残疾等级的康复形式

单位：人

地　区	机构康复				延伸服务			
	残疾一级	残疾二级	残疾三级	残疾四级	残疾一级	残疾二级	残疾三级	残疾四级
总　计	**127**	**42**	**67**	**45**	**21**	**5**	**9**	**8**
朝阳区	7	3	2	6				1
昌邑区	9	7	8	1	1			1
龙潭区	6	1	2	1	3	1		
二道区	1	1	1	1	5			
洮北区	4	1	2	1				
东昌区	5		2	4	1		1	1
二道江区	3	2	5	2	3	1	1	
延吉市	2			4		1		
临江市	5	1	1		2	1	2	1
榆树市	18		3	3				
公主岭市	8	2						
九台市	4	1	6	1				
舒兰市	12		11	4			2	
蛟河市	2	2	3	1		1		
大安市	12	3	2	2				
抚松县	7	7	3	3				
安图县	5	7	4	3	3		1	
农安县	4	2	5	3				
梨树县	2		2		1			
永吉县	5		1	1	1		1	3
长岭县	4		3	4	1		1	1
乾安县	2	2	1					

4－48 续表

单位：人

地　区	社区和家庭服务			
	残疾一级	残疾二级	残疾三级	残疾四级
总　计	**221**	**80**	**107**	**46**
朝阳区	2	1	4	3
昌邑区	9	8	8	3
龙潭区	11	5	6	1
二道区	9	7	7	1
洮北区	8	3		
东昌区	11	3	10	3
二道江区	20	6	5	
延吉市	6	3	8	6
临江市	17	13	15	5
榆树市	9	4	1	1
公主岭市	1	1		2
九台市	17	3	10	5
舒兰市	8		3	2
蛟河市	13	3	5	2
大安市	8		5	2
抚松县	10	5	2	
安图县	6	1	5	
农安县	2	1	1	
梨树县	19	5	5	4
永吉县	14	3	3	5
长岭县	7	4	2	1
乾安县	14	1	2	

4－49 各地区多重残疾人分残疾等级的康复内容

单位：人

地 区	医疗服务				辅助器具			
	残疾一级	残疾二级	残疾三级	残疾四级	残疾一级	残疾二级	残疾三级	残疾四级
总 计	**194**	**72**	**102**	**66**	**148**	**47**	**79**	**39**
朝阳区	8	4	5	8	1	1		1
昌邑区	12	9	9	3	16	4	10	3
龙潭区	13	6	6	2	10	3	4	
二道区	15	7	7	2	10	3	2	1
洮北区	3	3	2		5	1	2	
东昌区	6		6	7	8	2	10	5
二道江区	14	6	10	2	1	2	1	
延吉市	3	1	1	6	3	1	5	5
临江市	9	1	1	1	5	7	10	5
榆树市	9	1	2	4	13	3	2	2
公主岭市	8	2		1	1			
九台市	15	1	7	1	17	2	13	5
舒兰市	11		12	4	3			1
蛟河市	5	2	3	2	4	3	3	1
大安市	11	2	1	3	6		2	1
抚松县	6	7	5	3	7	6	2	1
安图县	14	8	6	3	3		3	
农安县	4	3	6	3	4	2	3	2
梨树县	7	2	2	1	14	4	3	1
永吉县	6	3	4	5	7		1	4
长岭县	8	1	5	5	7	3	2	1
乾安县	7	3	2		3		1	

4－49 续表

单位：人

地　区	康复训练与服务			
	残疾一级	残疾二级	残疾三级	残疾四级
总　计	**223**	**80**	**99**	**38**
朝阳区	1		1	2
昌邑区	10	9	7	2
龙潭区	9	2	4	
二道区	9	5	7	2
洮北区	7	1		1
东昌区	10	3	6	
二道江区	17	4	1	
延吉市	8	4	4	6
临江市	18	15	17	5
榆树市	24	4	3	2
公主岭市	2	1		1
九台市	13	2	4	2
舒兰市	17		7	2
蛟河市	14	6	8	1
大安市	10	3	6	3
抚松县	11	7	2	
安图县	5	4	9	2
农安县	3	2	5	1
梨树县	12	4	4	3
永吉县	9	2	2	3
长岭县	1			
乾安县	13	2	2	

4－50 各地区残疾人分城乡、残疾等级的持证情况

单位：人

地区	持证残疾人			持证残疾人 残疾一级		
	合计	城镇	农村	小计	城镇	农村
总计	**1021**	**621**	**400**	**220**	**119**	**101**
朝阳区	30	28	2	7	6	1
昌邑区	67	65	2	11	11	
龙潭区	49	34	15	10	4	6
二道区	74	56	18	21	15	6
洮北区	36	33	3	10	8	2
东昌区	50	50		10	10	
二道江区	63	55	8	17	13	4
延吉市	73	34	39	7	2	5
临江市	74	48	26	20	13	7
榆树市	35	11	24	10	2	8
公主岭市	44	24	20	7	3	4
九台市	45	19	26	13	5	8
舒兰市	51	33	18	12	9	3
蛟河市	60	29	31	6	2	4
大安市	35	9	26	4	1	3
抚松县	32	30	2	7	6	1
安图县	86	24	62	18	1	17
农安县	21	6	15	3	1	2
梨树县	19	7	12	8	4	4
永吉县	26	3	23	3		3
长岭县	15	7	8	3		3
乾安县	36	16	20	13	3	10

4－50 续表

单位：人

地区	持证残疾人								
	残疾二级			残疾三级			残疾四级		
	小计	城镇	农村	小计	城镇	农村	小计	城镇	农村
总计	**136**	**95**	**41**	**245**	**161**	**84**	**420**	**246**	**174**
朝阳区	6	5	1	8	8		9	9	
昌邑区	7	7		18	16	2	31	31	
龙潭区	9	6	3	9	6	3	21	18	3
二道区	14	11	3	20	16	4	19	14	5
洮北区	8	8		12	11	1	6	6	
东昌区	7	7		7	7		26	26	
二道江区	8	8		20	17	3	18	17	1
延吉市	7	4	3	32	14	18	27	14	13
临江市	14	10	4	15	12	3	25	13	12
榆树市	6	1	5	5	2	3	14	6	8
公主岭市	6	4	2	8	6	2	23	11	12
九台市	3	1	2	8	3	5	21	10	11
舒兰市	2	2		12	9	3	25	13	12
蛟河市	8	3	5	15	10	5	31	14	17
大安市	4	2	2	9	3	6	18	3	15
抚松县	4	4		8	8		13	12	1
安图县	10	5	5	21	8	13	37	10	27
农安县	2	1	1	5	1	4	11	3	8
梨树县	2		2	2	1	1	7	2	5
永吉县	1	1		6		6	16	2	14
长岭县	3	3		4	2	2	5	2	3
乾安县	5	2	3	1	1		17	10	7

4－51　6–14岁视力残疾人分年龄、性别、残疾等级的在校生接受义务教育情况

单位：人

年龄	残疾人		残疾一级							
			普通教育学校普通班		普通教育学校特教班		特殊教育学校		其他	
	男	女	男	女	男	女	男	女	男	女
总　计	**2**	**1**								
6岁										
7岁		1								
8岁	1									
9岁										
10岁										
11岁										
12岁										
13岁	1									
14岁										

4－51　续表 1

单位：人

年龄	残疾二级							
	普通教育学校普通班		普通教育学校特教班		特殊教育学校		其他	
	男	女	男	女	男	女	男	女
总　计								
6岁								
7岁								
8岁								
9岁								
10岁								
11岁								
12岁								
13岁								
14岁								

4－51　续表 2

单位：人

年　龄	残疾三级							
	普通教育学校普通班		普通教育学校特教班		特殊教育学校		其他	
	男	女	男	女	男	女	男	女
总　计								
6岁								
7岁								
8岁								
9岁								
10岁								
11岁								
12岁								
13岁								
14岁								

4－51　续表 3

单位：人

年　龄	残疾四级							
	普通教育学校普通班		普通教育学校特教班		特殊教育学校		其他	
	男	女	男	女	男	女	男	女
总　计	**2**							
6岁								
7岁								
8岁	1							
9岁								
10岁								
11岁								
12岁								
13岁	1							
14岁								

4－52　6-14岁听力残疾人分年龄、性别、残疾等级的在校生接受义务教育情况

单位：人

年　龄	残疾人		残疾一级							
			普通教育学校普通班		普通教育学校特教班		特殊教育学校		其他	
	男	女	男	女	男	女	男	女	男	女
总　计	**1**	**1**								
6岁										
7岁										
8岁										
9岁										
10岁										
11岁		1								
12岁										
13岁										
14岁	1									

4－52　续表 1

单位：人

年　龄	残疾二级							
	普通教育学校普通班		普通教育学校特教班		特殊教育学校		其他	
	男	女	男	女	男	女	男	女
总　计								
6岁								
7岁								
8岁								
9岁								
10岁								
11岁								
12岁								
13岁								
14岁								

4－52 续表 2

单位：人

年龄	残疾三级							
	普通教育学校普通班		普通教育学校特教班		特殊教育学校		其他	
	男	女	男	女	男	女	男	女
总计								
6岁								
7岁								
8岁								
9岁								
10岁								
11岁								
12岁								
13岁								
14岁								

4－52 续表 3

单位：人

年龄	残疾四级							
	普通教育学校普通班		普通教育学校特教班		特殊教育学校		其他	
	男	女	男	女	男	女	男	女
总计		**1**						
6岁								
7岁								
8岁								
9岁								
10岁								
11岁		1						
12岁								
13岁								
14岁								

4－53　6–14岁言语残疾人分年龄、性别、残疾等级的在校生接受义务教育情况

单位：人

年 龄	残疾人		残疾一级							
			普通教育学校普通班		普通教育学校特教班		特殊教育学校		其他	
	男	女	男	女	男	女	男	女	男	女
总 计	**1**									
6岁										
7岁										
8岁	1									
9岁										
10岁										
11岁										
12岁										
13岁										
14岁										

4－53　续表 1

单位：人

年 龄	残疾二级							
	普通教育学校普通班		普通教育学校特教班		特殊教育学校		其他	
	男	女	男	女	男	女	男	女
总 计								
6岁								
7岁								
8岁								
9岁								
10岁								
11岁								
12岁								
13岁								
14岁								

4－53　续表 2

单位：人

年　龄	残疾三级							
	普通教育学校普通班		普通教育学校特教班		特殊教育学校		其他	
	男	女	男	女	男	女	男	女
总　计								
6岁								
7岁								
8岁								
9岁								
10岁								
11岁								
12岁								
13岁								
14岁								

4－53　续表 3

单位：人

年　龄	残疾四级							
	普通教育学校普通班		普通教育学校特教班		特殊教育学校		其他	
	男	女	男	女	男	女	男	女
总　计	**1**							
6岁								
7岁								
8岁	1							
9岁								
10岁								
11岁								
12岁								
13岁								
14岁								

4－54　6-14岁肢体残疾人分年龄、性别、残疾等级的在校生接受义务教育情况

单位：人

年　龄	残疾人		残疾一级							
			普通教育学校普通班		普通教育学校特教班		特殊教育学校		其他	
	男	女	男	女	男	女	男	女	男	女
总　计	**9**	**11**			**1**					
6岁	1	1								
7岁	2	1								
8岁	1	2								
9岁										
10岁	1	1								
11岁		1								
12岁	1	2			1					
13岁	1	2								
14岁	2	1								

4－54　续表 1

单位：人

年　龄	残疾二级							
	普通教育学校普通班		普通教育学校特教班		特殊教育学校		其他	
	男	女	男	女	男	女	男	女
总　计	**1**							
6岁								
7岁								
8岁								
9岁								
10岁								
11岁								
12岁								
13岁	1							
14岁								

4－54 续表 2

单位：人

年龄	残疾三级							
	普通教育学校普通班		普通教育学校特教班		特殊教育学校		其他	
	男	女	男	女	男	女	男	女
总 计	**1**	**1**						
6岁		1						
7岁								
8岁								
9岁								
10岁								
11岁								
12岁								
13岁								
14岁	1							

4－54 续表 3

单位：人

年龄	残疾四级							
	普通教育学校普通班		普通教育学校特教班		特殊教育学校		其他	
	男	女	男	女	男	女	男	女
总 计	**1**	**4**						
6岁								
7岁								
8岁								
9岁								
10岁								
11岁		1						
12岁		1						
13岁		1						
14岁	1	1						

4－55　6-14岁智力残疾人分年龄、性别、残疾等级的在校生接受义务教育情况

单位：人

年　龄	残疾人		残疾一级							
			普通教育学校普通班		普通教育学校特教班		特殊教育学校		其他	
	男	女	男	女	男	女	男	女	男	女
总　计	**12**	**12**		**1**					**1**	
6岁		2								
7岁	2	2								
8岁	1									
9岁	2	1		1						
10岁	3	1							1	
11岁	1	2								
12岁										
13岁	2	3								
14岁	1	1								

4－55　续表 1

单位：人

年　龄	残疾二级							
	普通教育学校普通班		普通教育学校特教班		特殊教育学校		其他	
	男	女	男	女	男	女	男	女
总　计								
6岁								
7岁								
8岁								
9岁								
10岁								
11岁								
12岁								
13岁								
14岁								

4－55 续表 2

单位：人

年龄	残疾三级							
	普通教育学校普通班		普通教育学校特教班		特殊教育学校		其他	
	男	女	男	女	男	女	男	女
总　计		**2**						
6岁		1						
7岁		1						
8岁								
9岁								
10岁								
11岁								
12岁								
13岁								
14岁								

4－55 续表 3

单位：人

年龄	残疾三级							
	普通教育学校普通班		普通教育学校特教班		特殊教育学校		其他	
	男	女	男	女	男	女	男	女
总　计	**4**	**3**						
6岁								
7岁								
8岁	1							
9岁	1							
10岁	1							
11岁		1						
12岁								
13岁	1	2						
14岁								

4－56 6-14岁精神残疾人分年龄、性别、残疾等级的在校生接受义务教育情况

单位：人

年 龄	残疾人		残疾一级							
			普通教育学校普通班		普通教育学校特教班		特殊教育学校		其他	
	男	女	男	女	男	女	男	女	男	女
总 计	**2**	**1**								
6岁										
7岁										
8岁										
9岁										
10岁	1									
11岁	1									
12岁										
13岁										
14岁		1								

4－56 续表 1

单位：人

年 龄	残疾二级							
	普通教育学校普通班		普通教育学校特教班		特殊教育学校		其他	
	男	女	男	女	男	女	男	女
总 计								
6岁								
7岁								
8岁								
9岁								
10岁								
11岁								
12岁								
13岁								
14岁								

4－56　续表 2

单位：人

年　龄	残疾三级							
	普通教育学校普通班		普通教育学校特教班		特殊教育学校		其他	
	男	女	男	女	男	女	男	女
总　计								
6岁								
7岁								
8岁								
9岁								
10岁								
11岁								
12岁								
13岁								
14岁								

4－56　续表 3

单位：人

年　龄	残疾四级							
	普通教育学校普通班		普通教育学校特教班		特殊教育学校		其他	
	男	女	男	女	男	女	男	女
总　计	**2**							
6岁								
7岁								
8岁								
9岁								
10岁	1							
11岁	1							
12岁								
13岁								
14岁								

4－57 6-14岁多重残疾人分年龄、性别、残疾等级的在校生接受义务教育情况

单位：人

年 龄	残疾人		残疾一级							
			普通教育学校普通班		普通教育学校特教班		特殊教育学校		其他	
	男	女	男	女	男	女	男	女	男	女
总 计	**12**	**11**				**1**	**5**	**1**		
6岁	2	1								
7岁	1	1					1			
8岁		1								
9岁	1	3					1	1		
10岁	2									
11岁	1	2								
12岁	2	2				1	1			
13岁										
14岁	3	1					2			

4－57 续表 1

单位：人

年 龄	残疾二级							
	普通教育学校普通班		普通教育学校特教班		特殊教育学校		其他	
	男	女	男	女	男	女	男	女
总 计	**1**	**2**						
6岁								
7岁		1						
8岁								
9岁								
10岁	1							
11岁		1						
12岁								
13岁								
14岁								

4－57 续表 2

单位：人

年 龄	残疾三级							
	普通教育学校普通班		普通教育学校特教班		特殊教育学校		其他	
	男	女	男	女	男	女	男	女
总 计								
6岁								
7岁								
8岁								
9岁								
10岁								
11岁								
12岁								
13岁								
14岁								

4－57 续表 3

单位：人

年 龄	残疾四级							
	普通教育学校普通班		普通教育学校特教班		特殊教育学校		其他	
	男	女	男	女	男	女	男	女
总 计								
6岁								
7岁								
8岁								
9岁								
10岁								
11岁								
12岁								
13岁								
14岁								

4－58 各地区6-14岁残疾人分城乡、残疾等级的在校生接受义务教育情况

单位：人

地区	残疾人		残疾一级							
			普通教育学校普通班		普通教育学校特教班		特殊教育学校		其他	
	城镇	农村	城镇	农村	城镇	农村	城镇	农村	城镇	农村
总计	**27**	**49**		**1**	**1**	**1**	**4**	**2**		**1**
朝阳区	1	1					1			
昌邑区	4						2			
龙潭区	1	2					1			
二道区	2	3						1		
洮北区		3								
东昌区										
二道江区	3				1					
延吉市	1	2								
临江市	1	1								
榆树市		1								
公主岭市	3	1								
九台市	3	1								1
舒兰市	2	3								
蛟河市	2	3								
大安市		8		1						
抚松县		3								
安图县		5								
农安县	2	1				1				
梨树县		1								
永吉县		3						1		
长岭县	1	1								
乾安县	1	6								

4－58 续表 1

单位：人

地　区	残疾二级							
	普通教育学校普通班		普通教育学校特教班		特殊教育学校		其他	
	城镇	农村	城镇	农村	城镇	农村	城镇	农村
总　计		**4**						
朝阳区								
昌邑区								
龙潭区								
二道区								
洮北区								
东昌区								
二道江区								
延吉市								
临江市		1						
榆树市								
公主岭市								
九台市								
舒兰市								
蛟河市		1						
大安市		1						
抚松县								
安图县		1						
农安县								
梨树县								
永吉县								
长岭县								
乾安县								

4－58 续表 2

单位：人

地区	残疾三级							
	普通教育学校普通班		普通教育学校特教班		特殊教育学校		其他	
	城镇	农村	城镇	农村	城镇	农村	城镇	农村
总　计	**1**	**3**						
朝阳区								
昌邑区								
龙潭区								
二道区								
洮北区								
东昌区								
二道江区								
延吉市								
临江市								
榆树市								
公主岭市								
九台市	1							
舒兰市								
蛟河市								
大安市		1						
抚松县		1						
安图县		1						
农安县								
梨树县								
永吉县								
长岭县								
乾安县								

4－58 续表 3

单位：人

地区	残疾四级							
	普通教育学校普通班		普通教育学校特教班		特殊教育学校		其他	
	城镇	农村	城镇	农村	城镇	农村	城镇	农村
总　计	**4**	**14**						
朝阳区								
昌邑区								
龙潭区		1						
二道区	1	2						
洮北区		2						
东昌区								
二道江区								
延吉市		1						
临江市								
榆树市								
公主岭市	1	1						
九台市								
舒兰市		1						
蛟河市								
大安市		2						
抚松县								
安图县		2						
农安县	2							
梨树县								
永吉县								
长岭县		1						
乾安县		1						

4-59 各地区16岁及以上视力残疾人分城乡的参加社会保险情况

单位：人

地区	残疾人			参加社会保险人数					
				养老保险			医疗保险		
	合计	城镇	农村	小计	城镇	农村	小计	城镇	农村
总　计	**760**	**287**	**473**	**74**	**72**	**2**	**275**	**56**	**219**
朝阳区	14	12	2				6	6	
昌邑区	29	20	9	13	13		4	4	
龙潭区	24	13	11	4	4		1	1	
二道区	30	25	5	8	7	1	4	3	1
洮北区	37	21	16	4	4		1	1	
东昌区	34	34		13	13				
二道江区	45	38	7	16	15	1	14	14	
延吉市	20	9	11	1	1		1	1	
临江市	13	6	7				9	3	6
榆树市	46	13	33	1	1		35	3	32
公主岭市	22	8	14				7	2	5
九台市	43	5	38	1	1		34	3	31
舒兰市	68	24	44	4	4		4	4	
蛟河市	27	9	18	4	4		18	2	16
大安市	31	4	27				21	1	20
抚松县	24	15	9	4	4		1	1	
安图县	12	1	11						
农安县	55	15	40				45	7	38
梨树县	46	4	42	1	1		39		39
永吉县	39	1	38				30		30
长岭县	39	4	35				1		1
乾安县	62	6	56						

4-59 续表

单位：人

地区	参加社会保险人数						未参加		
	工伤保险			失业保险					
	小计	城镇	农村	小计	城镇	农村	小计	城镇	农村
总　计	**5**	**5**					**438**	**185**	**253**
朝阳区							8	6	2
昌邑区							16	7	9
龙潭区							20	9	11
二道区							21	17	4
洮北区							32	16	16
东昌区							21	21	
二道江区	5	5					27	21	6
延吉市							19	8	11
临江市							4	3	1
榆树市							11	10	1
公主岭市							15	6	9
九台市							8	1	7
舒兰市							64	20	44
蛟河市							5	3	2
大安市							10	3	7
抚松县							20	11	9
安图县							12	1	11
农安县							10	8	2
梨树县							6	3	3
永吉县							9	1	8
长岭县							38	4	34
乾安县							62	6	56

4-60 各地区16岁及以上听力残疾人分城乡的参加社会保险情况

单位：人

地区	残疾人			参加社会保险人数					
				养老保险			医疗保险		
	合计	城镇	农村	小计	城镇	农村	小计	城镇	农村
总计	**1199**	**562**	**637**	**208**	**202**	**6**	**305**	**127**	**178**
朝阳区	53	40	13	29	29		14	14	
昌邑区	110	103	7	57	57		28	28	
龙潭区	70	33	37	17	16	1	14	14	
二道区	15	14	1	3	3				
洮北区	49	36	13	25	25		20	20	
东昌区	58	58		17	17		10	10	
二道江区	71	62	9	25	25				
延吉市	50	31	19	12	11	1	9	8	1
临江市	66	35	31	1		1	33	13	20
榆树市	41	16	25	2	2		14	2	12
公主岭市	38	6	32						
九台市	52	10	42	1		1	44	9	35
舒兰市	38	11	27	2	2				
蛟河市	35	7	28	2	2		29	4	25
大安市	64	14	50	4	4				
抚松县	48	43	5				1		1
安图县	52	15	37	3	3		3	2	1
农安县	54	7	47				42	3	39
梨树县	53	11	42	8	6	2	37		37
永吉县	76	2	74				7		7
长岭县	77	6	71						
乾安县	29	2	27						

4-60 续表

单位：人

地区	参加社会保险人数						未参加		
	工伤保险			失业保险					
	小计	城镇	农村	小计	城镇	农村	小计	城镇	农村
总　计	**2**	**1**	**1**	**3**	**3**		**768**	**312**	**456**
朝阳区							24	11	13
昌邑区				3	3		43	36	7
龙潭区							52	16	36
二道区							12	11	1
洮北区							23	10	13
东昌区	1	1					36	36	
二道江区							46	37	9
延吉市							37	19	18
临江市							32	22	10
榆树市							26	13	13
公主岭市							38	6	32
九台市							8	1	7
舒兰市							36	9	27
蛟河市	1		1				5	2	3
大安市							60	10	50
抚松县							47	43	4
安图县							47	11	36
农安县							12	4	8
梨树县							9	5	4
永吉县							69	2	67
长岭县							77	6	71
乾安县							29	2	27

4-61 各地区16岁及以上言语残疾人分城乡的参加社会保险情况

单位：人

地区	残疾人			参加社会保险人数					
				养老保险			医疗保险		
	合计	城镇	农村	小计	城镇	农村	小计	城镇	农村
总 计	**79**	**35**	**44**	**11**	**10**	**1**	**22**	**10**	**12**
朝阳区	2	2							
昌邑区	11	11		2	2		3	3	
龙潭区	4	1	3	1	1				
二道区	2	1	1	1	1		1	1	
洮北区	6	4	2						
东昌区	1	1		1	1		1	1	
二道江区	8	6	2	3	3		2	2	
延吉市									
临江市									
榆树市	3	1	2	1	1				
公主岭市	7	3	4				2		2
九台市	4		4				4		4
舒兰市	3		3						
蛟河市	4	1	3				1		1
大安市	1		1						
抚松县	3	1	2				1	1	
安图县	7	1	6	2	1	1	1	1	
农安县	5	1	4				3	1	2
梨树县	1		1				1		1
永吉县	2		2				2		2
长岭县	4		4						
乾安县	1	1							

4-61 续表

单位：人

地　区	参加社会保险人数						未参加		
	工伤保险			失业保险					
	小计	城镇	农村	小计	城镇	农村	小计	城镇	农村
总　计							**52**	**21**	**31**
朝阳区							2	2	
昌邑区							7	7	
龙潭区							3		3
二道区							1		1
洮北区							6	4	2
东昌区									
二道江区							5	3	2
延吉市									
临江市									
榆树市							2		2
公主岭市							5	3	2
九台市									
舒兰市							3		3
蛟河市							3	1	2
大安市							1		1
抚松县							2		2
安图县							5		5
农安县							2		2
梨树县									
永吉县									
长岭县							4		4
乾安县							1	1	

4-62 各地区16岁及以上肢体残疾人分城乡的参加社会保险情况

单位：人

地区	残疾人			参加社会保险人数					
				养老保险			医疗保险		
	合计	城镇	农村	小计	城镇	农村	小计	城镇	农村
总　计	**1793**	**916**	**877**	**159**	**151**	**8**	**410**	**165**	**245**
朝阳区	91	68	23	8	8		5	5	
昌邑区	99	89	10	36	36		11	11	
龙潭区	66	44	22	9	9		2	2	
二道区	96	84	12	3	3		11	11	
洮北区	46	29	17	8	8		5	5	
东昌区	71	71		23	23		14	14	
二道江区	55	53	2	19	19		18	18	
延吉市	136	79	57	45	38	7	32	27	5
临江市	107	75	32				41	26	15
榆树市	77	15	62	3	3		55	1	54
公主岭市	85	38	47				3		3
九台市	75	26	49				59	17	42
舒兰市	72	37	35				1	1	
蛟河市	128	46	82	1	1		91	13	78
大安市	66	12	54						
抚松县	72	60	12	1	1		3	3	
安图县	115	34	81	2	1	1	2	2	
农安县	53	11	42	1	1		38	6	32
梨树县	43	3	40						
永吉县	85	7	78				18	3	15
长岭县	47	10	37				1		1
乾安县	108	25	83						

4-62 续表

单位：人

地　区	参加社会保险人数						未参加		
	工伤保险			失业保险					
	小计	城镇	农村	小计	城镇	农村	小计	城镇	农村
总　计	**4**	**4**		**1**	**1**		**1296**	**668**	**628**
朝阳区							80	57	23
昌邑区	1	1					60	50	10
龙潭区							56	34	22
二道区							82	70	12
洮北区							37	20	17
东昌区	2	2					45	45	
二道江区	1	1					35	33	2
延吉市							88	39	49
临江市							66	49	17
榆树市							19	11	8
公主岭市							82	38	44
九台市							16	9	7
舒兰市							71	36	35
蛟河市							36	32	4
大安市							66	12	54
抚松县				1	1		68	56	12
安图县							111	31	80
农安县							14	4	10
梨树县							43	3	40
永吉县							67	4	63
长岭县							46	10	36
乾安县							108	25	83

4-63 各地区16岁及以上智力残疾人分城乡的参加社会保险情况

单位：人

地 区	残疾人			参加社会保险人数					
				养老保险			医疗保险		
	合计	城镇	农村	小计	城镇	农村	小计	城镇	农村
总 计	**296**	**103**	**193**	**8**	**7**	**1**	**44**	**13**	**31**
朝阳区	5	5					1	1	
昌邑区	8	7	1	3	3		2	2	
龙潭区	8	4	4				1	1	
二道区	31	22	9	3	3		1	1	
洮北区	9	2	7				1	1	
东昌区	4	4							
二道江区	7	6	1	1	1		1	1	
延吉市	6	1	5						
临江市	11	5	6				6	2	4
榆树市	6		6				3		3
公主岭市	19	9	10						
九台市	11	1	10				6	1	5
舒兰市	19	8	11						
蛟河市	19	2	17				12	2	10
大安市	24	3	21						
抚松县	22	15	7						
安图县	11	3	8						
农安县	14	2	12				4		4
梨树县	12	2	10				5	1	4
永吉县	19		19	1		1			
长岭县	15	1	14				1		1
乾安县	16	1	15						

4-63 续表

单位：人

地　区	参加社会保险人数						未参加		
	工伤保险			失业保险					
	小计	城镇	农村	小计	城镇	农村	小计	城镇	农村
总　计							**248**	**87**	**161**
朝阳区							4	4	
昌邑区							5	4	1
龙潭区							7	3	4
二道区							28	19	9
洮北区							8	1	7
东昌区							4	4	
二道江区							6	5	1
延吉市							6	1	5
临江市							5	3	2
榆树市							3		3
公主岭市							19	9	10
九台市							5		5
舒兰市							19	8	11
蛟河市							7		7
大安市							24	3	21
抚松县							22	15	7
安图县							11	3	8
农安县							10	2	8
梨树县							7	1	6
永吉县							18		18
长岭县							14	1	13
乾安县							16	1	15

4-64 各地区16岁及以上精神残疾人分城乡的参加社会保险情况

单位：人

地区	残疾人			参加社会保险人数					
				养老保险			医疗保险		
	合计	城镇	农村	小计	城镇	农村	小计	城镇	农村
总计	**374**	**159**	**215**	**18**	**17**	**1**	**66**	**21**	**45**
朝阳区	18	13	5				1	1	
昌邑区	27	24	3	10	10		9	9	
龙潭区	16	13	3	4	4				
二道区	17	11	6						
洮北区	14	8	6	1	1		5	5	
东昌区	15	15					1	1	
二道江区	22	20	2						
延吉市	12	4	8						
临江市	27	11	16	1	1		6		6
榆树市	18	3	15	1		1			
公主岭市	13	3	10	1	1				
九台市	14	2	12				10		10
舒兰市	20	5	15						
蛟河市	14	4	10				11	2	9
大安市	18	5	13						
抚松县	8	4	4						
安图县	16	4	12						
农安县	21	2	19				20	2	18
梨树县	18	3	15						
永吉县	12		12						
长岭县	24	5	19				3	1	2
乾安县	10		10						

4-64 续表

单位：人

地区	参加社会保险人数						未参加		
	工伤保险			失业保险					
	小计	城镇	农村	小计	城镇	农村	小计	城镇	农村
总 计							**300**	**131**	**169**
朝阳区							17	12	5
昌邑区							17	14	3
龙潭区							12	9	3
二道区							17	11	6
洮北区							9	3	6
东昌区							14	14	
二道江区							22	20	2
延吉市							12	4	8
临江市							20	10	10
榆树市							17	3	14
公主岭市							12	2	10
九台市							4	2	2
舒兰市							20	5	15
蛟河市							3	2	1
大安市							18	5	13
抚松县							8	4	4
安图县							16	4	12
农安县							1		1
梨树县							18	3	15
永吉县							12		12
长岭县							21	4	17
乾安县							10		10

4-65 各地区16岁及以上多重残疾人分城乡的参加社会保险情况

单位：人

地区	残疾人			参加社会保险人数					
				养老保险			医疗保险		
	合计	城镇	农村	小计	城镇	农村	小计	城镇	农村
总计	**732**	**337**	**395**	**80**	**77**	**3**	**175**	**68**	**107**
朝阳区	27	20	7	3	3		2	2	
昌邑区	49	39	10	23	23		9	9	
龙潭区	36	23	13	11	11		5	5	
二道区	32	21	11	4	4		1	1	
洮北区	17	15	2	3	3		1	1	
东昌区	38	38		10	10		11	11	
二道江区	46	41	5	15	15		14	14	
延吉市	30	10	20	6	4	2	6	4	2
临江市	60	31	29				21	9	12
榆树市	36	8	28				12		12
公主岭市	12	5	7						
九台市	47	12	35	1	1		32	3	29
舒兰市	40	17	23	2	1	1	2	2	
蛟河市	28	4	24	1	1		18	1	17
大安市	30	2	28						
抚松县	36	26	10	1	1				
安图县	33	7	26				1	1	
农安县	15	4	11				12	4	8
梨树县	36	7	29				13		13
永吉县	36	1	35				15	1	14
长岭县	26	3	23						
乾安县	22	3	19						

4-65 续表

单位：人

地　区	参加社会保险人数						未参加		
	工伤保险			失业保险					
	小计	城镇	农村	小计	城镇	农村	小计	城镇	农村
总　计	**2**	**2**					**522**	**235**	**287**
朝阳区							23	16	7
昌邑区	1	1					25	15	10
龙潭区							25	12	13
二道区							28	17	11
洮北区							14	12	2
东昌区							25	25	
二道江区							30	25	5
延吉市							24	6	18
临江市							39	22	17
榆树市							24	8	16
公主岭市							12	5	7
九台市	1	1					15	9	6
舒兰市							37	15	22
蛟河市							9	2	7
大安市							30	2	28
抚松县							35	25	10
安图县							32	6	26
农安县							3		3
梨树县							23	7	16
永吉县							21		21
长岭县							26	3	23
乾安县							22	3	19

4-66 各地区视力残疾人分城乡、残疾等级的领取低保金和救济情况

单位：人

地区	残疾人		残疾一级				残疾二级			
			领取低保人数		领取过救济人数		领取低保人数		领取过救济人数	
	城镇	农村	城镇	农村	城镇	农村	城镇	农村	城镇	农村
总计	**290**	**476**	**11**	**11**	**4**	**17**	**3**	**1**	**2**	**1**
朝阳区	12	2								
昌邑区	20	9	1							
龙潭区	13	11								
二道区	26	5	2							
洮北区	21	16					1		1	
东昌区	34		1							
二道江区	38	7	1	1	1	3				
延吉市	9	11								
临江市	7	7	1	2	1	2	1		1	
榆树市	13	34	1		1					
公主岭市	8	14	1	1		1				
九台市	5	39				1				1
舒兰市	25	44	1	2	1	1				
蛟河市	9	18	1							
大安市	4	27				2				
抚松县	15	9					1			
安图县	1	11	1	2		1				
农安县	15	40		1						
梨树县	4	42		1						
永吉县	1	38				1				
长岭县	4	35				2		1		
乾安县	6	57		1		3				

4-66 续表

单位：人

地区	残疾三级				残疾四级			
	领取低保人数		领取过救济人数		领取低保人数		领取过救济人数	
	城镇	农村	城镇	农村	城镇	农村	城镇	农村
总　计	**6**	**1**	**1**	**4**	**24**	**14**	**9**	**23**
朝阳区					2			
昌邑区								1
龙潭区					4	2	1	1
二道区	1		1		1		2	
洮北区				1	2		2	2
东昌区	1				1			
二道江区	2				5		2	
延吉市								
临江市				1				
榆树市					1		1	
公主岭市	1				2	1		
九台市					1			7
舒兰市	1					3	1	3
蛟河市					1			
大安市						2		1
抚松县					2	1		1
安图县						3		1
农安县					1			1
梨树县					1	2		2
永吉县				1				3
长岭县		1		1				
乾安县								

4-67 各地区听力残疾人分城乡、残疾等级的领取低保金和救济情况

单位：人

地区	残疾人		残疾一级				残疾二级			
			领取低保人数		领取过救济人数		领取低保人数		领取过救济人数	
	城镇	农村	城镇	农村	城镇	农村	城镇	农村	城镇	农村
总计	**564**	**640**	**6**	**7**	**2**	**9**	**7**	**3**	**1**	**3**
朝阳区	40	14								
昌邑区	103	7			2			1		1
龙潭区	33	38	1			1				
二道区	15	1	1							
洮北区	36	13					1			
东昌区	58		1							
二道江区	63	9	1	1			3		1	
延吉市	31	19					1	1		1
临江市	35	31					1	1		
榆树市	16	25								
公主岭市	6	32								
九台市	10	42								
舒兰市	11	27								
蛟河市	7	28								
大安市	14	51		5		5				
抚松县	43	5	2			1				
安图县	15	37				1				
农安县	7	47								
梨树县	11	42					1			1
永吉县	2	74		1		1				
长岭县	6	71								
乾安县	2	27								

4-67 续表

单位：人

地　区	残疾三级				残疾四级			
	领取低保人数		领取过救济人数		领取低保人数		领取过救济人数	
	城镇	农村	城镇	农村	城镇	农村	城镇	农村
总　计	**14**	**3**	**8**	**8**	**20**	**12**	**8**	**10**
朝阳区								
昌邑区	1				7		3	
龙潭区				1	2	1	1	2
二道区								
洮北区								
东昌区	2							
二道江区	7		4		1			
延吉市			1	1	2			1
临江市	2	1	1	1	6	2	4	
榆树市								
公主岭市								1
九台市								
舒兰市								
蛟河市	1			2				
大安市	1		1			2		4
抚松县								
安图县			1	2		1		
农安县		1				1		
梨树县					2			1
永吉县		1		1		5		1
长岭县								
乾安县								

4-68 各地区言语残疾人分城乡、残疾等级的领取低保金和救济情况

单位：人

地区	残疾人		残疾一级				残疾二级			
			领取低保人数		领取过救济人数		领取低保人数		领取过救济人数	
	城镇	农村	城镇	农村	城镇	农村	城镇	农村	城镇	农村
总 计	**35**	**47**	**1**	**2**		**2**	**1**	**1**		
朝阳区	2									
昌邑区	11									
龙潭区	1	3								
二道区	1	1						1		
洮北区	4	3								
东昌区	1						1			
二道江区	6	2								
延吉市										
临江市										
榆树市	1	2								
公主岭市	3	4	1							
九台市		4								
舒兰市		3								
蛟河市	1	4								
大安市		1								
抚松县	1	2								
安图县	1	6		2		2				
农安县	1	4								
梨树县		2								
永吉县		2								
长岭县		4								
乾安县	1									

4-68 续表

单位：人

地区	残疾三级				残疾四级			
	领取低保人数		领取过救济人数		领取低保人数		领取过救济人数	
	城镇	农村	城镇	农村	城镇	农村	城镇	农村
总　计	**1**		**1**		**2**	**1**	**3**	**2**
朝阳区					1			
昌邑区	1		1					
龙潭区								
二道区								
洮北区					1		2	
东昌区								
二道江区								
延吉市								
临江市								
榆树市								
公主岭市								
九台市								
舒兰市								
蛟河市								
大安市								
抚松县								
安图县						1	1	1
农安县								
梨树县								
永吉县								
长岭县								1
乾安县								

4-69 各地区肢体残疾人分城乡、残疾等级的领取低保金和救济情况

单位：人

地区	残疾人		残疾一级				残疾二级			
			领取低保人数		领取过救济人数		领取低保人数		领取过救济人数	
	城镇	农村	城镇	农村	城镇	农村	城镇	农村	城镇	农村
总　计	**930**	**893**	**15**	**17**	**7**	**13**	**44**	**17**	**12**	**13**
朝阳区	68	23								1
昌邑区	89	10	4				7		5	
龙潭区	44	24		3		3	1			
二道区	85	12	1	1	1	1	2		4	1
洮北区	29	18		1		1	3			
东昌区	71		1		1		1			
二道江区	54	3	2		1		2			
延吉市	79	58					2			
临江市	76	32	3		2	1	7		1	1
榆树市	17	63					1			
公主岭市	39	49	1				1			
九台市	28	49			1	1				1
舒兰市	38	36					2			
蛟河市	48	82					5	4	1	3
大安市	12	54		3	1	3	1	2	1	2
抚松县	62	12	2			1	2			1
安图县	34	84		4			3	3		
农安县	11	42					1	2		1
梨树县	3	41		2						1
永吉县	7	79						2		
长岭县	10	38		2		1	3			
乾安县	26	84	1	1		1		4		1

4-69 续表

单位：人

地区	残疾三级				残疾四级			
	领取低保人数		领取过救济人数		领取低保人数		领取过救济人数	
	城镇	农村	城镇	农村	城镇	农村	城镇	农村
总计	**75**	**24**	**24**	**31**	**132**	**67**	**36**	**64**
朝阳区	2		1	2	4	1	1	3
昌邑区	12	1	2	1	21			
龙潭区	4		1		5	3	5	3
二道区	5	1	4		5	2	6	2
洮北区	2		1		1			
东昌区	3		2		16		15	
二道江区	9	1	2		13			
延吉市	7		1	5	4	2	1	5
临江市	7	2	4	2	7	7		8
榆树市	1				5			1
公主岭市	3	1	1	1	9	6		3
九台市	1			2	6		1	4
舒兰市	4	1		2	4		2	2
蛟河市	6	2	4	3	7	5	1	3
大安市		5	1	6	3	8	3	9
抚松县	3			1	9			1
安图县	3	6			3	17		2
农安县	1			1	1	3		3
梨树县	1	1			1	1		1
永吉县	1	2		1	2	5	1	5
长岭县				2	2	2		
乾安县		1		2	4	5		9

4-70 各地区智力残疾人分城乡、残疾等级的领取低保金和救济情况

单位：人

地区	残疾人		残疾一级				残疾二级			
			领取低保人数		领取过救济人数		领取低保人数		领取过救济人数	
	城镇	农村	城镇	农村	城镇	农村	城镇	农村	城镇	农村
总计	**116**	**223**	**12**	**10**	**2**	**11**	**13**	**6**	**7**	**7**
朝阳区	5		1		1					
昌邑区	7	1								
龙潭区	5	4								
二道区	23	12	6	1			4	1	2	
洮北区	2	7								
东昌区	5									
二道江区	6	1	1				1	1		
延吉市	3	6								
临江市	5	6					1	1	1	
榆树市		7						1		1
公主岭市	10	10	1	1			3	1		
九台市	2	11				3				
舒兰市	8	12					1		1	
蛟河市	2	19								
大安市	3	25					1		1	4
抚松县	16	8	1							
安图县	3	10		2		2	1		1	
农安县	4	13	1	1	1			1		1
梨树县	3	11	1							1
永吉县		21		2		2				
长岭县	2	14								
乾安县	2	25		3		4	1		1	

4-70 续表

单位：人

地　区	残疾三级				残疾四级			
	领取低保人数		领取过救济人数		领取低保人数		领取过救济人数	
	城镇	农村	城镇	农村	城镇	农村	城镇	农村
总　计	**10**	**10**	**3**	**21**	**8**	**9**	**4**	**20**
朝阳区					1			
昌邑区			1	1				
龙潭区					1	1		1
二道区	4	2	1					
洮北区								
东昌区					1		1	
二道江区								
延吉市				1		2		3
临江市	1				1	1	1	
榆树市								1
公主岭市	1	2		1	2	1		1
九台市								
舒兰市	1	1	1			1		1
蛟河市		3		2		3		1
大安市				6			1	3
抚松县	2				1			
安图县		1		2	1		1	1
农安县		1		1				1
梨树县								1
永吉县				7				5
长岭县	1							1
乾安县								

4-71 各地区精神残疾人分城乡、残疾等级的领取低保金和救济情况

单位：人

地区	残疾人		残疾一级				残疾二级			
			领取低保人数		领取过救济人数		领取低保人数		领取过救济人数	
	城镇	农村	城镇	农村	城镇	农村	城镇	农村	城镇	农村
总计	**160**	**218**	**14**	**5**	**6**	**17**	**12**	**8**	**5**	**9**
朝阳区	13	5	3		2					
昌邑区	24	3		1		1				
龙潭区	13	4					3		1	1
二道区	11	6	4				2			
洮北区	8	6								
东昌区	15		1		1		4		3	
二道江区	20	2					2			
延吉市	4	8								
临江市	11	16	1	1	1	3		1		1
榆树市	3	15				1				
公主岭市	3	10	1	1		1		3		1
九台市	2	12					1		1	
舒兰市	5	15								
蛟河市	4	11				1				
大安市	5	13	1		2					3
抚松县	4	5	2							
安图县	4	12		1		1				1
农安县	3	19						2		1
梨树县	3	15	1			5				
永吉县		12		1		2				
长岭县	5	19								
乾安县		10				2		2		1

4-71 续表

单位：人

地区	残疾三级				残疾四级			
	领取低保人数		领取过救济人数		领取低保人数		领取过救济人数	
	城镇	农村	城镇	农村	城镇	农村	城镇	农村
总　计	**8**	**3**	**4**	**9**	**7**	**10**	**3**	**16**
朝阳区	1							
昌邑区		1		2	2			
龙潭区	1		1					
二道区								
洮北区								
东昌区					1			
二道江区	2							
延吉市								
临江市								2
榆树市	1		1					1
公主岭市	1					1		
九台市				1		1		2
舒兰市								
蛟河市					1			
大安市			1	3	1		1	2
抚松县			1					
安图县	1	1		1	2	4	2	2
农安县		1		2				
梨树县	1							1
永吉县								1
长岭县						2		2
乾安县						2		3

4-72 各地区多重残疾人分城乡、残疾等级的领取低保金和救济情况

单位：人

地区	残疾人		残疾一级				残疾二级			
			领取低保人数		领取过救济人数		领取低保人数		领取过救济人数	
	城镇	农村	城镇	农村	城镇	农村	城镇	农村	城镇	农村
总计	**357**	**421**	**44**	**38**	**28**	**42**	**13**	**11**	**7**	**17**
朝阳区	21	8			1					
昌邑区	45	10	3	1	4	2	2	2	2	2
龙潭区	24	13	2	3		1	1	1		3
二道区	21	12	2	7	1	2		3		2
洮北区	16	3	4		3		3		1	
东昌区	41		3		3		1		1	
二道江区	43	5	10	2	3		2			
延吉市	10	20		1		1				1
临江市	33	30	4	3	4	3	2	1	2	4
榆树市	8	31	3			3				
公主岭市	7	7	2			1				
九台市	12	35						1		1
舒兰市	18	24	3	2	3					
蛟河市	5	27	1	3	1	3		2	1	
大安市	2	32	1	4	1	5		1		1
抚松县	26	11	2		1	1	2			
安图县	7	28		5		6				2
农安县	4	14				1				1
梨树县	7	31	1			1				
永吉县	1	36		2		6				
长岭县	3	25		2						
乾安县	3	19	3	3	3	6				

4-72 续表

单位：人

地区	残疾三级				残疾四级			
	领取低保人数		领取过救济人数		领取低保人数		领取过救济人数	
	城镇	农村	城镇	农村	城镇	农村	城镇	农村
总　计	**15**	**10**	**10**	**20**	**9**	**5**	**1**	**7**
朝阳区				1				
昌邑区	1		2		1			
龙潭区								
二道区								
洮北区	1							
东昌区	1		2					
二道江区	3		1	1				
延吉市				2	1			
临江市	4	1	3	2	1	1	1	1
榆树市					1			
公主岭市					1			
九台市	1	1		3	1			
舒兰市	1		2	2				
蛟河市		3		2		1		1
大安市		1		4				1
抚松县	3				1			
安图县		2		1		1		1
农安县								
梨树县				1	2			1
永吉县		1		1		2		2
长岭县								
乾安县		1						

4-73 各地区残疾人分城乡的曾接受服务或扶助

单位：人次

地 区	合计		医疗服务与救助		辅助器具	
	城镇	农村	城镇	农村	城镇	农村
总 计	**3834**	**4013**	**1710**	**1658**	**462**	**364**
朝阳区	315	97	141	37	74	19
昌邑区	486	58	171	21	92	8
龙潭区	187	119	121	72	32	7
二道区	236	68	102	17	6	1
洮北区	162	66	75	11	4	
东昌区	340		191		42	
二道江区	470	64	210	24	17	1
延吉市	151	139	32	46	13	26
临江市	261	181	115	75	27	7
榆树市	93	269	48	119	20	42
公主岭市	94	144	53	69		
九台市	68	218	36	65	2	5
舒兰市	122	182	72	91	6	
蛟河市	169	302	58	111	37	36
大安市	47	283	16	106		20
抚松县	279	80	123	38	43	5
安图县	116	283	43	105	9	12
农安县	64	207	22	52	5	3
梨树县	44	241	16	108	2	6
永吉县	12	281	7	140	3	15
长岭县	30	276	18	156		62
乾安县	88	455	40	195	28	89

4-73 续表 1

单位：人次

地　区	康复训练与服务		教育费用补助或减免		职业教育与培训	
	城镇	农村	城镇	农村	城镇	农村
总　计	**473**	**491**	**1**	**8**	**7**	**2**
朝阳区	11	2				
昌邑区	86	5				
龙潭区	14	9		1		
二道区	27	7		1		
洮北区	17					1
东昌区	41				2	
二道江区	58	8			3	1
延吉市	9	3				
临江市	56	15				
榆树市	18	69				
公主岭市		2		2	1	
九台市	4	13				
舒兰市	9	15				
蛟河市	50	75	1			
大安市	1	16		1		
抚松县	3	2		1		
安图县	38	76		1	1	
农安县	8	7				
梨树县	4	43				
永吉县		7				
长岭县		2		1		
乾安县	19	115				

4-73 续表 2

单位：人次

地区	就业安置或扶持		贫困残疾人救助与扶持		法律援助与服务	
	城镇	农村	城镇	农村	城镇	农村
总计	**29**	**8**	**319**	**395**	**34**	**8**
朝阳区	1		29	18	8	4
昌邑区	2	1	8	5		
龙潭区			8	7		
二道区			44	24		
洮北区	4		20	2		
东昌区	4		26		1	
二道江区	15	2	47	10	23	3
延吉市	1		8	11		
临江市		1	32	45		
榆树市				13		
公主岭市			22	19		
九台市			4	18		1
舒兰市			3	12		
蛟河市	1		8	19		
大安市		1	13	64		
抚松县			21	2	2	
安图县	1	2	9	24		
农安县			3	22		
梨树县			12	21		
永吉县				23		
长岭县		1	1	6		
乾安县			1	30		

4-73 续表 3

单位：人次

地区	无障碍设施		信息无障碍		生活服务	
	城镇	农村	城镇	农村	城镇	农村
总计	**12**	**5**	**11**	**1**	**168**	**57**
朝阳区	5		2		26	1
昌邑区	1	1	1		2	1
龙潭区	3					
二道区						
洮北区	1				3	
东昌区			1		11	
二道江区	1	1	3		91	12
延吉市					1	2
临江市				1	1	2
榆树市			1			
公主岭市						
九台市						2
舒兰市						
蛟河市						2
大安市						2
抚松县	1		3		29	8
安图县						1
农安县					4	9
梨树县						1
永吉县		1				7
长岭县		2				1
乾安县						6

4-73 续表 4

单位：人次

地 区	文化服务		其他		未曾接受任何服务或扶助	
	城镇	农村	城镇	农村	城镇	农村
总 计	**8**	**15**	**16**	**19**	**584**	**982**
朝阳区	1			2	17	14
昌邑区					123	16
龙潭区					9	23
二道区		1			57	17
洮北区					38	52
东昌区	2				19	
二道江区					2	2
延吉市	1	3			86	48
临江市		1			30	34
榆树市					6	26
公主岭市					18	52
九台市					22	114
舒兰市		1			32	63
蛟河市		2		2	14	55
大安市					17	73
抚松县	3		15	11	36	13
安图县					15	62
农安县	1		1	3	20	111
梨树县					10	62
永吉县		1			2	87
长岭县					11	45
乾安县		6		1		13

4-74 各地区视力残疾人分城乡的曾接受服务或扶助

单位：人次

地　区	合计		医疗服务与救助		辅助器具	
	城镇	农村	城镇	农村	城镇	农村
总　计	**422**	**542**	**198**	**301**	**48**	**33**
朝阳区	29	5	12	2	10	2
昌邑区	22	12	11	7		1
龙潭区	24	15	11	6	4	4
二道区	26	5				
洮北区	26	16	12	8	3	
东昌区	65		30		12	
二道江区	55	12	37	7	5	
延吉市	10	12	7	11		
临江市	10	10	6	7	1	
榆树市	17	37	12	16	4	17
公主岭市	8	14		1		
九台市	5	40		2		
舒兰市	29	47	16	19	4	
蛟河市	9	18	6	16		
大安市	4	33	2	23		4
抚松县	45	26	15	9	1	1
安图县	3	11		9		
农安县	18	42	10	24	3	
梨树县	5	47	4	30		
永吉县	2	43	1	38	1	4
长岭县	4	37		12		
乾安县	6	60	6	54		

4-74 续表 1

单位：人次

地　区	康复训练与服务		教育费用补助或减免		职业教育与培训	
	城镇	农村	城镇	农村	城镇	农村
总　计	**18**	**9**			**1**	
朝阳区						
昌邑区						
龙潭区	3	1				
二道区						
洮北区						
东昌区	12					
二道江区						
延吉市	3	1				
临江市						
榆树市						
公主岭市						
九台市						
舒兰市						
蛟河市						
大安市		1				
抚松县						
安图县					1	
农安县						
梨树县		3				
永吉县						
长岭县						
乾安县		3				

4-74 续表 2

单位：人次

地 区	就业安置或扶持		贫困残疾人救助与扶持		法律援助与服务	
	城镇	农村	城镇	农村	城镇	农村
总 计	**3**		**29**	**35**		
朝阳区			1	1		
昌邑区			1	1		
龙潭区			3			
二道区			7			
洮北区			2			
东昌区			2			
二道江区	2		3	4		
延吉市						
临江市			3	3		
榆树市				1		
公主岭市			4	2		
九台市				8		
舒兰市				5		
蛟河市						
大安市				3		
抚松县						
安图县	1		1			
农安县			1	2		
梨树县			1	3		
永吉县						
长岭县				2		
乾安县						

4-74 续表 3

单位：人次

地　区	无障碍设施		信息无障碍		生活服务	
	城镇	农村	城镇	农村	城镇	农村
总　计	**9**	**4**	**3**		**29**	**9**
朝阳区	5				1	
昌邑区		1			1	
龙潭区	3					
二道区						
洮北区						
东昌区					8	
二道江区			3		5	1
延吉市						
临江市						
榆树市						
公主岭市						
九台市						
舒兰市						
蛟河市						
大安市						1
抚松县	1				14	7
安图县						
农安县						
梨树县						
永吉县		1				
长岭县		2				
乾安县						

4-74 续表 4

单位：人次

地 区	文化服务		其他		未曾接受任何服务或扶助	
	城镇	农村	城镇	农村	城镇	农村
总 计			**14**	**9**	**70**	**142**
朝阳区						
昌邑区					9	2
龙潭区						4
二道区					19	5
洮北区					9	8
东昌区					1	
二道江区						
延吉市						
临江市						
榆树市					1	3
公主岭市					4	11
九台市					5	30
舒兰市					9	23
蛟河市					3	2
大安市					2	1
抚松县			14	9		
安图县						2
农安县					4	16
梨树县						11
永吉县						
长岭县					4	21
乾安县						3

4-75 各地区听力残疾人分城乡的曾接受服务或扶助

单位：人次

地 区	合计		医疗服务与救助		辅助器具	
	城镇	农村	城镇	农村	城镇	农村
总 计	**843**	**788**	**304**	**269**	**93**	**94**
朝阳区	119	41	39	14	36	13
昌邑区	103	7	24	3		
龙潭区	37	41	30	34	3	1
二道区	17	1	1		2	
洮北区	36	13	17			
东昌区	82		54		11	
二道江区	189	27	63	9	8	1
延吉市	31	21	1			
临江市	36	31	25	13	2	
榆树市	19	25	12	18	5	
公主岭市	6	32				
九台市	10	42		1		
舒兰市	11	28	2	16		
蛟河市	8	31	2	8		2
大安市	14	61	2	10		1
抚松县	77	11	23	3	20	3
安图县	16	39	3	1	2	1
农安县	7	49		11		2
梨树县	13	43	3	16		
永吉县	2	77		18	2	5
长岭县	6	122	1	69		51
乾安县	4	46	2	25	2	14

4-75 续表 1

单位：人次

地 区	康复训练与服务		教育费用补助或减免		职业教育与培训	
	城镇	农村	城镇	农村	城镇	农村
总 计	**67**	**13**				
朝阳区	3	1				
昌邑区						
龙潭区						
二道区						
洮北区						
东昌区	12					
二道江区	51	8				
延吉市						
临江市						
榆树市						
公主岭市						
九台市						
舒兰市						
蛟河市	1					
大安市						
抚松县						
安图县		1				
农安县						
梨树县						
永吉县		2				
长岭县						
乾安县		1				

4-75 续表 2

单位：人次

地区	就业安置或扶持		贫困残疾人救助与扶持		法律援助与服务	
	城镇	农村	城镇	农村	城镇	农村
总计	**2**		**37**	**41**	**2**	
朝阳区			16	13	2	
昌邑区						
龙潭区			1	2		
二道区			1			
洮北区						
东昌区						
二道江区	2		3			
延吉市			2	5		
临江市						
榆树市						
公主岭市				1		
九台市						
舒兰市				1		
蛟河市						
大安市				9		
抚松县			11	1		
安图县				4		
农安县				2		
梨树县			3	2		
永吉县				1		
长岭县						
乾安县						

4-75 续表 3

单位：人次

地　区	无障碍设施		信息无障碍		生活服务	
	城镇	农村	城镇	农村	城镇	农村
总　计			**2**		**88**	**20**
朝阳区			1		22	
昌邑区						
龙潭区						
二道区						
洮北区						
东昌区			1			
二道江区					62	9
延吉市					1	2
临江市						
榆树市						
公主岭市						
九台市						
舒兰市						
蛟河市						2
大安市						
抚松县					3	
安图县						
农安县						
梨树县						1
永吉县						1
长岭县						1
乾安县						4

4-75 续表 4

单位：人次

地　区	文化服务		其他		未曾接受任何服务或扶助	
	城镇	农村	城镇	农村	城镇	农村
总　计	**2**	**4**		**3**	**246**	**344**
朝阳区						
昌邑区					79	4
龙潭区					3	4
二道区					13	1
洮北区					19	13
东昌区	1				3	
二道江区						
延吉市	1	2			26	12
临江市					9	18
榆树市					2	7
公主岭市					6	31
九台市					10	41
舒兰市					9	11
蛟河市		2			5	17
大安市					12	41
抚松县				2	20	2
安图县					11	32
农安县					7	34
梨树县					7	24
永吉县						50
长岭县					5	1
乾安县				1		1

4-76 各地区言语残疾人分城乡的曾接受服务或扶助

单位：人次

地 区	合计		医疗服务与救助		辅助器具	
	城镇	农村	城镇	农村	城镇	农村
总 计	**48**	**68**	**29**	**27**	**3**	
朝阳区	4		2			
昌邑区	13		7		2	
龙潭区	1	3	1			
二道区	1	1				
洮北区	6	3	4	2		
东昌区	2		1			
二道江区	7	2	5			
延吉市						
临江市						
榆树市	1	2	1	2		
公主岭市	4	5	3	4		
九台市		11		4		
舒兰市		3		2		
蛟河市	1	4	1	1		
大安市		2		1		
抚松县	1	3	1	2		
安图县	2	10	1	2		
农安县	2	10	1	3		
梨树县		3		1		
永吉县		2				
长岭县		4		3		
乾安县	3		1		1	

4-76 续表 1

单位：人次

地 区	康复训练与服务		教育费用补助或减免		职业教育与培训	
	城镇	农村	城镇	农村	城镇	农村
总 计	**8**	**11**				
朝阳区	2					
昌邑区	1					
龙潭区						
二道区						
洮北区	2					
东昌区	1					
二道江区	1					
延吉市						
临江市						
榆树市						
公主岭市		1				
九台市		4				
舒兰市						
蛟河市						
大安市						
抚松县		1				
安图县		1				
农安县		3				
梨树县		1				
永吉县						
长岭县						
乾安县	1					

4-76 续表 2

单位：人次

地区	就业安置或扶持		贫困残疾人救助与扶持		法律援助与服务	
	城镇	农村	城镇	农村	城镇	农村
总计		**3**	**2**	**7**		
朝阳区						
昌邑区						
龙潭区						
二道区				1		
洮北区						
东昌区						
二道江区						
延吉市						
临江市						
榆树市						
公主岭市			1			
九台市				3		
舒兰市						
蛟河市						
大安市		1				
抚松县						
安图县		2	1	3		
农安县						
梨树县						
永吉县						
长岭县						
乾安县						

4-76 续表 3

单位：人次

地 区	无障碍设施		信息无障碍		生活服务	
	城镇	农村	城镇	农村	城镇	农村
总 计					**1**	**4**
朝阳区						
昌邑区						
龙潭区						
二道区						
洮北区						
东昌区						
二道江区						
延吉市						
临江市						
榆树市						
公主岭市						
九台市						
舒兰市						
蛟河市						
大安市						
抚松县						
安图县						
农安县					1	2
梨树县						
永吉县						2
长岭县						
乾安县						

4-76 续表 4

单位：人次

地　区	文化服务		其他		未曾接受任何服务或扶助	
	城镇	农村	城镇	农村	城镇	农村
总　计				**3**	**5**	**13**
朝阳区						
昌邑区					3	
龙潭区						3
二道区					1	
洮北区						1
东昌区						
二道江区					1	2
延吉市						
临江市						
榆树市						
公主岭市						
九台市						
舒兰市						1
蛟河市				1		2
大安市						
抚松县						
安图县						2
农安县				2		
梨树县						1
永吉县						
长岭县						1
乾安县						

4-77 各地区肢体残疾人分城乡的曾接受服务或扶助

单位：人次

地 区	合计		医疗服务与救助		辅助器具	
	城镇	农村	城镇	农村	城镇	农村
总 计	**1555**	**1478**	**807**	**703**	**256**	**187**
朝阳区	92	27	61	14	21	3
昌邑区	236	19	79	6	75	6
龙潭区	75	38	44	23	20	2
二道区	111	14	82	8	4	
洮北区	51	18	23	1	1	
东昌区	104		62		12	
二道江区	65	5	53	2	3	
延吉市	92	71	19	25	12	19
临江市	144	58	64	26	17	1
榆树市	41	135	16	60	10	21
公主岭市	52	60	39	49		
九台市	28	57	28	40		3
舒兰市	46	46	36	33	1	
蛟河市	132	178	45	67	34	31
大安市	17	99	11	49		13
抚松县	89	12	61	12	15	
安图县	76	163	34	81	7	10
农安县	19	48	7	6	1	
梨树县	7	79	2	34	1	4
永吉县	7	80	6	58		3
长岭县	10	43	9	30		4
乾安县	61	228	26	79	22	67

4-77 续表 1

单位：人次

地区	康复训练与服务		教育费用补助或减免		职业教育与培训	
	城镇	农村	城镇	农村	城镇	农村
总计	**285**	**349**		**1**	**1**	
朝阳区	1					
昌邑区	66	2				
龙潭区	9	8				
二道区	13					
洮北区	11					
东昌区	9				1	
二道江区	2					
延吉市	5	2				
临江市	47	12				
榆树市	15	51				
公主岭市		1				
九台市		5				
舒兰市	7	10				
蛟河市	45	66				
大安市		12				
抚松县						
安图县	33	68				
农安县	7	1				
梨树县	2	32				
永吉县		1				
长岭县		1		1		
乾安县	13	77				

4-77 续表 2

单位：人次

地 区	就业安置或扶持		贫困残疾人救助与扶持		法律援助与服务	
	城镇	农村	城镇	农村	城镇	农村
总 计	**6**	**1**	**91**	**88**	**2**	
朝阳区			2			
昌邑区	2	1	4			
龙潭区			2	5		
二道区			9	4		
洮北区			11	2		
东昌区	3		10		1	
二道江区			6	1	1	
延吉市			5	4		
临江市			12	16		
榆树市				1		
公主岭市			13	10		
九台市						
舒兰市				1		
蛟河市	1		6	7		
大安市			5	21		
抚松县						
安图县			2	3		
农安县			1	8		
梨树县			2	5		
永吉县						
长岭县			1			
乾安县						

4-77 续表 3

单位：人次

地 区	无障碍设施		信息无障碍		生活服务	
	城镇	农村	城镇	农村	城镇	农村
总 计	**1**	**1**	**3**		**9**	**3**
朝阳区						
昌邑区			1			
龙潭区						
二道区						
洮北区	1					
东昌区						
二道江区		1				1
延吉市						
临江市					1	
榆树市						
公主岭市						
九台市						
舒兰市						
蛟河市						
大安市						
抚松县			2		8	
安图县						
农安县						2
梨树县						
永吉县						
长岭县						
乾安县						

4-77 续表 4

单位：人次

地 区	文化服务		其他		未曾接受任何服务或扶助	
	城镇	农村	城镇	农村	城镇	农村
总 计	**3**			**1**	**91**	**144**
朝阳区				1	7	9
昌邑区					9	4
龙潭区						
二道区					3	2
洮北区					4	15
东昌区	1				5	
二道江区						
延吉市					51	21
临江市					3	3
榆树市						2
公主岭市						
九台市						9
舒兰市					2	2
蛟河市					1	7
大安市					1	4
抚松县	2				1	
安图县						1
农安县					3	31
梨树县						4
永吉县					1	18
长岭县						7
乾安县						5

4-78 各地区智力残疾人分城乡的曾接受服务或扶助

单位：人次

地区	合计		医疗服务与救助		辅助器具	
	城镇	农村	城镇	农村	城镇	农村
总计	**138**	**281**	**29**	**51**		**1**
朝阳区	9		2			
昌邑区	7	1	4			
龙潭区	5	4	2	1		
二道区	23	14		2		
洮北区	2	7	1			
东昌区	6		1			
二道江区	14	2	1			
延吉市	3	6	3	4		
临江市	5	6				
榆树市		8		2		
公主岭市	10	10	4	4		
九台市	2	11	1	1		
舒兰市	9	13	4	5		
蛟河市	2	22		3		
大安市	3	25				
抚松县	18	9	1			
安图县	3	11		1		
农安县	7	17	2	1		
梨树县	3	11	1	2		
永吉县		23		4		1
长岭县	2	15		2		
乾安县	5	66	2	19		

4-78 续表 1

单位：人次

地　区	康复训练与服务		教育费用补助或减免		职业教育与培训	
	城镇	农村	城镇	农村	城镇	农村
总　计	**4**	**27**		**2**	**1**	
朝阳区						
昌邑区						
龙潭区						
二道区		1				
洮北区						
东昌区						
二道江区						
延吉市						
临江市						
榆树市		2				
公主岭市					1	
九台市						
舒兰市	1					
蛟河市		1				
大安市				1		
抚松县	1					
安图县				1		
农安县						
梨树县						
永吉县						
长岭县		1				
乾安县	2	22				

4-78 续表 2

单位：人次

地　区	就业安置或扶持		贫困残疾人救助与扶持		法律援助与服务	
	城镇	农村	城镇	农村	城镇	农村
总　计	**2**		**39**	**78**	**1**	
朝阳区	1		3			
昌邑区				1		
龙潭区			1			
二道区			14	4		
洮北区						
东昌区	1		1			
二道江区			6	1		
延吉市				2		
临江市			2	2		
榆树市				1		
公主岭市				1		
九台市				1		
舒兰市				2		
蛟河市				4		
大安市			2	13		
抚松县			5	1	1	
安图县			2	6		
农安县			1	5		
梨树县			1	2		
永吉县				13		
长岭县				1		
乾安县			1	18		

4-78 续表 3

单位：人次

地　区	无障碍设施		信息无障碍		生活服务	
	城镇	农村	城镇	农村	城镇	农村
总　计	**1**				**11**	**7**
朝阳区					1	
昌邑区						
龙潭区						
二道区						
洮北区						
东昌区					2	
二道江区	1				6	1
延吉市						
临江市						
榆树市						
公主岭市						
九台市						
舒兰市						
蛟河市						
大安市						
抚松县						1
安图县						
农安县					2	4
梨树县						
永吉县						
长岭县						
乾安县						1

4-78 续表 4

单位：人次

地 区	文化服务		其他		未曾接受任何服务或扶助	
	城镇	农村	城镇	农村	城镇	农村
总 计	**1**	**8**			**49**	**107**
朝阳区					2	
昌邑区					3	
龙潭区					2	3
二道区		1			9	6
洮北区					1	7
东昌区					1	
二道江区						
延吉市						
临江市					3	4
榆树市						3
公主岭市					5	5
九台市					1	9
舒兰市		1			4	5
蛟河市					2	14
大安市					1	11
抚松县					10	7
安图县					1	3
农安县	1				1	7
梨树县					1	7
永吉县						5
长岭县					2	11
乾安县		6				

4−79　各地区精神残疾人分城乡的曾接受服务或扶助

单位：人次

地　区	合计		医疗服务与救助		辅助器具	
	城镇	农村	城镇	农村	城镇	农村
总　计	**266**	**282**	**99**	**94**	**1**	
朝阳区	28	13	7	4		
昌邑区	27	6	12	2		
龙潭区	13	5	11	3		
二道区	33	18	11	6		
洮北区	15	6	7			
东昌区	26		12			
二道江区	59	6	20	2	1	
延吉市	4	8				
临江市	13	32	4	11		
榆树市	3	15				
公主岭市	5	15	3	8		
九台市	2	12		2		
舒兰市	5	15				
蛟河市	4	12	1	7		
大安市	6	16		5		
抚松县	6	5	3	4		
安图县	4	13		2		
农安县	3	21		2		
梨树县	5	19	3	10		
永吉县		12		8		
长岭县	5	23	5	18		
乾安县		10				

4-79 续表 1

单位：人次

地　区	康复训练与服务		教育费用补助或减免		职业教育与培训	
	城镇	农村	城镇	农村	城镇	农村
总　计	**22**	**10**		**3**	**1**	
朝阳区	1					
昌邑区	2	1				
龙潭区				1		
二道区	11	6				
洮北区	2					
东昌区	4					
二道江区					1	
延吉市						
临江市		1				
榆树市						
公主岭市				2		
九台市						
舒兰市						
蛟河市		1				
大安市	1					
抚松县	1					
安图县						
农安县						
梨树县		1				
永吉县						
长岭县						
乾安县						

4-79 续表 2

单位：人次

地 区	就业安置或扶持		贫困残疾人救助与扶持		法律援助与服务	
	城镇	农村	城镇	农村	城镇	农村
总 计	**9**	**3**	**56**	**65**	**24**	**6**
朝阳区			6	4	6	3
昌邑区			2	3		
龙潭区						
二道区			11	6		
洮北区			3			
东昌区			7			
二道江区	9	1	10	1	18	2
延吉市						
临江市		1	2	13		
榆树市				5		
公主岭市			2	4		
九台市			1	2		1
舒兰市						
蛟河市			1	1		
大安市			5	6		
抚松县			1			
安图县			3	1		
农安县				3		
梨树县			2	6		
永吉县						
长岭县		1		3		
乾安县				7		

4-79　续表 3

单位：人次

地　区	无障碍设施		信息无障碍		生活服务	
	城镇	农村	城镇	农村	城镇	农村
总　计				**1**	**5**	**3**
朝阳区					2	1
昌邑区						
龙潭区						
二道区						
洮北区					2	
东昌区					1	
二道江区						
延吉市						
临江市				1		2
榆树市						
公主岭市						
九台市						
舒兰市						
蛟河市						
大安市						
抚松县						
安图县						
农安县						
梨树县						
永吉县						
长岭县						
乾安县						

4-79 续表 4

单位：人次

地区	文化服务		其他		未曾接受任何服务或扶助	
	城镇	农村	城镇	农村	城镇	农村
总计	**1**	**1**			**48**	**96**
朝阳区	1				5	1
昌邑区					11	
龙潭区					2	1
二道区						
洮北区					1	6
东昌区					2	
二道江区						
延吉市					4	8
临江市		1			7	2
榆树市					3	10
公主岭市						1
九台市					1	7
舒兰市					5	15
蛟河市					2	3
大安市						5
抚松县					1	1
安图县					1	10
农安县					3	16
梨树县						2
永吉县						4
长岭县						1
乾安县						3

4-80 各地区多重残疾人分城乡的曾接受服务或扶助

单位：人次

地区	合计		医疗服务与救助		辅助器具	
	城镇	农村	城镇	农村	城镇	农村
合计	**562**	**574**	**244**	**213**	**61**	**49**
朝阳区	34	11	18	3	7	1
昌邑区	78	13	34	3	15	1
龙潭区	32	13	22	5	5	
二道区	25	15	8	1		1
洮北区	26	3	11			
东昌区	55		31		7	
二道江区	81	10	31	4		
延吉市	11	21	2	6	1	7
临江市	53	44	16	18	7	6
榆树市	12	47	7	21	1	4
公主岭市	9	8	4	3		
九台市	21	45	7	15	2	2
舒兰市	22	30	14	16	1	
蛟河市	13	37	3	9	3	3
大安市	3	47	1	18		2
抚松县	43	14	19	8	7	1
安图县	12	36	5	9		1
农安县	8	20	2	5	1	1
梨树县	11	39	3	15	1	2
永吉县	1	44		14		2
长岭县	3	32	3	22		7
乾安县	9	45	3	18	3	8

4-80 续表 1

单位：人次

地 区	康复训练与服务		教育费用补助或减免		职业教育与培训	
	城镇	农村	城镇	农村	城镇	农村
合 计	**69**	**72**	**1**	**2**	**3**	**2**
朝阳区	4	1				
昌邑区	17	2				
龙潭区	2					
二道区	3			1		
洮北区	2					1
东昌区	3				1	
二道江区	4				2	1
延吉市	1					
临江市	9	2				
榆树市	3	16				
公主岭市						
九台市	4	4				
舒兰市	1	5				
蛟河市	4	7	1			
大安市		3				
抚松县	1	1		1		
安图县	5	6				
农安县	1	3				
梨树县	2	6				
永吉县		4				
长岭县						
乾安县	3	12				

4-80 续表 2

单位：人次

地区	就业安置或扶持		贫困残疾人救助与扶持		法律援助与服务	
	城镇	农村	城镇	农村	城镇	农村
合计	**7**	**1**	**65**	**81**	**5**	**2**
朝阳区			1			1
昌邑区			1			
龙潭区			1			
二道区			2	9		
洮北区	4		4			
东昌区			6			
二道江区	2	1	19	3	4	1
延吉市	1		1			
临江市			13	11		
榆树市				5		
公主岭市			2	1		
九台市			3	4		
舒兰市			3	3		
蛟河市			1	7		
大安市			1	12		
抚松县			4		1	
安图县				7		
农安县				2		
梨树县			3	3		
永吉县				9		
长岭县						
乾安县				5		

4-80 续表 3

单位：人次

地　区	无障碍设施		信息无障碍		生活服务	
	城镇	农村	城镇	农村	城镇	农村
合　计	**1**		**3**		**25**	**11**
朝阳区			1			
昌邑区	1				1	1
龙潭区						
二道区						
洮北区					1	
东昌区						
二道江区					18	
延吉市						
临江市						
榆树市			1			
公主岭市						
九台市						2
舒兰市						
蛟河市						
大安市						1
抚松县			1		4	
安图县						1
农安县					1	1
梨树县						
永吉县						4
长岭县						
乾安县						1

4-80 续表 4

单位：人次

地　区	文化服务		其他		未曾接受任何服务或扶助	
	城镇	农村	城镇	农村	城镇	农村
合　计	**1**	**2**	**2**	**3**	**75**	**136**
朝阳区				1	3	4
昌邑区					9	6
龙潭区					2	8
二道区					12	3
洮北区					4	2
东昌区					7	
二道江区					1	
延吉市		1			5	7
临江市					8	7
榆树市						1
公主岭市					3	4
九台市					5	18
舒兰市					3	6
蛟河市				1	1	10
大安市					1	11
抚松县	1		1		4	3
安图县					2	12
农安县			1	1	2	7
梨树县					2	13
永吉县		1			1	10
长岭县						3
乾安县						1

4-81 各地区视力残疾人分残疾等级的曾接受服务或扶助

单位：人次

地 区	医疗服务与救助				辅助器具			
	残疾一级	残疾二级	残疾三级	残疾四级	残疾一级	残疾二级	残疾三级	残疾四级
总 计	**110**	**29**	**33**	**327**	**10**	**10**	**11**	**50**
朝阳区			2	12			2	10
昌邑区	3	2		13		1		
龙潭区	5			12	1			7
二道区								
洮北区	2	1	2	15			1	2
东昌区	4	2	3	21	1		2	9
二道江区	6	2	3	33		1	1	3
延吉市		1	4	13				
临江市	5	3	2	3	1			
榆树市	11	1	3	13	6	6	4	5
公主岭市				1				
九台市				2				
舒兰市	8	1	3	23				4
蛟河市	3	1		18				
大安市	12			13				4
抚松县	3	2	3	16			1	1
安图县	3			6				
农安县	9	3	1	21		1		2
梨树县	15	1	1	17				
永吉县	10	2	3	24	1	1		3
长岭县	1	2	1	8				
乾安县	10	5	2	43				

4-81 续表 1

单位：人次

地 区	康复训练与服务				教育费用补助或减免			
	残疾一级	残疾二级	残疾三级	残疾四级	残疾一级	残疾二级	残疾三级	残疾四级
总 计	**3**	**2**	**2**	**20**				
朝阳区								
昌邑区								
龙潭区				4				
二道区								
洮北区								
东昌区		2	2	8				
二道江区								
延吉市				4				
临江市								
榆树市								
公主岭市								
九台市								
舒兰市								
蛟河市								
大安市	1							
抚松县								
安图县								
农安县								
梨树县	1			2				
永吉县								
长岭县								
乾安县	1			2				

4-81 续表 2

单位：人次

地　区	职业教育与培训				就业安置或扶持			
	残疾一级	残疾二级	残疾三级	残疾四级	残疾一级	残疾二级	残疾三级	残疾四级
总　计	**1**				**1**			**2**
朝阳区								
昌邑区								
龙潭区								
二道区								
洮北区								
东昌区								
二道江区								2
延吉市								
临江市								
榆树市								
公主岭市								
九台市								
舒兰市								
蛟河市								
大安市								
抚松县								
安图县	1				1			
农安县								
梨树县								
永吉县								
长岭县								
乾安县								

4-81 续表 3

单位：人次

地　区	贫困残疾人救助与扶持				法律援助与服务			
	残疾一级	残疾二级	残疾三级	残疾四级	残疾一级	残疾二级	残疾三级	残疾四级
总　计	**22**	**2**	**5**	**35**				
朝阳区				2				
昌邑区	1			1				
龙潭区				3				
二道区	2		2	3				
洮北区				2				
东昌区	1		1					
二道江区	4		1	2				
延吉市								
临江市	3	2		1				
榆树市				1				
公主岭市	2		1	3				
九台市	1			7				
舒兰市	1			4				
蛟河市								
大安市	2			1				
抚松县								
安图县	1							
农安县	1			2				
梨树县	1			3				
永吉县								
长岭县	2							
乾安县								

4-81 续表 4

单位：人次

地区	无障碍设施				信息无障碍			
	残疾一级	残疾二级	残疾三级	残疾四级	残疾一级	残疾二级	残疾三级	残疾四级
总计	**6**		**1**	**6**				**3**
朝阳区			1	4				
昌邑区				1				
龙潭区	2			1				
二道区								
洮北区								
东昌区								
二道江区								3
延吉市								
临江市								
榆树市								
公主岭市								
九台市								
舒兰市								
蛟河市								
大安市								
抚松县	1							
安图县								
农安县								
梨树县								
永吉县	1							
长岭县	2							
乾安县								

4-81 续表 5

单位：人次

地区	生活服务				文化服务			
	残疾一级	残疾二级	残疾三级	残疾四级	残疾一级	残疾二级	残疾三级	残疾四级
总　计	**7**	**2**	**4**	**25**				
朝阳区				1				
昌邑区	1							
龙潭区								
二道区								
洮北区								
东昌区	2		1	5				
二道江区	1		1	4				
延吉市								
临江市								
榆树市								
公主岭市								
九台市								
舒兰市								
蛟河市								
大安市				1				
抚松县	3	2	2	14				
安图县								
农安县								
梨树县								
永吉县								
长岭县								
乾安县								

4-81 续表 6

单位：人次

地 区	其他				未曾接受任何服务或扶助			
	残疾一级	残疾二级	残疾三级	残疾四级	残疾一级	残疾二级	残疾三级	残疾四级
总 计	**2**	**2**	**3**	**16**	**63**	**11**	**17**	**121**
朝阳区								
昌邑区					4		1	6
龙潭区							2	2
二道区					9	1		14
洮北区					1		5	11
东昌区								1
二道江区								
延吉市								
临江市								
榆树市						1	1	2
公主岭市					6	1	2	6
九台市					9	1	1	24
舒兰市					10	2	3	17
蛟河市					2			3
大安市					3			
抚松县	2	2	3	16				
安图县								2
农安县					4	1		15
梨树县					5			6
永吉县								
长岭县					10	4	2	9
乾安县								3

4-82 各地区听力残疾人分残疾等级的曾接受服务或扶助

单位：人次

地　区	医疗服务与救助				辅助器具			
	残疾一级	残疾二级	残疾三级	残疾四级	残疾一级	残疾二级	残疾三级	残疾四级
总　计	**87**	**64**	**212**	**210**	**45**	**28**	**71**	**43**
朝阳区	6	7	15	25	5	7	14	23
昌邑区	5	2	9	11				
龙潭区	8	5	21	30	1	1	2	
二道区	1				1		1	
洮北区		1	8	8				
东昌区	3	2	17	32	3	1	4	3
二道江区	5	11	37	19	2	1	5	1
延吉市				1				
临江市	2	3	17	16			1	1
榆树市	6	7	10	7	1	3	1	
公主岭市								
九台市	1							
舒兰市	2	2	10	4				
蛟河市			4	6			2	
大安市	5	1	1	5				1
抚松县	13	2	8	3	11	2	7	3
安图县		1	3			1	2	
农安县			3	8				2
梨树县	3	1	6	9				
永吉县	2	1	3	12	3		2	2
长岭县	12	12	32	14	10	9	25	7
乾安县	13	6	8		8	3	5	

4-82 续表 1

单位：人次

地区	康复训练与服务				教育费用补助或减免			
	残疾一级	残疾二级	残疾三级	残疾四级	残疾一级	残疾二级	残疾三级	残疾四级
总　计	**4**	**11**	**38**	**27**				
朝阳区	1		1	2				
昌邑区								
龙潭区								
二道区								
洮北区								
东昌区			5	7				
二道江区	3	10	29	17				
延吉市								
临江市								
榆树市								
公主岭市								
九台市								
舒兰市								
蛟河市			1					
大安市								
抚松县								
安图县			1					
农安县								
梨树县								
永吉县		1		1				
长岭县								
乾安县			1					

4-82 续表 2

单位：人次

地区	职业教育与培训				就业安置或扶持			
	残疾一级	残疾二级	残疾三级	残疾四级	残疾一级	残疾二级	残疾三级	残疾四级
总　计					**1**		**1**	
朝阳区								
昌邑区								
龙潭区								
二道区								
洮北区								
东昌区								
二道江区					1		1	
延吉市								
临江市								
榆树市								
公主岭市								
九台市								
舒兰市								
蛟河市								
大安市								
抚松县								
安图县								
农安县								
梨树县								
永吉县								
长岭县								
乾安县								

4-82 续表 3

单位：人次

地区	贫困残疾人救助与扶持				法律援助与服务			
	残疾一级	残疾二级	残疾三级	残疾四级	残疾一级	残疾二级	残疾三级	残疾四级
总计	**19**	**9**	**18**	**32**			**1**	**1**
朝阳区	4	4	6	15			1	1
昌邑区								
龙潭区			1	2				
二道区	1							
洮北区								
东昌区								
二道江区			2	1				
延吉市		2	2	3				
临江市								
榆树市								
公主岭市				1				
九台市								
舒兰市			1					
蛟河市								
大安市	5			4				
抚松县	8	1	2	1				
安图县	1		2	1				
农安县			1	1				
梨树县		2		3				
永吉县			1					
长岭县								
乾安县								

4-82 续表 4

单位：人次

地　区	无障碍设施				信息无障碍			
	残疾一级	残疾二级	残疾三级	残疾四级	残疾一级	残疾二级	残疾三级	残疾四级
总　计							**1**	**1**
朝阳区								1
昌邑区								
龙潭区								
二道区								
洮北区								
东昌区							1	
二道江区								
延吉市								
临江市								
榆树市								
公主岭市								
九台市								
舒兰市								
蛟河市								
大安市								
抚松县								
安图县								
农安县								
梨树县								
永吉县								
长岭县								
乾安县								

4-82 续表 5

单位：人次

地 区	生活服务				文化服务			
	残疾一级	残疾二级	残疾三级	残疾四级	残疾一级	残疾二级	残疾三级	残疾四级
总 计	**13**	**16**	**48**	**31**			**3**	**3**
朝阳区	2	3	7	10				
昌邑区								
龙潭区								
二道区								
洮北区								
东昌区								1
二道江区	4	11	37	19				
延吉市			1	2			2	1
临江市								
榆树市								
公主岭市								
九台市								
舒兰市								
蛟河市			2				1	1
大安市								
抚松县	3							
安图县								
农安县								
梨树县	1							
永吉县			1					
长岭县		1						
乾安县	3	1						

4-82 续表 6

单位：人次

地　区	其他				未曾接受任何服务或扶助			
	残疾一级	残疾二级	残疾三级	残疾四级	残疾一级	残疾二级	残疾三级	残疾四级
总　计	**2**		**1**		**51**	**41**	**251**	**247**
朝阳区								
昌邑区					6	4	19	54
龙潭区							1	6
二道区					5	2	7	
洮北区					1	2	18	11
东昌区								3
二道江区								
延吉市						1	17	20
临江市						1	11	15
榆树市							4	5
公主岭市					6	2	20	9
九台市					10	10	16	15
舒兰市					1	5	12	2
蛟河市						1	18	3
大安市					8	3	25	17
抚松县	1		1		2	3	13	4
安图县					3	3	16	21
农安县					2	2	22	15
梨树县						1	15	15
永吉县					4		14	32
长岭县					3	1	2	
乾安县	1						1	

4-83 各地区言语残疾人分残疾等级的曾接受服务或扶助

单位：人次

地 区	医疗服务与救助				辅助器具			
	残疾一级	残疾二级	残疾三级	残疾四级	残疾一级	残疾二级	残疾三级	残疾四级
总 计	**9**	**14**	**10**	**23**	**2**			**1**
朝阳区	1			1				
昌邑区	2	1	3	1	2			
龙潭区				1				
二道区								
洮北区	2		1	3				
东昌区		1						
二道江区		2	2	1				
延吉市								
临江市								
榆树市	1	1		1				
公主岭市	1	3		3				
九台市		1	1	2				
舒兰市				2				
蛟河市		1		1				
大安市		1						
抚松县		1	1	1				
安图县			1	2				
农安县	1	2	1					
梨树县				1				
永吉县								
长岭县	1			2				
乾安县				1				1

4-83 续表 1

单位：人次

地 区	康复训练与服务				教育费用补助或减免			
	残疾一级	残疾二级	残疾三级	残疾四级	残疾一级	残疾二级	残疾三级	残疾四级
总 计	**2**	**5**	**2**	**10**				
朝阳区	1			1				
昌邑区		1						
龙潭区								
二道区								
洮北区			1	1				
东昌区		1						
二道江区				1				
延吉市								
临江市								
榆树市								
公主岭市				1				
九台市		1	1	2				
舒兰市								
蛟河市								
大安市								
抚松县				1				
安图县				1				
农安县	1	2						
梨树县				1				
永吉县								
长岭县								
乾安县				1				

4-83 续表 2

单位：人次

地　区	职业教育与培训				就业安置或扶持			
	残疾一级	残疾二级	残疾三级	残疾四级	残疾一级	残疾二级	残疾三级	残疾四级
总　计					**2**	**1**		
朝阳区								
昌邑区								
龙潭区								
二道区								
洮北区								
东昌区								
二道江区								
延吉市								
临江市								
榆树市								
公主岭市								
九台市								
舒兰市								
蛟河市								
大安市						1		
抚松县								
安图县					2			
农安县								
梨树县								
永吉县								
长岭县								
乾安县								

4-83 续表 3

单位：人次

地区	贫困残疾人救助与扶持				法律援助与服务			
	残疾一级	残疾二级	残疾三级	残疾四级	残疾一级	残疾二级	残疾三级	残疾四级
总　计	**3**	**2**	**2**	**2**				
朝阳区								
昌邑区								
龙潭区								
二道区		1						
洮北区								
东昌区								
二道江区								
延吉市								
临江市								
榆树市								
公主岭市	1							
九台市		1	1	1				
舒兰市								
蛟河市								
大安市								
抚松县								
安图县	2		1	1				
农安县								
梨树县								
永吉县								
长岭县								
乾安县								

4-83 续表 4

单位：人次

地 区	无障碍设施				信息无障碍			
	残疾一级	残疾二级	残疾三级	残疾四级	残疾一级	残疾二级	残疾三级	残疾四级
总 计								
朝阳区								
昌邑区								
龙潭区								
二道区								
洮北区								
东昌区								
二道江区								
延吉市								
临江市								
榆树市								
公主岭市								
九台市								
舒兰市								
蛟河市								
大安市								
抚松县								
安图县								
农安县								
梨树县								
永吉县								
长岭县								
乾安县								

4-83 续表 5

单位：人次

地　区	生活服务				文化服务			
	残疾一级	残疾二级	残疾三级	残疾四级	残疾一级	残疾二级	残疾三级	残疾四级
总　计	**1**	**1**	**2**	**1**				
朝阳区								
昌邑区								
龙潭区								
二道区								
洮北区								
东昌区								
二道江区								
延吉市								
临江市								
榆树市								
公主岭市								
九台市								
舒兰市								
蛟河市								
大安市								
抚松县								
安图县								
农安县	1	1	1					
梨树县								
永吉县			1	1				
长岭县								
乾安县								

4-83 续表 6

单位：人次

地区	其他				未曾接受任何服务或扶助			
	残疾一级	残疾二级	残疾三级	残疾四级	残疾一级	残疾二级	残疾三级	残疾四级
总计		**2**		**1**	**3**		**10**	**5**
朝阳区								
昌邑区							3	
龙潭区					1		2	
二道区					1			
洮北区							1	
东昌区								
二道江区							3	
延吉市								
临江市								
榆树市								
公主岭市								
九台市								
舒兰市								1
蛟河市				1			1	1
大安市								
抚松县								
安图县								2
农安县		2						
梨树县					1			
永吉县								
长岭县								1
乾安县								

4-84 各地区肢体残疾人分残疾等级的曾接受服务或扶助

单位：人次

地区	医疗服务与救助				辅助器具			
	残疾一级	残疾二级	残疾三级	残疾四级	残疾一级	残疾二级	残疾三级	残疾四级
总计	**69**	**193**	**376**	**872**	**24**	**89**	**134**	**196**
朝阳区	3	12	23	37	1	4	9	10
昌邑区	8	12	30	35	8	12	29	32
龙潭区	3	14	15	35	2	5	7	8
二道区	3	10	27	50		1	1	2
洮北区		4	12	8		1		
东昌区	2	2	19	39		1	8	3
二道江区	3	3	19	30	1	1	1	
延吉市		2	22	20		2	14	15
临江市	6	16	26	42	2	3	11	2
榆树市	3	6	10	57	1	5	6	19
公主岭市	1	3	12	72				
九台市	3	9	16	40				3
舒兰市	1	5	21	42				1
蛟河市	1	18	31	62	1	17	26	21
大安市	5	8	17	30		3	5	5
抚松县	4	15	21	33		5	6	4
安图县	7	11	21	76	2	2	6	7
农安县		2	5	6		1		
梨树县	4	8	10	14	1	2	2	
永吉县	1	4	12	47				3
长岭县	5	5	3	26	1	1		2
乾安县	6	24	4	71	4	23	3	59

4-84 续表 1

单位：人次

地 区	康复训练与服务				教育费用补助或减免			
	残疾一级	残疾二级	残疾三级	残疾四级	残疾一级	残疾二级	残疾三级	残疾四级
总 计	**32**	**92**	**138**	**372**				**1**
朝阳区				1				
昌邑区	6	9	23	30				
龙潭区		4	2	11				
二道区	1		3	9				
洮北区		1	6	4				
东昌区			5	4				
二道江区			1	1				
延吉市			2	5				
临江市	4	11	16	28				
榆树市	2	4	8	52				
公主岭市				1				
九台市		1		4				
舒兰市		1	5	11				
蛟河市	1	18	29	63				
大安市	2	3	1	6				
抚松县								
安图县	5	9	20	67				
农安县		1	5	2				
梨树县	5	7	9	13				
永吉县				1				
长岭县		1						1
乾安县	6	22	3	59				

4-84 续表 2

单位：人次

地 区	职业教育与培训				就业安置或扶持			
	残疾一级	残疾二级	残疾三级	残疾四级	残疾一级	残疾二级	残疾三级	残疾四级
总 计				**1**		**1**	**1**	**5**
朝阳区								
昌邑区						1	1	1
龙潭区								
二道区								
洮北区								
东昌区				1				3
二道江区								
延吉市								
临江市								
榆树市								
公主岭市								
九台市								
舒兰市								
蛟河市								1
大安市								
抚松县								
安图县								
农安县								
梨树县								
永吉县								
长岭县								
乾安县								

4-84 续表 3

单位：人次

地 区	贫困残疾人救助与扶持				法律援助与服务			
	残疾一级	残疾二级	残疾三级	残疾四级	残疾一级	残疾二级	残疾三级	残疾四级
总 计	**17**	**25**	**46**	**91**	**1**		**1**	
朝阳区			1	1				
昌邑区			2	2				
龙潭区	1		1	5				
二道区	2	2	3	6				
洮北区	1	3	5	4				
东昌区	1		2	7			1	
二道江区	2	1	3	1	1			
延吉市		1	4	4				
临江市	3	5	8	12				
榆树市	1							
公主岭市		1	6	16				
九台市								
舒兰市				1				
蛟河市		3		10				
大安市	3	3	7	13				
抚松县								
安图县	1	2	1	1				
农安县		2	1	6				
梨树县	2	1	2	2				
永吉县								
长岭县		1						
乾安县								

4-84　续表 4

单位：人次

地　区	无障碍设施				信息无障碍			
	残疾一级	残疾二级	残疾三级	残疾四级	残疾一级	残疾二级	残疾三级	残疾四级
总　计		**1**	**1**			**1**	**1**	**1**
朝阳区								
昌邑区							1	
龙潭区								
二道区								
洮北区		1						
东昌区								
二道江区			1					
延吉市								
临江市								
榆树市								
公主岭市								
九台市								
舒兰市								
蛟河市								
大安市								
抚松县						1		1
安图县								
农安县								
梨树县								
永吉县								
长岭县								
乾安县								

4-84 续表 5

单位：人次

地区	生活服务				文化服务			
	残疾一级	残疾二级	残疾三级	残疾四级	残疾一级	残疾二级	残疾三级	残疾四级
总计		**3**	**4**	**5**				**3**
朝阳区								
昌邑区								
龙潭区								
二道区								
洮北区								
东昌区								1
二道江区			1					
延吉市								
临江市			1					
榆树市								
公主岭市								
九台市								
舒兰市								
蛟河市								
大安市								
抚松县		2	2	4				2
安图县								
农安县		1		1				
梨树县								
永吉县								
长岭县								
乾安县								

4-84 续表 6

单位：人次

地　区	其他				未曾接受任何服务或扶助			
	残疾一级	残疾二级	残疾三级	残疾四级	残疾一级	残疾二级	残疾三级	残疾四级
总　计		**1**			**2**	**20**	**70**	**143**
朝阳区		1				4	6	6
昌邑区						1	5	7
龙潭区								
二道区						1	1	3
洮北区						1	3	15
东昌区								5
二道江区								
延吉市						6	31	35
临江市							2	4
榆树市							2	
公主岭市								
九台市						1	1	7
舒兰市						1		3
蛟河市						1	1	6
大安市							2	3
抚松县								1
安图县							1	
农安县					2		12	20
梨树县						1		3
永吉县							3	16
长岭县						1		6
乾安县						2		3

4-85 各地区智力残疾人分残疾等级的曾接受服务或扶助

单位：人次

地 区	医疗服务与救助				辅助器具			
	残疾一级	残疾二级	残疾三级	残疾四级	残疾一级	残疾二级	残疾三级	残疾四级
总 计	**15**	**9**	**21**	**35**			**1**	
朝阳区				2				
昌邑区			1	3				
龙潭区		1		2				
二道区				2				
洮北区				1				
东昌区				1				
二道江区			1					
延吉市	1	1	2	3				
临江市								
榆树市		1	1					
公主岭市		1	2	5				
九台市	1			1				
舒兰市			7	2				
蛟河市	1		1	1				
大安市								
抚松县				1				
安图县			1					
农安县		1	1	1				
梨树县	1		1	1				
永吉县			2	2			1	
长岭县				2				
乾安县	11	4	1	5				

4-85 续表 1

单位：人次

地　区	康复训练与服务				教育费用补助或减免			
	残疾一级	残疾二级	残疾三级	残疾四级	残疾一级	残疾二级	残疾三级	残疾四级
总　计	**12**	**6**	**3**	**10**	**1**			**1**
朝阳区								
昌邑区								
龙潭区								
二道区				1				
洮北区								
东昌区								
二道江区								
延吉市								
临江市								
榆树市		1		1				
公主岭市								
九台市								
舒兰市			1					
蛟河市	1							
大安市					1			
抚松县		1						
安图县								1
农安县								
梨树县								
永吉县								
长岭县				1				
乾安县	11	4	2	7				

4-85 续表 2

单位：人次

地　区	职业教育与培训				就业安置或扶持			
	残疾一级	残疾二级	残疾三级	残疾四级	残疾一级	残疾二级	残疾三级	残疾四级
总　计				**1**				**2**
朝阳区								1
昌邑区								
龙潭区								
二道区								
洮北区								
东昌区								1
二道江区								
延吉市								
临江市								
榆树市								
公主岭市				1				
九台市								
舒兰市								
蛟河市								
大安市								
抚松县								
安图县								
农安县								
梨树县								
永吉县								
长岭县								
乾安县								

4-85 续表 3

单位：人次

地区	贫困残疾人救助与扶持				法律援助与服务			
	残疾一级	残疾二级	残疾三级	残疾四级	残疾一级	残疾二级	残疾三级	残疾四级
总　计	**30**	**22**	**35**	**30**			**1**	
朝阳区	1			2				
昌邑区			1					
龙潭区				1				
二道区	7	5	6					
洮北区								
东昌区				1				
二道江区	1	2	3	1				
延吉市			1	1				
临江市		2	1	1				
榆树市				1				
公主岭市			1					
九台市	1							
舒兰市			1	1				
蛟河市	1		2	1				
大安市		5	6	4				
抚松县	1	1	2	2			1	
安图县	2	1	2	3				
农安县	2	1	2	1				
梨树县	1	1		1				
永吉县	2		6	5				
长岭县				1				
乾安县	11	4	1	3				

4-85 续表 4

单位：人次

地 区	无障碍设施				信息无障碍			
	残疾一级	残疾二级	残疾三级	残疾四级	残疾一级	残疾二级	残疾三级	残疾四级
总 计			**1**					
朝阳区								
昌邑区								
龙潭区								
二道区								
洮北区								
东昌区								
二道江区			1					
延吉市								
临江市								
榆树市								
公主岭市								
九台市								
舒兰市								
蛟河市								
大安市								
抚松县								
安图县								
农安县								
梨树县								
永吉县								
长岭县								
乾安县								

4-85 续表 5

单位：人次

地 区	生活服务				文化服务			
	残疾一级	残疾二级	残疾三级	残疾四级	残疾一级	残疾二级	残疾三级	残疾四级
总 计	**4**	**4**	**5**	**5**			**2**	**7**
朝阳区	1							
昌邑区								
龙潭区								
二道区								1
洮北区								
东昌区			1	1				
二道江区	1	2	3	1				
延吉市								
临江市								
榆树市								
公主岭市								
九台市								
舒兰市							1	
蛟河市								
大安市								
抚松县				1				
安图县								
农安县	2	2	1	1				1
梨树县								
永吉县								
长岭县								
乾安县				1			1	5

4-85 续表 6

单位：人次

地　区	其他				未曾接受任何服务或扶助			
	残疾一级	残疾二级	残疾三级	残疾四级	残疾一级	残疾二级	残疾三级	残疾四级
总　计					**19**	**31**	**45**	**61**
朝阳区						2		
昌邑区							3	
龙潭区						1	1	3
二道区					2	2	4	7
洮北区						1	3	4
东昌区								1
二道江区								
延吉市								
临江市							3	4
榆树市							1	2
公主岭市					2	3	2	3
九台市					7		1	2
舒兰市						2	3	4
蛟河市						3	6	7
大安市					2	5	3	2
抚松县						3	6	8
安图县					1	1	1	1
农安县					4	3		1
梨树县					1	4	1	2
永吉县							3	2
长岭县						1	4	8
乾安县								

4-86 各地区精神残疾人分残疾等级的曾接受服务或扶助

单位：人次

地 区	医疗服务与救助				辅助器具			
	残疾一级	残疾二级	残疾三级	残疾四级	残疾一级	残疾二级	残疾三级	残疾四级
总　计	**32**	**48**	**36**	**77**			**1**	
朝阳区	4	2	1	4				
昌邑区		1	5	8				
龙潭区	1	8	2	3				
二道区	6	7	2	2				
洮北区		1	1	5				
东昌区	3	5	2	2				
二道江区		8	9	5			1	
延吉市								
临江市	4	2		9				
榆树市								
公主岭市	2	6	1	2				
九台市	1		1					
舒兰市								
蛟河市	1	2	1	4				
大安市		1	3	1				
抚松县	1		2	4				
安图县			1	1				
农安县		1	1					
梨树县	4	3	2	4				
永吉县	3			5				
长岭县	2	1	2	18				
乾安县								

4-86 续表 1

单位：人次

地　区	康复训练与服务				教育费用补助或减免			
	残疾一级	残疾二级	残疾三级	残疾四级	残疾一级	残疾二级	残疾三级	残疾四级
总　计	**10**	**10**	**7**	**5**		**1**		**2**
朝阳区	1							
昌邑区			2	1				
龙潭区								1
二道区	6	7	2	2				
洮北区		1		1				
东昌区	2		2					
二道江区								
延吉市								
临江市				1				
榆树市								
公主岭市						1		1
九台市								
舒兰市								
蛟河市		1						
大安市		1						
抚松县			1					
安图县								
农安县								
梨树县	1							
永吉县								
长岭县								
乾安县								

4-86 续表 2

单位：人次

地　区	职业教育与培训				就业安置或扶持			
	残疾一级	残疾二级	残疾三级	残疾四级	残疾一级	残疾二级	残疾三级	残疾四级
总　计		**1**				**5**	**3**	**4**
朝阳区								
昌邑区								
龙潭区								
二道区								
洮北区								
东昌区								
二道江区		1				5	3	2
延吉市								
临江市								1
榆树市								
公主岭市								
九台市								
舒兰市								
蛟河市								
大安市								
抚松县								
安图县								
农安县								
梨树县								
永吉县								
长岭县								1
乾安县								

4-86 续表 3

单位：人次

地 区	贫困残疾人救助与扶持				法律援助与服务			
	残疾一级	残疾二级	残疾三级	残疾四级	残疾一级	残疾二级	残疾三级	残疾四级
总 计	**33**	**27**	**25**	**36**	**3**	**9**	**10**	**8**
朝阳区	4	2		4	3	2	1	3
昌邑区	1		2	2				
龙潭区								
二道区	6	7	2	2				
洮北区			1	2				
东昌区	3	2	2					
二道江区		3	6	2		7	8	5
延吉市								
临江市	4	2	1	8				
榆树市	1	2	1	1				
公主岭市	3	2	1					
九台市		1		2			1	
舒兰市								
蛟河市	1			1				
大安市	2	3	4	2				
抚松县			1					
安图县			1	3				
农安县		1	2					
梨树县	6		1	1				
永吉县								
长岭县				3				
乾安县	2	2		3				

4-86 续表 4

单位：人次

地区	无障碍设施				信息无障碍			
	残疾一级	残疾二级	残疾三级	残疾四级	残疾一级	残疾二级	残疾三级	残疾四级
总　计					**1**			
朝阳区								
昌邑区								
龙潭区								
二道区								
洮北区								
东昌区								
二道江区								
延吉市								
临江市					1			
榆树市								
公主岭市								
九台市								
舒兰市								
蛟河市								
大安市								
抚松县								
安图县								
农安县								
梨树县								
永吉县								
长岭县								
乾安县								

4-86 续表 5

单位：人次

地　区	生活服务				文化服务			
	残疾一级	残疾二级	残疾三级	残疾四级	残疾一级	残疾二级	残疾三级	残疾四级
总　计	**1**		**3**	**4**			**1**	**1**
朝阳区			1	2				1
昌邑区								
龙潭区								
二道区								
洮北区				2				
东昌区			1					
二道江区								
延吉市								
临江市	1		1				1	
榆树市								
公主岭市								
九台市								
舒兰市								
蛟河市								
大安市								
抚松县								
安图县								
农安县								
梨树县								
永吉县								
长岭县								
乾安县								

4-86 续表 6

单位：人次

地区	其他				未曾接受任何服务或扶助			
	残疾一级	残疾二级	残疾三级	残疾四级	残疾一级	残疾二级	残疾三级	残疾四级
总　计					**28**	**24**	**21**	**71**
朝阳区					5			1
昌邑区					2	2	1	6
龙潭区					1			2
二道区								
洮北区							1	6
东昌区						1		1
二道江区								
延吉市					1	1	1	9
临江市					6			3
榆树市					1	3	6	3
公主岭市						1		
九台市					2	1	3	2
舒兰市					4	3	3	10
蛟河市					1		2	2
大安市						2	1	2
抚松县					1			1
安图县					2	2	1	6
农安县						7	2	10
梨树县					1			1
永吉县					1			3
长岭县								1
乾安县						1		2

4-87 各地区多重残疾人分残疾等级的曾接受服务或扶助

单位：人次

地　区	医疗服务与救助				辅助器具			
	残疾一级	残疾二级	残疾三级	残疾四级	残疾一级	残疾二级	残疾三级	残疾四级
总　计	**212**	**78**	**110**	**57**	**52**	**17**	**30**	**11**
朝阳区	8	2	3	8	4	1	1	2
昌邑区	13	9	12	3	8	4	3	1
龙潭区	17	4	5	1	4		1	
二道区	4	2	3		1			
洮北区	10	1						
东昌区	12	3	10	6	1	1	5	
二道江区	16	7	10	2				
延吉市	5	2		1	2		4	2
临江市	10	8	11	5	2	2	6	3
榆树市	18	4	3	3	3	2		
公主岭市	5	2						
九台市	11	2	8	1	4			
舒兰市	16		9	5			1	
蛟河市	3	2	5	2	3	1	1	1
大安市	11	2	5	1	1		1	
抚松县	9	10	5	3	4	2	1	1
安图县	2	5	5	2			1	
农安县	3	1	1	2	1		1	
梨树县	8	4	4	2	2	1		
永吉县	6	1	2	5	2			
长岭县	10	4	6	5	2	2	2	1
乾安县	15	3	3		8	1	2	

4-87 续表 1

单位：人次

地　区	康复训练与服务				教育费用补助或减免			
	残疾一级	残疾二级	残疾三级	残疾四级	残疾一级	残疾二级	残疾三级	残疾四级
总　计	**69**	**26**	**34**	**12**	**3**			
朝阳区	3			2				
昌邑区	4	6	7	2				
龙潭区	1		1					
二道区		1	2		1			
洮北区	2							
东昌区	1		2					
二道江区	2	1	1					
延吉市	1							
临江市	1	3	3	4				
榆树市	14	2	3					
公主岭市								
九台市	8							
舒兰市	3		3					
蛟河市	4	2	5		1			
大安市	1		2					
抚松县	1		1		1			
安图县	2	4	3	2				
农安县	2	1		1				
梨树县	4	4						
永吉县	3			1				
长岭县								
乾安县	12	2	1					

4-87 续表 2

单位：人次

地　区	职业教育与培训				就业安置或扶持			
	残疾一级	残疾二级	残疾三级	残疾四级	残疾一级	残疾二级	残疾三级	残疾四级
总　计	**4**		**1**		**6**			**2**
朝阳区								
昌邑区								
龙潭区								
二道区								
洮北区	1				4			
东昌区			1					
二道江区	3				2			1
延吉市								1
临江市								
榆树市								
公主岭市								
九台市								
舒兰市								
蛟河市								
大安市								
抚松县								
安图县								
农安县								
梨树县								
永吉县								
长岭县								
乾安县								

4-87 续表 3

单位：人次

地区	贫困残疾人救助与扶持				法律援助与服务			
	残疾一级	残疾二级	残疾三级	残疾四级	残疾一级	残疾二级	残疾三级	残疾四级
总　计	**82**	**20**	**31**	**13**	**3**		**2**	**2**
朝阳区				1				1
昌邑区		1						
龙潭区	1							
二道区	8	2	1					
洮北区	3	1						
东昌区	3	1	2					
二道江区	12	4	5	1	2		2	1
延吉市				1				
临江市	8	7	8	1				
榆树市	4			1				
公主岭市	3							
九台市	4	1	1	1				
舒兰市	3		3					
蛟河市	3	1	3	1				
大安市	7	1	4	1				
抚松县	4				1			
安图县	5		1	1				
农安县	1	1						
梨树县	2		1	3				
永吉县	7		1	1				
长岭县								
乾安县	4		1					

4-87 续表 4

单位：人次

地　区	无障碍设施				信息无障碍			
	残疾一级	残疾二级	残疾三级	残疾四级	残疾一级	残疾二级	残疾三级	残疾四级
总　计		**1**			**1**	**1**	**1**	
朝阳区						1		
昌邑区		1						
龙潭区								
二道区								
洮北区								
东昌区								
二道江区								
延吉市								
临江市								
榆树市							1	
公主岭市								
九台市								
舒兰市								
蛟河市								
大安市								
抚松县					1			
安图县								
农安县								
梨树县								
永吉县								
长岭县								
乾安县								

4-87 续表 5

单位：人次

地区	生活服务				文化服务			
	残疾一级	残疾二级	残疾三级	残疾四级	残疾一级	残疾二级	残疾三级	残疾四级
总　计	**26**	**6**	**3**	**1**	**1**	**1**		**1**
朝阳区								
昌邑区	2							
龙潭区								
二道区								
洮北区		1						
东昌区								
二道江区	11	5	2					
延吉市								1
临江市								
榆树市								
公主岭市								
九台市	2							
舒兰市								
蛟河市								
大安市	1							
抚松县	3			1		1		
安图县	1							
农安县	1		1					
梨树县								
永吉县	4				1			
长岭县								
乾安县	1							

4-87 续表 6

单位：人次

地　区	其他				未曾接受任何服务或扶助			
	残疾一级	残疾二级	残疾三级	残疾四级	残疾一级	残疾二级	残疾三级	残疾四级
总　计	**2**	**2**		**1**	**89**	**37**	**54**	**31**
朝阳区		1			1	1	3	2
昌邑区					3	6	4	2
龙潭区					3	3	3	1
二道区					4	4	5	2
洮北区					1	2	2	1
东昌区					3		2	2
二道江区							1	
延吉市					1	2	4	5
临江市					9	4	2	
榆树市					1			
公主岭市					4	1		2
九台市					9	2	7	5
舒兰市					3		5	1
蛟河市	1				6	3	2	
大安市					8	1		3
抚松县				1	5	2		
安图县					7	3	4	
农安县	1	1			2	1	5	1
梨树县					12		3	
永吉县					4	2	2	3
长岭县					2			1
乾安县					1			

4-88 各地区残疾人分城乡的主要需求

单位：人次

地 区	合计		医疗服务与救助		辅助器具	
	城镇	农村	城镇	农村	城镇	农村
总 计	**6333**	**7252**	**1951**	**2357**	**1154**	**1194**
朝阳区	453	146	157	50	114	42
昌邑区	840	113	261	36	222	25
龙潭区	347	272	87	87	82	57
二道区	486	130	152	40	61	7
洮北区	296	161	93	58	49	14
东昌区	555		163		117	
二道江区	563	75	213	26	17	1
延吉市	327	303	94	87	57	53
临江市	477	337	78	76	94	55
榆树市	121	393	53	148	37	108
公主岭市	174	282	62	115	8	30
九台市	146	440	40	118	37	93
舒兰市	215	332	88	140	20	16
蛟河市	173	447	35	110	18	48
大安市	118	577	35	156	14	51
抚松县	482	141	140	44	98	16
安图县	168	482	63	178	24	68
农安县	114	474	39	160	19	79
梨树县	76	479	22	145	18	87
永吉县	27	636	9	175	6	129
长岭县	70	494	27	195	14	108
乾安县	105	538	40	213	28	107

4-88 续表 1

单位：人次

地 区	康复训练与服务		教育费用补助或减免		职业教育与培训	
	城镇	农村	城镇	农村	城镇	农村
总 计	**855**	**957**	**10**	**21**	**5**	**9**
朝阳区	11					
昌邑区	113	12				
龙潭区	62	28	1			
二道区	93	17	2	2	2	1
洮北区	22	7		1		
东昌区	90					
二道江区	18	1				
延吉市	44	23	2	2	1	2
临江市	104	59		2		
榆树市	22	101				1
公主岭市	7	1	1	3	2	
九台市	9	25		2		
舒兰市	51	57				
蛟河市	50	104	1	2		1
大安市	14	83		2		
抚松县	53	13		2		
安图县	42	93		2		2
农安县	18	58	2			1
梨树县	6	73				
永吉县	4	62				
长岭县	1	9	1	1		
乾安县	21	131				1

4-88 续表 2

单位：人次

地　区	就业安置或扶持		贫困残疾人救助与扶持		法律援助与服务	
	城镇	农村	城镇	农村	城镇	农村
总　计	**91**	**48**	**1603**	**2154**	**96**	**79**
朝阳区	5	1	128	46	15	4
昌邑区	11	2	176	30	29	
龙潭区	6		97	89	2	3
二道区	9		130	46		
洮北区	3	1	77	59	1	
东昌区	2		82		1	
二道江区	23	2	131	26	30	7
延吉市	10	5	103	110	5	9
临江市	1	2	147	107	1	1
榆树市			8	27		
公主岭市	7	1	71	104		
九台市	1	2	47	165		
舒兰市	1		49	114	1	2
蛟河市	2	5	64	150		1
大安市	5	8	40	195	3	29
抚松县	2		122	36	5	1
安图县	1	9	34	105	3	17
农安县	1	4	25	145		
梨树县		2	28	164		1
永吉县		2	5	222		2
长岭县	1	1	25	162		1
乾安县		1	14	52		1

4-88 续表 3

单位：人次

地　区	无障碍设施		信息无障碍		生活服务	
	城镇	农村	城镇	农村	城镇	农村
总　计	**46**	**49**	**36**	**13**	**444**	**324**
朝阳区	5			1	17	2
昌邑区	6				19	7
龙潭区	8	3	1	1	1	2
二道区			2		32	16
洮北区	1		21	1	28	20
东昌区	1				91	
二道江区	5		5	1	116	11
延吉市	1		2	1	6	8
临江市			1		50	35
榆树市		2		2	1	4
公主岭市	6	6			10	22
九台市				1	12	32
舒兰市	2	1			1	
蛟河市				1	3	21
大安市	4	22		1	3	30
抚松县	2				45	17
安图县	1					4
农安县	2	9	3	1	4	16
梨树县		1	1	2	1	4
永吉县	2	3			1	35
长岭县		2			1	15
乾安县					2	23

4-88 续表 4

单位：人次

地　区	文化服务		其他		不选择	
	城镇	农村	城镇	农村	城镇	农村
总　计	**19**	**20**	**15**	**18**	**8**	**9**
朝阳区	1					
昌邑区	1	1			2	
龙潭区		1				1
二道区	1	1			2	
洮北区	1					
东昌区	8					
二道江区	5					
延吉市		2			2	1
临江市	1					
榆树市						
公主岭市						
九台市		2				
舒兰市		1			2	1
蛟河市				2		2
大安市						
抚松县		1	15	11		
安图县		1				3
农安县	1	1				
梨树县						
永吉县		1		4		1
长岭县						
乾安县		8		1		

4-89 各地区视力残疾人分城乡的主要需求

单位：人次

地　区	合计		医疗服务与救助		辅助器具	
	城镇	农村	城镇	农村	城镇	农村
总　计	**657**	**949**	**253**	**438**	**74**	**96**
朝阳区	30	5	11	2	8	2
昌邑区	59	24	15	8	9	2
龙潭区	38	33	12	11	7	8
二道区	41	7	12	2	4	
洮北区	51	32	21	16	2	
东昌区	89		32		14	
二道江区	93	17	38	7	6	
延吉市	11	18	7	11		
临江市	11	10	6	5	1	1
榆树市	17	41	13	20	4	18
公主岭市	23	35	7	14	1	1
九台市	10	80	5	39		3
舒兰市	51	90	22	41	7	6
蛟河市	9	20	4	10		4
大安市	12	79	4	24		3
抚松县	45	27	15	9	1	1
安图县	3	20	1	11		1
农安县	39	101	13	39	9	14
梨树县	8	80	4	39		1
永吉县	3	87	1	38	1	20
长岭县	8	82	4	35		8
乾安县	6	61	6	57		3

4-89 续表 1

单位：人次

地 区	康复训练与服务		教育费用补助或减免		职业教育与培训	
	城镇	农村	城镇	农村	城镇	农村
总 计	**28**	**18**	**1**	**1**		
朝阳区	2					
昌邑区	4	1				
龙潭区	3	1				
二道区			1			
洮北区						
东昌区	14					
二道江区						
延吉市	4	1				
临江市				1		
榆树市						
公主岭市						
九台市						
舒兰市		3				
蛟河市						
大安市		2				
抚松县						
安图县						
农安县	1					
梨树县		6				
永吉县		1				
长岭县		2				
乾安县		1				

4-89 续表 2

单位：人次

地区	就业安置或扶持		贫困残疾人救助与扶持		法律援助与服务	
	城镇	农村	城镇	农村	城镇	农村
总 计	**9**	**1**	**151**	**320**	**1**	**2**
朝阳区	1		3	1		
昌邑区			16	7		
龙潭区			9	10		
二道区			22	5		
洮北区			20	16		
东昌区			6			
二道江区	7		11	6		1
延吉市				6		
临江市			4	3		
榆树市				3		
公主岭市	1		8	14		
九台市			5	38		
舒兰市			18	38	1	
蛟河市			5	6		
大安市			4	27		
抚松县						
安图县		1	1	7		
农安县			11	39		
梨树县			4	34		
永吉县				26		
长岭县			4	34		1
乾安县						

4-89 续表 3

单位：人次

地区	无障碍设施		信息无障碍		生活服务	
	城镇	农村	城镇	农村	城镇	农村
总 计	**32**	**45**	**8**	**2**	**80**	**15**
朝阳区	5					
昌邑区	2				13	6
龙潭区	7	3				
二道区					1	
洮北区			1		7	
东昌区					23	
二道江区	1		5	1	21	2
延吉市						
临江市						
榆树市						
公主岭市	6	6				
九台市						
舒兰市	2	1				
蛟河市						
大安市	4	22		1		
抚松县	1				14	7
安图县	1					
农安县	2	9	2		1	
梨树县						
永吉县	1	2				
长岭县		2				
乾安县						

4-89 续表 4

单位：人次

地区	文化服务		其他		不选择	
	城镇	农村	城镇	农村	城镇	农村
总计	**4**	**1**	**14**	**9**	**2**	**1**
朝阳区						
昌邑区						
龙潭区						
二道区					1	
洮北区						
东昌区						
二道江区	4					
延吉市						
临江市						
榆树市						
公主岭市						
九台市						
舒兰市					1	1
蛟河市						
大安市						
抚松县		1	14	9		
安图县						
农安县						
梨树县						
永吉县						
长岭县						
乾安县						

4-90 各地区听力残疾人分城乡的主要需求

单位：人次

地　区	合计		医疗服务与救助		辅助器具	
	城镇	农村	城镇	农村	城镇	农村
总　计	**1510**	**1671**	**483**	**524**	**450**	**531**
朝阳区	119	39	40	13	38	12
昌邑区	306	21	101	7	103	7
龙潭区	80	113	29	36	30	38
二道区	39	2	9		14	1
洮北区	94	38	18	13	35	13
东昌区	127		54		40	
二道江区	189	27	63	9	5	1
延吉市	77	47	14	14	16	8
临江市	105	93	32	26	34	27
榆树市	32	46	15	25	16	21
公主岭市	15	71	5	26	6	29
九台市	21	90		1	10	41
舒兰市	22	53	11	25	5	4
蛟河市	13	73	1	10	3	22
大安市	42	136	14	49	13	28
抚松县	121	13	40	5	42	4
安图县	32	99	13	35	13	35
农安县	21	138	7	47	7	47
梨树县	26	122	7	38	11	39
永吉县	6	196	2	51	2	59
长岭县	17	182	6	70	5	70
乾安县	6	72	2	24	2	25

4-90 续表 1

单位：人次

地　区	康复训练与服务		教育费用补助或减免		职业教育与培训	
	城镇	农村	城镇	农村	城镇	农村
总　计	**52**	**40**	**2**	**1**	**1**	**1**
朝阳区	1					
昌邑区						
龙潭区	4	2				
二道区					1	
洮北区	1					
东昌区	25					
二道江区	3					
延吉市	15	2	2	1		1
临江市		3				
榆树市						
公主岭市						
九台市						
舒兰市						
蛟河市						
大安市	1	11				
抚松县	1	1				
安图县		3				
农安县						
梨树县		5				
永吉县	1	11				
长岭县		1				
乾安县		1				

4-90 续表 2

单位：人次

地 区	就业安置或扶持		贫困残疾人救助与扶持		法律援助与服务	
	城镇	农村	城镇	农村	城镇	农村
总 计	**5**	**8**	**355**	**472**	**33**	**3**
朝阳区			24	13	4	
昌邑区			74	7	28	
龙潭区			17	37		
二道区			15	1		
洮北区	1		9	11		
东昌区			8			
二道江区	1		55	9		
延吉市	2	2	26	16	1	1
临江市	1	1	26	29		
榆树市			1			
公主岭市			4	11		
九台市			7	41		
舒兰市			6	24		
蛟河市		3	6	16		
大安市		1	14	47		
抚松县			35	1		
安图县			6	23		1
农安县			7	38		
梨树县			8	40		
永吉县		1	1	68		1
长岭县			6	39		
乾安县				1		

4-90 续表 3

单位：人次

地 区	无障碍设施		信息无障碍		生活服务	
	城镇	农村	城镇	农村	城镇	农村
总 计	**1**		**21**	**3**	**105**	**81**
朝阳区				1	12	
昌邑区						
龙潭区						
二道区						
洮北区	1		20	1	8	
东昌区						
二道江区					62	8
延吉市					1	1
临江市			1		10	7
榆树市						
公主岭市						5
九台市					4	7
舒兰市						
蛟河市				1	3	21
大安市						
抚松县					3	
安图县						2
农安县						6
梨树县						
永吉县						3
长岭县						2
乾安县					2	19

4-90 续表 4

单位：人次

地　区	文化服务		其他		不选择	
	城镇	农村	城镇	农村	城镇	农村
总　计	**2**	**2**		**4**		**1**
朝阳区						
昌邑区						
龙潭区						
二道区						
洮北区	1					
东昌区						
二道江区						
延吉市						1
临江市	1					
榆树市						
公主岭市						
九台市						
舒兰市						
蛟河市						
大安市						
抚松县				2		
安图县						
农安县						
梨树县						
永吉县		1		1		
长岭县						
乾安县		1		1		

4-91 各地区言语残疾人分城乡的主要需求

单位：人次

地 区	合计		医疗服务与救助		辅助器具	
	城镇	农村	城镇	农村	城镇	农村
总 计	**75**	**105**	**25**	**33**	**2**	**3**
朝阳区	5		2		1	
昌邑区	22		3			
龙潭区	3	7	1	1		
二道区	2	3	1	1		
洮北区	9	6	4			
东昌区	1					
二道江区	17	6	6	1		
延吉市						
临江市						
榆树市	1	6	1	2		1
公主岭市	5	9	3	4		
九台市		11		3		
舒兰市		6		1		
蛟河市	2	11	1	4		
大安市		2		1		
抚松县	1	2		2		
安图县	2	8	1	3		
农安县	2	12	1	4		2
梨树县		5		2		
永吉县		3				
长岭县		8		4		
乾安县	3		1		1	

4-91 续表 1

单位：人次

地　区	康复训练与服务		教育费用补助或减免		职业教育与培训	
	城镇	农村	城镇	农村	城镇	农村
总　计	**16**	**23**		**1**		
朝阳区						
昌邑区	9					
龙潭区	1	3				
二道区	1					
洮北区	1	2		1		
东昌区						
二道江区	3					
延吉市						
临江市						
榆树市		2				
公主岭市		1				
九台市		4				
舒兰市		2				
蛟河市		4				
大安市						
抚松县						
安图县		1				
农安县		2				
梨树县		2				
永吉县						
长岭县						
乾安县	1					

4-91 续表 2

单位：人次

地　区	就业安置或扶持		贫困残疾人救助与扶持		法律援助与服务	
	城镇	农村	城镇	农村	城镇	农村
总　计	**1**	**1**	**25**	**34**	**1**	**4**
朝阳区			2			
昌邑区			9			
龙潭区				3		
二道区				1		
洮北区			4	3		
东昌区			1			
二道江区	1	1	4	2	1	2
延吉市						
临江市						
榆树市						
公主岭市			2	4		
九台市				3		
舒兰市				3		
蛟河市			1	3		
大安市				1		
抚松县			1			
安图县			1	2		1
农安县				2		
梨树县				1		
永吉县				2		1
长岭县				4		
乾安县						

4-91 续表 3

单位：人次

地区	无障碍设施		信息无障碍		生活服务	
	城镇	农村	城镇	农村	城镇	农村
总计	**1**			**1**	**4**	**4**
朝阳区						
昌邑区	1					
龙潭区					1	
二道区						1
洮北区						
东昌区						
二道江区					2	
延吉市						
临江市						
榆树市						1
公主岭市						
九台市				1		
舒兰市						
蛟河市						
大安市						
抚松县						
安图县						
农安县					1	2
梨树县						
永吉县						
长岭县						
乾安县						

4-91 续表 4

单位：人次

地区	文化服务		其他		不选择	
	城镇	农村	城镇	农村	城镇	农村
总计						1
朝阳区						
昌邑区						
龙潭区						
二道区						
洮北区						
东昌区						
二道江区						
延吉市						
临江市						
榆树市						
公主岭市						
九台市						
舒兰市						
蛟河市						
大安市						
抚松县						
安图县						1
农安县						
梨树县						
永吉县						
长岭县						
乾安县						

4-92 各地区肢体残疾人分城乡的主要需求

单位：人次

地 区	合计		医疗服务与救助		辅助器具	
	城镇	农村	城镇	农村	城镇	农村
总 计	**2425**	**2287**	**738**	**716**	**464**	**376**
朝阳区	189	65	66	22	53	22
昌邑区	264	28	88	10	85	9
龙潭区	119	68	14	20	30	9
二道区	243	31	81	10	37	1
洮北区	70	42	27	15	4	
东昌区	181		36		35	
二道江区	88	5	53	3	5	
延吉市	196	150	61	39	36	37
临江市	225	92	21	16	42	13
榆树市	45	172	15	60	13	47
公主岭市	78	96	39	47		
九台市	75	124	25	41	22	26
舒兰市	78	78	33	35	5	1
蛟河市	121	205	23	50	13	16
大安市	36	155	11	48		10
抚松县	179	32	60	12	38	6
安图县	93	225	34	82	10	24
农安县	22	96	11	37	1	9
梨树县	9	122	1	24	3	28
永吉县	15	164	5	33	3	33
长岭县	23	85	8	28	7	16
乾安县	76	252	26	84	22	69

4-92 续表 1

单位：人次

地　区	康复训练与服务		教育费用补助或减免		职业教育与培训	
	城镇	农村	城镇	农村	城镇	农村
总　计	**494**	**526**	**1**	**4**	**1**	**3**
朝阳区						
昌邑区	58	4				
龙潭区	31	13				
二道区	71	9	1			
洮北区	18	4				
东昌区	28					
二道江区	10	1				
延吉市	16	13		1	1	
临江市	68	28				
榆树市	14	57				
公主岭市						
九台市	6	14		1		
舒兰市	36	35				
蛟河市	42	62				
大安市	8	44				
抚松县	25	2				
安图县	34	76		1		2
农安县	9	16				
梨树县	2	34				
永吉县	3	27				
长岭县		4		1		
乾安县	15	83				1

4-92 续表 2

单位：人次

地 区	就业安置或扶持		贫困残疾人救助与扶持		法律援助与服务	
	城镇	农村	城镇	农村	城镇	农村
总 计	**38**	**17**	**590**	**613**	**7**	**5**
朝阳区	4	1	63	20	1	
昌邑区	6	1	27	4		
龙潭区	5		37	22	2	3
二道区	5		47	11		
洮北区	1		20	14		
东昌区	2		30			
二道江区			15	1	1	
延吉市	6	2	67	57	3	1
临江市			73	29		1
榆树市			3	8		
公主岭市		1	39	48		
九台市	1	2	21	36		
舒兰市			2	7		
蛟河市	1		42	76		
大安市	5		12	52		
抚松县	1		49	12		
安图县		5	15	34		
农安县		4	1	29		
梨树县			3	36		
永吉县			4	68		
长岭县	1	1	7	34		
乾安县			13	15		

4-92 续表 3

单位：人次

地　区	无障碍设施		信息无障碍		生活服务	
	城镇	农村	城镇	农村	城镇	农村
总　计	**3**		**2**	**1**	**78**	**21**
朝阳区					1	
昌邑区						
龙潭区						
二道区					1	
洮北区						9
东昌区					45	
二道江区	2				2	
延吉市	1		2		1	
临江市					21	5
榆树市						
公主岭市						
九台市						3
舒兰市					1	
蛟河市						
大安市						1
抚松县					6	
安图县						
农安县				1		
梨树县						
永吉县						2
长岭县						1
乾安县						

4-92 续表 4

单位：人次

地 区	文化服务		其他		不选择	
	城镇	农村	城镇	农村	城镇	农村
总 计	**6**	**2**		**1**	**3**	**2**
朝阳区	1					
昌邑区						
龙潭区		1				
二道区						
洮北区						
东昌区	5					
二道江区						
延吉市					2	
临江市						
榆树市						
公主岭市						
九台市		1				
舒兰市					1	
蛟河市						1
大安市						
抚松县						
安图县						1
农安县						
梨树县						
永吉县				1		
长岭县						
乾安县						

4-93 各地区智力残疾人分城乡的主要需求

单位：人次

地区	合计		医疗服务与救助		辅助器具	
	城镇	农村	城镇	农村	城镇	农村
总计	**308**	**591**	**57**	**123**	**3**	**3**
朝阳区	13		5			
昌邑区	16	3	1			1
龙潭区	11	7	5	3	1	
二道区	69	34	20	9		
洮北区	6	21	2	6		
东昌区	10		2			
二道江区	14	2	1			
延吉市	9	18	2			
临江市	15	18		2		
榆树市		15		4		
公主岭市	26	27		7		
九台市	5	27	2	7		
舒兰市	18	23	5	5		
蛟河市	5	40		6		
大安市	9	75		1		
抚松县	48	24	1	4		
安图县	7	25	3	9		
农安县	9	33	1	1	1	
梨树县	7	31	3	7	1	
永吉县		61		19		2
长岭县	6	40	2	14		
乾安县	5	67	2	19		

4-93 续表 1

单位：人次

地 区	康复训练与服务		教育费用补助或减免		职业教育与培训	
	城镇	农村	城镇	农村	城镇	农村
总 计	**48**	**96**	**3**	**5**	**3**	**3**
朝阳区	4					
昌邑区	2	1				
龙潭区	3	2				
二道区	1			1	1	1
洮北区						
东昌区	1					
二道江区						
延吉市	3	3				1
临江市	5	4				
榆树市		4				1
公主岭市	4		1		2	
九台市						
舒兰市	5	8				
蛟河市	2	14		1		
大安市		2		1		
抚松县	12	4		1		
安图县	1	5		1		
农安县	3	13	1			
梨树县		8				
永吉县		4				
长岭县		1	1			
乾安县	2	23				

4-93 续表 2

单位：人次

地　区	就业安置或扶持		贫困残疾人救助与扶持		法律援助与服务	
	城镇	农村	城镇	农村	城镇	农村
总　计	**14**	**6**	**97**	**192**	**8**	**26**
朝阳区			4			
昌邑区	3		5	1		
龙潭区			2	1		
二道区	3		21	11		
洮北区		1	2	7		
东昌区			3			
二道江区			6	1		
延吉市			1	5		3
临江市			5	6		
榆树市				6		
公主岭市	5		10	10		
九台市			1	9		
舒兰市			8	9		
蛟河市	1		2	18		
大安市		3	3	24	3	21
抚松县	1		14	7	5	1
安图县			3	9		
农安县	1		1	10		
梨树县		2	3	10		1
永吉县				16		
长岭县			2	14		
乾安县			1	18		

4-93 续表 3

单位：人次

地区	无障碍设施		信息无障碍		生活服务	
	城镇	农村	城镇	农村	城镇	农村
总　计	**2**	**1**	**1**		**68**	**121**
朝阳区						
昌邑区					3	
龙潭区						
二道区			1		22	11
洮北区					2	7
东昌区					3	
二道江区	1				6	1
延吉市					3	5
临江市					5	6
榆树市						
公主岭市					4	10
九台市					2	10
舒兰市						
蛟河市						
大安市					3	23
抚松县	1				14	7
安图县						1
农安县						8
梨树县		1				2
永吉县						18
长岭县					1	11
乾安县						1

4-93 续表 4

单位：人次

地　区	文化服务		其他		不选择	
	城镇	农村	城镇	农村	城镇	农村
总　计	**3**	**11**		**3**	**1**	**1**
朝阳区						
昌邑区	1				1	
龙潭区						1
二道区		1				
洮北区						
东昌区	1					
二道江区						
延吉市		1				
临江市						
榆树市						
公主岭市						
九台市		1				
舒兰市		1				
蛟河市				1		
大安市						
抚松县						
安图县						
农安县	1	1				
梨树县						
永吉县				2		
长岭县						
乾安县		6				

4-94 各地区精神残疾人分城乡的主要需求

单位：人次

地　区	合计		医疗服务与救助		辅助器具	
	城镇	农村	城镇	农村	城镇	农村
总　计	**414**	**537**	**153**	**212**		**1**
朝阳区	38	14	13	5		
昌邑区	51	9	20	3		
龙潭区	35	9	13	4		
二道区	33	18	11	6		
洮北区	24	16	8	6		
东昌区	41		15			
二道江区	59	6	20	2		
延吉市	7	16	4	8		
临江市	26	37	9	14		
榆树市	6	31	3	15		
公主岭市	9	30	3	10		
九台市	6	21	2	10		
舒兰市	10	32	5	15		
蛟河市	9	30	4	11		
大安市	13	37	4	13		
抚松县	12	13	4	5		
安图县	12	34	4	11		
农安县	9	56	3	19		
梨树县	6	31	3	14		1
永吉县		33		12		
长岭县	8	34	5	19		
乾安县		30		10		

4-94 续表 1

单位：人次

地区	康复训练与服务		教育费用补助或减免		职业教育与培训	
	城镇	农村	城镇	农村	城镇	农村
总计	**59**	**80**	**1**	**4**		
朝阳区						
昌邑区	11	3				
龙潭区	8	2				
二道区	11	6				
洮北区						
东昌区	9					
二道江区						
延吉市		1				
临江市	6	2				
榆树市	3	15				
公主岭市				3		
九台市				1		
舒兰市						
蛟河市	1	8				
大安市	4	3				
抚松县	4	3				
安图县						
农安县	2	19	1			
梨树县		1				
永吉县		9				
长岭县						
乾安县		8				

4-94 续表 2

单位：人次

地区	就业安置或扶持		贫困残疾人救助与扶持		法律援助与服务	
	城镇	农村	城镇	农村	城镇	农村
总计	**15**	**4**	**129**	**190**	**33**	**26**
朝阳区			12	4	10	4
昌邑区	1		18	3		
龙潭区	1		13	3		
二道区			11	6		
洮北区			8	6		
东昌区			13			
二道江区	10		10	2	19	2
延吉市	2			6	1	1
临江市		1	8	16		
榆树市				1		
公主岭市			3	10		
九台市			2	8		
舒兰市			5	15		2
蛟河市			4	11		
大安市		2	5	12		6
抚松县			4	5		
安图县	1	1	4	12	3	10
农安县			3	18		
梨树县			3	15		
永吉县				12		
长岭县			3	15		
乾安县				10		1

4-94 续表 3

单位：人次

地 区	无障碍设施		信息无障碍		生活服务	
	城镇	农村	城镇	农村	城镇	农村
总 计					**22**	**20**
朝阳区					3	1
昌邑区						
龙潭区						
二道区						
洮北区					8	4
东昌区					3	
二道江区						
延吉市						
临江市					3	4
榆树市						
公主岭市					3	7
九台市					2	2
舒兰市						
蛟河市						
大安市						1
抚松县						
安图县						
农安县						
梨树县						
永吉县						
长岭县						
乾安县						1

4-94 续表 4

单位：人次

地 区	文化服务		其他		不选择	
	城镇	农村	城镇	农村	城镇	农村
总 计	**1**				**1**	
朝阳区						
昌邑区					1	
龙潭区						
二道区						
洮北区						
东昌区	1					
二道江区						
延吉市						
临江市						
榆树市						
公主岭市						
九台市						
舒兰市						
蛟河市						
大安市						
抚松县						
安图县						
农安县						
梨树县						
永吉县						
长岭县						
乾安县						

4-95 各地区多重残疾人分城乡的主要需求

单位：人次

地区	合计		医疗服务与救助		辅助器具	
	城镇	农村	城镇	农村	城镇	农村
总计	**944**	**1112**	**242**	**311**	**161**	**184**
朝阳区	59	23	20	8	14	6
昌邑区	122	28	33	8	25	6
龙潭区	61	35	13	12	14	2
二道区	59	35	18	12	6	5
洮北区	42	6	13	2	8	1
东昌区	106		24		28	
二道江区	103	12	32	4	1	
延吉市	27	54	6	15	5	8
临江市	95	87	10	13	17	14
榆树市	20	82	6	22	4	21
公主岭市	18	14	5	7	1	
九台市	29	87	6	17	5	23
舒兰市	36	50	12	18	3	5
蛟河市	14	68	2	19	2	6
大安市	6	93	2	20	1	10
抚松县	76	30	20	7	17	5
安图县	19	71	7	27	1	8
农安县	12	38	3	13	1	7
梨树县	20	88	4	21	3	18
永吉县	3	92	1	22		15
长岭县	8	63	2	25	2	14
乾安县	9	56	3	19	3	10

4-95 续表 1

单位：人次

地　区	康复训练与服务		教育费用补助或减免		职业教育与培训	
	城镇	农村	城镇	农村	城镇	农村
总　计	**158**	**174**	**2**	**5**		**2**
朝阳区	4					
昌邑区	29	3				
龙潭区	12	5	1			
二道区	9	2		1		
洮北区	2	1				
东昌区	13					
二道江区	2					
延吉市	6	3				
临江市	25	22		1		
榆树市	5	23				
公主岭市	3					
九台市	3	7				
舒兰市	10	9				
蛟河市	5	16	1	1		1
大安市	1	21		1		
抚松县	11	3		1		
安图县	7	8				
农安县	3	8				1
梨树县	4	17				
永吉县		10				
长岭县	1	1				
乾安县	3	15				

4-95 续表 2

单位：人次

地 区	就业安置或扶持		贫困残疾人救助与扶持		法律援助与服务	
	城镇	农村	城镇	农村	城镇	农村
总 计	**9**	**11**	**256**	**333**	**13**	**13**
朝阳区			20	8		
昌邑区	1	1	27	8	1	
龙潭区			19	13		
二道区	1		14	11		
洮北区	1		14	2	1	
东昌区			21		1	
二道江区	4	1	30	5	9	2
延吉市		1	9	20		3
临江市			31	24	1	
榆树市			4	9		
公主岭市	1		5	7		
九台市			11	30		
舒兰市	1		10	18		
蛟河市		2	4	20		1
大安市		2	2	32		2
抚松县			19	11		
安图县		2	4	18		5
农安县			2	9		
梨树县			7	28		
永吉县		1		30		
长岭县			3	22		
乾安县		1		8		

4-95 续表 3

单位：人次

地 区	无障碍设施		信息无障碍		生活服务	
	城镇	农村	城镇	农村	城镇	农村
总 计	**7**	**3**	**4**	**6**	**87**	**62**
朝阳区					1	1
昌邑区	3				3	1
龙潭区	1		1	1		2
二道区			1		8	4
洮北区					3	
东昌区	1				17	
二道江区	1				23	
延吉市				1	1	2
临江市					11	13
榆树市		2		2	1	3
公主岭市					3	
九台市					4	10
舒兰市						
蛟河市						
大安市						5
抚松县					8	3
安图县						1
农安县			1		2	
梨树县			1	2	1	2
永吉县	1	1			1	12
长岭县						1
乾安县						2

4-95 续表 4

单位：人次

地 区	文化服务		其他		不选择	
	城镇	农村	城镇	农村	城镇	农村
总 计	**3**	**4**	**1**	**1**	**1**	**3**
朝阳区						
昌邑区		1				
龙潭区						
二道区	1				1	
洮北区						
东昌区	1					
二道江区	1					
延吉市		1				
临江市						
榆树市						
公主岭市						
九台市						
舒兰市						
蛟河市				1		1
大安市						
抚松县			1			
安图县		1				1
农安县						
梨树县						
永吉县						1
长岭县						
乾安县		1				

4-96 各地区视力残疾人分残疾等级的主要需求

单位：人次

地　区	医疗服务与救助				辅助器具			
	残疾一级	残疾二级	残疾三级	残疾四级	残疾一级	残疾二级	残疾三级	残疾四级
总　计	**159**	**38**	**53**	**441**	**42**	**15**	**16**	**97**
朝阳区			2	11			2	8
昌邑区	2	2	1	18	5	1	1	4
龙潭区	5		2	16	2		1	12
二道区	6			8	1		1	2
洮北区	3	1	7	26			1	1
东昌区	3	2	4	23	1		2	11
二道江区	6	2	4	33			1	5
延吉市		1	4	13				
临江市	3	3	2	3	2			
榆树市	11	2	4	16	6	7	4	5
公主岭市	8	1	3	9				2
九台市	10	1	1	32	3			
舒兰市	13	3	6	41	6	1		6
蛟河市	3			11				4
大安市	15			13				3
抚松县	3	2	3	16			1	1
安图县	4			8				1
农安县	13	4	1	34	5	3	1	14
梨树县	18	1	1	23	1			
永吉县	10	2	3	24	5	1		15
长岭县	13	6	3	17	4	2	1	1
乾安县	10	5	2	46	1			2

4-96 续表 1

单位：人次

地　区	康复训练与服务				教育费用补助或减免			
	残疾一级	残疾二级	残疾三级	残疾四级	残疾一级	残疾二级	残疾三级	残疾四级
总　计	**11**	**2**	**3**	**30**	**1**			**1**
朝阳区				2				
昌邑区				5				
龙潭区	2			2				
二道区								1
洮北区								
东昌区	1	2	2	9				
二道江区								
延吉市			1	4				
临江市					1			
榆树市								
公主岭市								
九台市								
舒兰市	2			1				
蛟河市								
大安市				2				
抚松县								
安图县								
农安县				1				
梨树县	4			2				
永吉县				1				
长岭县	2							
乾安县				1				

4-96　续表 2

单位：人次

地　区	职业教育与培训				就业安置或扶持			
	残疾一级	残疾二级	残疾三级	残疾四级	残疾一级	残疾二级	残疾三级	残疾四级
总　计					**1**		**1**	**8**
朝阳区							1	
昌邑区								
龙潭区								
二道区								
洮北区								
东昌区								
二道江区								7
延吉市								
临江市								
榆树市								
公主岭市								1
九台市								
舒兰市								
蛟河市								
大安市								
抚松县								
安图县					1			
农安县								
梨树县								
永吉县								
长岭县								
乾安县								

4-96 续表 3

单位：人次

地 区	贫困残疾人救助与扶持				法律援助与服务			
	残疾一级	残疾二级	残疾三级	残疾四级	残疾一级	残疾二级	残疾三级	残疾四级
总 计	**137**	**23**	**35**	**276**	**3**			
朝阳区				4				
昌邑区	7	1	1	14				
龙潭区	4		2	13				
二道区	10	1	2	14				
洮北区	3	1	7	25				
东昌区	3		1	2				
二道江区	5	2	2	8	1			
延吉市			2	4				
临江市	3	3		1				
榆树市	1		1	1				
公主岭市	8	1	3	10				
九台市	10	1	1	31				
舒兰市	16	3	5	32	1			
蛟河市	2	1		8				
大安市	15			16				
抚松县								
安图县	3			5				
农安县	12	3	1	34				
梨树县	17		1	20				
永吉县	6		3	17				
长岭县	12	6	3	17	1			
乾安县								

4-96　续表 4

单位：人次

地　区	无障碍设施				信息无障碍			
	残疾一级	残疾二级	残疾三级	残疾四级	残疾一级	残疾二级	残疾三级	残疾四级
总　计	**35**	**1**	**4**	**37**	**1**			**9**
朝阳区				5				
昌邑区	2							
龙潭区	2		1	7				
二道区								
洮北区								1
东昌区								
二道江区	1				1			5
延吉市								
临江市								
榆树市								
公主岭市	8		2	2				
九台市								
舒兰市	2		1					
蛟河市								
大安市	13			13				1
抚松县	1							
安图县	1							
农安县	2			9				2
梨树县								
永吉县	1	1		1				
长岭县	2							
乾安县								

4-96 续表 5

单位：人次

地区	生活服务				文化服务			
	残疾一级	残疾二级	残疾三级	残疾四级	残疾一级	残疾二级	残疾三级	残疾四级
总计	**15**	**7**	**8**	**65**			**1**	**4**
朝阳区								
昌邑区	5	2		12				
龙潭区								
二道区	1							
洮北区	1		2	4				
东昌区	2	2	3	16				
二道江区	3	1	1	18			1	3
延吉市								
临江市								
榆树市								
公主岭市								
九台市								
舒兰市								
蛟河市								
大安市								
抚松县	3	2	2	14				1
安图县								
农安县				1				
梨树县								
永吉县								
长岭县								
乾安县								

4-96 续表 6

单位：人次

地　区	其他				不选择			
	残疾一级	残疾二级	残疾三级	残疾四级	残疾一级	残疾二级	残疾三级	残疾四级
总　计	**2**	**2**	**3**	**16**	**1**			**2**
朝阳区								
昌邑区								
龙潭区								
二道区								1
洮北区								
东昌区								
二道江区								
延吉市								
临江市								
榆树市								
公主岭市								
九台市								
舒兰市					1			1
蛟河市								
大安市								
抚松县	2	2	3	16				
安图县								
农安县								
梨树县								
永吉县								
长岭县								
乾安县								

4-97 各地区听力残疾人分残疾等级的主要需求

单位：人次

地区	医疗服务与救助				辅助器具			
	残疾一级	残疾二级	残疾三级	残疾四级	残疾一级	残疾二级	残疾三级	残疾四级
总　计	**122**	**89**	**399**	**397**	**133**	**89**	**387**	**372**
朝阳区	5	7	15	26	6	7	15	22
昌邑区	11	6	26	65	11	6	28	65
龙潭区	7	5	20	33	8	5	21	34
二道区	6		3		6	1	8	
洮北区	1	2	17	11	1	3	25	19
东昌区	3	2	16	33	3	2	14	21
二道江区	5	11	37	19	2		3	1
延吉市		2	13	13			10	14
临江市	1	3	26	28	2	4	28	27
榆树市	6	8	14	12	6	9	13	9
公主岭市	4	2	16	9	6	2	20	7
九台市			1		11	10	15	15
舒兰市	3	7	21	5	1	2	4	2
蛟河市			7	4		1	19	5
大安市	12	3	26	22	12	3	17	9
抚松县	15	4	19	7	14	4	21	7
安图县	3	4	22	19	4	4	21	19
农安县	2	2	26	24	2	2	26	24
梨树县	4	1	18	22	4	3	21	22
永吉县	7	1	14	31	6	1	18	36
长岭县	15	13	34	14	15	14	32	14
乾安县	12	6	8		13	6	8	

4-97 续表 1

单位：人次

地区	康复训练与服务				教育费用补助或减免			
	残疾一级	残疾二级	残疾三级	残疾四级	残疾一级	残疾二级	残疾三级	残疾四级
总 计	**6**	**6**	**29**	**51**			**1**	**2**
朝阳区				1				
昌邑区								
龙潭区			3	3				
二道区								
洮北区			1					
东昌区			6	19				
二道江区	1	1		1				
延吉市		1	8	8			1	2
临江市				3				
榆树市								
公主岭市								
九台市								
舒兰市								
蛟河市								
大安市	2	1	5	4				
抚松县		2						
安图县			1	2				
农安县								
梨树县			3	2				
永吉县	2	1	1	8				
长岭县			1					
乾安县	1							

4-97 续表 2

单位：人次

地　区	职业教育与培训				就业安置或扶持			
	残疾一级	残疾二级	残疾三级	残疾四级	残疾一级	残疾二级	残疾三级	残疾四级
总　计		**1**		**1**	**2**	**1**	**8**	**2**
朝阳区								
昌邑区								
龙潭区								
二道区		1						
洮北区						1		
东昌区								
二道江区					1			
延吉市				1			3	1
临江市							2	
榆树市								
公主岭市								
九台市								
舒兰市								
蛟河市							3	
大安市					1			
抚松县								
安图县								
农安县								
梨树县								
永吉县								1
长岭县								
乾安县								

4-97 续表 3

单位：人次

地　区	贫困残疾人救助与扶持				法律援助与服务			
	残疾一级	残疾二级	残疾三级	残疾四级	残疾一级	残疾二级	残疾三级	残疾四级
总　计	**102**	**72**	**336**	**317**	**2**	**5**	**8**	**21**
朝阳区	6	6	7	18		1	2	1
昌邑区	9	4	24	44	2	2	6	18
龙潭区	8	5	15	26				
二道区	6	2	8					
洮北区		1	10	9				
东昌区	2	1	4	1				
二道江区	3	10	34	17				
延吉市		3	17	22		1		1
临江市	2	3	22	28				
榆树市		1						
公主岭市	6	1	7	1				
九台市	10	10	16	12				
舒兰市	3	5	18	4				
蛟河市		1	15	6				
大安市	9	4	26	22				
抚松县	12	3	16	5				
安图县	4	1	12	12		1		
农安县		2	23	20				
梨树县	4	3	18	23				
永吉县	8	1	19	41				1
长岭县	9	5	25	6				
乾安县	1							

4-97 续表 4

单位：人次

地 区	无障碍设施				信息无障碍			
	残疾一级	残疾二级	残疾三级	残疾四级	残疾一级	残疾二级	残疾三级	残疾四级
总 计				**1**	**2**		**12**	**10**
朝阳区					1			
昌邑区								
龙潭区								
二道区								
洮北区				1	1		12	8
东昌区								
二道江区								
延吉市								
临江市								1
榆树市								
公主岭市								
九台市								
舒兰市								
蛟河市								1
大安市								
抚松县								
安图县								
农安县								
梨树县								
永吉县								
长岭县								
乾安县								

4-97 续表 5

单位：人次

地　区	生活服务				文化服务			
	残疾一级	残疾二级	残疾三级	残疾四级	残疾一级	残疾二级	残疾三级	残疾四级
总　计	**23**	**25**	**87**	**51**			**2**	**2**
朝阳区			5	7				
昌邑区								
龙潭区								
二道区								
洮北区		1	4	3				1
东昌区								
二道江区	3	11	37	19				
延吉市				2				
临江市	1	2	8	6			1	
榆树市								
公主岭市	1	1	3					
九台市	5	1	3	2				
舒兰市								
蛟河市			18	6				
大安市								
抚松县	1		2					
安图县				2				
农安县	2		2	2				
梨树县								
永吉县		1		2				1
长岭县		2						
乾安县	10	6	5				1	

4-97 续表 6

单位：人次

地 区	其他				不选择			
	残疾一级	残疾二级	残疾三级	残疾四级	残疾一级	残疾二级	残疾三级	残疾四级
总 计	**2**		**1**	**1**				**1**
朝阳区								
昌邑区								
龙潭区								
二道区								
洮北区								
东昌区								
二道江区								
延吉市								1
临江市								
榆树市								
公主岭市								
九台市								
舒兰市								
蛟河市								
大安市								
抚松县	1		1					
安图县								
农安县								
梨树县								
永吉县				1				
长岭县								
乾安县	1							

4–98 各地区言语残疾人分残疾等级的主要需求

单位：人次

地区	医疗服务与救助				辅助器具			
	残疾一级	残疾二级	残疾三级	残疾四级	残疾一级	残疾二级	残疾三级	残疾四级
总计	**12**	**15**	**10**	**21**	**2**	**1**		**2**
朝阳区	1			1				1
昌邑区	2	1						
龙潭区			1	1				
二道区	1	1						
洮北区	1		1	2				
东昌区								
二道江区		2	4	1				
延吉市								
临江市								
榆树市	1	1		1	1			
公主岭市	1	3		3				
九台市		1	1	1				
舒兰市				1				
蛟河市		1	1	3				
大安市		1						
抚松县		1		1				
安图县	2		1	1				
农安县	1	3	1		1	1		
梨树县	1			1				
永吉县								
长岭县	1			3				
乾安县				1				1

4-98 续表 1

单位：人次

地　区	康复训练与服务				教育费用补助或减免			
	残疾一级	残疾二级	残疾三级	残疾四级	残疾一级	残疾二级	残疾三级	残疾四级
总　计	**8**	**6**	**11**	**14**				**1**
朝阳区								
昌邑区	1	1	6	1				
龙潭区	1		2	1				
二道区	1							
洮北区	2		1					1
东昌区								
二道江区		2		1				
延吉市								
临江市								
榆树市	1			1				
公主岭市				1				
九台市		1	1	2				
舒兰市				2				
蛟河市		1	1	2				
大安市								
抚松县								
安图县				1				
农安县	1	1						
梨树县	1			1				
永吉县								
长岭县								
乾安县				1				

4-98 续表 2

单位：人次

地区	职业教育与培训				就业安置或扶持			
	残疾一级	残疾二级	残疾三级	残疾四级	残疾一级	残疾二级	残疾三级	残疾四级
总 计							**2**	
朝阳区								
昌邑区								
龙潭区								
二道区								
洮北区								
东昌区								
二道江区							2	
延吉市								
临江市								
榆树市								
公主岭市								
九台市								
舒兰市								
蛟河市								
大安市								
抚松县								
安图县								
农安县								
梨树县								
永吉县								
长岭县								
乾安县								

4-98 续表 3

单位：人次

地区	贫困残疾人救助与扶持				法律援助与服务			
	残疾一级	残疾二级	残疾三级	残疾四级	残疾一级	残疾二级	残疾三级	残疾四级
总计	**8**	**11**	**18**	**22**			**3**	**2**
朝阳区	1			1				
昌邑区	3	1	4	1				
龙潭区	1		2					
二道区		1						
洮北区	2		2	3				
东昌区		1						
二道江区		1	5				3	
延吉市								
临江市								
榆树市								
公主岭市		3		3				
九台市		1	1	1				
舒兰市				3				
蛟河市			1	3				
大安市		1						
抚松县			1					
安图县			1	2				1
农安县		2						
梨树县				1				
永吉县			1	1				1
长岭县	1			3				
乾安县								

4-98 续表 4

单位：人次

地区	无障碍设施				信息无障碍			
	残疾一级	残疾二级	残疾三级	残疾四级	残疾一级	残疾二级	残疾三级	残疾四级
总　计	**1**							**1**
朝阳区								
昌邑区	1							
龙潭区								
二道区								
洮北区								
东昌区								
二道江区								
延吉市								
临江市								
榆树市								
公主岭市								
九台市								1
舒兰市								
蛟河市								
大安市								
抚松县								
安图县								
农安县								
梨树县								
永吉县								
长岭县								
乾安县								

4-98 续表 5

单位：人次

地　区	生活服务				文化服务			
	残疾一级	残疾二级	残疾三级	残疾四级	残疾一级	残疾二级	残疾三级	残疾四级
总　计		**4**	**2**	**2**				
朝阳区								
昌邑区								
龙潭区				1				
二道区		1						
洮北区								
东昌区								
二道江区		1	1					
延吉市								
临江市								
榆树市				1				
公主岭市								
九台市								
舒兰市								
蛟河市								
大安市								
抚松县								
安图县								
农安县		2	1					
梨树县								
永吉县								
长岭县								
乾安县								

4-98 续表 6

单位：人次

地区	其他				不选择			
	残疾一级	残疾二级	残疾三级	残疾四级	残疾一级	残疾二级	残疾三级	残疾四级
总计								**1**
朝阳区								
昌邑区								
龙潭区								
二道区								
洮北区								
东昌区								
二道江区								
延吉市								
临江市								
榆树市								
公主岭市								
九台市								
舒兰市								
蛟河市								
大安市								
抚松县								
安图县								1
农安县								
梨树县								
永吉县								
长岭县								
乾安县								

4-99 各地区肢体残疾人分残疾等级的主要需求

单位：人次

地 区	医疗服务与救助				辅助器具			
	残疾一级	残疾二级	残疾三级	残疾四级	残疾一级	残疾二级	残疾三级	残疾四级
总 计	**60**	**173**	**366**	**855**	**44**	**145**	**242**	**409**
朝阳区	3	16	29	40	2	15	27	31
昌邑区	8	13	36	41	8	13	35	38
龙潭区	3	4	6	21	2	11	11	15
二道区	3	11	26	51		3	15	20
洮北区	1	4	16	21		2	1	1
东昌区	2	1	7	26	1	2	13	19
二道江区	3	3	20	30	1	1	3	
延吉市		8	40	52		7	27	39
临江市	2	4	11	20	6	14	21	14
榆树市	3	5	12	55	2	5	10	43
公主岭市	1	3	12	70				
九台市	1	9	16	40	3	5	13	27
舒兰市	1	5	20	42			2	4
蛟河市	1	18	19	35		9	12	8
大安市	5	8	17	29		1	5	4
抚松县	4	14	21	33	4	11	14	15
安图县	7	11	22	76	2	5	10	17
农安县	2	3	17	26		1	3	6
梨树县	2	2	7	14	3	9	7	12
永吉县		1	7	30	1	2	9	24
长岭县	2	4	1	29	4	5	1	13
乾安县	6	26	4	74	5	24	3	59

4-99 续表 1

单位：人次

地　区	康复训练与服务				教育费用补助或减免			
	残疾一级	残疾二级	残疾三级	残疾四级	残疾一级	残疾二级	残疾三级	残疾四级
总　计	**38**	**145**	**266**	**571**		**2**	**1**	**2**
朝阳区								
昌邑区	3	9	19	31				
龙潭区		11	9	24				
二道区	3	8	24	45		1		
洮北区		1	10	11				
东昌区		1	10	17				
二道江区	2		9					
延吉市		3	16	10				1
临江市	3	15	30	48				
榆树市	2	5	12	52				
公主岭市								
九台市		2	3	15			1	
舒兰市	1	5	21	44				
蛟河市	1	21	28	54				
大安市	5	7	16	24				
抚松县		9	10	8				
安图县	7	11	19	73		1		
农安县		2	12	11				
梨树县	5	7	9	15				
永吉县		1	6	23				
长岭县		2		2				1
乾安县	6	25	3	64				

4-99 续表 2

单位：人次

地 区	职业教育与培训				就业安置或扶持			
	残疾一级	残疾二级	残疾三级	残疾四级	残疾一级	残疾二级	残疾三级	残疾四级
总 计			**1**	**3**		**3**	**17**	**35**
朝阳区							1	4
昌邑区							4	3
龙潭区						1	1	3
二道区						1	2	2
洮北区							1	
东昌区								2
二道江区								
延吉市				1			5	3
临江市								
榆树市								
公主岭市								1
九台市							1	2
舒兰市								
蛟河市								1
大安市							2	3
抚松县								1
安图县			1	1				5
农安县								4
梨树县								
永吉县								
长岭县						1		1
乾安县				1				

4-99 续表 3

单位：人次

地　区	贫困残疾人救助与扶持				法律援助与服务			
	残疾一级	残疾二级	残疾三级	残疾四级	残疾一级	残疾二级	残疾三级	残疾四级
总　计	**58**	**151**	**311**	**683**	**1**		**5**	**6**
朝阳区	3	15	27	38				1
昌邑区	5	3	11	12				
龙潭区	3	13	13	30	1		1	3
二道区	2	10	14	32				
洮北区	1	5	10	18				
东昌区	1		6	23				
二道江区	3	2	9	2			1	
延吉市		9	55	60			3	1
临江市	6	18	31	47				1
榆树市	2	1		8				
公主岭市	1	3	12	71				
九台市	3	9	11	34				
舒兰市			1	8				
蛟河市	1	18	30	69				
大安市	5	8	19	32				
抚松县	4	10	16	31				
安图县	4	4	9	32				
农安县	2	1	9	18				
梨树县	5	9	10	15				
永吉县	1	4	14	53				
长岭县	5	6	3	27				
乾安县	1	3	1	23				

4-99 续表 4

单位：人次

地　区	无障碍设施				信息无障碍			
	残疾一级	残疾二级	残疾三级	残疾四级	残疾一级	残疾二级	残疾三级	残疾四级
总　计			**2**	**1**				**3**
朝阳区								
昌邑区								
龙潭区								
二道区								
洮北区								
东昌区								
二道江区			2					
延吉市				1				2
临江市								
榆树市								
公主岭市								
九台市								
舒兰市								
蛟河市								
大安市								
抚松县								
安图县								
农安县								1
梨树县								
永吉县								
长岭县								
乾安县								

4-99 续表 5

单位：人次

地 区	生活服务				文化服务			
	残疾一级	残疾二级	残疾三级	残疾四级	残疾一级	残疾二级	残疾三级	残疾四级
总 计	**4**	**8**	**21**	**66**			**1**	**7**
朝阳区				1				1
昌邑区								
龙潭区								1
二道区		1						
洮北区	1			8				
东昌区		1	15	29			1	4
二道江区		1		1				
延吉市				1				
临江市	3	3	6	14				
榆树市								
公主岭市								
九台市		1		2				1
舒兰市				1				
蛟河市								
大安市				1				
抚松县		1		5				
安图县								
农安县								
梨树县								
永吉县				2				
长岭县				1				
乾安县								

4-99 续表 6

单位：人次

地区	其他				不选择			
	残疾一级	残疾二级	残疾三级	残疾四级	残疾一级	残疾二级	残疾三级	残疾四级
总计				**1**		**2**	**2**	**1**
朝阳区								
昌邑区								
龙潭区								
二道区								
洮北区								
东昌区								
二道江区								
延吉市							2	
临江市								
榆树市								
公主岭市								
九台市								
舒兰市						1		
蛟河市								1
大安市								
抚松县								
安图县						1		
农安县								
梨树县								
永吉县				1				
长岭县								
乾安县								

4-100　各地区智力残疾人分残疾等级的主要需求

单位：人次

地　区	医疗服务与救助				辅助器具			
	残疾一级	残疾二级	残疾三级	残疾四级	残疾一级	残疾二级	残疾三级	残疾四级
总　计	**34**	**28**	**53**	**65**	**1**	**1**	**3**	**1**
朝阳区	1	2		2				
昌邑区				1			1	
龙潭区		2	1	5		1		
二道区	9	6	8	6				
洮北区		1	3	4				
东昌区				2				
二道江区			1					
延吉市		1	1					
临江市			1	1				
榆树市		1	2	1				
公主岭市		1	3	3				
九台市	5		1	3				
舒兰市		1	6	3				
蛟河市	1	2	2	1				
大安市			1					
抚松县		1	2	2				
安图县	3	2	3	4				
农安县	1			1				1
梨树县	3	3	2	2	1			
永吉县			11	8			2	
长岭县		1	4	11				
乾安县	11	4	1	5				

4-100 续表 1

单位：人次

地区	康复训练与服务				教育费用补助或减免			
	残疾一级	残疾二级	残疾三级	残疾四级	残疾一级	残疾二级	残疾三级	残疾四级
总　计	**24**	**33**	**37**	**50**	**2**		**3**	**3**
朝阳区	1	2		1				
昌邑区			1	2				
龙潭区		2	1	2				
二道区		1						1
洮北区								
东昌区				1				
二道江区								
延吉市	1	1	2	2				
临江市		2	3	4				
榆树市		1	1	2				
公主岭市		2	1	1			1	
九台市								
舒兰市		2	6	5				
蛟河市		3	7	6	1			
大安市	1		1		1			
抚松县	1	3	5	7			1	
安图县	2	1	1	2				1
农安县	5	5	3	3				1
梨树县		4	1	3				
永吉县	2		2					
长岭县				1			1	
乾安县	11	4	2	8				

4-100 续表 2

单位：人次

地　区	职业教育与培训				就业安置或扶持			
	残疾一级	残疾二级	残疾三级	残疾四级	残疾一级	残疾二级	残疾三级	残疾四级
总　计		**1**	**1**	**4**	**1**	**5**	**6**	**8**
朝阳区								
昌邑区							3	
龙潭区								
二道区			1	1		1	1	1
洮北区								1
东昌区								
二道江区								
延吉市				1				
临江市								
榆树市		1						
公主岭市				2		1		4
九台市								
舒兰市								
蛟河市							1	
大安市						2		1
抚松县							1	
安图县								
农安县					1			
梨树县						1		1
永吉县								
长岭县								
乾安县								

4-100 续表 3

单位：人次

地 区	贫困残疾人救助与扶持				法律援助与服务			
	残疾一级	残疾二级	残疾三级	残疾四级	残疾一级	残疾二级	残疾三级	残疾四级
总　计	**50**	**51**	**89**	**99**	**3**	**11**	**10**	**10**
朝阳区	1	2		1				
昌邑区			5	1				
龙潭区			1	2				
二道区	9	6	10	7				
洮北区		1	3	5				
东昌区			1	2				
二道江区	1	2	3	1				
延吉市	1		2	3			1	2
临江市		2	4	5				
榆树市		1	2	3				
公主岭市	2	4	5	9				
九台市	7		1	2				
舒兰市		2	11	4				
蛟河市	1	3	9	7				
大安市	3	10	8	6	2	9	8	5
抚松县	1	3	6	11		2	1	3
安图县	3	2	3	4				
农安县	5	4	1	1				
梨树县	3	4	2	4	1			
永吉县	2		7	7				
长岭县		1	4	11				
乾安县	11	4	1	3				

4-100　续表 4

单位：人次

地　区	无障碍设施				信息无障碍			
	残疾一级	残疾二级	残疾三级	残疾四级	残疾一级	残疾二级	残疾三级	残疾四级
总　计			**3**				**1**	
朝阳区								
昌邑区								
龙潭区								
二道区							1	
洮北区								
东昌区								
二道江区			1					
延吉市								
临江市								
榆树市								
公主岭市								
九台市								
舒兰市								
蛟河市								
大安市								
抚松县			1					
安图县								
农安县								
梨树县			1					
永吉县								
长岭县								
乾安县								

4-100 续表 5

单位：人次

地 区	生活服务				文化服务			
	残疾一级	残疾二级	残疾三级	残疾四级	残疾一级	残疾二级	残疾三级	残疾四级
总 计	**29**	**33**	**61**	**66**	**2**	**1**	**2**	**9**
朝阳区								
昌邑区			3					1
龙潭区								
二道区	9	7	9	8				1
洮北区		1	3	5				
东昌区			1	2				1
二道江区	1	2	3	1				
延吉市	1	1	3	3				1
临江市		2	4	5				
榆树市								
公主岭市	2	3	4	5				
九台市	8		1	3	1			
舒兰市							1	
蛟河市								
大安市	2	9	9	6				
抚松县	1	3	7	10				
安图县				1				
农安县	3	3	2		1	1		
梨树县		1		1				
永吉县	2		9	7				
长岭县		1	3	8				
乾安县				1			1	5

4-100 续表 6

单位：人次

地 区	其他				不选择			
	残疾一级	残疾二级	残疾三级	残疾四级	残疾一级	残疾二级	残疾三级	残疾四级
总 计			**2**	**1**				**2**
朝阳区								
昌邑区								1
龙潭区								1
二道区								
洮北区								
东昌区								
二道江区								
延吉市								
临江市								
榆树市								
公主岭市								
九台市								
舒兰市								
蛟河市			1					
大安市								
抚松县								
安图县								
农安县								
梨树县								
永吉县			1	1				
长岭县								
乾安县								

4-101 各地区精神残疾人分残疾等级的主要需求

单位：人次

地 区	医疗服务与救助				辅助器具			
	残疾一级	残疾二级	残疾三级	残疾四级	残疾一级	残疾二级	残疾三级	残疾四级
总 计	**70**	**79**	**63**	**153**	**1**			
朝阳区	9	2	1	6				
昌邑区	3	3	6	11				
龙潭区	2	8	2	5				
二道区	6	7	2	2				
洮北区		1	2	11				
东昌区	3	6	3	3				
二道江区		8	9	5				
延吉市	1	1	1	9				
临江市	11	2		10				
榆树市	2	5	7	4				
公主岭市	3	7	1	2				
九台市	3	2	4	3				
舒兰市	4	3	3	10				
蛟河市	3	2	3	7				
大安市	1	5	6	5				
抚松县	2		2	5				
安图县	2	2	3	8				
农安县		8	4	10				
梨树县	7	3	2	5	1			
永吉县	4			8				
长岭县	2	1	2	19				
乾安县	2	3		5				

4-101 续表 1

单位：人次

地 区	康复训练与服务				教育费用补贴或减免			
	残疾一级	残疾二级	残疾三级	残疾四级	残疾一级	残疾二级	残疾三级	残疾四级
总 计	**30**	**34**	**30**	**45**		**2**	**1**	**2**
朝阳区								
昌邑区	2		5	7				
龙潭区		6	1	3				
二道区	6	7	2	2				
洮北区								
东昌区	3	1	3	2				
二道江区								
延吉市			1					
临江市	5			3				
榆树市	2	5	7	4				
公主岭市						2		1
九台市							1	
舒兰市								
蛟河市	3	2	3	1				
大安市	2	3	2					
抚松县	2		2	3				
安图县								
农安县		8	4	9				1
梨树县	1							
永吉县	3			6				
长岭县								
乾安县	1	2		5				

4-101 续表 2

单位：人次

地区	职业教育与培训				就业安置或扶持			
	残疾一级	残疾二级	残疾三级	残疾四级	残疾一级	残疾二级	残疾三级	残疾四级
总　计						**5**	**6**	**8**
朝阳区								
昌邑区								1
龙潭区						1		
二道区								
洮北区								
东昌区								
二道江区						4	4	2
延吉市								2
临江市								1
榆树市								
公主岭市								
九台市								
舒兰市								
蛟河市								
大安市							2	
抚松县								
安图县								2
农安县								
梨树县								
永吉县								
长岭县								
乾安县								

4-101 续表 3

单位：人次

地区	贫困残疾人救助与扶持				法律援助与服务			
	残疾一级	残疾二级	残疾三级	残疾四级	残疾一级	残疾二级	残疾三级	残疾四级
总　计	**68**	**69**	**48**	**134**	**11**	**13**	**13**	**22**
朝阳区	9	2		5	7	2		5
昌邑区	3	2	5	11				
龙潭区	2	8	2	4				
二道区	6	7	2	2				
洮北区		1	2	11				
东昌区	3	6	2	2				
二道江区		4	6	2		8	8	5
延吉市	1	1		4				2
临江市	11	2	1	10				
榆树市			1					
公主岭市	3	7	1	2				
九台市	2	2	2	4				
舒兰市	4	3	3	10	2			
蛟河市	3	2	3	7				
大安市	2	5	5	5			2	4
抚松县	2		2	5				
安图县	2	2	3	9	2	2	3	6
农安县		8	4	9				
梨树县	8	3	2	5				
永吉县	4			8				
长岭县	1	1	2	14				
乾安县	2	3		5		1		

4-101 续表 4

单位：人次

地 区	无障碍设施				信息无障碍			
	残疾一级	残疾二级	残疾三级	残疾四级	残疾一级	残疾二级	残疾三级	残疾四级
总 计								
朝阳区								
昌邑区								
龙潭区								
二道区								
洮北区								
东昌区								
二道江区								
延吉市								
临江市								
榆树市								
公主岭市								
九台市								
舒兰市								
蛟河市								
大安市								
抚松县								
安图县								
农安县								
梨树县								
永吉县								
长岭县								
乾安县								

4-101 续表 5

单位：人次

地 区	生活服务				文化服务			
	残疾一级	残疾二级	残疾三级	残疾四级	残疾一级	残疾二级	残疾三级	残疾四级
总 计	**9**	**11**	**6**	**16**			**1**	
朝阳区	2		1	1				
昌邑区								
龙潭区								
二道区								
洮北区		1	2	9				
东昌区		2		1			1	
二道江区								
延吉市								
临江市	3		1	3				
榆树市								
公主岭市	3	5	1	1				
九台市		2	1	1				
舒兰市								
蛟河市								
大安市		1						
抚松县								
安图县								
农安县								
梨树县								
永吉县								
长岭县								
乾安县	1							

4-101 续表 6

单位：人次

地 区	其他				不选择			
	残疾一级	残疾二级	残疾三级	残疾四级	残疾一级	残疾二级	残疾三级	残疾四级
总 计								**1**
朝阳区								
昌邑区								1
龙潭区								
二道区								
洮北区								
东昌区								
二道江区								
延吉市								
临江市								
榆树市								
公主岭市								
九台市								
舒兰市								
蛟河市								
大安市								
抚松县								
安图县								
农安县								
梨树县								
永吉县								
长岭县								
乾安县								

4-102 各地区多重残疾人分残疾等级的主要需求

单位：人次

地 区	医疗服务与救助				辅助器具			
	残疾一级	残疾二级	残疾三级	残疾四级	残疾一级	残疾二级	残疾三级	残疾四级
总 计	**261**	**92**	**126**	**74**	**151**	**51**	**97**	**46**
朝阳区	8	4	6	10	5	2	6	7
昌邑区	13	11	13	4	13	6	9	3
龙潭区	11	6	6	2	9	2	5	
二道区	15	8	6	1	6	3	2	
洮北区	8	4	2	1	6	1	2	
东昌区	8	1	9	6	9	3	11	5
二道江区	16	8	10	2			1	
延吉市	6	3	6	6	3	1	5	4
临江市	14	4	4	1	6	7	13	5
榆树市	19	2	3	4	17	4	2	2
公主岭市	9	2		1	1			
九台市	13	2	6	2	8	2	13	5
舒兰市	13		13	4	3		2	3
蛟河市	10	3	5	3	3	2	3	
大安市	17	2	1	2	7		2	2
抚松县	11	9	4	3	9	9	3	1
安图县	14	8	9	3	4	1	4	
农安县	5	3	5	3	4	1	2	1
梨树县	15	3	5	2	11	3	5	2
永吉县	8	2	5	8	9		1	5
长岭县	12	4	5	6	8	3	4	1
乾安县	16	3	3		10	1	2	

4-102 续表 1

单位：人次

地区	康复训练与服务				教育费用补助或减免			
	残疾一级	残疾二级	残疾三级	残疾四级	残疾一级	残疾二级	残疾三级	残疾四级
总　计	**163**	**67**	**69**	**33**	**4**	**3**		
朝阳区	3			1				
昌邑区	12	9	8	3				
龙潭区	8	5	3	1	1			
二道区	6	2	3		1			
洮北区	2			1				
东昌区	6	2	3	2				
二道江区	1	1						
延吉市	3	2	1	3				
临江市	15	13	14	5		1		
榆树市	21	3	2	2				
公主岭市	1	2						
九台市	7	1	1	1				
舒兰市	13		4	2				
蛟河市	9	5	6	1	1	1		
大安市	12	2	6	2		1		
抚松县	6	6	2		1			
安图县	4	4	5	2				
农安县	3	2	4	2				
梨树县	9	5	4	3				
永吉县	6	1	2	1				
长岭县	1			1				
乾安县	15	2	1					

4-102 续表 2

单位：人次

地　区	职业教育与培训				就业安置或扶持			
	残疾一级	残疾二级	残疾三级	残疾四级	残疾一级	残疾二级	残疾三级	残疾四级
总　计	**2**				**10**	**4**	**3**	**3**
朝阳区								
昌邑区						1	1	
龙潭区								
二道区							1	
洮北区						1		
东昌区								
二道江区					4			1
延吉市					1			
临江市								
榆树市								
公主岭市								1
九台市								
舒兰市					1			
蛟河市	1				1	1		
大安市					1		1	
抚松县								
安图县					1	1		
农安县	1							
梨树县								
永吉县								1
长岭县								
乾安县					1			

4-102 续表 3

单位：人次

地 区	贫困残疾人救助与扶持				法律援助与服务			
	残疾一级	残疾二级	残疾三级	残疾四级	残疾一级	残疾二级	残疾三级	残疾四级
总 计	**277**	**93**	**145**	**74**	**12**	**4**	**8**	**2**
朝阳区	9	4	6	9				
昌邑区	9	12	11	3			1	
龙潭区	17	6	7	2				
二道区	13	5	7					
洮北区	11	3	2		1			
东昌区	10	2	6	3			1	
二道江区	18	7	9	1	7	1	2	1
延吉市	8	3	8	10			2	1
临江市	22	12	15	6	1			
榆树市	11		1	1				
公主岭市	8	2		2				
九台市	18	4	15	4				
舒兰市	12		13	3				
蛟河市	10	4	7	3			1	
大安市	20	3	7	4	1		1	
抚松县	14	9	5	2				
安图县	11	6	4	1	2	3		
农安县	5	1	4	1				
梨树县	20	4	7	4				
永吉县	15	2	4	9				
长岭县	11	2	6	6				
乾安县	5	2	1					

4-102 续表 4

单位：人次

地　区	无障碍设施				信息无障碍			
	残疾一级	残疾二级	残疾三级	残疾四级	残疾一级	残疾二级	残疾三级	残疾四级
总　计	**7**	**2**		**1**	**7**		**2**	**1**
朝阳区								
昌邑区	2	1						
龙潭区	1				1		1	
二道区								1
洮北区								
东昌区	1							
二道江区	1							
延吉市					1			
临江市								
榆树市	1			1	2			
公主岭市								
九台市								
舒兰市								
蛟河市								
大安市								
抚松县								
安图县								
农安县							1	
梨树县					3			
永吉县	1	1						
长岭县								
乾安县								

4-102 续表 5

单位：人次

地区	生活服务				文化服务			
	残疾一级	残疾二级	残疾三级	残疾四级	残疾一级	残疾二级	残疾三级	残疾四级
总计	**78**	**34**	**22**	**15**	**2**	**1**	**2**	**2**
朝阳区	1			1				
昌邑区	2	2				1		
龙潭区	2							
二道区	3	5	4					1
洮北区	1	2						
东昌区	10	1	3	3			1	
二道江区	15	5	3		1			
延吉市		1		2				1
临江市	9	8	6	1				
榆树市	4							
公主岭市	1	2						
九台市	9		1	4				
舒兰市								
蛟河市								
大安市	2	1	2					
抚松县	7	3		1				
安图县	1				1			
农安县		1	1					
梨树县	2			1				
永吉县	9	2	1	1				
长岭县				1				
乾安县		1	1				1	

4-102 续表 6

单位：人次

地 区	其他				不选择			
	残疾一级	残疾二级	残疾三级	残疾四级	残疾一级	残疾二级	残疾三级	残疾四级
总 计	**1**			**1**	**2**		**1**	**1**
朝阳区								
昌邑区								
龙潭区								
二道区								1
洮北区								
东昌区								
二道江区								
延吉市								
临江市								
榆树市								
公主岭市								
九台市								
舒兰市								
蛟河市	1				1			
大安市								
抚松县				1				
安图县							1	
农安县								
梨树县								
永吉县					1			
长岭县								
乾安县								

第五部分　社区和住户基本情况

5－1 调查社区基本情况

地区	调查社区(个)			社区人口情况		社区残疾人情况(人)			
	合计	居委会	村委会	户数(户)	人口(人)	残疾人	持证残疾人	享受定期救助人数	享受临时救助人数
总 计	**176**	**89**	**87**	**227796**	**728619**	**25656**	**10324**	**6395**	**5166**
朝阳区	8	7	1	24183	76805	574	322	233	51
昌邑区	8	7	1	16396	54355	766	469	311	55
龙潭区	8	5	3	9271	29151	518	228	138	9
二道区	8	7	1	19653	57624	3462	817	318	162
洮北区	8	6	2	13533	44199	1094	619	425	151
东昌区	8	8		18317	54871	659	504	324	151
二道江区	8	7	1	10437	32064	617	287	249	150
延吉市	8	6	2	19184	57521	1782	1145	545	249
临江市	8	4	4	3775	11667	559	193	144	80
榆树市	8	2	6	13848	46101	2795	1004	461	1608
公主岭市	8	3	5	14553	40711	2361	382	185	107
九台市	8	3	5	5652	18770	961	227	67	166
舒兰市	8	2	6	9226	29619	2068	836	643	407
蛟河市	8	3	5	9309	38500	510	277	180	144
大安市	8	2	6	2629	9732	608	171	96	139
抚松县	8	6	2	2729	7941	376	82	77	30
安图县	8	4	4	11695	35318	855	478	248	184
农安县	8	2	6	7246	23887	1600	709	586	250
梨树县	8	1	7	5423	19869	1034	377	362	240
永吉县	8	1	7	3884	13489	931	642	262	78
长岭县	8	1	7	4462	18014	1070	329	301	573
乾安县	8	2	6	2391	8411	456	226	240	182

5－1 续表

单位：个

地区	社区残疾人基层组织建设情况				
	有残疾人协会(小组)的社区	有残疾人专职委员会的社区	有康复站的社区	有社区康复协调员的社区	有无障碍设施的社区(居委会)
总计	**89**	**81**	**32**	**45**	**34**
朝阳区	8	8	7	8	7
昌邑区	7	5	1	5	1
龙潭区	7	6	1		1
二道区	6	6			2
洮北区	6	6	6	6	4
东昌区	8	8	3	3	4
二道江区	6	5		5	3
延吉市	8	8	3	4	2
临江市	3	2	4	1	2
榆树市	2	2			2
公主岭市					
九台市	4	2	3	4	
舒兰市	1	1			
蛟河市	4	2	1	1	2
大安市	2	2			
抚松县	2	2		2	2
安图县	2	3	1	2	1
农安县	2	2		1	
梨树县	8	8			
永吉县	1	1		1	1
长岭县					
乾安县	2	2	2	2	

5－2　各地区调查社区公共服务机构的覆盖情况

单位：个

地　区	距离法律服务所(司法所)				距离特教学校(班)			
	0公里	1－2公里	3－5公里	5公里以上	0公里	1－2公里	3－5公里	5公里以上
总　计	**52**	**41**	**25**	**58**	**12**	**12**	**10**	**142**
朝阳区	3	3		2				8
昌邑区	2			6	1	1		6
龙潭区		3	1	4	1	1	1	5
二道区	5	2		1				8
洮北区	7			1	1			7
东昌区	4	3	1		1	1	6	
二道江区	1	4		3				8
延吉市		8				2	1	5
临江市	5	2		1	2			6
榆树市		3	3	2		2	1	5
公主岭市	1	2	4	1				8
九台市	4			4	3			5
舒兰市	1	1		6				8
蛟河市	3		1	4		2		6
大安市	2		2	4		2		6
抚松县		6	1	1				8
安图县	6		1	1	2			6
农安县	2	2	2	2	1		1	6
梨树县	2	1	3	2				8
永吉县		1	3	4		1		7
长岭县	1		3	4				8
乾安县	3			5				8

5－2 续表

单位：个

地　区	距离文化活动站(室)				距离卫生室(所、站)			
	0公里	1－2公里	3－5公里	5公里以上	0公里	1－2公里	3－5公里	5公里以上
总　计	**96**	**14**	**13**	**53**	**132**	**29**	**2**	**13**
朝阳区	5			3	4	4		
昌邑区	6			2	4	1		3
龙潭区	3	4		1	2	6		
二道区	6			2	7			1
洮北区	8				8			
东昌区	8				8			
二道江区	3			5	3	1		4
延吉市	8				7	1		
临江市	8				6			2
榆树市	5		2	1	8			
公主岭市	3		3	2	8			
九台市	6			2	7	1		
舒兰市	2	1		5	7	1		
蛟河市	7			1	8			
大安市	3		2	3	8			
抚松县	1	5	1	1	5	3		
安图县	7			1	7			1
农安县	2	2	2	2	8			
梨树县	3	1		4	8			
永吉县		1	3	4		8		
长岭县				8	2	3	2	1
乾安县	2			6	7			1

5－2a 各地区调查城镇社区公共服务机构的覆盖情况

单位：个

地区	距离法律服务所(司法所)				距离特教学校(班)			
	0公里	1－2公里	3－5公里	5公里以上	0公里	1－2公里	3－5公里	5公里以上
总计	**43**	**35**	**1**	**11**	**8**	**9**	**8**	**65**
朝阳区	3	3		1				7
昌邑区	2			5	1			6
龙潭区		3		2		1	1	3
二道区	5	2						7
洮北区	6				1			5
东昌区	4	3	1		1	1	6	
二道江区	1	4		2				7
延吉市		6					1	5
临江市	4	1			2			3
榆树市		2				2		
公主岭市	1	2						3
九台市	3				2			1
舒兰市	1	1		1				3
蛟河市	3					2		1
大安市	2					2		
抚松县		6						6
安图县	3							3
农安县	2				1			1
梨树县		1						1
永吉县		1				1		
长岭县	1							1
乾安县	2							2

5－2a 续表

单位：个

地 区	距离文化活动站(室)				距离卫生室(所、站)			
	0公里	1－2公里	3－5公里	5公里以上	0公里	1－2公里	3－5公里	5公里以上
总 计	**67**	**10**		**13**	**65**	**15**		**10**
朝阳区	5			2	4	3		
昌邑区	5			2	3	1		3
龙潭区	1	3		1	1	4		
二道区	6			1	6			1
洮北区	6				6			
东昌区	8				8			
二道江区	2			5	2	1		4
延吉市	6				5	1		
临江市	5				3			2
榆树市	2				2			
公主岭市	3				3			
九台市	3				3			
舒兰市	1	1		1	2	1		
蛟河市	3				3			
大安市	2				2			
抚松县	1	5			3	3		
安图县	3				3			
农安县	2				2			
梨树县	1				1			
永吉县		1				1		
长岭县				1	1			
乾安县	2				2			

5－2b 各地区调查农村社区公共服务机构的覆盖情况

单位：个

地 区	距离法律服务所(司法所)				距离特教学校(班)			
	0公里	1－2公里	3－5公里	5公里以上	0公里	1－2公里	3－5公里	5公里以上
总 计	**9**	**6**	**24**	**47**	**4**	**3**	**2**	**77**
朝阳区				1				1
昌邑区				1		1		
龙潭区			1	2	1			2
二道区				1				1
洮北区	1			1				2
东昌区								
二道江区				1				1
延吉市		2				2		
临江市	1	1		1				3
榆树市		1	3	2			1	5
公主岭市			4	1				5
九台市	1			4	1			4
舒兰市				5				5
蛟河市			1	4				5
大安市			2	4				6
抚松县			1	1				2
安图县	3		1	1	2			3
农安县		2	2	2			1	5
梨树县	2		3	2				7
永吉县			3	4				7
长岭县			3	4				7
乾安县	1			5				6

5－2b 续表

单位：个

地　区	距离文化活动站(室)				距离卫生室(所、站)			
	0公里	1－2公里	3－5公里	5公里以上	0公里	1－2公里	3－5公里	5公里以上
总　计	**29**	**4**	**13**	**40**	**67**	**14**	**2**	**3**
朝阳区				1		1		
昌邑区	1				1			
龙潭区	2	1			1	2		
二道区				1	1			
洮北区	2				2			
东昌区								
二道江区	1				1			
延吉市	2				2			
临江市	3				3			
榆树市	3		2	1	6			
公主岭市			3	2	5			
九台市	3			2	4	1		
舒兰市	1			4	5			
蛟河市	4			1	5			
大安市	1		2	3	6			
抚松县			1	1	2			
安图县	4			1	4			1
农安县		2	2	2	6			
梨树县	2	1		4	7			
永吉县			3	4		7		
长岭县				7	1	3	2	1
乾安县				6	5			1

5－3　调查农村社区的收入水平与公共服务机构覆盖情况

单位：个、人

2005年本村人均收入	社区个数	社区享受定期救助人数	社区享受临时救助人数	距离法律服务所(司法所)			
				0公里	1－2公里	3－5公里	5公里以上
总　计	**86**	**2651**	**2126**	**9**	**6**	**24**	**47**
1000元以下	1	37	10	1			
1000-1500元	2	21	24				2
1500-2000元	2	49	64				2
2000-2500元	5	60	108			1	4
2500-3000元	10	246	100			4	6
3000-3500元	29	688	998	3		7	19
3500-4000元	25	1099	552	4	3	7	11
4000-4500元	6	226	154	1	1	2	2
4500-5000元	3	78	56			2	1
5000元以上	3	147	60		2	1	

5－3 续表 1

单位：个

2005年本村人均收入	距离特教学校(班)				距离文化活动站(室)			
	0公里	1－2公里	3－5公里	5公里以上	0公里	1－2公里	3－5公里	5公里以上
总　计	**4**	**3**	**2**	**77**	**29**	**4**	**13**	**40**
1000元以下				1	1			
1000-1500元				2	2			
1500-2000元				2				2
2000-2500元				5			1	4
2500-3000元				10	1		3	6
3000-3500元	2			27	8	1	2	18
3500-4000元	2		2	21	11	3	3	8
4000-4500元		1		5	4		1	1
4500-5000元				3			2	1
5000元以上		2		1	2		1	

5－3 续表 2

单位：个

2005年本村人均收入	距离卫生室(所、站)			
	0公里	1－2公里	3－5公里	5公里以上
总　计	**67**	**14**	**2**	**3**
1000元以下	1			
1000-1500元	2			
1500-2000元	2			
2000-2500元	5			
2500-3000元	8	2		
3000-3500元	14	10	2	3
3500-4000元	23	2		
4000-4500元	6			
4500-5000元	3			
5000元以上	3			

5－4 各地区调查户2005年人均收入

地 区	总人口(人)	总户数(户)	2005年度调查户人均收入(元)	按人均收入分组的户数(户)			
				0－683元	684－944元	945－2000元	2001－3000元
总 计	**76408**	**25375**	**4170**	**473**	**393**	**5996**	**4718**
朝阳区	3488	1250	8265	16	11	150	98
昌邑区	3609	1292	4564	13	12	264	214
龙潭区	3428	1156	4263	25	19	313	170
二道区	3525	1179	5629	7	11	161	176
洮北区	3458	1182	5394	14	13	163	175
东昌区	3716	1348	6358	5	2	25	122
二道江区	3469	1191	4430	7	6	211	179
延吉市	3492	1361	6713	4	6	110	125
临江市	3501	1257	3727	45	29	370	248
榆树市	3599	1084	4117	2	5	121	221
公主岭市	3479	1100	2921	53	57	394	181
九台市	3494	1066	4274	17	21	221	193
舒兰市	3467	1058	2572	19	30	477	217
蛟河市	3544	1207	4060	11	3	214	250
大安市	3415	1120	2991	24	23	353	279
抚松县	3300	1207	3240	38	32	374	266
安图县	3299	1186	3847	7	9	205	300
农安县	3376	1016	2512	21	33	440	243
梨树县	3379	1084	2308	63	29	472	280
永吉县	3463	981	3062	33	15	330	218
长岭县	3361	949	2682	34	18	382	239
乾安县	3546	1101	3390	15	9	246	324

5－4 续表

地 区	按人均收入分组的户数(户)						
	3001－4000元	4001－5000元	5001－6000元	6001－7000元	7001－10000元	10001－20000元	20000元以上
总 计	**4162**	**2593**	**1681**	**1160**	**2466**	**1545**	**188**
朝阳区	103	93	73	64	238	332	72
昌邑区	213	146	113	49	155	107	6
龙潭区	151	117	81	58	150	66	6
二道区	163	122	123	87	176	135	18
洮北区	192	111	86	95	212	112	9
东昌区	228	177	208	104	273	193	11
二道江区	231	150	121	84	151	46	5
延吉市	158	156	163	83	275	255	26
临江市	170	108	60	44	117	61	5
榆树市	298	195	86	53	75	25	3
公主岭市	151	107	34	47	63	10	3
九台市	157	130	69	75	111	62	10
舒兰市	150	79	21	22	36	6	1
蛟河市	259	143	102	58	125	39	3
大安市	207	110	43	21	51	9	
抚松县	194	105	71	42	60	25	
安图县	270	150	87	58	74	22	4
农安县	149	74	13	17	21	5	
梨树县	149	51	17	13	7	3	
永吉县	178	90	32	27	38	19	1
长岭县	139	68	20	23	21	4	1
乾安县	252	111	58	36	37	9	4

5－4a 各地区城镇调查户2005年人均收入

地　区	总人口(人)	总户数(户)	2005年度调查户人均收入(元)	按人均收入分组的户数(户)			
				0－683元	684－944元	945－2000元	2001－3000元
总　计	**40068**	**14452**	**5345**	**141**	**125**	**2159**	**2123**
朝阳区	3059	1113	9162	6	4	68	81
昌邑区	3180	1167	4734	12	12	229	183
龙潭区	2254	793	5109	7	5	131	113
二道区	3143	1057	6031	3	6	99	148
洮北区	2587	919	5711	7	8	111	119
东昌区	3716	1348	6358	5	2	25	122
二道江区	3075	1076	4611	4	6	170	151
延吉市	2592	1046	7860			20	52
临江市	2201	807	4554	13	10	162	152
榆树市	976	355	4387		1	76	65
公主岭市	1313	479	3828	17	13	101	87
九台市	1501	509	6070	2	5	20	60
舒兰市	1433	480	2732	11	14	208	88
蛟河市	1344	517	5278	6	1	46	69
大安市	929	347	3566		2	87	83
抚松县	2445	920	3624	8	15	239	217
安图县	1274	477	4121	2	4	48	130
农安县	848	263	2875	6	6	94	58
梨树县	478	188	2170	25	6	77	37
永吉县	426	150	5938		1	10	10
长岭县	442	149	3240	7	3	59	25
乾安县	852	292	3913		1	79	73

5－4a　续表

地　区	按人均收入分组的户数(户)						
	3001－4000元	4001－5000元	5001－6000元	6001－7000元	7001－10000元	10001－20000元	20000元以上
总　计	**2221**	**1602**	**1349**	**916**	**2176**	**1469**	**171**
朝阳区	90	89	71	64	237	331	72
昌邑区	185	132	106	45	152	105	6
龙潭区	112	92	76	49	141	62	5
二道区	154	114	121	86	173	135	18
洮北区	133	88	79	78	192	99	5
东昌区	228	177	208	104	273	193	11
二道江区	209	137	118	82	149	46	4
延吉市	103	114	145	71	265	251	25
临江市	124	80	54	39	112	56	5
榆树市	63	38	30	27	35	18	2
公主岭市	89	59	24	30	49	7	3
九台市	78	78	51	57	92	58	8
舒兰市	54	43	16	11	31	4	
蛟河市	90	63	65	44	98	34	1
大安市	59	52	21	6	29	8	
抚松县	169	89	68	39	52	24	
安图县	108	69	39	31	34	10	2
农安县	51	23	1	8	14	2	
梨树县	23	9	9		1	1	
永吉县	24	27	17	23	23	15	
长岭县	23	12	6	6	5	2	1
乾安县	52	17	24	16	19	8	3

5－4b 各地区农村调查户2005年人均收入

地　区	总人口(人)	总户数(户)	2005年度调查户人均收入(元)	按人均收入分组的户数(户)			
				0－683元	684－944元	945－2000元	2001－3000元
总　计	**36340**	**10923**	**2875**	**332**	**268**	**3837**	**2595**
朝阳区	429	137	1865	10	7	82	17
昌邑区	429	125	3302	1		35	31
龙潭区	1174	363	2640	18	14	182	57
二道区	382	122	2325	4	5	62	28
洮北区	871	263	4454	7	5	52	56
东昌区							
二道江区	394	115	3012	3		41	28
延吉市	900	315	3411	4	6	90	73
临江市	1300	450	2328	32	19	208	96
榆树市	2623	729	4017	2	4	45	156
公主岭市	2166	621	2371	36	44	293	94
九台市	1993	557	2922	15	16	201	133
舒兰市	2034	578	2459	8	16	269	129
蛟河市	2200	690	3315	5	2	168	181
大安市	2486	773	2777	24	21	266	196
抚松县	855	287	2141	30	17	135	49
安图县	2025	709	3674	5	5	157	170
农安县	2528	753	2391	15	27	346	185
梨树县	2901	896	2331	38	23	395	243
永吉县	3037	831	2658	33	14	320	208
长岭县	2919	800	2598	27	15	323	214
乾安县	2694	809	3225	15	8	167	251

5－4b 续表

地 区	按人均收入分组的户数(户)						
	3001－4000元	4001－5000元	5001－6000元	6001－7000元	7001－10000元	10001－20000元	20000元以上
总 计	**1941**	**991**	**332**	**244**	**290**	**76**	**17**
朝阳区	13	4	2		1	1	
昌邑区	28	14	7	4	3	2	
龙潭区	39	25	5	9	9	4	1
二道区	9	8	2	1	3		
洮北区	59	23	7	17	20	13	4
东昌区							
二道江区	22	13	3	2	2		1
延吉市	55	42	18	12	10	4	1
临江市	46	28	6	5	5	5	
榆树市	235	157	56	26	40	7	1
公主岭市	62	48	10	17	14	3	
九台市	79	52	18	18	19	4	2
舒兰市	96	36	5	11	5	2	1
蛟河市	169	80	37	14	27	5	2
大安市	148	58	22	15	22	1	
抚松县	25	16	3	3	8	1	
安图县	162	81	48	27	40	12	2
农安县	98	51	12	9	7	3	
梨树县	126	42	8	13	6	2	
永吉县	154	63	15	4	15	4	1
长岭县	116	56	14	17	16	2	
乾安县	200	94	34	20	18	1	1

5－5　各地区有残疾人调查户2005年人均收入

地　区	有残疾人的调查户(户)	有残疾人调查户总人口(人)	残疾人数(人)	2005年度有残疾人的调查户人均收入(元)	按人均收入分组的户数(户)		
					0－683元	684－944元	945－2000元
总　计	**4662**	**14963**	**5370**	**3018**	**217**	**180**	**1632**
朝阳区	189	584	213	5217	4	6	45
昌邑区	293	891	339	3735	3	5	81
龙潭区	201	657	230	3124	11	7	69
二道区	191	589	231	4053	5	4	53
洮北区	153	479	182	3474	7	5	45
东昌区	198	592	225	4697	1	2	15
二道江区	228	717	259	3377	3	4	61
延吉市	220	608	258	4729	3	3	42
临江市	261	759	289	2597	18	14	96
榆树市	203	733	235	3440	1	4	35
公主岭市	177	521	202	1973	23	20	79
九台市	218	798	251	2618	7	14	92
舒兰市	231	832	266	2039	8	14	131
蛟河市	221	724	265	2698	8	2	102
大安市	200	641	243	2197	15	12	96
抚松县	198	554	219	2494	16	9	74
安图县	219	590	253	3134	5	3	61
农安县	196	685	224	2109	10	17	87
梨树县	192	585	215	1950	22	15	89
永吉县	236	911	273	2486	18	9	102
长岭县	207	766	236	2222	21	7	98
乾安县	230	747	262	2879	8	4	79

5－5 续表

地　区	按人均收入分组的户数(户)							
	2001－3000元	3001－4000元	4001－5000元	5001－6000元	6001－7000元	7001－10000元	10001－20000元	20000元以上
总　计	**978**	**649**	**374**	**212**	**114**	**192**	**103**	**11**
朝阳区	27	17	17	20	6	21	22	4
昌邑区	55	52	33	19	9	21	14	1
龙潭区	46	17	18	10	6	12	4	1
二道区	33	26	20	16	11	14	8	1
洮北区	35	18	18	7	2	12	3	1
东昌区	39	51	25	26	5	20	14	
二道江区	54	43	19	14	12	14	4	
延吉市	38	23	33	27	12	19	18	2
临江市	67	31	11	7	7	9	1	
榆树市	51	54	28	13	8	5	4	
公主岭市	19	14	15	2		5		
九台市	45	24	16	3	8	7	2	
舒兰市	40	19	12	3	2	2		
蛟河市	48	23	16	9	4	6	3	
大安市	33	23	12	6	1	2		
抚松县	43	31	13	4	4	4		
安图县	65	45	17	10	3	8	2	
农安县	48	20	8	3	2	1		
梨树县	38	19	4	4	1			
永吉县	52	34	9	4	1	4	2	1
长岭县	38	24	11	1	4	3		
乾安县	64	41	19	4	6	3	2	

5－5a 各地区城镇有残疾人调查户2005年人均收入

地　区	有残疾人的调查户(户)	有残疾人调查户总人口(人)	残疾人数(人)	2005年度有残疾人的调查户人均收入(元)	按人均收入分组的户数(户)		
					0－583元	684－944元	945－2000元
总　计	**2145**	**6376**	**2452**	**3930**	**45**	**51**	**517**
朝阳区	144	436	161	6431	1	1	17
昌邑区	259	764	299	3914	2	5	67
龙潭区	114	361	133	4076	3	1	22
二道区	154	481	182	4519	2	2	34
洮北区	96	290	116	3816	2	3	22
东昌区	198	592	225	4697	1	2	15
二道江区	203	618	230	3543		4	54
延吉市	119	325	136	6134			6
临江市	153	447	167	3061	4	7	43
榆树市	46	136	58	3335		1	17
公主岭市	65	170	76	2237	9	6	22
九台市	51	181	59	3821		3	9
舒兰市	94	310	105	2350	4	5	46
蛟河市	62	167	76	3922	4	1	17
大安市	39	112	40	2450		1	18
抚松县	151	407	167	2922	2	5	51
安图县	57	139	65	3727	2		8
农安县	42	154	45	2377	2	1	16
梨树县	27	63	31	2444	3	2	9
永吉县	11	27	11	6244		1	1
长岭县	24	85	30	2415	4		9
乾安县	36	111	40	3584			14

5－5a 续表

地区	按人均收入分组的户数(户)							
	2001－3000元	3001－4000元	4001－5000元	5001－6000元	6001－7000元	7001－10000元	10001－20000元	20000元以上
总 计	**448**	**333**	**225**	**168**	**88**	**159**	**102**	**9**
朝阳区	22	14	16	20	6	21	22	4
昌邑区	48	45	31	18	7	21	14	1
龙潭区	30	13	16	9	3	12	4	1
二道区	24	23	20	15	11	14	8	1
洮北区	21	13	14	7	2	8	3	1
东昌区	39	51	25	26	5	20	14	
二道江区	47	38	17	14	12	13	4	
延吉市	16	9	20	23	12	14	18	1
临江市	49	21	6	7	6	9	1	
榆树市	8	4	5	3	2	2	4	
公主岭市	11	7	8			2		
九台市	11	11	3	3	4	6	1	
舒兰市	15	10	7	3	2	2		
蛟河市	12	4	7	6	4	4	3	
大安市	8	7	3	1		1		
抚松县	39	30	12	4	4	4		
安图县	22	10	5	3	2	3	2	
农安县	9	11	2			1		
梨树县	4	3	3	3				
永吉县	1	1	1	2		2	2	
长岭县	5	3	1		2			
乾安县	7	5	3	1	4		2	

5－5b 各地区农村有残疾人调查户2005年人均收入

地 区	有残疾人的调查户(户)	有残疾人调查户总人口(人)	残疾人数(人)	2005年度有残疾人的调查户人均收入(元)	按人均收入分组的户数(户)		
					0－683元	684－944元	945－2000元
总 计	**2517**	**8587**	**2918**	**2340**	**172**	**129**	**1115**
朝阳区	45	148	52	1643	3	5	28
昌邑区	34	127	40	2654	1		14
龙潭区	87	296	97	1963	8	6	47
二道区	37	108	49	1977	3	2	19
洮北区	57	189	66	2949	5	2	23
东昌区							
二道江区	25	99	29	2336	3		7
延吉市	101	283	122	3114	3	3	36
临江市	108	312	122	1931	14	7	53
榆树市	157	597	177	3463	1	3	18
公主岭市	112	351	126	1845	14	14	57
九台市	167	617	192	2266	7	11	83
舒兰市	137	522	161	1855	4	9	85
蛟河市	159	557	189	2331	4	1	85
大安市	161	529	203	2144	15	11	78
抚松县	47	147	52	1310	14	4	23
安图县	162	451	188	2951	3	3	53
农安县	154	531	179	2031	8	16	71
梨树县	165	522	184	1890	19	13	80
永吉县	225	884	262	2371	18	8	101
长岭县	183	681	206	2197	17	7	89
乾安县	194	636	222	2756	8	4	65

5－5b 续表

地 区	按人均收入分组的户数(户)							
	2001－3000元	3001－4000元	4001－5000元	5001－6000元	6001－7000元	7001－10000元	10001－20000元	20000元以上
总 计	**530**	**316**	**149**	**44**	**26**	**33**	**1**	**2**
朝阳区	5	3	1					
昌邑区	7	7	2	1	2			
龙潭区	16	4	2	1	3			
二道区	9	3		1				
洮北区	14	5	4			4		
东昌区								
二道江区	7	5	2			1		
延吉市	22	14	13	4		5		1
临江市	18	10	5		1			
榆树市	43	50	23	10	6	3		
公主岭市	8	7	7	2		3		
九台市	34	13	13		4	1	1	
舒兰市	25	9	5					
蛟河市	36	19	9	3		2		
大安市	25	16	9	5	1	1		
抚松县	4	1	1					
安图县	43	35	12	7	1	5		
农安县	39	9	6	3	2			
梨树县	34	16	1	1	1			
永吉县	51	33	8	2	1	2		1
长岭县	33	21	10	1	2	3		
乾安县	57	36	16	3	2	3		

5-6 各地区调查户的住房状况

单位：户、平方米

地　区	总户数	人均住房面积	住房结构				
			钢筋混凝土	混合结构	砖木结构	木、竹、草结构	其他
总　计	**25375**	**21.65**	**2862**	**6360**	**12469**	**37**	**3647**
朝阳区	1250	26.83	885	127	220		18
昌邑区	1292	21.35	12	1169	102		9
龙潭区	1156	19.42	11	593	478	3	71
二道区	1179	17.73	5	597	524	3	50
洮北区	1182	24.72	374	252	425		131
东昌区	1348	19.72	3	990	352	2	1
二道江区	1191	19.33	424	196	548		23
延吉市	1361	30.04	79	967	271	3	41
临江市	1257	20.07		490	612	1	154
榆树市	1084	18.59	139	9	559		377
公主岭市	1100	22.77	335	14	719	2	30
九台市	1066	23.89	358	67	501	3	137
舒兰市	1058	18.53	14	78	836	9	121
蛟河市	1207	23.18	1	401	776		29
大安市	1120	21.75	99	2	448	1	570
抚松县	1207	21.13		74	853	3	277
安图县	1186	20.14	1	98	902	1	184
农安县	1016	23.09	15	18	836	1	146
梨树县	1084	20.44	16	2	831		235
永吉县	981	20.08		153	717	4	107
长岭县	949	20.98	19	44	530		356
乾安县	1101	22.65	72	19	429	1	580

5-6 续表

单位：户

地　区	住房来源			
	自有	租赁	借用	其他来源
总　计	**21924**	**2530**	**804**	**117**
朝阳区	1056	155	34	5
昌邑区	939	341	11	1
龙潭区	990	88	28	50
二道区	744	408	24	3
洮北区	1029	124	27	2
东昌区	1006	280	39	23
二道江区	1067	71	53	
延吉市	1034	241	83	3
临江市	1165	55	35	2
榆树市	934	116	34	
公主岭市	1041	36	22	1
九台市	908	131	25	2
舒兰市	1006	13	37	2
蛟河市	1150	34	22	1
大安市	1024	36	58	2
抚松县	1075	75	52	5
安图县	1004	148	32	2
农安县	947	39	28	2
梨树县	984	33	64	3
永吉县	924	31	26	
长岭县	896	22	28	3
乾安县	1001	53	42	5

5-6a 各地区城镇调查户的住房状况

单位：户、平方米

地　区	总户数	人均住房面积	住房结构				
			钢筋混凝土	混合结构	砖木结构	木、竹、草结构	其他
总　计	**14452**	**22.52**	**2848**	**6212**	**4899**	**8**	**485**
朝阳区	1113	27.38	884	126	99		4
昌邑区	1167	21.33	12	1154	1		
龙潭区	793	18.84	11	589	177		16
二道区	1057	17.26	5	595	443	2	12
洮北区	919	26.10	374	193	300		52
东昌区	1348	19.72	3	990	352	2	1
二道江区	1076	19.19	424	195	436		21
延吉市	1046	31.64	78	956	11		1
临江市	807	20.76		489	294		24
榆树市	355	19.16	138	9	206		2
公主岭市	479	25.75	331	8	137		3
九台市	509	27.81	357	62	88		2
舒兰市	480	18.58	14	76	350	1	39
蛟河市	517	25.28	1	401	115		
大安市	347	23.73	99	2	205		41
抚松县	920	21.61		73	721	3	123
安图县	477	20.81		89	388		
农安县	263	23.35	13	16	219		15
梨树县	188	16.21	13	1	154		20
永吉县	150	25.19		150			
长岭县	149	24.91	19	25	63		42
乾安县	292	24.68	72	13	140		67

5-6a 续表

单位：户

地 区	住房来源			
	自有	租赁	借用	其他来源
总 计	**11556**	**2354**	**453**	**89**
朝阳区	924	155	30	4
昌邑区	818	337	11	1
龙潭区	649	85	14	45
二道区	634	404	16	3
洮北区	788	115	16	
东昌区	1006	280	39	23
二道江区	959	66	51	
延吉市	766	222	58	
临江市	740	47	20	
榆树市	244	99	12	
公主岭市	432	32	14	1
九台市	374	123	11	1
舒兰市	452	9	19	
蛟河市	480	28	8	1
大安市	294	33	18	2
抚松县	796	75	44	5
安图县	371	87	19	
农安县	216	37	10	
梨树县	134	29	23	2
永吉县	128	21	1	
长岭县	118	20	10	1
乾安县	233	50	9	

5-6b 各地区农村调查户的住房状况

单位：户、平方米

地　区	总户数	人均住房面积	住房结构				
			钢筋混凝土	混合结构	砖木结构	木、竹、草结构	其他
总　计	**10923**	**20.70**	**14**	**148**	**7570**	**29**	**3162**
朝阳区	137	22.90	1	1	121		14
昌邑区	125	21.47		15	101		9
龙潭区	363	20.51		4	301	3	55
二道区	122	21.55		2	81	1	38
洮北区	263	20.62		59	125		79
东昌区							
二道江区	115	20.41		1	112		2
延吉市	315	25.43	1	11	260	3	40
临江市	450	18.92		1	318	1	130
榆树市	729	18.38	1		353		375
公主岭市	621	20.96	4	6	582	2	27
九台市	557	20.94	1	5	413	3	135
舒兰市	578	18.50		2	486	8	82
蛟河市	690	21.91			661		29
大安市	773	21.02			243	1	529
抚松县	287	19.74		1	132		154
安图县	709	19.72	1	9	514	1	184
农安县	753	23.00	2	2	617	1	131
梨树县	896	21.14	3	1	677		215
永吉县	831	19.36		3	717	4	107
长岭县	800	20.38		19	467		314
乾安县	809	22.01		6	289	1	513

5-6b 续表

单位：户

地区	住房来源			
	自有	租赁	借用	其他来源
总 计	**10368**	**176**	**351**	**28**
朝阳区	132		4	1
昌邑区	121	4		
龙潭区	341	3	14	5
二道区	110	4	8	
洮北区	241	9	11	2
东昌区				
二道江区	108	5	2	
延吉市	268	19	25	3
临江市	425	8	15	2
榆树市	690	17	22	
公主岭市	609	4	8	
九台市	534	8	14	1
舒兰市	554	4	18	2
蛟河市	670	6	14	
大安市	730	3	40	
抚松县	279		8	
安图县	633	61	13	2
农安县	731	2	18	2
梨树县	850	4	41	1
永吉县	796	10	25	
长岭县	778	2	18	2
乾安县	768	3	33	5

5-7 各地区有残疾人调查户的住房状况

单位：户、平方米

地　区	总户数	人均住房面积	住房结构				
			钢筋混凝土	混合结构	砖木结构	木、竹、草结构	其他
总　计	**4662**	**19.37**	**256**	**934**	**2495**	**18**	**959**
朝阳区	189	21.86	99	19	63		8
昌邑区	293	19.45	1	263	26		3
龙潭区	201	18.04	2	80	100		19
二道区	191	17.51	1	82	86	2	20
洮北区	153	20.68	20	36	72		25
东昌区	198	17.76		132	66		
二道江区	228	16.97	47	29	138		14
延吉市	220	26.76	6	115	86	2	11
临江市	261	17.82		68	147	1	45
榆树市	203	16.81	13		96		94
公主岭市	177	19.82	22	4	138	2	11
九台市	218	20.16	26	8	138	1	45
舒兰市	231	16.89	2	17	176	4	32
蛟河市	221	19.99		38	174		9
大安市	200	20.76	8		68	1	123
抚松县	198	19.16		4	131	2	61
安图县	219	19.47		6	159		54
农安县	196	20.00		4	143	1	48
梨树县	192	19.59			129		63
永吉县	236	17.60		13	177	2	44
长岭县	207	19.10	3	12	114		78
乾安县	230	22.26	6	4	68		152

5-7 续表

单位：户

地 区	住房来源			
	自有	租赁	借用	其他来源
总 计	**4110**	**291**	**232**	**29**
朝阳区	169	9	10	1
昌邑区	240	50	3	
龙潭区	174	10	11	6
二道区	108	75	7	1
洮北区	135	7	10	1
东昌区	152	30	11	5
二道江区	206	7	15	
延吉市	185	17	16	2
临江市	243	8	9	1
榆树市	185	9	9	
公主岭市	161	3	12	1
九台市	193	13	10	2
舒兰市	213	3	14	1
蛟河市	211	3	6	1
大安市	185	2	13	
抚松县	171	7	17	3
安图县	194	17	8	
农安县	185	5	6	
梨树县	168	6	17	1
永吉县	223	4	9	
长岭县	193	4	8	2
乾安县	216	2	11	1

5-7a 各地区城镇有残疾人调查户的住房状况

单位：户、平方米

地　区	总户数	人均住房面积	住房结构				
			钢筋混凝土	混合结构	砖木结构	木、竹、草结构	其他
总　计	**2145**	**19.32**	**253**	**899**	**878**	**3**	**112**
朝阳区	144	22.07	98	19	26		1
昌邑区	259	19.37	1	258			
龙潭区	114	17.28	2	80	28		4
二道区	154	16.82	1	80	69	1	3
洮北区	96	22.32	20	23	43		10
东昌区	198	17.76		132	66		
二道江区	203	16.64	47	29	114		13
延吉市	119	27.71	5	113	1		
临江市	153	17.11		68	75		10
榆树市	46	17.55	13		32		1
公主岭市	65	19.33	21	4	39		1
九台市	51	21.50	26	6	18		1
舒兰市	94	16.75	2	16	65		11
蛟河市	62	22.74		38	24		
大安市	39	21.00	8		22		9
抚松县	151	19.19		4	114	2	31
安图县	57	20.71		6	51		
农安县	42	18.21		3	36		3
梨树县	27	16.90			23		4
永吉县	11	24.52		11			
长岭县	24	19.04	3	7	11		3
乾安县	36	24.94	6	2	21		7

5-7a 续表

单位：户

地　区	住房来源			
	自有	租赁	借用	其他来源
总　计	**1749**	**261**	**115**	**20**
朝阳区	125	9	9	1
昌邑区	206	50	3	
龙潭区	94	10	4	6
二道区	77	74	2	1
洮北区	87	5	4	
东昌区	152	30	11	5
二道江区	183	5	15	
延吉市	101	11	7	
临江市	143	6	4	
榆树市	38	7	1	
公主岭市	52	3	9	1
九台市	33	11	6	1
舒兰市	84	2	8	
蛟河市	55	3	3	1
大安市	36	1	2	
抚松县	127	7	14	3
安图县	43	9	5	
农安县	35	5	2	
梨树县	16	6	4	1
永吉县	10	1		
长岭县	19	4	1	
乾安县	33	2	1	

5-7b 各地区农村有残疾人调查户的住房状况

单位：户、平方米

地 区	总户数	人均住房面积	住房结构				
			钢筋混凝土	混合结构	砖木结构	木、竹、草结构	其他
总 计	**2517**	**19.40**	**3**	**35**	**1617**	**15**	**847**
朝阳区	45	21.26	1		37		7
昌邑区	34	19.91		5	26		3
龙潭区	87	18.96			72		15
二道区	37	20.59		2	17	1	17
洮北区	57	18.16		13	29		15
东昌区							
二道江区	25	19.04			24		1
延吉市	101	25.67	1	2	85	2	11
临江市	108	18.83			72	1	35
榆树市	157	16.64			64		93
公主岭市	112	20.05	1		99	2	10
九台市	167	19.76		2	120	1	44
舒兰市	137	16.97		1	111	4	21
蛟河市	159	19.16			150		9
大安市	161	20.71			46	1	114
抚松县	47	19.07			17		30
安图县	162	19.09			108		54
农安县	154	20.52		1	107	1	45
梨树县	165	19.92			106		59
永吉县	225	17.39		2	177	2	44
长岭县	183	19.11		5	103		75
乾安县	194	21.79		2	47		145

5-7b 续表

单位：户

地　区	住房来源			
	自有	租赁	借用	其他来源
总　计	**2361**	**30**	**117**	**9**
朝阳区	44		1	
昌邑区	34			
龙潭区	80		7	
二道区	31	1	5	
洮北区	48	2	6	1
东昌区				
二道江区	23	2		
延吉市	84	6	9	2
临江市	100	2	5	1
榆树市	147	2	8	
公主岭市	109		3	
九台市	160	2	4	1
舒兰市	129	1	6	1
蛟河市	156		3	
大安市	149	1	11	
抚松县	44		3	
安图县	151	8	3	
农安县	150		4	
梨树县	152		13	
永吉县	213	3	9	
长岭县	174		7	2
乾安县	183		10	1

5-8 各地区调查户家用电器拥有和用电状况

单位：户、度

地　区	总户数	有家用电器户数						户月均生活用电量
		彩色电视机	电冰箱	洗衣机	电话	电脑	无上述家电	
总　计	**25375**	**22879**	**9084**	**13822**	**20083**	**2212**	**1382**	**58**
朝阳区	1250	1193	906	1001	1019	419	19	104
昌邑区	1292	1233	770	844	1112	153	34	68
龙潭区	1156	1065	484	696	824	123	60	54
二道区	1179	1084	635	753	925	144	57	66
洮北区	1182	1108	513	760	1028	152	28	81
东昌区	1348	1307	749	1017	1245	192	8	87
二道江区	1191	1135	502	744	1103	116	25	62
延吉市	1361	1318	1044	977	1238	370	8	108
临江市	1257	1121	380	551	1044	113	72	53
榆树市	1084	911	202	543	838	30	91	43
公主岭市	1100	972	316	680	835	55	82	47
九台市	1066	930	440	654	836	86	77	61
舒兰市	1058	949	157	499	800	18	65	41
蛟河市	1207	1122	435	581	1009	56	60	52
大安市	1120	892	177	460	782	9	114	35
抚松县	1207	1074	284	463	959	44	70	46
安图县	1186	1095	379	501	1037	55	45	53
农安县	1016	824	193	495	700	16	116	40
梨树县	1084	920	63	349	548	8	133	35
永吉县	981	894	187	472	831	28	23	38
长岭县	949	786	95	394	730	17	88	35
乾安县	1101	946	173	388	640	8	107	38

5-8a 各地区城镇调查户家用电器拥有和用电状况

单位：户、度

地 区	总户数	有家用电器户数						户月均生活用电量
		彩色电视机	电冰箱	洗衣机	电话	电脑	无上述家电	
总 计	**14452**	**13726**	**7906**	**9539**	**12417**	**2145**	**347**	**76**
朝阳区	1113	1076	895	935	976	418	13	113
昌邑区	1167	1117	735	763	1009	152	26	71
龙潭区	793	753	455	499	610	122	25	63
二道区	1057	1000	627	715	866	144	29	70
洮北区	919	886	495	617	836	151	9	92
东昌区	1348	1307	749	1017	1245	192	8	87
二道江区	1076	1023	486	671	995	114	25	64
延吉市	1046	1022	916	869	974	362	2	123
临江市	807	760	323	422	707	111	21	65
榆树市	355	328	147	235	289	28	15	57
公主岭市	479	452	281	339	386	54	21	68
九台市	509	482	378	392	454	83	8	91
舒兰市	480	437	100	231	367	15	27	43
蛟河市	517	502	319	362	476	55	9	77
大安市	347	332	116	206	241	6	4	52
抚松县	920	844	270	390	769	39	38	51
安图县	477	456	226	261	432	39	8	66
农安县	263	233	100	163	201	12	15	57
梨树县	188	148	19	50	90	4	32	37
永吉县	150	149	114	132	134	25	1	77
长岭县	149	132	37	87	129	13	7	55
乾安县	292	287	118	183	231	6	4	66

5-8b 各地区农村调查户家用电器拥有和用电状况

单位：户、度

地　区	总户数	有家用电器户数						户月均生活用电量
		彩色电视机	电冰箱	洗衣机	电话	电脑	无上述家电	
总 计	**10923**	**9153**	**1178**	**4283**	**7666**	**67**	**1035**	**34**
朝阳区	137	117	11	66	43	1	6	31
昌邑区	125	116	35	81	103	1	8	49
龙潭区	363	312	29	197	214	1	35	34
二道区	122	84	8	38	59		28	32
洮北区	263	222	18	143	192	1	19	39
东昌区								
二道江区	115	112	16	73	108	2		43
延吉市	315	296	128	108	264	8	6	59
临江市	450	361	57	129	337	2	51	31
榆树市	729	583	55	308	549	2	76	36
公主岭市	621	520	35	341	449	1	61	30
九台市	557	448	62	262	382	3	69	33
舒兰市	578	512	57	268	433	3	38	39
蛟河市	690	620	116	219	533	1	51	32
大安市	773	560	61	254	541	3	110	28
抚松县	287	230	14	73	190	5	32	31
安图县	709	639	153	240	605	16	37	45
农安县	753	591	93	332	499	4	101	34
梨树县	896	772	44	299	458	4	101	35
永吉县	831	745	73	340	697	3	22	31
长岭县	800	654	58	307	601	4	81	32
乾安县	809	659	55	205	409	2	103	28

5-9 各地区有残疾人户家用电器拥有和用电状况

单位：户、度

地　区	总户数	有家用电器户数						户月均生活用电量
		彩色电视机	电冰箱	洗衣机	电话	电脑	无上述家电	
总　计	**4662**	**3796**	**1055**	**1849**	**3157**	**147**	**570**	**46**
朝阳区	189	170	102	131	134	23	7	74
昌邑区	293	281	151	175	244	21	6	64
龙潭区	201	170	63	97	117	6	20	46
二道区	191	155	70	91	120	7	28	51
洮北区	153	130	39	67	104	8	13	64
东昌区	198	188	86	125	168	15	3	78
二道江区	228	212	51	119	195	8	9	53
延吉市	220	209	139	123	189	32	3	92
临江市	261	207	40	80	183	6	39	38
榆树市	203	149	23	75	138	1	35	37
公主岭市	177	128	16	58	93		34	32
九台市	218	159	37	99	140	3	42	38
舒兰市	231	187	29	82	149	2	30	41
蛟河市	221	190	44	64	156	1	26	38
大安市	200	130	10	51	115	1	46	26
抚松县	198	157	24	41	149	1	20	35
安图县	219	184	41	63	170	3	19	38
农安县	196	144	28	72	113	1	40	39
梨树县	192	133	6	34	64	1	56	29
永吉县	236	192	22	81	184	3	13	32
长岭县	207	157	13	67	131	1	32	33
乾安县	230	164	21	54	101	3	49	32

5-9a 各地区城镇有残疾人户家用电器拥有和用电状况

单位：户、度

地　区	总户数	有家用电器户数						户月均生活用电量
		彩色电视机	电冰箱	洗衣机	电话	电脑	无上述家电	
总　计	**2145**	**1950**	**864**	**1117**	**1684**	**136**	**115**	**63**
朝阳区	144	133	97	111	123	23	4	88
昌邑区	259	248	146	153	217	21	6	67
龙潭区	114	104	54	63	75	6	9	57
二道区	154	134	70	84	106	7	15	57
洮北区	96	93	35	45	78	8	1	83
东昌区	198	188	86	125	168	15	3	78
二道江区	203	188	50	106	174	8	9	54
延吉市	119	115	105	97	112	29		126
临江市	153	134	32	56	122	6	11	47
榆树市	46	40	17	27	33	1	5	48
公主岭市	65	53	14	18	32		11	46
九台市	51	45	23	33	41	2	3	60
舒兰市	94	80	17	40	67	2	8	41
蛟河市	62	57	26	30	49	1	4	64
大安市	39	37	5	15	22	1	1	40
抚松县	151	128	24	35	123	1	11	38
安图县	57	53	20	22	49	1	1	52
农安县	42	36	15	22	31		3	62
梨树县	27	20	1	3	7	1	6	36
永吉县	11	11	8	8	10	2		68
长岭县	24	18	5	8	20		3	53
乾安县	36	35	14	16	25	1	1	63

5-9b 各地区农村有残疾人户家用电器拥有和用电状况

单位：户、度

地 区	总户数	有家用电器户数						户月均生活用电量
		彩色电视机	电冰箱	洗衣机	电话	电脑	无上述家电	
总 计	**2517**	**1846**	**191**	**732**	**1473**	**11**	**455**	**31**
朝阳区	45	37	5	20	11		3	29
昌邑区	34	33	5	22	27			42
龙潭区	87	66	9	34	42		11	32
二道区	37	21		7	14		13	26
洮北区	57	37	4	22	26		12	32
东昌区								
二道江区	25	24	1	13	21			45
延吉市	101	94	34	26	77	3	3	53
临江市	108	73	8	24	61		28	26
榆树市	157	109	6	48	105		30	34
公主岭市	112	75	2	40	61		23	25
九台市	167	114	14	66	99	1	39	31
舒兰市	137	107	12	42	82		22	41
蛟河市	159	133	18	34	107		22	27
大安市	161	93	5	36	93		45	22
抚松县	47	29		6	26		9	26
安图县	162	131	21	41	121	2	18	34
农安县	154	108	13	50	82	1	37	33
梨树县	165	113	5	31	57		50	28
永吉县	225	181	14	73	174	1	13	30
长岭县	183	139	8	59	111	1	29	30
乾安县	194	129	7	38	76	2	48	26

主要统计指标解释

总抚养比 指人口总体中非劳动年龄人口数与劳动年龄人口数之比。通常用百分比表示。说明每100名劳动年龄人口大致要负担多少名非劳动年龄人口。用于从人口角度反映人口与经济发展的基本关系。计算公式为:

$$GDR=\frac{P_{0-14}+P_{65+}}{P_{15-64}}\times100\%$$

其中: GDR为总抚养比;

P_{0-14}为0~14岁少年儿童人口数;

P_{65+}为65岁及以上的老年人口数;

P_{15-64}为15~64岁劳动年龄人口数。

老年抚养比 指人口中老年人口数与劳动年龄人口数之比。通常用百分比表示。用以表明每100名劳动年龄人口要负担多少名老年人。老年人口抚养比是从经济角度反映人口老化社会后果的指标之一。计算公式为:

$$ODR=\frac{P_{65+}}{P_{15-64}}\times100\%$$

其中: ODR为老年人口抚养比;

P_{65+}为65岁及以上的老年人口数;

P_{15-64}为15~64岁劳动年龄人口数。

少儿抚养比 也称少年儿童抚养系数。指某一人口中少年儿童人口数与劳动年龄人口数之比。通常用百分比表示。以反映每100名劳动年龄人口要负担多少名少年儿童。计算公式为:

$$CDR=\frac{P_{0-14}}{P_{15-64}}\times100\%$$

其中: CDR为少年儿童抚养比;

P_{0-14}为0~14岁少年儿童人口数;

P_{15-64}为15~64岁劳动年龄人口数。

文盲人口 指15岁及以上不识字或识字很少的人口。根据《住户调查表》指标"R8.是否识字"登记为"2.否"的数据汇总。

经济活动人口 指15岁及以上参加或未参加社会经济活动的人口。包括在业人口和不在业人口。

在业人口和不在业人口分别根据《住户调查表》指标"R11.当前是否有工作"的登记数据汇总。

职业状况 指15岁及以上在业人口所从事的社会劳动工作种类。本资料中职业分类参照国家分类标准《职业分类与代码》(GB/T 6565-1999),将全国职业分类划分为大类和中类。

未工作状况 指15岁及以上不在业人口的未工作状况。根据《住户调查表》指标"R13.当前未工作状况"的登记数据汇总。

致残主要原因 根据被调查残疾人从《残疾人调查表》"C4.致残主要原因"多个选项中选出的主要两项合并汇总。

曾接受服务或扶助 根据被调查残疾人从《残疾人调查表》"T6.曾接受过何种服务或扶助"的14个选项中选出的主要三项合并汇总。

主要需求 根据被调查残疾人从《残疾人调查表》"T7. 本人主要需求"的14个选项中选出的主要三项合并汇总。

附　录

附录 1

2006 年第二次全国残疾人抽样调查吉林省主要数据公报

吉林省第二次全国残疾人抽样调查领导小组
吉林省统计局

2006 年 12 月 25 日

经国务院批准，我国进行了第二次全国残疾人抽样调查。在第二次全国残疾人抽样调查领导小组的统一领导下，按照全国统一的调查方案，吉林省第二次全国残疾人抽样调查领导小组组织实施了我省的调查。经过两年多的充分准备，我省于 2006 年 4 月 1 日开始全面调查，通过调查工作人员的艰苦努力，调查的各项任务已基本完成。现将初步汇总的主要数据公布如下:

一、调查的基本情况

本次调查采取分层、多阶段、整群概率比例抽样方法，在我省抽取 22 个县（市、区），88 个乡（镇、街道），共 176 个调查小区，平均每个调查小区 430 人左右。

本次调查标准时间为 2006 年 4 月 1 日零时，入户调查时间自 2006 年 4 月 1 日起至 5 月 31 日结束。在省政府和各抽中县（市、区）政府的直接领导下，组织了 22 个调查队、367 名调查员、191 名各科医生、22 名统计员以及 1408 名陪调员，逐户进行询问登记、筛查和残疾评定，现已全部完成入户调查、复查和调查质量的核查工作。

我省共调查了 25375 户、76408 人，调查的抽样比为 2.81‰。入户见面 61269 人，占调查总人数的 80.19%；按照《第二次全国残疾人抽样调查残疾筛查方法》，7 岁以上疑似残疾人筛出率为 15.91%，疑似残疾人检查率达到 100%。

二、残疾人数及其比例

根据调查初步汇总，被调查户中有残疾人的家庭共 4662 户，确定视力、听力、言语、肢体、智力、精神和多重残疾共 5370 人。其中，视力残疾 766 人，听力残疾 1204 人，言语残疾 82 人，肢体残疾 1823 人，智力残疾 339 人，精神残疾 378 人，多重残疾 778 人。

本次调查结果显示，我省残疾人占总人口的比例为 7.03%，据此推算 2006 年 4 月 1 日零时我省各类残疾人的总数为 190.9 万人。各类残疾人的人数及各占残疾人总人数的比重分别是: 视力残疾 27.2 万人，占 14.25%；听力残疾 42.8 万人，占 22.42%；言语残疾 2.9 万人，占 1.52%；肢体残疾 64.8 万人，占 33.94%；智力残疾 12.1 万人，占 6.34%；精神残疾 13.4 万人，占 7.02%；多重残疾 27.7 万人，占 14.51%。

与 1987 年第一次全国残疾人抽样调查比较，我省残疾人口总量增加，残疾人比例上升，残疾类别结构变动。影响这一变化的因素有，两次调查间人口增长与结构变动、社会与环境变化、残疾标准修订等，更深入的分析有待于在详细数据汇总和更全面的资料收集后进行。

三、调查质量评价

在入户调查、复查完毕后，我省按照《事后质量核查工作细则》进行核查，核查结果符合调查方案要求。经对调查实施过程和数据质量进行综合评估，本次调查是一次成功的调查，数据真实可信。调查获得的丰富数据，将为我省经济社会和残疾人事业的发展提供可靠依据。

注:

1. 本公报为初步汇总数。

2. 本次调查登记对象为具有中华人民共和国国籍并居住在中华人民共和国境内大陆的常住人口，残疾人按照《第二次全国残疾人抽样调查残疾标准》评定。

附录 2

第二次全国残疾人抽样调查方案

（国务院 2005 年 11 月 4 日批准）

为贯彻国务院办公厅《关于开展第二次全国残疾人抽样调查的通知》（国办发[2004]73 号），根据《中华人民共和国统计法》、《中华人民共和国残疾人保障法》，制定本方案。

一、组织领导

第二次全国残疾人抽样调查工作在国务院和地方各级人民政府的领导下，按照全国统一部署、部门分工协作、地方分级负责、各方共同参与的原则组织实施。

（一）国务院成立第二次全国残疾人抽样调查领导小组，由有关部门负责人组成，负责这次残疾人抽样调查工作的全面领导与部署。领导小组下设第二次全国残疾人抽样调查办公室，负责这次抽样调查的组织实施工作。

（二）第二次全国残疾人抽样调查办公室成立专家委员会，协助制定和审核调查的重要技术文件，提供决策建议和技术咨询。

（三）各省、自治区、直辖市和被抽中县（市、区）成立残疾人抽样调查领导小组和办公室，负责本地区的残疾人抽样调查工作。

被抽中县（市、区）要做好调查队组建、经费落实和现场组织工作。

被抽中县（市、区）所在地（市）成立相应的领导或工作机构，帮助、督促本地区被抽中县（市、区）做好调查队组建、经费落实和现场调查组织等工作。

各级残疾人抽样调查领导小组组长是本次调查工作的全面负责人,办公室主任是本次调查的具体负责人。

二、调查目的

通过调查，掌握全国和各省、自治区、直辖市各类残疾人的数量、结构、地区分布、致残原因、家庭状况及其康复、教育、劳动就业和参与社会生活等情况，为国家制定经济和社会发展规划，以及有关残疾人的法律法规、政策和规划提供可靠的依据，促进残疾人事业与国民经济和社会协调发展。

三、调查对象

此次调查的对象是具有中华人民共和国国籍，并在被抽中调查小区内常住的人（指自然人，下同）。

调查采用按常住人口登记的原则，以户为单位填报，只调查家庭户，不调查集体户，单身居住独自生活的也作为一个家庭户进行登记。

此次不调查中国人民解放军现役军人和武装警察（包括军队管理的离退休干部）。

应当在本调查小区进行登记的人包括:

1. 居住本调查小区，户口在本乡、镇、街道;
2. 居住本调查小区半年以上，户口在外乡、镇、街道;
3. 居住本调查小区不满半年，离开户口所在地半年以上;
4. 居住本调查小区，户口待定。

常住户口虽然在本乡、镇、街道，但已离开本乡、镇、街道半年以上的人，不属于本调查小区的调查对象。

此次调查的重点是残疾人。残疾人是指在心理、生理、人体结构上，某种组织、功能丧失或者不正常，全部或部分丧失以正常方式从事某种活动能力的人。残疾类别包括：视力残疾、听力残疾、言语残疾、肢体残疾、智力残疾、精神残疾。凡有两种及两种以上残疾的人，列为多重残疾。残疾评定标准和方法按照第二次全国残疾人抽样调查专家委员会重新修订的《残疾标准》及相关方法实施。

四、调查内容

第二次全国残疾人抽样调查使用三种调查表，一是《住户调查表》，二是《残疾人调查表》，三是《社区调查表》。调查项目共有 52 个，调查样本人群的家庭及其个人的状况，重点调查残疾人的致残原因、生活状况及其主要需求。

五、调查的范围、规模和标准时间

第二次全国残疾人抽样调查在 31 个省、自治区、直辖市同时进行，设计总样本量为 260 万人。

调查的标准时间为：2006 年 4 月 1 日 0 时。

六、样本的设计和抽取

此次调查以全国为总体，各省、自治区、直辖市为次总体，采用分层、多阶段、整群、概率比例抽样方法。各省、自治区、直辖市的调查样本量，由第二次全国残疾人抽样调查领导小组确定分配。

各省、自治区、直辖市根据第二次全国残疾人抽样调查办公室规定的分层原则，结合本地的实际情况，对第一级的县（市、区）进行科学、合理的分层，编制抽样框，由第二次全国残疾人抽样调查办公室与各省、自治区、直辖市共同抽取一级样本单位。

各省、自治区、直辖市按照第二次全国残疾人抽样调查办公室规定的抽样原则和要求，制定本省抽样实施方案，经第二次全国残疾人抽样调查办公室审核后，抽取县级以下样本单位，并将具体的抽取步骤和抽中单位名称一起报第二次全国残疾人抽样调查办公室审定。

七、调查队的组建、培训与试点

（一）被抽中县（市、区）都要按照规定组建调查队。调查队在县级残疾人抽样调查领导小组领导下开展调查工作。

调查队由队长、调查副队长、医务副队长、调查员、各科医生和统计员组成。调查队组成人员要具备一定的工作经验，责任心强，身体条件胜任调查工作。调查工作人员必须稳定，在调查工作未结束前，不得变动。

调查队实行责任制，明确职责分工，加强团结协作。

（二）第二次全国残疾人抽样调查办公室负责省级调查业务骨干和医生的系统培训，使之成为省级培训班的教员；各省、自治区、直辖市残疾人抽样调查办公室负责本地区调查队的培训。

（三）第二次全国残疾人抽样调查办公室组织不同层次的试点，检验调查方案的科学性和可操作性，锻炼和提高省级骨干组织调查的实际能力和现场登记的水平。

各省、自治区、直辖市在正式调查前，要结合培训安排被抽中县（市、区）调查队的业务骨干参加试点调查，试点调查不能代替正式调查。

八、现场登记和复查

此次调查的现场登记和复查工作，从 2006 年 4 月 1 日开始到 5 月 31 日以前结束。

现场登记和复查工作要求做到：坚持入户调查，努力提高见面率；积极动员被调查人如实申报，做到不重复，不遗漏；认真询问、筛查和检查评定，提高准确度；搞好自查、互查和议查，最大限度地控制调查误差。

各调查小区要由熟悉当地情况、责任心强的同志担任陪调员，组成陪调组，协同调查员和医生入户，做好宣传、摸底、现场调查登记和复查工作。

（一）摸底工作

调查前的摸底工作，是做好入户调查登记的基础。调查员要提前进入调查小区，在陪调员的协助下摸清本调查小区范围内需要调查的户数、人口数，重点摸清疑似残疾人和 0—6 岁的儿童人数，编制好《调查底册》。

各省、自治区、直辖市残疾人抽样调查办公室将摸底汇总数据于 2006 年 3 月 25 日前报送到第二次全国残疾人抽样调查办公室。

（二）现场登记

1. 入户调查。调查员根据《调查底册》入户，按照《住户调查表》的登记项目，逐人逐项询问，填写《住户调查表》；对 7 岁及以上人群，按照残疾筛查问卷逐人询问、筛查，并对筛查出的疑似残疾人填写《7 岁及以上人群筛查交接单》；对 0 ~ 6 岁的儿童，填写《0-6 岁儿童健康检查记录表》。

2. 残疾检查评定。各科医生根据调查员筛查出的《7 岁及以上人群筛查交接单》和《0-6 岁儿童健康检查记录表》，采取设站与入户相结合的方式逐人检查、评定，对确诊的残疾人，填写《残疾评定记录表》和《残疾人调查表》。

调查期间，医生应对确诊的残疾人进行医疗、康复指导。

（三）复查

调查队组织调查员和医生按照规定的方法进行全面复查。复查采取自查、互查和议查三种形式进行。

调查员和医生每天应对当日调查填写的调查表进行自查。

每个调查小区登记结束后，调查员应分小组对《住户调查表》进行互查和逻辑检查；各科医生要对自己填写的《残疾评定记录表》、《残疾人调查表》进行综合分析检查。

在现场调查登记中和小区调查登记结束后，调查队都要按照规定的方法进行议查，重点议查疑似残疾人的漏筛。

复查中发现的有疑问的人和户，要进一步核查，发现差错，经核实后，予以改正。

（四）调查的后续工作

各级残疾人抽样调查办公室负责收集、汇总调查中残疾人亟待解决的问题，报当地人民政府或有关部门酌处。

九、事后质量核查

现场登记和复查工作结束后，各省、自治区、直辖市残疾人抽样调查办公室应按照全国统一规定的事后质量核查办法和要求，选调高素质的调查员作为核查人员，组建事后质量核查队，对事后质量核查的调查小区，重新入户进行调查登记，计算全国的调查误差。核查人员不得在原来的调查小区参加质量核查工作。

全国统一组织的事后质量核查结果将作为评估第二次全国残疾人抽样调查数据质量的主要依据之一。

十、调查数据的处理

（一）快速汇总

各地按照第二次全国残疾人抽样调查办公室统一规定，对调查的主要数据进行逐级快速汇总。

1. 各县（市、区）残疾人抽样调查办公室将调查数据快速汇总结果于 2006 年 6 月 5 日前报送到省级残疾人抽样调查办公室。

2. 各省、自治区、直辖市残疾人抽样调查办公室将各县（市、区）上报的数据，经审核无误后汇总，将结果于 2006 年 6 月 15 日前报送到第二次全国残疾人抽样调查办公室。

3. 第二次全国残疾人抽样调查办公室负责汇总全国调查主要数据，并对数据进行分析评估后发布公报。

（二）电子计算机数据处理

第二次全国残疾人抽样调查办公室负责制定本次调查的数据处理方案。

1. 省级残疾人抽样调查办公室对调查表进行验收后，组织编码员按照统一规定的标准进行编码。编码前要对编码员进行统一的培训。

编码资料经全面复核、验收合格后，方可交付录入。

2. 第二次全国残疾人抽样调查办公室组织对调查资料进行电子计算机数据处理，对调查的全部数据进行录入汇总，建立国家级和省级残疾人数据库。

3. 调查数据的全面汇总和处理工作，于2007年底前全部完成。

4. 本次调查的原始资料由各省、自治区、直辖市残疾人抽样调查办公室保管。

十一、调查数据的分析研究

对本次调查获得的不同数据进行分析研究，撰写综合分析报告；同时，对调查数据反映出的有关残疾人的突出问题，制定专题研究课题，邀请政府有关部门、大专院校和国内外研究机构共同研究开发。研究结果以专题报告、论文集形式发表或出版。

全国和各省、自治区、直辖市残疾人抽样调查领导小组组织专人分析研究调查资料，就制定残疾人的法规、方针、政策和工作规划提出建议，供政府和各有关部门研究处理。

十二、宣传工作

各省、自治区、直辖市和被抽中县（市、区）要依靠各级宣传部门，按照第二次全国残疾人抽样调查办公室制定的宣传提纲和宣传口径，利用各种宣传媒体和多种宣传形式，积极开展残疾人抽样调查的宣传活动，在2006年3月中旬要掀起宣传高潮，以取得广大群众和社会对现场调查的支持与配合。

十三、调查经费

根据国务院要求，第二次全国残疾人抽样调查经费由中央和地方财政共同负担。各级财政应根据需要，统筹安排经费，以保证这次残疾人抽样调查各项工作的顺利开展。

残疾人抽样调查办公室要严格按照专款专用的原则，加强调查经费的管理使用，杜绝挤占挪用。

十四、总结表彰

各级残疾人抽样调查机构要认真做好调查的总结工作，各省、自治区、直辖市于2006年12月底前将调查业务技术总结和现场调查工作总结报送第二次全国残疾人抽样调查办公室；第二次全国残疾人抽样调查领导小组于2007年11月底前向国务院报送第二次全国残疾人抽样调查工作总结。

第二次全国残疾人抽样调查领导小组将于2007年初表彰调查工作先进单位和个人。

十五、实施本方案的文件

为保证全国按照统一标准、统一要求、高质量地搞好本次调查工作，第二次全国残疾人抽样调查领导小组统一制定各种文件、表格和工作细则。

（一）《第二次全国残疾人抽样调查残疾标准》包括：视力残疾标准、听力残疾标准、言语残疾标准、肢体残疾标准、智力残疾标准和精神残疾标准。

（二）调查、统计表格包括：《住户调查表》、《残疾人调查表》（主表）；《社区调查表》、《失查疑似残疾人登记表》；《7岁及以上人群残疾筛查问卷》、《0-6岁儿童健康体检记录表》、《残疾评定记录表》、《调查底册》；过录、快速汇总和计算机汇总等统计用表；调查各个环节的交接用表。

（三）工作细则包括：《调查登记和复查工作细则》、《质量控制和验收工作细则》、《摸底工作细则》、《快速汇总工作细则》、《编码工作细则》、《抽样方案》、《数据处理方案》、《资料装订、包装、运输、管理工作细则》等。

（四）填表说明包括：《住户调查表》、《残疾人调查表》、《社区调查表》、《残疾评定记录表》等填表说明。

（五）工作手册包括：《调查工作手册》、《调查员手册》、《医生手册》。

附录 3

第二次全国残疾人抽样调查残疾标准

（国务院 2005 年 11 月 4 日批准）

视力残疾标准

一、视力残疾的定义

视力残疾，是指由于各种原因导致双眼视力低下并且不能矫正或视野缩小，以致影响其日常生活和社会参与。

视力残疾包括盲及低视力。

二、视力残疾的分级

类　　别	级别	最佳矫正视力
盲	一级	无光感~<0.02；或视野半径<5 度
	二级	0.02~<0.05；或视野半径<10 度
低视力	三级	0.05~<0.1
	四级	0.1~<0.3

〔注〕

1. 盲或低视力均指双眼而言，若双眼视力不同，则以视力较好的一眼为准。如仅有单眼为盲或低视力，而另一眼的视力达到或优于 0.3，则不属于视力残疾范畴。
2. 最佳矫正视力是指以适当镜片矫正所能达到的最好视力或针孔视力。
3. 以注视点为中心，视野半径<10 度者，不论其视力如何均属于盲。

听力残疾标准

一、听力残疾的定义

听力残疾，是指人由于各种原因导致双耳不同程度的永久性听力障碍，听不到或听不清周围环境声及言语声，以致影响日常生活和社会参与。

二、听力残疾的分级

听力残疾一级：

听觉系统的结构和功能方面极重度损伤，较好耳平均听力损失≥91 dB HL，在无助听设备帮助下，不能依靠听觉进行言语交流，在理解和交流等活动上极度受限，在参与社会生活方面存在极严重障碍。

听力残疾二级：

听觉系统的结构和功能重度损伤，较好耳平均听力损失在 81 ~ 90 dB HL 之间，在无助听设备帮助下，在理解和交流等活动上重度受限，在参与社会生活方面存在严重障碍。

听力残疾三级：

听觉系统的结构和功能中重度损伤，较好耳平均听力损失在 61 ~ 80 dB HL 之间，在无助听设备帮助下，在理解和交流等活动上中度受限，在参与社会生活方面存在中度障碍。

听力残疾四级：

听觉系统的结构和功能中度损伤，较好耳平均听力损失在 41～60dB HL 之间，在无助听设备帮助下，在理解和交流等活动上轻度受限，在参与社会生活方面存在轻度障碍。

言语残疾标准

一、言语残疾的定义

言语残疾，是指由于各种原因导致的不同程度的言语障碍，经治疗一年以上不愈或病程超过两年者,而不能或难以进行正常的言语交往活动，以致影响日常生活和社会参与（3 岁以下不定残）。

言语残疾包括：

1. 失语：是指由于大脑言语区域以及相关部位损伤所导致的获得性言语功能丧失或受损。

2. 运动性构音障碍：是指由于神经肌肉病变导致构音器官的运动障碍，主要表现为不会说话、说话费力、发声和发音不清等。

3. 器官结构异常所致的构音障碍：是指构音器官形态结构异常所致的构音障碍。其代表为腭裂以及舌或颌面部术后造成的构音障碍。主要表现为不能说话、鼻音过重、发音不清等。

4. 发声障碍（嗓音障碍）：是指由于呼吸及喉存在器质性病变导致的失声、发声困难、声音嘶哑等。

5. 儿童言语发育迟滞：指儿童在生长发育过程中其言语发育落后于实际年龄的状态。主要表现不会说话、说话晚、发音不清等。

6. 听力障碍所致的语言障碍：是指由于听觉障碍所致的言语障碍。主要表现为不会说话或者发音不清。

7. 口吃：是指言语的流畅性障碍。常表现为在说话的过程中拖长音、重复、语塞并伴有面部及其他行为变化等。

二、言语残疾的分级

言语残疾一级：

无任何言语功能或语音清晰度≤10%，言语表达能力等级测试未达到一级测试水平，不能进行任何言语交流。

言语残疾二级：

具有一定的发声及言语能力。语音清晰度在 11%～25%之间，言语表达能力等级测试未达到二级测试水平。

言语残疾三级：

可以进行部分言语交流。语音清晰度在 26%～45%之间，言语表达能力等级测试未达到三级测试水平。

言语残疾四级：

能进行简单会话，但用较长句或长篇表达困难。语音清晰度在 46%～65%之间，言语表达能力等级测试未达到四级测试水平。

肢体残疾标准

一、肢体残疾的定义

肢体残疾，是指人体运动系统的结构、功能损伤造成四肢残缺或四肢、躯干麻痹(瘫痪)、畸形等而致人体运动功能不同程度丧失以及活动受限或参与的局限。

肢体残疾包括：

1. 上肢或下肢因伤、病或发育异常所致的缺失、畸形或功能障碍；

2. 脊柱因伤、病或发育异常所致的畸形或功能障碍；

3. 中枢、周围神经因伤、病或发育异常造成躯干或四肢的功能障碍。

二、肢体残疾的分级

肢体残疾一级：不能独立实现日常生活活动。

1. 四肢瘫：四肢运动功能重度丧失；
2. 截瘫：双下肢运动功能完全丧失；
3. 偏瘫：一侧肢体运动功能完全丧失；
4. 单全上肢和双小腿缺失；
5. 单全下肢和双前臂缺失；
6. 双上臂和单大腿（或单小腿）缺失；
7. 双全上肢或双全下肢缺失；
8. 四肢在不同部位缺失；
9. 双上肢功能极重度障碍或三肢功能重度障碍。

肢体残疾二级：基本上不能独立实现日常生活活动。

1. 偏瘫或截瘫，残肢保留少许功能（不能独立行走）；
2. 双上臂或双前臂缺失；
3. 双大腿缺失；
4. 单全上肢和单大腿缺失；
5. 单全下肢和单上臂缺失；
6. 三肢在不同部位缺失（除外一级中的情况）；
7. 二肢功能重度障碍或三肢功能中度障碍。

肢体残疾三级：能部分独立实现日常生活活动。

1. 双小腿缺失；
2. 单前臂及其以上缺失；
3. 单大腿及其以上缺失；
4. 双手拇指或双手拇指以外其他手指全缺失；
5. 二肢在不同部位缺失（除外二级中的情况）；
6. 一肢功能重度障碍或二肢功能中度障碍。

肢体残疾四级：基本上能独立实现日常生活活动。

1. 单小腿缺失；
2. 双下肢不等长，差距在 5 厘米以上（含 5 厘米）；
3. 脊柱强（僵）直；
4. 脊柱畸形，驼背畸形大于 70 度或侧凸大于 45 度；
5. 单手拇指以外其他四指全缺失；
6. 单侧拇指全缺失；
7. 单足跗跖关节以上缺失；
8. 双足趾完全缺失或失去功能；
9. 侏儒症（身高不超过 130 厘米的成年人）；
10. 一肢功能中度障碍或两肢功能轻度障碍；
11. 类似上述的其他肢体功能障碍。

智力残疾标准

一、智力残疾的定义

智力残疾，是指智力显著低于一般人水平，并伴有适应行为的障碍。此类残疾是由于神经系统结构、功能障碍，使个体活动和参与受到限制，需要环境提供全面、广泛、有限和间歇的支持。

智力残疾包括：在智力发育期间（18 岁之前），由于各种有害因素导致的精神发育不全或智力迟滞；或者智力发育成熟以后，由于各种有害因素导致智力损害或智力明显衰退。

二、智力残疾的分级

级　　别	分级标准			
	发展商（DQ） 0-6 岁	智商（IQ） 7 岁及以上	适应性行为 （AB）	WHO-DAS Ⅱ分值 18 岁以上
一级	≤25	<20	极重度	≥116 分
二级	26~39	20~34	重度	106~115 分
三级	40~54	35~49	中度	96~105 分
四级	55~75	50~69	轻度	52~95 分

精神残疾标准

一、精神残疾的定义

精神残疾，是指各类精神障碍持续一年以上未痊愈，由于存在认知、情感和行为障碍，以致影响其日常生活和社会参与。

二、精神残疾的分级

18 岁以上（含）的精神障碍患者根据《世界卫生组织残疾评定量表Ⅱ》（WHO-DASⅡ）分数和下述的适应行为表现，18 岁以下者依据下述的适应行为的表现，把精神残疾划分为四级：

精神残疾一级：

WHO-DASⅡ值≥116 分，适应行为严重障碍；生活完全不能自理，忽视自己的生理、心理的基本要求。不与人交往，无法从事工作，不能学习新事物。需要环境提供全面、广泛的支持，生活长期、全部需他人监护。

精神残疾二级：

WHO-DASⅡ值在 106~115 分之间，适应行为重度障碍；生活大部分不能自理，基本不与人交往，只与照顾者简单交往，能理解照顾者的简单指令，有一定学习能力。监护下能从事简单劳动。能表达自己的基本需求，偶尔被动参与社交活动；需要环境提供广泛的支持，大部分生活仍需他人照料。

精神残疾三级：

WHO-DASⅡ值在 96~105 分之间，适应行为中度障碍；生活上不能完全自理，可以与人进行简单交流，能表达自己的情感。能独立从事简单劳动，能学习新事物，但学习能力明显比一般人差。被动参与社交活动，偶尔能主动参与社交活动；需要环境提供部分的支持，即所需要的支持服务是经常性的、短时间的需求，部分生活需由他人照料。

精神残疾四级：

WHO-DASⅡ值在 52~95 分之间，适应行为轻度障碍；生活上基本自理，但自理能力比一般人差，有时忽略个人卫生。能与人交往，能表达自己的情感，体会他人情感的能力较差，能从事一般的工作，学习新事物的能力比一般人稍差；偶尔需要环境提供支持，一般情况下生活不需要由他人照料。

多重残疾

存在两种或两种以上残疾为多重残疾。多重残疾应指出其残疾的类别。多重残疾分级按所属残疾中最重类别残疾分级标准进行分级。

附录 4

经国务院批准进行第二次全国残疾人抽
调查登记的标准时间：2006 年 4 月 1 日
调查登记的原始资料不向任何单位和个
公民应履行如实申报调查项目的义务

表　　号：残调 1 表
制表机关：第二次全国残疾人抽样调查办公室
批准机关：国家统计局
批准文号：国统函【2005】227 号
有效期截止时间：2006 年 6 月 30 日

本户地址：________________省（自治区、直

H1.本户编号	H2.本户登记人数
_________号	合计_____人 男____人 女____人

备　　注	
本户见面：_____人 0—6 岁： 疑似残疾人： 疑似类别：	其他：

R1.姓名	R2.与户主的关系	R3.性别	R4.出生年	人口填报	R13.当前未工作状况	R14.未工作者主要生活来源	R15.属于何种残疾（定性结果）
	1. 户主 2. 配偶 3. 子女 4. 孙子女 5. 父母 6. 祖父母 7. 兄弟姐妹 8. 其他	1. 男 2. 女	____ ____ （____	作：	1. 在校学生 2. 离退休 3. 料理家务 4. 丧失劳动能力 5. 毕业后未工作 6. 因单位原因失去原工作 7. 因本人原因失去原工作 8. 承包土地被征用 9. 其他	1. 离退休金 2. 领取基本生活费 3. 家庭其他成员供养 4. 财产性收入 5. 保险收入 6. 其他	1. 视力残疾 2. 听力残疾 3. 言语残疾 4. 肢体残疾 5. 智力残疾 6. 精神残疾 7. 多重残疾
	2. 配偶 3. 子女 4. 孙子女 5. 父母 6. 祖父母 7. 兄弟姐妹 8. 其他	1. 男 2. 女	____ ____ （____	作：	1. 在校学生 2. 离退休 3. 料理家务 4. 丧失劳动能力 5. 毕业后未工作 6. 因单位原因失去原工作 7. 因本人原因失去原工作 8. 承包土地被征用 9. 其他	1. 离退休金 2. 领取基本生活费 3. 家庭其他成员供养 4. 财产性收入 5. 保险收入 6. 其他	1. 视力残疾 2. 听力残疾 3. 言语残疾 4. 肢体残疾 5. 智力残疾 6. 精神残疾 7. 多重残疾
	3. 子女 4. 孙子女 5. 父母 6. 祖父母 7. 兄弟姐妹 8. 其他	1. 男 2. 女	____ ____ （____	作：	1. 在校学生 2. 离退休 3. 料理家务 4. 丧失劳动能力 5. 毕业后未工作 6. 因单位原因失去原工作 7. 因本人原因失去原工作 8. 承包土地被征用 9. 其他	1. 离退休金 2. 领取基本生活费 3. 家庭其他成员供养 4. 财产性收入 5. 保险收入 6. 其他	1. 视力残疾 2. 听力残疾 3. 言语残疾 4. 肢体残疾 5. 智力残疾 6. 精神残疾 7. 多重残疾
	3. 子女 4. 孙子女 5. 父母 6. 祖父母 7. 兄弟姐妹 8. 其他	1. 男 2. 女	____ ____ （____	作：	1. 在校学生 2. 离退休 3. 料理家务 4. 丧失劳动能力 5. 毕业后未工作 6. 因单位原因失去原工作 7. 因本人原因失去原工作 8. 承包土地被征用 9. 其他	1. 离退休金 2. 领取基本生活费 3. 家庭其他成员供养 4. 财产性收入 5. 保险收入 6. 其他	1. 视力残疾 2. 听力残疾 3. 言语残疾 4. 肢体残疾 5. 智力残疾 6. 精神残疾 7. 多重残疾

（新增表户记录只填写“H1.本户编号”）年______月______日　　　　装订页码第____页

附录 5

第二次全国残疾人抽样调查《住户调查表》填写说明

一、《住户调查表》填写方法

《住户调查表》由调查员根据申报人的回答，如实填写。

（一）《住户调查表》的填写方法有两种：有标准答案的栏目，根据实际情况圈填；没有标准答案的栏目，用文字或阿拉伯数字据实填写。

（二）《住户调查表》以户为单位填写，每页可填写 4 人，超过 4 人的家庭户酌情增加调查表。增加的调查表只填写"H1.本户编号"和按人填报的栏目"R1－R15"以及表下方有关内容，不再填写其他按户填报的栏目"H2—H9"。增加的调查表要与首页表顺序保存，不要分开，以防散乱，发生差错。超过 9 人的家庭户分为两户进行填报，其中一户按新增户处理。

（三）调查表填写错误的更改方法。如果文字或数字填写错误，必须用直尺将错误的地方用双线划去。横行书写的，用双横线划去，在划线的上方另行填写；竖行填写的，用双竖线划去，在划线的右侧另行填写；圈填错误的，应将错圈序码连同文字答案用双横线划去，再据实圈填。

（四）表内每个栏目下边的小方格是编码格，调查员不得填写。

二、《住户调查表》填写注意事项

（一）调查表的栏目使用钢笔或签字笔填写，字迹要端正清楚。必须用国家统一规范的简化字书写，不得使用同音异体字和繁体字。阿拉伯数字必须按"0123456789"的正体书写。

（二）在调查登记家庭户中每个人的情况时，要力争与本人见面，无特殊情况，不得由他人代替申报。

（三）调查员应对被调查户申报的情况保密，不得对外提供。

（四）《调查底册》和家庭《户口簿》仅供调查时参考，不得照抄。

三、《住户调查表》的填写顺序

《住户调查表》要逐人逐栏进行询问填写，不得漏填或错填。《住户调查表》填写的顺序是：

第一步，填写左上角的"本户地址"和"H1.本户编号"。

第二步，填写按人填报的栏目 R1－R14，按户主、配偶、子女等顺序逐人逐项登记（"R15.属于何种残疾"暂不圈填，待医生检查评定后再圈填），并以本人登记的顺序作为"本人行号"。

第三步，填写按户填报的栏目，包括"H2.本户登记人数"、"H4.本户住房建筑面积"、"H5.本户住房建筑结构"、"H6.本户住房来源"、"H7.上年度本户全部收入"、"H8.本户拥有的主要家电"、"H9.本户月均生活用电量"。（"H3.本户残疾人数"暂不填写，待医生检查评定后再填写）。

第四步，与被调查户核对主要情况无误后，请家庭的主要申报人在表下方签名或盖章，调查员填写表下方的"本户共___页，本页是第___页"，然后签字并填写填报日期；"装订页码第___页"待本调查小区调查表装订成册后再填写。

第五步，根据医生检查的定性结果，填写"R15.属于何种残疾"，并据此填写本户户记录中的"H3.本户残疾人数"。

第六步，"备注"栏分为两部分填写。左栏属于规定的填写内容，包括本户见面人数，0～6 岁儿童姓名，疑似残疾人的姓名和残疾类别；右栏填写调查中发现的特殊情况。

四、《住户调查表》指标解释

第二次全国残疾人抽样调查的标准时间为：2006 年 4 月 1 日 0 时。此次调查的数据是反映标准时间点的人口状况。2006 年 4 月 1 日 0 时之前出生的人需要登记，之后出生的人则不登记；2006 年 4 月 1 日 0 时之前死亡的人不登记，之后死亡的人需要登记。准确地把握标准时间是防止重复登记和漏登记的重要措施。

（一）按人填报的栏目共有 15 个

R1.姓名：竖行填写本人的正式姓名，无正式姓名的，可填写乳名、小名或某某氏；未取名的婴儿可填写“未取名”。

R2.与户主的关系：指户内各成员与户主之间的关系，并不是指户内各成员与申报人之间的关系。

1.户主。表内所填写的第一人必须是户主。如果户主外出半年以上，按照调查对象标准规定，其不属于本调查小区的调查对象，则由本户另确定一位新的户主，并作为第一人填写，其他成员按照与新户主的关系据实圈填。一户中只能有一位户主。

2.配偶。户主的配偶指户主的妻子或丈夫，必须填在第二格。一户中只能有一个人填为户主的配偶。

3.子女。包括户主的儿子、女儿、儿媳、女婿，一般应按照年龄大小顺序填写。

4.孙子女。包括户主的孙子、孙女、孙媳、孙婿、重孙子女、重孙媳、重孙婿及外孙、重外孙子女等。

5.父母。包括户主的父亲、母亲、公公、婆婆、岳父、岳母、继父、继母。

6.祖父母。包括户主的祖父母、外祖父、外祖母、曾祖父、曾祖母、继祖父、继祖母。

7.兄弟姐妹。包括户主和配偶的兄弟姐妹、表兄弟姐妹等。

8.其他。指上述家庭成员之外的其他人员，如朋友、同事、同学、同乡、保姆等均圈填此项。

R3.性别：根据被调查人的性别据实圈填。

R4.出生年月：被调查人的出生年月按公历用阿拉伯数字填写；只知农历的，按农历月份+1 视为公历填写。从出生日期到调查的标准时间为止，满 12 个月的算一周岁（即使少一天也不算一周岁），不满 12 个月的婴儿填写为 0 周岁。

R5.民族：指被调查人的民族成份。要按《各民族名称一览表》据实竖行填写，要填写全称而不要写简称。父母不是同一民族的，其不满 18 周岁的子女，民族未定的，由父母商定，选填父亲或母亲一方的民族；已满 18 周岁的子女，是填报父亲还是母亲的民族，由本人决定。如果确实有新出现的民族，则据实填报，在备注栏说明；外国人加入中国籍的，其本人的民族和我国某一民族相同，就填报这一民族，例如朝鲜人加入中国籍的，即填朝鲜族；没有相同民族的，按外国人加入中国籍填写，填报为“入籍”。

R6.户口登记状况：指被调查人的常住户口登记状况，设有四个标准答案，即为本次调查对象的四款人。

根据国务院批准的《第二次全国残疾人抽样调查方案》规定，“此次调查的对象是具有中华人民共和国国籍，并居住在被抽中调查小区内常住的人。调查采用按常住人口登记的原则，以户为单位填报，只调查家庭户，不调查集体户。单身居住独自生活的也作为一个家庭进行登记。本次不调查中国人民解放军现役军人和武装警察（包括部队管理的离退休干部）。”

确定被调查人是否属于本次调查的对象，关键是准确掌握调查的空间标准和时间标准。

空间标准：指户口是否在“本乡、镇、街道”所辖的地理区域。

时间标准：指常住本调查小区时间连续“半年”。

本次调查规定的连续“半年”是指从 2005 年 10 月 1 日 0 时到 2006 年 4 月 1 日 0 时。对于在本调查小区居住并从事商业、手工业、服务业、建筑业等活动的人，偶尔返回户口登记地或临时外出探亲访友（包括春节返乡探亲）、出差，判断其在本调查小区居住的时间和离开常住户口登记地的时间时，都不应扣除偶尔返回或临时外出的时间。

调查员可按以下四个标准答案根据调查对象的实际情况圈填。

1.住本调查小区，户口在本乡、镇、街道；

2.住本调查小区半年以上，户口在外乡、镇、街道；

3.住本调查小区不满半年，离开户口所在地半年以上；

4.住本调查小区，户口待定。

第一款人：包括两种情况，一是常住户口在本乡、镇、街道，居住在本调查小区的人；二是常住户口在本乡、镇、街道，但是人离开本乡、镇、街道不满半年的人（包括调查时临时出国考察、学习和旅游等情况不满半年的人）。

常住户口在本户、外出（离开本乡、镇、街道）已超过半年的人，不属于本调查小区的调查对象。

第二款人：是指调查时已在本调查小区常住时间半年以上，但常住户口在其他乡、镇、街道的人。

第三款人：是指调查时在本调查小区常住时间虽然不满半年，常住户口在其他乡、镇、街道，但已离开常住户口登记地半年以上的人。

第四款人：是指调查时居住在本调查小区，在任何地方都没有登记常住户口的人（包括手持户口迁移证、退伍证、出生证、劳改释放证等尚未办理常住户口登记手续的人）。填报此款人的直接跳问 R8。

本次调查对以下情况作了特殊规定：

1.高中及高中以下在校住宿的学生，凡是经常回家的（例如周六、日回家），本次调查规定按调查对象第一款人进行登记。

2.婚嫁、搬迁到本调查小区的人或户，即使来本调查小区居住不满半年而户口在外乡、镇、街道，但因其具有长期居住的意义，本次调查规定按调查对象第一款人进行登记。

3.凡是户口在集体户、人在家庭户居住的人，本次调查规定按调查对象第一款人在被调查户进行登记。

R7.户口性质：指被调查人的常住户口性质，按户口簿上常住户口性质据实圈填。取消了农业户口和非农业户口的地区，按照取消前的户口性质圈填。农民进城已办理了小城镇户口的，也圈填“2.非农业”；在“R6.户口登记状况”中填报为“4.住本调查小区，户口待定”的人不填报本栏。

R8、R9 两栏限 6 岁及以上的人填报。

R8.是否识字：指被调查人是否达到国务院规定的脱盲标准（城市居民和乡、镇企业职工识字 2000 个，乡村居民识字 1500 个）。调查登记时可询问是否具有阅读通俗书报刊或写便条、简单书信的能力。凡具有简单读写能力的人，圈填“1.是”，没有达到脱盲标准的人，则圈填“2.否”。圈填“2.否”的人，不再填报“R9.受教育程度”，跳问“R10、婚姻状况”。

R9.受教育程度：指本人接受国内外教育的最高学历。通过自学或成人学历教育经国家统一考试合格的，可分别归入相应的受教育程度。

1.未上过学。指被调查人识字，但从未接受过国家或其他办学机构实施的各级各类学校教育。参加过各种扫盲班或成人识字班的人，也圈填此项。

2.小学。指接受的最高一级教育为小学，无论其是在校、毕业、肄业或辍学均圈填此项。只读过私塾的也填报此项。

3.初中。指接受的最高一级教育为初中，无论其是在校、毕业、肄业或辍学均圈填此项。技工学校相当于初中的也圈填此项。

4.高中。指接受的最高一级教育为普通高中、职业高中，无论其是在校、毕业、肄业或辍学均圈填此项。

5.中专。指接受的最高一级教育为中等专业学校，无论其是在校、毕业、肄业或辍学均圈填此项。

6.大学专科。指接受的最高一级教育为大学专科。在普通高等学校学习大学专科的，无论其在校、毕业、肄业或辍学均圈填此项。

凡在国家授权承认学历的广播电视大学、职工大学、高等院校举办的函授大学、夜大学和其他形式的大学，按教育部颁布的大学专科教学大纲进行授课的，其毕业生圈填此项；其肄业生、在校生按原有受教育程度圈填。

通过自学，经国家统一举办的考试，并取得大学专科毕业证书的，也圈填此项标准答案。

7.大学本科。指接受的最高一级教育为大学本科。在普通高等学校学习大学本科的，无论其是在校、毕业、肄业或辍学均圈填此项。

凡在国家授权承认学历的广播电视大学、职工大学、高等院校举办的函授大学、夜大学和其他形式的大学，按教育部颁布的大学本科教学大纲进行授课的，其毕业生圈填此项；其肄业生、在校生按原有受教育程度圈填。

通过自学和进修大学课程，经国家统一举办的考试，并取得大学本科毕业证书的，也圈填此项标准答案。

8.研究生。指接受的最高一级教育为硕士、博士研究生，无论其是在校、毕业、肄业或辍学均圈填此项。

在职接受研究生教育的，其毕业生圈填此项，肄业生和在校生按原有受教育程度圈填。

凡是没有按教育部的教学大纲培训或只学单科的人，不能圈填“大学专科”、“大学本科”或“研究生”，一律按照原有受教育程度圈填。

R10-R14 栏限 15 岁及以上的人填报。

R10.婚姻状况：指被调查人在调查标准时间的实际婚姻状况。

1.未婚。指从未结过婚的人。

2.初婚有配偶。指本人有配偶，且属于第一次婚姻的人。对于没有办理结婚登记而未婚同居的人，按其申报的圈填。

3.再婚有配偶。指本人有配偶，但属于第二次及以上婚姻的人。

4.离婚。指夫妻间已办理了离婚手续，并在调查标准时间仍未再结婚的人。未办理离婚手续，而长期分居，不圈填此项，而应圈填“2.初婚有配偶”或“3.再婚有配偶”。

5.丧偶。指夫妇一方丧亡，在调查标准时间时还没有再结婚的人。

R11.当前是否有工作：指被调查人在调查标准时间前一周（即 2006 年 3 月 25—31 日），是否从事过不少于一小时有收入的社会劳动。工作时间不足一小时的，应视为无工作。填报无工作的则不再询问职业栏目，直接跳填“R13.当前未工作状况”。

有收入是指在该周内曾经得到或能够得到工资或家庭收益等，包括现金和实物收入。农民在承包的土地上劳动应视为有收入的工作；家庭成员在自家经营的商店、门市部、工厂劳动，既使没有任何收入，也应视同为有收入工作。

在职休假、培训学习、临时停工和季节性歇业而未工作，也视为当前有工作，包括如因生病或受伤而短期休息、休假和休养的人；脱产学习的人；由于天气原因、季节或电力故障、原料或燃料短缺等原因临时停工的人；从事季节性工作，正值歇业的人等。

R12.职业：指本人所从事的社会劳动工作种类。要求必须填写工作单位全称和所做的具体工作。

填写职业要注意以下几点：

1.填写职业要具体、详细。既要填写工作单位全称，也要填写具体做什么工作。例如“北京重型机床厂钳工”、“北京市公交总公司司机”等，不能笼统地填写“工人”；机关工作人员不能笼统填写“干部”，应填写其工作单位全称和职业，例如“北京市统计局主任科员”、“中国科学院工程师”等；农民不能笼统地填写“农民”或“种地”，而应具体填写为“粮农”、“菜农”或者“养鸡”等。

2.具有中级以上技术职称的行政领导人员，应按行政领导职务填写其职业；同时担任党和行政职务的领导干部，应按主要职务填写职业。

3.工种尚未确定，暂时又无具体工作的，可填“工种未定”。

4.农村就业人口中，凡在乡镇或村办企业中有比较固定的工作，既使在调查标准时间前一周干的是农活，仍要填报其比较固定的职业。

5.调查标准时间前一周内同时从事一种以上工作的，按所从事时间最长的工作种类填写；不能确定时间长短的，按其经济收入较多的工作填写。

6.没有固定性工作的个体经营者，进城务工经商和农闲时进行其他经济活动的人，企业停工停产自某出路从事一些临时性工作的职工，填写调查标准时间前一周主要从事的具体工作。

脱产进入学校学习者，不填职业栏，而应填写“R13.当前未工作状况”栏。

R13.当前未工作状况：此栏限十五岁及十五岁以上当前没有工作的人填写。

1.在校学生。指正在接受各级各类学校教育并有学籍的人。

2.离退休。指已办理离休、退休手续，依靠领取离退休金生活的人。离休、退休后又参加社会劳动并取得报酬的人，应视为有工作，不应圈填此项。

3.料理家务。主要从事家务劳动，且没有劳动收入的人圈填。离退休人员参加部分家务劳动的则不填此栏。农村中既料理家务又务农或从事家庭副业的人，应按在业人口填写职业，不应圈填此栏。

4.丧失劳动能力。指因心理、生理残疾和疾病等原因，在现有劳动条件下丧失了从事劳动的能力、不能参加社会劳动的人。也包括年老体弱生活不能自理的人员。但不包括领取退休金的人员。

5.毕业后未工作。指从学校毕业后从未工作过的人。

6.因单位原因失去原工作。指用人单位或雇主提出与劳动者本人中断劳动关系而失去原工作的人。包括：被原单位辞退、除名、开除的人；劳动合同到期后单位不同意续签劳动合同的人；因单位破产而失去工作的人；未办理正式退休手续的“内退”人员；仍与原工作单位保留劳动关系的下岗人员。

7.因本人原因失去原工作。指本人因各种原因提出与单位中断劳动关系而离开原工作岗位的人。包括辞职的人和劳动合同到期后本人不同意与单位继续签订劳动合同的人。

8.承包土地被征用。指本人承包或转包、租用集体或他人的土地，被有关部门和单位依据土地征用制度的规定征作公益性用地而失去工作。受雇在别人承包的土地上工作；因该土地被征用而失去工作的人，不圈此项，而应圈填“6、因单位原因失去原工作”。

9.其他。除以上八种人之外的未工作人口，圈填为“其他”。

R14.未工作者主要生活来源：根据被调查人情况据实圈填。如果同时有多项生活费来源，则选择其中最主要一项标准答案圈填。

1.离退休金。指办理了离休、退休手续的人，从原工作单位或社会保险部门领取的离退休生活费。

2.领取基本生活费。为了保证基本生活水平而领取的生活费。包括：企业下岗、内退职工领取的基本生活费，失业救济金；民政部门发放给烈军属的生活抚恤金，发给五保户和残疾人的生活补助费，以及发给城镇低收入户的最低生活保障金等。

3.家庭其他成员供养。指被调查人依靠家庭其他成员的经济收入生活。单独生活、由本家庭户外的其他亲属供养的也圈填此项。

4.财产性收入。指以资金储蓄、借贷入股以及财产经营、租赁等所取得的利息、股息、红利、租金等财产性收入生活。

5.保险收入。指主要靠从保险公司领取保险金生活。

6.其他。除以上几种情况之外的其他生活费来源。

R15.定性结果：此栏待医生对残疾人检查定性以后再由调查员填写。如果是残疾人，属于哪类残疾，就圈填哪类残疾；如果被调查人具有多种残疾现象，就圈填“7、多重残疾”；没有残疾的人不填报此栏。

（二）按户填报的栏目

按户填报的栏目共有 9 个。其中 H1 为本户编号，根据调查底册的序号填写；H2 和 H3 应与本户人记录中的有关栏目合计数相符；H4—H9 栏与人记录栏目无关，是以户为单位填报的项目。

H1.本户编号：按《调查底册》序号填写“H1 本户编号”。

在登记时，如果发现《调查底册》中某户为空户，则将本小区的最后一户前移，使用该户的“本户编号”；如果某户中实际居住着两户，其中一户使用原来的“本户编号”，另一户的“本户编号”续在本调查小区所有户编号的最后，按顺序编写户编号；居住三户或以上的，依次类推（上述户编号的改动须经调查队负责调查的副队长核定后进行，防止错乱）。

H2.本户登记人数：在本户调查登记的人数,应与人记录的合计人数一致。

H3.本户残疾人数：根据人记录的“R15.属于何种残疾”的定性结果，分男、女性别的残疾人数填写。

H4.本户住房　建筑面积：本户住房的建筑面积按住房的外墙计算。

1.知道建筑面积的可直接填报；不知道住房建筑面积，只知道使用面积的，则可使用公式换算：

建筑面积 = 使用面积（包括扩建的使用面积）÷ 0.7

2.住旅馆或租借房屋的常住户，一律按现住房的实际情况填写其住房面积。

3.居住在工作场所的户，住房面积应该填写其居住房间的建筑面积。

4.合住在同一所住房里的住户，其建筑面积为各户所独立使用的房间面积加上公共使用面积（包括厨房、厕所、门厅、阳台等）的一部分；两户合用的面积，各按二分之一计算，三户合用的面积，各按三分之一计算；以此类推。

5.属于本小区调查对象，但居无定所的常住户（如进城的流动人口）睡在桥下、公园和车站等地方的人，其住房面积填“0”平方米。

H5.本户住房建筑结构：指本户住房建筑的结构（指承重结构，如承重墙、梁、柱等）所用的建筑材料。本栏目设有五个标准答案。

1.钢筋混凝土：指承重的主要构件是用钢筋混凝土建造的住房。包括薄壳结构、大模板现浇结构及使用滑模、升板等建造的钢筋混凝土结构的房屋。

2.混合结构：指承重的主要构件是用钢筋混凝土和砖、木建造的房屋。如一幢房屋的梁是用钢筋混凝土制成，以砖墙为承重墙，或者梁使用木材建造，柱是使用钢筋混凝土。

3.砖木结构：是指承重的主要构件是砖和木材。如一幢房屋是木制房架、砖墙、木柱建造的。

4.木、竹、草结构：指房屋的主要建筑材料为木、竹、草。如一幢房屋是木（竹）制房架、草顶。

5.其他：不属于上述结构类型的房屋都归此类。如砖拱结构、窑洞、蒙古包等。

H6.本户住房来源：指本户获取住房的途径，包括拥有全部产权或部分产权。本栏目设有四个标准答案，可根据住房的拥有情况，据实圈填。

1.自有：指本户住房的产权属于本户私人所有。既包括城镇和农村中私人自建的房屋，也包括私人从单位或房地产开发单位购买的房屋，还包括继承的私有遗产房等情况。

2.租赁：指本户住房属于交纳房租费后获有使用权。既包括由单位作为福利分配给本单位职工、产权归单位所有、个人交纳少量房租费的住房，也包括从市场上租用的房屋。

3.借用：指不用交房租费，临时借住单位或亲朋好友的房屋。

4.其他：指不属于以上几种房屋产权性质的住房，圈填此项。

H7.上年度本户全部收入：指被调查户2005年度全部经济收入，包括工薪收入、经营性净收入、财产性收入、转移性收入（如保险、奖金、抚恤金、资助、出租房收入等）。农村的全部收入包括各种农作物、养殖等实物收获，并要将实物折算成人民币，根据全户所有人的合计收入是多少就填报多少。但是，家中雇佣保姆和非亲属的经济收入不包括在内。

对亲属供养情况收入的计算，如果供养人与被供养人在同一户居住，供养费不计入总收入；如果不在同一户，供养费应计入被供养人所在户的总收入中。

H8.本户拥有的主要家电：本栏属于多选栏目，共列出五种家庭常用的主要电器名称。可根据被调查户拥有（指拥有所有权或使用权）并能使用的家用电器分别圈填。彩色电视机，不包括黑白电视机；电冰箱包括单门、双门和多门的；洗衣机包括全自动和半自动（含双缸和单缸的）；电话包括有线电话和无线电话（手机）；电脑指电子计算机。

H9.本户月均生活用电量：根据本户的月平均用电量填报。如果只知道用电费用，可根据当地每度电价换算成用电度数。

附录 6

表　　号：残调 2 表
制表机关：第二次全国残疾人抽样调查办公室
批准机关：国家统计局
批准文号：国统函【2005】227 号
有效期截止时间：2006 年 6 月 30 日

经国务院批准进行第二次全国残疾人抽样
调查登记的标准时间：2006 年 4 月 1 日 0
调查登记的原始资料不向任何单位和个人
公民应履行如实申报调查项目的义务

H1.本户编号	R1.本人行号
________号	________号

本户场调查小区

残疾.

C1.残疾类别	C2.残疾等级	C3.残疾发现时间	
1. 视力残疾	1. 一级 2. 二级 3. 三级 4. 四级	________年	01. 遗 02. 白 03. 青 04. 沙
2. 听力残疾	1. 一级 2. 二级 3. 三级 4. 四级	________年	01. 遗 02. 母 03. 传 04. 自 05. 全
3. 言语残疾	1. 一级 2. 二级 3. 三级 4. 四级	________年	01. 唐 02. 脑 03. 新 04. 早 05. 腭 06. 智 07. 脑
4. 肢体残疾	1. 一级 2. 二级 3. 三级 4. 四级	________年	01. 脑 02. 发 03. 侏 04. 其 05. 脊 06. 脑 07. 周
5. 智力残疾	1. 一级 2. 二级 3. 三级 4. 四级	________年	01. 遗 02. 脑 03. 内 04. 惊 05. 新 06. 早产
6. 精神残疾	1. 一级 2. 二级 3. 三级 4. 四级	________年	01. 痴 02. 其 03. 使 04. 精 05. 妄

（18 岁以上填报）

与人相处	生活活动	社会参与
碍/无适用 障碍 障碍 障碍 度障碍/ 能完成	1. 无障碍/无适用 2. 轻度障碍 3. 中度障碍 4. 重度障碍 5. 极重度障碍/ 不能完成	1. 无障碍/无适用 2. 轻度障碍 3. 中度障碍 4. 重度障碍 5. 极重度障碍/ 不能完成

T5.社会保障情况

参加社会保险情况（16 岁以上填报）：	是否领取低保金：	是否领取过救济：
1. 养老保险 2. 医疗保险 3. 工伤保险 4. 失业保险 5. 未参加	1. 是 2. 否	1. 是 2. 否

T7.本人主要需求
（填报最主要三项）

服务与救助
器具
训练与服务
费用补助或减免（6 岁以上填报）
教育与培训（12 岁以上填报）
安置或扶持（16 岁以上填报）
残疾人救助与扶持
援助与服务
碍设施
无障碍
服务
服务
择

医生（签字）：____________　______年____月____日　　　　装订页码第____页

附录 7

第二次全国残疾人抽样调查《残疾人调查表》填写说明

一、填写注意事项

（一）《残疾人调查表》由医生填写，填表人员要严格按照规定填写，保证本表的工整与清洁。

（二）本表要求使用铅笔填写，字迹要端正清楚，不得潦草模糊。不得用同音异体字；简化字必须按国家公布的《简化字总表》书写；阿拉伯数字必须按“0 1 2 3 4 5 6 7 8 9”的正体书写，不得用自由体。

（三）填表人员根据评定结果填写表中相关项目，不能遗漏。

（四）填表人员要对被调查的残疾人及家庭申报的情况严格保密，不得对外提供。

二、填写顺序

依据诊断情况完成《残疾评定记录表》的填报后，再开始填报《残疾人调查表》，填写要逐项进行，不得漏填或重复。填写顺序如下:

第一步:《残疾人调查表》的上沿部分“本户编号”、“本人行号”、“本户住址”和“残疾人姓名”、“性别”、“年龄”、“户主姓名”等项均对照《残疾评定记录表》的上沿内容。

第二步: 本表中“C1.残疾类别”、“C2.残疾等级”、“C3.残疾发现时间”和“C4.致残主要原因”等按诊断残疾的实际情况填写。

第三步: 遇到两种或两种以上残疾人，即多重残疾则复选填报。

第四步: “T1.残疾人活动和参与评定”、“T2.康复建议”、“T3.是否持有残疾人证”、“T4.接受教育情况”、“T5.社会保障情况”、“T6.曾接受何种服务或辅助”及“T7.本人主要需求”等逐项询问判断填写，遇多重残疾由最后诊断确诊某种残疾的医生填写。

第五步: 本表下沿部分，完成逐项填写后，“本户包括住户调查表”、“医生”、“申报人”及“填报日期”均按《残疾评定记录表》的下沿内容填写完整。

另外，本表每个项目下面的方格为编码格，填写人员不得填写，由专业编码人员处理。

三、填写说明

C1.残疾类别

分为视力残疾、听力残疾、言语残疾、肢体残疾、智力残疾和精神残疾等六类。填表时在诊断确定为残疾后，请在残疾类别的左面编号上圈填，如多重残疾，则复选。例如，诊断为“视力残疾”，应圈填为（1.）视力残疾。

C2.残疾等级

各类残疾均分为四个等级。填表时，请在相应的残疾等级编号上圈填。例如: 诊断为听力三级，应圈填为（3.）三级。

C3.残疾发现时间

残疾发生时间是指发现残疾或出现残疾的年份，如“1999 年”。针对 0 ~ 6 岁的儿童来说，是指发现残疾的时间；而针对其他人则为出现残疾的时间。填表时，请将残疾发现时间填在年前面的横线上。

C4.致残主要原因（选择主要致残原因不超过两项）

致残主要原因是指导致主要致残的原因，选择主要致残原因不超过两项。填表时请在相应项目前的编号上圈填。如填表人的致残原因在表中没有列出，请在“其他”前的编号上圈填。按照不同类别分为以下几类:

视力残疾

01.遗传、先天异常或发育障碍	05.角膜病	09.弱视
02.白内障	06.视神经病变	10.外伤
03.青光眼	07.视网膜、色素膜病变	11.中毒
04.沙眼	08.屈光不正	12.其他
		13.原因不明

听力残疾

01.遗传	06.中耳炎	11.药物中毒
02.母孕期病毒感染	07.老年性耳聋	12.创伤或意外伤害
03.传染性疾病	08.早产和低体重	13.噪声和爆震
04.自身免疫缺陷性疾病	09. 新生儿窒息	14.其他
05.全身性疾病	10. 高胆红素血症	15.原因不明

言语残疾

01.唐氏综合征	08.脑出血	15.脊髓侧索硬化
02.脑性瘫痪	09.脑炎	16.脑外伤
03.新生儿病理性黄疸	10.脑囊虫病	17.产伤
04.早产、低体重和过期产	11.喉、舌疾病术后	18.孤独症
05.腭裂	12.听力障碍	19.癫痫
06.智力低下	13.帕金森氏病	20.CO 中毒
07.脑梗死	14.多发性硬化	21.其他
		22.原因不明

肢体残疾

01.脑性瘫痪	08.肿瘤	15.脑外伤
02.发育畸形	09.骨关节病	16.其他外伤
03.侏儒症	10.地方病	17.结核性感染
04.其他先天性或发育性障碍	11.脊髓疾病	18.化脓性感染
05.脊髓灰质炎	12.工伤	19.中毒
06.脑血管疾病	13.交通事故	20.其他
07.周围血管疾病	14.脊髓损伤	21.原因不明

智力残疾

01.遗传	07.发育畸形	13.其他外伤
02.脑疾病	08.营养不良	14.中毒与过敏反应
03.内分泌障碍	09.母孕期外伤及物理伤害	15.不良社会文化因素
04.惊厥性疾病	10.产伤	16.其他
05.新生儿窒息	11.工伤	17.原因不明
06.早产、低体重和过期产	12.交通事故	

精神残疾

01.痴呆	06.分裂情感性障碍	11.人格障碍
02.其它器质性精神障碍	07.其它精神病性障碍	12.孤独症
03.使用精神活性物质所致的障碍	08.心境障碍	13.癫痫
04.精神分裂症	09.神经症性障碍	14.其他
05.妄想性障碍	10.行为综合征	15.原因不明

T1.残疾人活动和参与评定（18 岁以上填报）

T1.残疾人活动和参与评定（18 岁以上填报）					
理解和交流	身体移动	生活自理	与人相处	生活活动	社会参与
1.无障碍/无适用 2.轻度障碍 3.中度障碍 4.重度障碍 5.极重度障碍/不能完成	1.无障碍/无适用 2.轻度障碍 3.中度障碍 4.重度障碍 5.极重度障碍/不能完成	1.无障碍/无适用 2.轻度障碍 3.中度障碍 4.重度障碍 5.极重度障碍/不能完成	1.无障碍/无适用 2.轻度障碍 3.中度障碍 4.重度障碍 5.极重度障碍/不能完成	1.无障碍/无适用 2.轻度障碍 3.中度障碍 4.重度障碍 5.极重度障碍/不能完成	1.无障碍/无适用 2.轻度障碍 3.中度障碍 4.重度障碍 5.极重度障碍/不能完成

活动是由个体执行一项任务或行动，它代表了功能的个体方面。当个体在进行活动时可能遇到的困难，即是活动受限制，它根据完成活动时的质和量从轻微到严重偏差的变化范围。

参与是指投入到一种生活情景中，它代表了功能的社会方面，是衡量残疾程度的重要指标。

分六大类:理解和交流、身体移动、生活自理、与人相处、生活活动和社会参与。其中各类均有五种程度：无障碍、轻度障碍、中度障碍、重度障碍、极重度障碍。填表时请依据《残疾评定记录表》结果在相应项目前的数值上圈填。

T2.今后康复建议

康复形式：即残疾人实现康复的基本途径，包括以下三种：机构康复，延伸服务（上门服务），社区、家庭康复。

1.机构康复：指在康复中心、综合医院设置的康复科室等机构中，以门诊和住院的形式提供的康复服务途径。

2.延伸服务（上门服务）：延伸服务是指由康复机构派专业人员到实地，为康复对象提供专业性康复服务的途径。

3.社区和家庭康复：社区、家庭康复是指在社区和家庭为残疾人采取的康复措施，这些措施是利用和依靠社区和家庭的人力资源而进行的，包括依靠残疾人及其家庭成员和社会。

康复内容

指实现残疾人康复的方法或手段，包括：医疗服务、辅助器具、康复训练与服务等。

康复形式仅能选择其中一项圈填。选择康复形式后，康复内容至少选择一项圈填。填表时请在相应项目前的编号上圈填。

T3.是否持有残疾人证

指被调查人是否持有当地残联核发的残疾人证。填表时请在相应项目前的编号上圈填。

T4.接受义务教育情况(在校生填报)

1.普通教育学校普通班：指在普通义务教育学校随班就读。

2.普通教育学校特教班：指在普通义务教育学校专门为视力、听力言语、智力残疾和多重残疾人开办的特殊教育班中接受教育。

3.特殊教育学校：指在专门为视力、听力言语、智力残疾和多重残疾人开办的提供义务教育的学校。

4.其他：指通过社区服务、送教上门等多种形式接受教育。

填表时请在相应项目前的编号上圈填。

T5.社会保障情况

指被调查人是否纳入了社会保险、当地居民最低生活保障或集中供养、五保供养、临时救济、定期补助、残联系统专项补助等社会保障范围。

1.参加社会保险情况：指调查时被调查人是否参加了养老、医疗、工伤、失业等社会保险。此栏至少填写一项。

2.是否领取低保金：指调查时被调查人是否被纳入当地居民最低生活保障范围领取最低生活保障金。

3.是否领取过救济：指被调查人在调查标准时间前一年（即2005年4月1日至2006年4月1日）内是否享受当地民政、残联等部门所给予的集中供养、五保供养、临时救济、定期补助、残联系统专项补助等。

填表时请在相应项目前的编号上圈填。

T6.曾接受过何种服务或扶助(填报最主要三项)

指被调查人曾经接受过的当地残联、民政或其他部门、组织提供的康复、教育、就业、生活等方面的服务或扶助。选最主要的三项圈填。填表时请在相应项目前的编号上圈填。

01.医疗服务与救助：医疗服务指通过医院或专门医疗机构采用手术或其他诊断形式帮助残疾人恢复或补偿功能，提高生活自理和社会适应能力等。

医疗救助：指政府和社会对因病而无经济能力进行治疗的贫困残疾人实施专项医疗帮助和支持的行为。在农村开展新型农村合作医疗的地区，资助残疾人缴纳个人应负担的全部或部分资金，参加当地合作医疗，享受合作医疗待遇；因患大病经合作医疗补助后个人负担医疗费用过高的，再给予补助；尚未开展新型农村合作医疗的地区，对因患病难以负担费用的残疾人，给予适当医疗救助；对患国家所规定的特种传染病的残疾人，其救治费用按有关规定给予补助。在城市，通过发动社会力量资助、城市医疗救助基金给予适当补助、医疗机构自愿减免有关费用等多种形式对患病而无力承担治疗费用的贫困残疾人给予医疗救助。

02.辅助器具：（在我国习惯称为残疾人用品用具），是指供残疾人个人使用的能够补偿、减轻或替代因残疾造成的身体功能缺失或障碍的产品和器械。

用于肢体残疾人的辅助器具有：假肢、轮椅、手摇轮椅车、电动动轮、机动轮椅车、助行架、腋杖、肘杖、多脚手杖、单脚手杖、握笔器、取物器、穿衣辅助、用餐辅助、刷牙辅助、梳头辅具等；用于听力残疾人的辅助器具有：助听器、语言训练器、骨导电话、闪光门铃等；用于视力残疾人的辅助器具有：助视器、电子语音报时器、盲文写字板、盲文打字机、盲文阅读器、盲杖等。

03.康复训练与服务：指残联、卫生或其他部门为残疾人及其亲友提供的包括肢残人功能、智残人能力、盲人行走导向、聋儿听力语言、助视器配用、精神病防治康复等多方面的培训、训练指导、康复护理、心理疏导、残疾预防知识普及、健康教育、科学与安全意识宣传及相关的咨询转介等多种康复训练与服务。

04.教育费用补助或减免(6岁以上填报)：指政府、教育部门、残联系统或其他部门，组织减免残疾人或其子女就学的费用或提供的补助金。

05.职业教育与培训(12岁以上填报)：残疾人或其子女在各级各类职业学校或培训机构中接受学历教育（包括初等、中等和高等职业教育）或短期的职业培训。

06.就业安置与扶持(16岁以上填报)：指残疾人就业服务机构或其他社会机构提供的职业指导、就业安置或扶持扶助等服务。

07.贫困残疾人救助与扶持：

救助是指纳入当地居民最低生活保障或享受集中供养、五保供养、临时救济、定期补助、残联系统专项补助等。

扶持是指各级政府扶贫办、妇联、共青团、残联及社会团体等有关部门或信用社、扶贫社等开展的帮助贫困残疾人筹措资金、落实优惠政策、选项目、学技术等多种形式的带动贫困残疾人脱贫活动，包括扶贫经济实体、扶贫基地辐射带动到户；党员、干部、助残志愿者结对包户帮带活动；残疾人联合会利用康复扶贫贷款开展残疾人专项扶贫活动等。

08.法律援助与服务：指各级政府法律援助机构、各级司法行政部门、各级残疾人维权机构、公证机构和基层法律服务机构、律师、民间法律援助组织、法律专业网站和志愿者等为残疾人提供的免费法律服务、贫困残疾人诉讼费或其他费用减免缓、法律咨询、转介服务和法律帮助等。

09.无障碍设施：指为保障残疾人、老年人、伤病人、儿童和其他社会成员的通行安全和使用便利，在道路、公共建筑、居住建筑和居住区等建设工程中配套建设的服务设施。

10.信息无障碍：指公共传媒应使残疾人能够无障碍地获得信息，进行交流，如影视作品、电视节目的字幕和解说，电视手语，盲人有声读物，针对不同障碍的残疾人开发适合不同需要的通信技术和产品等。

11.生活服务：指社区组织、志愿者等为残疾人提供的不定期的日常生活服务，如日常家务的协助、代办等。

12.文化服务：指各级政府文化行政部门、各文化机构、基层组织、社会团体、志愿者等为残疾人提供或组织的旨在解决残疾人精神文化需求、提高残疾人素质的各项文化艺术活动及相应服务。如送书上门，爱心赠书，盲文及有声读物的借阅，参与社会文化活动时享受的便利、优惠服务等。

13.其他：除以上十四种之外的服务或扶助，圈填为“其他”。

14.未曾接受过何种服务或扶助

T7.本人主要需求

指被调查人需要的康复、教育、就业、生活等方面的服务或扶助，选最主要的三项圈填。指标解释参见T6。填表时请在相应项目前的编号上圈填。

附录 8

第二次全国残疾人抽样调查社区（村、居委会）调查表

表　　号：残调 3 表
制表机关：第二次全国残疾人抽样调查办公室
批准机关：国家统计局
批准文号：国统函【2005】227 号
有效期截止时间：2006 年 6 月 30 日

地　址：＿＿＿＿省（自治区.直辖市）＿＿＿＿县（市.区）＿＿＿＿乡（镇.街道）＿＿＿＿社区（村、居委会）

地址码：□□　□□　□□　□

一、类别	二、总户数	三、总人口数	残疾人情况				残疾人组织情况		十、社区内无障碍设施
			四、残疾人数	五、持证残疾人数	六、享受定期救助人数	七、享受临时救助人数	八、残疾人协会（小组）	九、残疾人专职委员	
1. 社区（居委会） 2.村委会 □	＿＿＿户 □□□□□	＿＿＿人 □□□□□	＿＿人 □□□	＿＿人 □□□	＿＿人 □□□	＿＿人 □□□	1.有 2.无 □	1.有 2.无 □	1.有 2.无 □

十一、康复站	十二、社区康复协调员	各项公共服务机构覆盖情况（距本社区、村委会公里数）				十七、上年度本村人均收入
		十三、法律服务所（司法所）	十四、特教学校（班）	十五、文化活动站（室）	十六、卫生室（所、站）	
1.有 2.无 □	1.有 2.无 □	＿＿＿公里 □□	＿＿＿公里 □□	＿＿＿公里 □□	＿＿＿公里 □□	＿＿＿元 □□□□□

填表人（签字）：＿＿＿＿　　　　填报时间：＿＿＿年＿＿月＿＿日

附录 9

第二次全国残疾人抽样调查《社区（村、居委会）调查表》填写说明

《第二次全国残疾人抽样调查社区（村、居委会）调查表》（简称《社区调查表》），是为了获取调查小区所在社区的有关基础数据而制定的。数据可以反映残疾人生活的环境与条件，是本次调查数据的重要组成部分。

本表的填写要求:

一、本表以被抽中调查小区所在的社区（居委会）或村委会为单位，由陪调组组长负责收集资料，并在调查队长的指导下填报。

二、表中第十栏只由社区（居委会）填报，第十七栏只由村委会填报，其余项目栏社区（居委会）和村委会都填报。

三、指标解释:

1.“总户数”、“总人口数”，为 2005 年末社区（村、居委会）所辖范围内的常住人口统计数（如果确实没有常住人口数据，才能使用其他人口数据填报）。

2.“残疾人数”，为社区和村委会掌握的残疾人数（包括持证残疾人和无证的残疾人）。

3.“持证残疾人数”，指社区和村委会掌握的持有残联系统发放的残疾证的人数。

4.“享受定期救助人数”，指上一年度民政、残联等部门给予的居民最低生活保障、集中供养、五保供养等定期性救助人数。

5.“享受临时救助人数”，指上一年度民政、残联等部门给予的临时性费用减免、临时救济等形式的救助人数。

6.“社区内无障碍设施”，是本社区范围内是否设有坡道、盲道等无障碍设施。

7.“残疾人康复站”，指社区（村、居委会）依托社区服务中心学校、幼儿园、福利企业事业单位、工疗站、残疾人活动场所的等现有机构和设施，建立的满足残疾人全面康复需求的社区康复站。

8.“社区康复协调员” 指社区（村、居委会）配备的专（兼）职人员，可会同社区卫生服务机构调查康复需求，建立康复服务档案，向残疾人提供康复服务信息和转介服务，协调组织社区内有关机构、人员为残疾人提供康复服务和相应支持。

9.“卫生室（所、站）”，在农村指卫生室（所、站），在城市指社区卫生服务中心（站）。

四、“十三”至“十六”栏是指本社区（村、居委会）距最近的、可使用或能提供服务的各项公共服务机构的公里数。凡是本社区（村、居委会）范围内有的，填写“0”公里；若周围没有或不知道，则填写“无”。

附录 10

吉林省第二次全国残疾人抽样调查抽样实施方案

一、全省基本情况

吉林省简称吉，是贯通东北、联结黑龙江省和辽宁省的交通要冲，其地势自东南向西北沉降，形成了东部山地、中部丘陵、西部平原的地貌特征。

全省大部分地区年平均气温为 3—5℃。全省土地面积 18.74 万平方公里，居住着汉、朝鲜、满、蒙、回、锡伯等 49 个民族。行政区划设 8 个地级市，1 个少数民族自治州，20 个县级市，18 个县，3 个少数民族自治县，19 个市辖区。全省总人口 2661.9 万人，其中农业人口 1458.7 万人，占全省总人口的 54.8%；非农业人口 1203.2 万人，占全省总人口的 45.2%。城乡人口比重为 52.3%，47.7%。

吉林省地级市、州人口分布

序　号	地级市、州名称	人口数（人）	比重（%）
1	长 春 市	7240845	27.20
2	吉 林 市	4290695	16.12
3	四 平 市	3276673	12.31
4	辽 源 市	1239830	4.66
5	通 化 市	2263878	8.50
6	白 山 市	1306645	4.91
7	松 原 市	2807787	10.55
8	白 城 市	2015995	7.57
9	延 边 州	2177126	8.18
合　计	全　　省	26619474	100

二、全省的样本量和抽取的单位数

本次调查我省采用四级抽样的方法。一级，从省级单位中抽取县、县级市、市辖区（以下简称县级单位）；二级，从被抽中的县级单位中抽取乡、镇、街道（以下简称乡级单位）；三级，从被抽中的乡级单位中抽取村（居）委会；四级，从被抽中的村（居）委会中抽取调查小区。

按照全国残疾人抽样调查抽样方案的分配结果，我省样本量为 7 万人，占全省总人口 2661.9 万人口的 2.63%。抽样结果，一级样本单位为 22 个县级单位，占全省 60 个县级单位的 36.67%。

二级以下样本单位的样本量根据各级及各层中人口所占比重抽取。其样本单位数的抽取采用 4×2×1 的模式，即在每个一级样本单位中抽取 4 个乡级单位为二级样本单位；在每个二级样本单位中抽取 2 个村级单位为三级样本单位；在每个三级样本单位中抽取 1 个调查小区为四级样本单位。

按照以上模式，我省共要抽取出 22 个县级单位，88 个乡级单位，176 个村级单位，176 个调查小区。样本单位总数量为 462 个。

三、分层情况

（一）分层要求

1. 分层原则。一级样本单位（县级）应尽可能使层内各单位之间调查指标的差异小，各层间调查指标的差异大，以便降低总体的抽样误差。

2. 分层标志。根据分层的规则和我省的具体情况，县级单位分层时采用两种标志，一是按经济发展状况划分，二是以地理地形分布状况划分。

3. 各层样本人数的确定。每层调查的样本人数，均按该层人口的数占总人口数的比例分配。

（二）分层结果

为了使样本单位具有较好的代表性，将全省 60 个县级单位分为 8 层，编制了抽样框。

吉林省第二次全国残疾人抽样调查抽样框

层　次	层次单位名称	人口数（人）	占总人口比（%）	含县级单位数（个）
1	较发达的市区	4557927	17.1	9
2	其它地级市市区	3130771	11.7	10
3	东部山区县级市	2740016	10.3	9
4	中部平原县级市	6151111	23.1	8
5	西部平原县级市	1267843	4.8	3
6	东部山区县	2217959	8.3	9
7	中部山区县	3626123	13.6	6
8	西部平源县	2957724	11.1	6

四、抽样方法

一级样本单位由全国抽样调查办公室统一抽取，二级以下样本单位由省抽样调查办公室统一抽取，即以省（县、乡级单位）为总体采用分层、多级、概率比例、整群的抽样方法（PPES 抽样方法）。

（一）一级样本抽样

经分层后，在每层内按县级单位人口数降序排列进行累计，然后在人口累计数中，采用与县、县级市、市辖区人口估计规模成比例的概率抽样。目前，我省一级样本单位已由国家抽取完毕，抽取结果为 22 个县级单位。具体操作步骤略。

（二）二级样本抽样

1. 样本单位和样本数量

样本单位为乡、镇、街道，样本数量为每个被抽中县级单位抽取 4 个乡级单位。

2. 抽样框的编制

在每个被抽中县级单位中，按照乡、镇、街道分层，每层按实际人口数降序排列并进行累计，编制出抽样框。

3. 各层样本数量分配

按各层人口数占该县级单位总人口数的比重和全省城乡比重等有关指标来确定各层抽取的样本数量，计算时小数点后四舍五入取整数。

例如，某县级单位抽取 4 个乡级单位，其人口分布为街道总人口占全县总人口的 24%，镇占 25%，乡占 51%，样本数量分配为街道 4 × 0.24=0.96 个，四舍五入为 1 个;镇 4 × 0.25=1 个，乡 4 × 0.51=2.04 个，四舍五入为 2 个。

4. 计算组距

以各层人口累计数为分子，本层应抽取的单位数为分母，计算出各层组距。

层抽样组距=层内人口累计总数/层内抽取样本数

例如: × × 县乡总人口为 210154 人，根据该县分层抽样比，现需抽取 2 个单位，抽样组距计算为 105077（210154/2）。

5. 确定随机起点

随机数的产生办法很多，如查随机数码表、用 EXCEL 的 RANDCS 随机函数产生、抽签等。但要明确的是要在 1 ~ 抽样组距之间选择随机起点。如所获得的随机数字落在 1 ~ 抽样组距之间，即可确定该数字为随机起点，如所获得的随机数字大于抽样组距的数字，则要继续查找，直到满足条件为止。

6. 等距抽取样本单位

随机起点小于样本框中的第一个单位人口累计数时，则第一个单位即被抽中；如果大于第一个单位人口累计数，即随机起点数落在两个单位的人口累计数中，区间下限的单位为第一个被抽中的单位，然后随机起点数加抽样组距数来确定第二个被抽中的单位，然后再加抽样组距数来确定第三个被抽中的单位，以此类推，抽取所需的样本单位数。

例如，某县共有11个乡，现需要抽取2个乡，层内人口累计数为210154人，抽样组距为105077(210154/2)，随机起点为42613，落在人口累计栏中33955—53135之间，下限值对应是C乡，所以C乡抽中。然后随机起点加抽样组距为147690，其数字落在人口累计栏147673—163352人之间，下限值对应的单位是N乡，即N乡也被抽中（详见下表）。

××县乡层抽样框

序　号	乡名称	人口数	累计人口数	随机起点加组距
1	A 乡	16721	16721	
2	B 乡	17234	33955	
3	C 乡	19180	53135	42613
4	D 乡	14315	67450	
5	E 乡	20793	88243	
6	F 乡	18694	106937	
7	G 乡	21304	128241	
8	H 乡	19432	147673	
9	N 乡	15679	163352	147690
10	O 乡	22301	185653	
11	P 乡	24501	210154	

抽样组距 105077

（三）三级样本抽样

1. 被抽中的乡级单位各抽取两个村（居）委会。

2. 抽样框的编制为每个被抽中的乡级单位按照村（居）委会分层，每层按实际人口数降序排列并进行累计，编制出抽样框。

3. 抽样方法为计算出抽样组距，拟定随机起点，等距抽取样本单位。具体操作方法同二级样本单位。

（四）四级样本抽样

1. 样本单位为调查小区，样本数量为每个被抽中的村级单位各抽取1个调查小区。

2. 调查小区划分应本着边界清晰、明显、不重叠，包含全部被调查户的原则。

3. 划分方法，首先用村（居）委会总人口数除以400人，得到本村（居）委会应划分的小区数，然后根据本村（居）委会实际人口分布和道路、房屋等设情，以400人左右为基础进行调查小区的划分。

4. 如果抽中村级单位人口规模小于350人的，以接壤或临近为原则，选择一个村级单位与其合并，然后再按以上的方法划分调查小区。

5. 调查小区的抽取。在调查小区划分的基础上，按每个调查小区的自然分布顺序排列序号，在序号范围内，使用简单随机抽样方法，抽取样本单位。

附录 11

吉林省第二次全国残疾人抽样调查领导小组组成人员名单

组　　长	李　斌	吉林省政府副省长
副 组 长	刘长生	吉林省政府副秘书长
	赵焕起	吉林省残联理事长
	金文官	吉林省统计局副局长
	潘占学	吉林省民政厅副厅长
	杨明信	吉林省卫生厅副厅长
成　　员	蒋延辉	吉林省残联副理事长
	杜红旗	吉林省委宣传部社会宣传处处长
	郑景国	吉林省教育厅基教处副处长
	刘印富	吉林省发改委社会处副处长
	杨国梁	吉林省劳动和社会保障厅就业处处长
	唐余富	吉林省公安厅五处正处级调研员
	李喜芳	吉林省财政厅社保处副处长
	胡晓玲	吉林省人口计生委科技处副处长
	李春然	吉林省团委权益部部长
	杨　莉	吉林省妇联宣传部部长
	刘志军	吉林省老龄工作委员会办公室秘书处副处长

吉林省第二次全国残疾人抽样调查办公室人员名单

主　任	蒋延辉	吉林省残联副理事长
副主任	王晓炜	吉林省残联办公室主任
	李　艳	吉林省残联正处级调研员（专职）
	樊立庄	吉林省统计局人口处处长
	李伟先	吉林省民政厅城福处处长
	李永安	吉林省卫生厅医政处处长
	唐余富	吉林省公安厅五处正处级调研员
	李喜芳	吉林省财政厅社保处副处长
工作人员	王镇昌	陈忠民　王明星　王泽宇　刘　岩
专家小组	王镇昌	吉林省抽调办统计专家
	陈忠民	吉林省抽调办医学专家
	谢湘春	吉林省抽调办医学专家
	李晓风	吉林省抽调办医学专家
	戴晓天	吉林省抽调办医学专家
	阮　航	吉林省抽调办医学专家
	杨瑞金	吉林省抽调办医学专家
	李秀华	吉林省抽调办医学专家
	赵铁菲	吉林省抽调办医学专家
	王　凯	吉林省抽调办医学专家

附录 12

吉林省第二次全国残疾人抽样调查样本县（市、区）领导小组，办公室主任、副主任，调查队名单

朝阳区

领导小组	组 长	王长林	长春市朝阳区常务副区长					
	副组长	赵铁林	长春市朝阳区人民政府办公室副主任					
		郭 仁	长春市朝阳区残联理事长					
		陈黎明	长春市朝阳区统计局副局长					
		谭宇灵	长春市朝阳区民政局副局长					
		彭 越	长春市朝阳区卫生局副局长					
	成 员	姜 宏	盛亚洲	孙向东	徐庆先	谢瑞清	胡仁才	
		刘 悦	王朝民	王延忠	孟 炜	王洪君	卢灵梅	
		李 勇						
办公室	主 任	郭 仁	长春市朝阳区残联理事长					
	副主任	姜 宏	长春市朝阳区残联副理事长					
		李 颖	长春市朝阳区统计局普查中心主任					
		郭 薇	长春市朝阳区民政局低保科科长					
		王学东	长春市朝阳区卫生局医政科科长					
		孟 炜	长春市朝阳区公安分局户籍科副科长					
		姜 欣	长春市朝阳区财政局社保科科员					
调查队	队 长	姜 宏	长春市朝阳区残联副理事长					
	副队长	陈黎明	长春市朝阳区统计局副局长					
		王学东	长春市朝阳区卫生局医政科科长					
	成 员	陈 娜	尹笑宇	赵 迁	袁晓华	张剑敏	姜雪冬	
		姜晓慧	陈 奇	孟庆飞	盖英杰	陈 奇	赵剑雨	
		从晓泉	王 志	钱立军	霍秀芬	孙伟红	韩玉华	
		赫家伟	邱晓华	王心宇	董小龙	韩晓玲	应桂莲	

昌邑区

领导小组	组 长	刘吉全	吉林市昌邑区常务副区长
	副组长	刘宝忠	吉林市昌邑区残联理事长
		王朝旭	吉林市昌邑区卫生局局长
		门 艳	吉林市昌邑区统计局副局长
	成 员	雷恩新	吉林市昌邑区委宣传部副部长
		关忠杰	吉林市昌邑区劳动和社会保障局副局长
		李本玉	吉林市昌邑区政府办公室副主任
		袁丰收	吉林市昌邑区教育局副局长
		杨春雷	吉林市昌邑区发展和改革局副局长

		邢金玉	吉林市昌邑区财政局副局长
		张丽香	吉林市昌邑区人口和计划生育局副局长
		孙　岩	吉林市昌邑区公安分局副局长
		孙晓萍	吉林市昌邑区老龄委科员
办公室	**主　任**	刘宝忠	吉林市昌邑区残联理事长
	副主任	雷　雨	吉林市昌邑区残联办公主任
		李春林	吉林市昌邑区统计局人口科科长
		张丽娟	吉林市昌邑区民政局科员
		张佐九	吉林市昌邑区卫生局科科长
		董春梅	吉林市昌邑区财政局办公室主任
调查队	**队　长**	刘丽萍	吉林市昌邑区信访局副局长
	副队长	洪淑杰	吉林市昌邑区统计局副主任科员
		朱莉娅	吉林市昌邑区医院内科主任

成　员　付晶波　王家兴　姜　娟　李梦顺　姜洪飞　荀晓斌
雷永杰　雷　雨　丁爱民　齐景臣　许家洪　时凤英
牟春玲　刘亚杰　杨柳青　马荣华　宋春涛　赵英群
籍先志　张凤茹　段雅萍　孙淑云

龙潭区

领导小组	**组　长**	孙竹刚	吉林市龙潭区副区长
	副组长	尤忠贵	吉林市龙潭区政府办公室主任
		许海泉	吉林市龙潭区残联理事长
		王　兵	吉林市龙潭区统计局副局长
		张敬文	吉林市龙潭区民政局副局长
		张士军	吉林市龙潭区卫生局副局长
		王晓平	吉林市龙潭区残联副理事长
	成　员	张爱萍	吉林市龙潭区残联组联部部长
		崔　毅	吉林市龙潭区委宣传部宣传科科长
		薛士奎	吉林市龙潭区发改局计划科科长
		李成义	吉林市龙潭区教育局基教科科长
		王贵吉	吉林市龙潭区公安分局户证科科长
		桑华君	吉林市龙潭区财政局社会保障科科长
		王丽华	吉林市龙潭区人口和计生局业务科科员
办公室	**主　任**	王晓平	吉林市龙潭区残联副理事长
	副主任	张爱萍	吉林市龙潭区残联组联部部长
		赵瑞杰	吉林市龙潭区统计局人口科科长
		尤淑华	吉林市龙潭区民政局社保科科员
		张　强	吉林市龙潭区卫生局医政科科长
		王贵吉	吉林市龙潭区公安分局户证科科长
		桑华君	吉林市龙潭区财政局社保科科长
调查队	**队　长**	王晓平	吉林市龙潭区残联副理事长
	副队长	王　兵	吉林市龙潭区统计局副局长

		张士军	吉林市龙潭区卫生局副局长				
	成　员	孙淑梅	李　童	余秒芬	徐　静	王海斌	曹　晓
		刘云飞	常秀华	闻凤霞	张士敏	杨　平	张爱萍
		滑秀坤	尤淑华	张望东	常凤芝	徐金霞	张立宏
		史占龙	徐兴明	孙　咏	单友琛		

二道区

领导小组	组　长	王大和	长春市二道区委常委、常务副区长
	副组长	李晓明	长春市二道区政府办公室主任
		郭长青	长春市二道区残联理事长
		康卫东	长春市二道区统计局副局长
		崔玉珊	长春市二道区卫生局副局长
		刘　虹	长春市二道区民政局副局长
	成　员	田亚兰	长春市二道区残联副理事长
		拱万臣	长春市二道区劳动和社会保障局副局长
		许福义	长春市二道区老龄委副主任
		李永盛	长春市二道区委宣传部记者站站长
		郑丽娜	长春市二道区教育局基教科科长
		董丽娜	长春市二道区发展和改革局综合科科长
		赵青彦	长春市二道区公安局户籍科科长
		张淑珍	长春市二道区财政局社保科科长
		张兴东	长春市二道区计生局药具宣传技术指导站站长
办公室	主　任	田亚兰	长春市二道区残联副理事长
	副主任	韩晓春	长春市二道区残联副理事长
		辛德辉	长春市二道区卫生局保健科科员
		张淑珍	长春市二道区财政局社保科科长
		王　涛	长春市二道区统计局综合科副科长
		赵青彦	长春市二道区公安分局户籍科科长
		武雪梅	长春市二道区老龄委老龄科科长
调查队	队　长	韩晓春	长春市二道区残联副理事长
	副队长	贾云峰	长春市二道区普查中心工作人员
		王　洁	长春市二道区卫生局副局长

	成　员	朱淑华	王志民	王　坤	刘立军	裴长艳	金　辉
		唐　兵	韩　维	段书杰	陈广喜	冷　闯	朱富国
		陶艳萍	卢　红	田　宇	陈　兵	于　萍	陈慧玲
		孙乃灵	陈　俊	尤雅荣	陈凤琴		

洮北区

领导小组	组　长	陈景义	白城市洮北区副区长
	副组长	赵晓方	白城市洮北区政府办公室主任
		王　芳	白城市洮北区残联理事长
		赵丽华	白城市洮北区民政局副局长
		张延杰	白城市洮北区统计局副局长

		马宝力	白城市洮北区卫生局副局长
	成　员	许　杰	白城市洮北区公安分局副局长
		姚宏夫	白城市洮北区委宣传部副部长
		宗凤莲	白城市洮北区妇联副主席
		李月杰	白城市洮北区财政局副局长
		王　珏	白城市洮北区教育局副书记
		鄂东升	白城市洮北区劳动和社会保障局副局长
		于立涛	白城市洮北区计生局副局长
		杭守信	白城市洮北区老龄委副主任
		付晓军	白城市洮北区残联副理事长
办公室	主　任	付晓军	白城市洮北区残联副理事长
	副主任	耿　慧	白城市洮北区残联综合科科长
		王永平	白城市洮北区统计局综合科科长
		李晓波	白城市洮北区民政局社救科科长
		张国贤	白城市洮北区卫生局医政科科长
		夏万明	白城市洮北区财政局社保科科长
调查队	队　长	付晓军	白城市洮北区残联副理事长
	副队长	张延杰	白城市洮北区统计局副局长
		成秀梅	白城市洮北区卫生局科员

成　员：

刘利秋	宋　莉	刘　吉	孙乃吉	张学红	钱　成
王永平	徐丽华	王　蕊	曲春美	王旭东	张树权
耿　慧	刘艳辉	李北娜	路艳红	王洪波	王丽鹃
马海艳	张成尧	吕晓宁			

东昌区

领导小组	组　长	于学德	东昌区政府常务副区长
	副组长	于　洋	东昌区政府办公室主任
		汪会远	东昌区残联理事长
		梁宝义	东昌区统计局副局长
		刘宏伟	东昌区民政局副局长
		马云豪	东昌区卫生局副局长
	成　员	孙艳丽	东昌区残联副理事长
		徐金枝	东昌区委宣传部新闻科科长
		史凤祥	东昌区教育科科长
		邢占军	东昌区发改委综合科科长
		黄志强	东昌区劳动和社会保障局就业科科长
		宋桂芝	东昌区公安分局派出所工作指导科科长
		常宇宏	东昌区财政局社保科科长
		侯建华	东昌区老龄委主任
		英　俊	东昌区人口计生局局长助理
		张惠军	东昌区团结街办事处主任
		孟凡喆	东昌区龙泉街办事处主任

		张连喜	东昌区东昌街办事处主任
		赵洪光	东昌区光明街办事处主任
办公室	**主　任**	汪会远	东昌区残联理事长
	副主任	孙艳丽	东昌区残联副理事长
		张　凯	东昌区残联康复宣教部部长
		于桂荣	东昌区统计局人口处处长
		刘冬泽	东昌区民政局低保中心主任
		李振君	东昌区卫生局医政科科长
		宋桂芝	东昌区公安分局派出所工作指导科科长
		常宇宏	东昌区财政局社保科科长
		高豫娟	东昌区残联康复宣教部科员
调查队	**队　长**	孙艳丽	东昌区残联副理事长
	副队长	梁宝义	东昌区统计局副局长
		李振君	东昌区卫生局业务科科长
		苏兰芳	东昌区文化卫生院护理师

成　员　蒋亚萍　张　影　徐　卓　盛明伟　苏光远　兰景艳　里　振　张桂英　康　义　王雪琴　吕延宏　李　莉　孙　烁　张　凯　牛利波　王艳秋　张　军　崔永胜　鲁晓婷　丁丽娟　高　晶　王志华　吴淑琴　宋惠欣　李国亮　高豫娟　于　敏

二道江区

领导小组	**组　长**	陈士平	通化市二道江区副区长
	副组长	郜凤云	通化市二道江区残联理事长
		付丽艳	通化市二道江区统计局副局长
		高润友	通化市二道江区民政局副局长
		牛　岩	通化市二道江区卫生局副局长
		王磊岩	通化市二道江区委宣传部副部长
		勾延江	通化市二道江区局副局长
	成　员	孙素霞	通化市二道江区残联副理事长
		李光喜	通化市二道江区鸭园镇副镇长
		张铁军	通化市二道江区桃园街道办事处副主任
		钱日新	通化市二道江区东通货街道办事处副主任
		代先伟	通化市二道江区铁厂镇副镇长
		何福军	通化市二道江区发展计划局社会事业科科长
		张继武	通化市二道江区劳动和就业保障局就业科科长
		从　青	通化市二道江区公安局治安大队大队长
		董得福	通化市二道江区财政局社保科科长
		胡　波	通化市二道江区计生局技术科科长
办公室	**主　任**	孙素霞	通化市二道江区残联副理事长
	副主任	付丽艳	通化市二道江区统计局副局长
		高润友	通化市二道江区民政局副局长

		牛　岩	通化市二道江区卫生局副局长					
调 查 队	**队　　长**	孙素霞	通化市二道江区残联副理事长					
	副 队 长	袁玉平	通化市二道江区统计局办公室副主任					
		牛　岩	通化市二道江区卫生局副局长					
	成　　员	于淑杰	刘厚键	苗春波	牟吉善	陆　光	张志芳	
		伊　峰	申　静	于淑芬	牛　杰	高　峰	林志森	
		付荣杰	辛文菊	陈贵鹏	李玉霞	杨　勇	姜　丽	
		陈娜娥	牛永萍	李　艳	刘玉娟			

延吉市

领导小组	**组　　长**	沈秀玉	延吉市人民政府副市长				
	副 组 长	成惠清	延吉市残联理事长				
		袁　江	延吉市人民政府办公室副主任				
		徐志利	延吉市民政局副局长				
		高志国	延吉市卫生局副局长				
		朴权洙	延吉市统计局副局长				
	成　　员	杨今顺	延吉市残联副理事长				
		王国利	延吉市委宣传部宣传科科长				
		金铁锋	延吉市发展和改革局综合科科长				
		庄德武	延吉市教育局基础教育科科长				
		朴红心	延吉市公安局治安大队副大队长				
		崔　荣	延吉市财政局社保科科长				
		金承权	延吉市劳动和社会保障局就业科科长				
		刘龙玉	延吉市计划生育技术指导站站长				
		张玉柱	延吉市老龄工作委员会办公室副主任				
		金玉莲	延吉市依兰镇副镇长				
		申秀渊	延吉市北山街道副主任				
		林光熙	延吉市河南街道副主任				
		崔光浩	延吉市新兴街道副主任				
办 公 室	**主　　任**	成惠清	延吉市残联理事长				
	副 主 任	朴红心	延吉市公安局治安大队副大队长				
		金春日	延吉市民政局社救低保科科长				
		崔　荣	延吉市财政局社保科科长				
		李泓允	延吉市卫生局业务科科长				
		刘树泉	延吉市统计局社会科科长				
		季海城	延吉市残联办公室主任				
		金　军	延吉市残联组宣科科长				
调 查 队	**队　　长**	杨今顺	延吉市残联副理事长				
	副 队 长	朴权洙	延吉市统计局副局长				
		高志国	延吉市卫生局副局长				
	成　　员	李　明	高　弘	田炳哲	金昌律	崔　龙	崔永镐
		任晓微	许城镇	李雪峰	王　艳	韩松七	张英姬

		金明顺	周惠涛	金 军	南 淑	崔文虎	王丽伟
		刘晓云	全华树	刘兆铭	郭 鑫		

临江市

领导小组	组 长	姜国栋	临江市副市长
	副组长	于德生	临江市政府办公室主任
		袁慧先	临江市残联副理事长
		刘 伟	临江市财政局局长
		刘福庆	临江市统计局局长
	成 员	史兴梅	临江市卫生局副局长
		张兆峰	临江市民政局副局长
		马树军	临江市公安局副局长
		谭胜军	临江市委宣传部副部长
		孙 敏	临江市教育局副局长
		刘 艳	临江市发展和改革局副局长
		董树波	临江市劳动和社会保障局副局长
		孟庆林	临江市人口与计划局副局长
		史美琴	临江市财政局社保科科长
		刘大海	临江市老龄委办公室科长
办公室	主 任	袁慧先	临江市残联副理事长
	副主任	范月平	临江市统计局副局长
		孙喜宝	临江市公安局户政科科长
调查队	队 长	袁慧先	临江市残联副理事长
	副队长	范月平	临江市统计局副局长
		石惠文	临江市卫生局科长

	成 员	窦廷宇	孔繁林	李天霖	孙纯梅	刘凤英	杜 颖
		黄绪捷	崔贵宝	陈洪英	于翠丽	赵 伟	石邵华
		张 霞	吕 伟	刘兆瑞	宋连菊	吕洪香	赵贵林
		张翼鹏	宋守艳	刘大海	尹力平		

榆树市

领导小组	组 长	王丽秀	榆树市副市长
	副组长	王文喜	榆树市政府办公室副主任
		胡耀翔	榆树市残联理事长
		赵永钒	榆树市统计局副局长
		史庆国	榆树市民政局副局长
		张权成	榆树市卫生局副局长
	成 员	赵长石	榆树市残联副理事长
		王晓鹏	榆树市委宣传部宣传科科长
		王大志	榆树市劳动和社会保障局就业培训科副科长
		安立新	榆树市公安局户政科科长
		张树林	榆树市教育局义务教育科科长
		王 辉	榆树市财政局社保科科长

		胡成范	榆树市计生局技术科科长					
办公室	主　　任	赵长石	榆树市残联副理事长					
	副主任	朱井会	榆树市残联办公室主任					
		孙英建	榆树市统计局普查中心					
		刘长林	榆树市民政局社救科科长					
		李海宽	榆树市卫生局医政科科长					
		王　辉	市财政局社保科科长					
		柴昭元	榆树市残联级联部部长					
调查队	队　　长	赵长石	榆树市残联副理事长					
	副队长	陈志敏	吉林省榆树市统计局普查中心科长					
		李海宽	榆树市卫生局医政科科长					
	成　　员	张卫东	佟士国	王　宽	于明国	薛丽荣	孙晓峰	
		鲁　和	于春凤	周艳华	佟淑艳	刘继国	祁春梅	
		赵玉梅	闻承萍	王立军	朱金芝	朱秀杰	贺佰春	
		王建伟	张玉梅	朱晓明	柴昭元			

公主岭市

领导小组	组　　长	孟凡平	公主岭市副市长					
	副组长	王任政	公主岭市残联理事长					
		杨旭东	公主岭市政府办公室副主任					
		赵　民	公主岭市财政局副局长					
		张成利	公主岭市民政局副局长					
		张垲崎	公主岭市卫生局副局长					
		杨东儒	公主岭市统计局副局长					
	成　　员	张　杰	公主岭市残联副理事长					
		王淑萍	公主岭市委宣传部宣传科科长					
		张玉武	公主岭市教育局基教科科长					
		张　冲	公主岭市计划办综合科科长					
		齐洪舸	公主岭市劳动局就业科科长					
办公室	主　　任	张　杰	公主岭市残联副理事长					
	副主任	王亚平	公主岭市残联理事					
		吕修君	公主岭市统计局劳资科科长					
		李树人	公主岭市民政局社会救济科科长					
		宋惠民	公主岭市卫生局医政科科长					
		姚文军	公主岭市公安局治安大队大队长					
		孙向阳	公主岭市财政局社保科科长					
调查队	队　　长	张　杰	公主岭市残联副理事长					
	副队长	郭贵才	吉林省公主岭市岭东街道企业办主任					
		宋惠民	公主岭市卫生局医政科科长					
	成　　员	闫丽媛	周淑萍	代智力	潘海权	吕晓惠	王晓莹	
		孙凤娟	欧仁广	安金燕	王宏丽	张春梅	宋红艳	
		王长宇	汪东歌	钟　雪	齐丽丽	姜桂波	刘　宇	

李桂荣　马　宁　李　季　杨俊杰

九台市

领导小组	组　长	马晓峰	九台市市委常委、常务副市长
	副组长	张　进	九台市政府办公室主任
		王大鼎	九台市残联理事长
		庞维彬	九台市统计局局长
		陈希国	九台市民政局局长
		赵官臣	九台市卫生局局长
	成　员	安　林	九台市教育局局长
		刘国顺	九台市公安局副局长
		肖志华	九台市财政局局长
		陆　军	九台市劳动和社会保障局局长
		赵雅芬	九台市计生局局长
		刘　宏	九台市共青团书记
		郭　伟	九台市妇联主席
办公室	主　任	齐印华	九台市残联副理事长
	副主任	张桂芹	九台市残联办公室主任
		陈官和	九台市残联组联部部长
		范文学	九台市统计局副局长
		孙大宝	九台市民政局社救科工作人员
		赵殿东	九台市卫生局副局长
		王继胜	九台市财政局社保科科长
调查队	队　长	陈官和	九台市残联组联部部长
	副队长	夏海波	九台市统计局办公室主任
		冷庆大	九台市医院内科主任

成　员：
王志琴　王　爽　庞　晶　潘淑芝　王文义　陈清志
徐世杰　周桂英　徐忠武　苗　壮　吕彦彬　常东生
马骏全　张桂芹　方健磊　李树生　冷庆荣　尹春玲
孟庆杰　董　志　王金荣　杨　丽

舒兰市

领导小组	组　长	岳景彪	舒兰市副市长
	副组长	杨文坦	舒兰市政府秘书长
		盛亚文	舒兰市残联理事长
		余卫东	舒兰市统计局副局长
		王贵夫	舒兰市民政局副局长
		时本君	舒兰市卫生局副局长
	成　员	房　利	舒兰市残联理事长
		王学力	舒兰市委宣传部宣传科科长
		张艳玲	舒兰市教育局基教科科长
		朱松柏	舒兰市计划物价局人秘科科长

		李守业	舒兰市劳动和社会保障局就业培训仲裁科科长
		柴晓东	舒兰市公安局户政科科长
		于素芬	舒兰市财政局社保科科长
		常国君	舒兰市计生局业务科科长
办公室	**主　任**	房　利	舒兰市残联理事长
	副主任	张雪松	舒兰市残联办公室主任
		付加民	舒兰市统计局业务科科长
		陈玉斌	舒兰市民政局社救科科长
		王春林	舒兰市卫生局医政科科长
		柴晓东	舒兰市公安局户政科科长
调查队	**队　长**	房　利	舒兰市残联理事长
	副队长	付加民	舒兰市统计局业务科科长
		杜海燕	舒兰市卫生局医政科科长

成　员　徐　升　刘凤华　殷振海　金明东　杨家鹏　邵　媛
慈敏英　马守武　陈亚锋　张国军　范东丽　王新宇
杨　波　王　伟　徐凤榕　孙小秋　高怀艺　王春丽
隋秉正　吕亚君　杨　兰　邹怀忠　罗海青　张雪松
刘国新

蛟河市

领导小组	**组　长**	夏汉民	蛟河市副市长
	副组长	李明昌	蛟河市政府办公室副主任
		张文忠	蛟河市残联理事长
		孙　仁	蛟河市统计局副局长
		徐德坤	蛟河市民政局副局长
		杜宝春	蛟河市卫生局副局长
	成　员	崔连山	蛟河市残联副理事长
		李丽梅	蛟河市财政局社保科科长
		李莱富	蛟河市委宣传部宣传科科长
		吴雪松	蛟河市教育局基础教育科科长
		王伟红	蛟河市发展计划局计划科科长
		秦吉祥	蛟河市劳动和社会保障局就业科科长
		包俊臣	蛟河市计划生育局业务科科长
		周经伦	蛟河市公安局治安大队大队长
办公室	**主　任**	崔连山	蛟河市残联副理事长
	副主任	焦彦成	蛟河市残联办公室主任
		佘永生	蛟河市统计局综合科科长
		李洪霞	蛟河市民政局民政科长
		王晓平	蛟河市卫生局医政科长
		李丽梅	蛟河市民政局社保科长
调查队	**队　长**	崔连山	蛟河市残联副理事长
	副队长	谷长宝	蛟河市统计局科员

		刁振华	蛟河市人民医院副院长				
	成　　员	李　丹	许　明	徐艳华	郭明峰	于海燕	张　岩
		李景珍	吴会敏	邹桂秋	焦彦成	徐秀丽	杨　卓
		苏　羚	张宝卫	纪玉梅	柏孝先	金志武	马士杰
		王少忠	丁龙学	刘跃强	聂丽红		

大安市

领导小组	组　　长	孟兆臣	大安市常务副市长				
	副 组 长	杨士永	大安市政府副秘书长				
		汤景春	大安市残联理事长				
		盛守和	大安市统计局副局长				
		高　升	大安市民政局纪检组组长				
		孙景全	大安市卫生局副局长				
	成　　员	贾晓娟	大安市残联副理事长				
		腾　坤	大安市委宣传部宣传科长				
		王国林	大安市教育局办公室主任				
		祖冠保	大安市发展计划局社会事业科科长				
		王晓东	大安市公安局派指科科长				
		邱秀春	大安市财政局社保科科长				
		王春英	大安市劳动保障局就业科科长				
		王敏兰	大安市人口与计划生育局技术服务站站长				
		陈学平	大安市老龄工作委员会办公室主任				
办 公 室	主　　任	贾晓娟	大安市残联副理事长				
	副 主 任	王　华	大安市残联办公室主任				
		王　丹	大安市统计局综合科科长				
		田秀茹	大安市民政局低保科科长				
		王晓东	大安市公安局派指科科长				
		邱秀春	大安市财政局社保科科长				
调 查 队	队　　长	贾晓娟	大安市残联副理事长				
	副 队 长	邬　双	大安市统计局主任				
		李向文	大安市卫生局科长				
	成　　员	姜洪臣	张爱萍	邬　云	勾中华	李超英	李　虹
		夏丛锋	于连柱	朱晓敏	单佳君	王　波	刘洪范
		张向东	张立华	付　航	史春生	毛玉龙	贾保臣
		郝兴辉	王　锐	张振锋	博亚辉		

抚松县

领导小组	组　　长	李宇忠	抚松县常委、常务副县长
	副 组 长	姚　雷	抚松县政府办公室副主任
		赵景才	抚松县卫生局局长
		孟祥飞	抚松县残联理事长
		贾晓东	抚松县统计局副局长

丁瑞友　抚松县民政局副局长
林海平　抚松县财政具副局长
齐艳忠　抚松县公安局副局长
成　员　董晶翡　抚松县残联副理事长
宋政德　抚松县委宣传部宣传科科长
马红润　抚松县教育局基础教育科科长
李舒鹏　抚松县发展和改革局综合科科长
秦保禄　抚松县人口和计生局综合科科长
郑卫民　抚松县劳动和社会保障局扶困办主任
潘秀兰　抚松县公安局户籍科科长
孟令香　抚松县老龄委办公室主任
刘世杰　抚松县妇女儿童工作委员会副主任
汪新然　共青团抚松县委宣传部部长

办公室
主　任　董晶翡　抚松县残联副理事长
副主任　马修进　抚松县残联综合科科长
李占有　抚松县财政局社保科长
张　燕　抚松县民政局社会事务科长
刘福贤　抚松县统计局调查科长
马忠义　抚松县卫生局医政科长

调查队
队　长　周艳玲　抚松县残联副理事长
副队长　尹延勇　抚松县统计局科员
马忠义　抚松县卫生局医政科长
成　员　邓曾旭　王玉平　曹正琴　徐鑫磊　郑　巍　武善勤
王依新　陈　刚　李玉秋　孙继海　刘会艳　李培宏
王奎元　刘世杰　王常远　朱　雨　李金玲　谭　笑
任全鑫　赵培玲　姜　敏　张立廷

安图县

领导小组
组　长　田永哲　安图县副县长
副组长　李长男　安图县政府办公室主任
劳雪芬　安图县残联理事长
朴光洁　安图县统计局副局长
卢世明　安图县民政局副局长
姚建森　安图县卫生局副局长
成　员　李炯国　安图县残联副理事长
薛　明　安图县委宣传部副部长
吕毅志　安图县教育局副局长
王燕彤　安图县发展和改革局副局长
全龙活　安图县劳动和社会保障局副局长
张　祥　安图县公安局副局长
李升满　安图县财政局副局长
宁忠勇　安图县人口和计划生育局副局长

		刘正泰	安图县老龄工作委员会办公室主任
办公室	**主　任**	李炯国	安图县残联副理事长
	副主任	胡向阳	安图县残联教育就业科科长
		杨建义	安图县统计局普查中心主任
		杜灵华	安图县民政局社会事务科科长
		金成吉	安图县卫生局医政科科长
		吴永和	安图县公安局户政科科长
		王海龙	安图县财政局社保科科长
调查队	**队　长**	劳雪芬	安图县残联理事长
	副队长	杨建义	安图县统计局普查中心主任
		朴春山	安图县卫生局医政科科长
	成　员	牛岩辉　冯立军　苏　萍　王志强　王明泉　王　群 金光善　王秀华　张德海　金龙吉　胡向阳　郑浩军 孙玉力　姜立伟　金福花　崔连军　杨芮英　王喜军 朴美兰　隋卓华　王相林　金成日	

农安县

领导小组	**组　长**	滕广涛	农安县副县长
	副组长	张文山	农安县残联副理事长
		钟喜洪	农安县政府办主任
		林子昌	农安县统计局局长
		乔桂芳	农安县民政局局长
		谷士权	农安县卫生局局长
		李凤良	农安县财政局局长
		蔡亚成	农安县公安局副局长
	成　员	尹成林	农安县残联副理事长
		张晓杰	农安县委宣传部副部长
		曲晓光	农安县教育局副局长
		徐仁峰	农安县劳动和社会保障局副局长
		林振兴	农安县计生局副局长
		刘天学	农安县老龄委主任
办公室	**主　任**	张文山	农安县残联副理事长
	副主任	尹成林	农安县残联副理事长
		肖立群	农安县统计局副局长
		李冠军	农安县民政局办公室主任
		段中华	农安县卫生局办公室主任
		于芙臣	农安县财政局办公室主任
		吕铁农	农安县公安局办公室主任
调查队	**队　长**	尹成林	农安县残联副理事长
	副队长	肖立群	农安县统计局副局长
		李洪伟	农安县统计局副局长
	成　员	乔国庆　李　凯　徐少川　李国臣　张静波　马永辉	

		姜长刚	刘　芳	高洪玲	张金双	王春玲	关艳华
		周　岩	胡士荣	乔冬影	邢晓波	贾丽聪	羿万杰
		李　群	马云贵	王　影	陈　伟		

梨树县

领导小组	组　长	陈长根	梨树县副县长
	副组长	刘国文	梨树县政府办公室主任
		周明文	梨树县残联理事长
		曹旭东	梨树县统计局局长
		郑福君	梨树县民政局局长
		张宝仁	梨树县卫生局局长
		郑永民	梨树县财政局局长
		吉凤学	梨树县公安局局长
	成　员	陶秋然	梨树县委宣传部副部长
		欧阳康	梨树县发改委主任
		张　勇	梨树县教育局局长
		颜秉钧	梨树县劳动和社会保障局局长
		张立杰	梨树县计生局局长
		刘桂霞	梨树县妇联主席
		高福生	梨树县老龄委主任（兼）
		杨　威	梨树县残联副理事长
办公室	主　任	周明文	梨树县残联理事长
	副主任	李凤玉	梨树县统计局副局长
		高福生	梨树县民政局副局长
		郭　峰	梨树县卫生局副局长
		赵万江	梨树县财政局副局长
		孙景福	梨树县公安局副局长
		金　冶	梨树县残联群宣部长
调查队	队　长	杨　威	梨树县残联副事长
	副队长	林　斌	梨树县统计局科长
		孟　威	梨树县卫生局科长

	成　员	王大龙	郭　放	尹凤英	张希宽	王黎明	潘德旺
		于贵伍	尹　雪	金丽丽	刘秀文	金大伟	徐宏艳
		张　利	胡　满	张　敏	沈国军	于丽华	崔文才
		金　冶	韩庆菊	孙　源	孙敬华		

永吉县

领导小组	组　长	刘奇志	永吉县副县长
	副组长	乔英光	永吉县政府办副主任
		李　庆	永吉县残联理事长
		李　俊	永吉县统计局副局长
		陈广财	永吉县民政局副局长
		张福祥	永吉县卫生局副局长

	成　　员	庞大鹏	永吉县委宣传部副部长
		王向鹏	永吉县发展和改革局副局长
		刘诗军	永吉县教育局副局长
		王向前	永吉县公安局副局长
		关志华	永吉县财政局副局长
		姜　军	永吉县劳动保障局局长
		王　丹	永吉县人口和计划生育局副局长
		庞振坤	永吉县团县委副书记
		许丽华	永吉县妇联副主席
		仲伟山	永吉县残联办公室主任
		董玉莲	永吉县残联就业部部长
办公室	主　　任	李　庆	永吉县残联理事长
	副主任	李　俊	永吉县统计局副局长
		陈广财	永吉县民政局副局长
		张福祥	永吉县卫生局副局长
		关志华	永吉县财政局副局长
		仲伟山	永吉县残联办公室主任
调查队	队　　长	许家宏	永吉县残联部长
	副队长	李　俊	永吉县财政局副局长
		孙绍友	永吉县卫生局科长

成　　员　何忠印　刘海东　吴凤云　王秋成　吉健玲　王金荣
甄印辉　王丽娟　曹香圃　李海龙　孙　波　仲伟山
胡晓丽　唐广忠　田海志　郭喜跃　姜丽飞　郑永飞
张秀英　董玉莲　李　闯　刘有海

长岭县

领导小组	组　　长	王占林	长岭县委常委、常务副县长
	副组长	常永才	长岭县政府办副主任
		尚雅明	长岭县残联理事长
		刘景芬	长岭县统计局副局长
		兰亚平	长岭县民政局副局长
		赵国文	长岭县卫生局副局长
	成　　员	王茂明	长岭县发改局社会科科长
		于立辉	长岭县委宣传部社会宣传科科长
		梁永胜	长岭县教育局综合科科长
		赵国华	长岭县就业局就业指导科科长
		李　军	长岭县公安局派出所工作指导科科长
		范秀华	长岭县财政局社保科科长
		赵　武	长岭县计生局科技科科长
		苏景山	长岭县老龄委办公室主任
办公室	主　　任	尚雅明	长岭县残联理事长
	副主任	张汝礼	长岭县残联综合办公室主任

		顾金凤	长岭县统计局综合办公室主任
		杨　光	长岭县民政局社会事务科科长
		王晓潭	长岭县卫生局医政科科长
		李　军	长岭县公安局派出所工作指导科科长
		范秀华	长岭县财政局社保科科长
		孟兴伟	长岭县残联组联部部长
调查队	**队　长**	尚雅明	长岭县残联理事长
	副队长	刘景芬	长岭县统计局副局长
		刘国文	长岭县卫生局副局长

成　员 张书文　韩丽华　刘　健　董淑云　左本忠　刘　岩　范士海　王　广　王长贵　刘　杰　郝长丽　孟兴伟　王友权　周晓华　周会华　石长学　颜成玺　王艳明　董艳娟　王　俭　张晓林

乾安县

领导小组	**组　长**	宁文贵	乾安县常务副县长
	副组长	李志威	乾安县政府办公室主任
		祖艳平	乾安县残联理事长
		蔡蒂芬	乾安县统计局副局长
		吴树敏	乾安县民政局副局长
		张友林	乾安县卫生局副局长
	成　员	赵立辉	乾安县残联副理事长
		刘海威	乾安县委宣传部部长
		张振富	乾安县教育局副局长
		郭　祥	乾安县劳动和社会保障局就业局局长
		周　文	乾安县公安局副局长
		刘海燕	乾安县财政局社保科科长
		姜　友	乾安县计生委副局长
办公室	**主　任**	赵立辉	乾安县残联副理事长
	副主任	靳东梅	乾安县残联办公室主任
		蔡蒂芬	乾安县统计局副局长
		吴树敏	乾安县民政局副局长
		王永明	乾安县卫生局医政科科长
		周　文	乾安县公安局副局长
		刘海燕	乾安县财政局社保科科长
调查队	**队　长**	赵立辉	乾安县残联副理事长
	副队长	蔡蒂芬	乾安县统计局副局长
		张有林	乾安县卫生局副局长

成　员 赵建明　董惠波　郝蕴恒　杨忠义　张文才　丁继权　姜　涛　生洪故　李树海　孙保才　孙庆丽　陶淑琴　靳冬梅　祖铁强　张　义　宋汉平　朱金中　邵喜发　宋　波　郭柏峰　孙　威　董　帅